教育部哲学社会科学系列发展报告

MOE Serial Reports on Developments in Humanities and Social Sciences

2017
中国旅游业发展报告

China's Tourism Development Report

谢双玉　胡静等　编著

中国旅游出版社

2017 中国旅游业发展报告

一、编撰单位

华中师范大学　中国旅游研究院武汉分院

华中师范大学　湖北经济与社会发展研究院

二、编撰小组

顾　　问：蒋大国　中国旅游研究院武汉分院理事长，湖北经济与社会研究院院长、博士导师

组　　长：胡　静　中国旅游研究院武汉分院院长、教授、博士导师

副 组 长：谢双玉　中国旅游研究院武汉分院副院长、教授

编撰人员：龚　箭　张　祥　郑文升　冯　娟　程绍文
王晓芳　李　艳　乔花芳　李亚娟　卢　雯
吕　丽　朱　磊　王　娟　贾垚焱　吴本清
吴理财　江立华　叶　桦

前 言

如信守一个承诺一样，《2017 中国旅游业发展报告》（以下称《报告》）如期与大家见面了。这是中国旅游研究院武汉分院自 2012 年以来每年定期编制、出版的系列年度研究成果之一。

《报告》仍然由总报告和专题报告两大部分组成。“总报告”围绕全方位梳理和评价中国旅游业发展状况的总体目标，遵循“盘点分析—综合评价—发展对策”的逻辑路线，利用大量翔实的数据和直观的表现形式，分别从世界、全国、省域、重点城市四个不同空间尺度，从支撑环境、核心产业、旅游需求三个不同方面，盘点中国旅游业发展的现状和潜力，进行综合评价，全面、清晰地反映各地旅游业发展的支撑环境、现实水平和潜在能量，最后从宏观调控、部门管理、行业经营三个角度提出中国旅游业发展的对策。“专题报告”力图紧跟现实发展需要和时代特征，进行了两个专题研究：专题一继续运用大数据挖掘技术，挖掘、利用在线旅游评论数据，从旅游需求的视角对热点景区、城市和省域进行评价、分析和思考；专题二分析了已经上升为国家区域发展战略的长江经济带的旅游发展现状和问题，并从区域旅游合作与参与、旅游市场一体化、生态环境保护等方面探讨进一步发展的对策。《报告》力求：立足国际视野，评价综合效益，全面刻画旅游发展新常态；融合权威数据，评析区域差异，客观解读旅游发展新格局；强化动态监控，跟踪年际变化，积极把握旅游发展新趋势；聚焦重大问题，评估政策绩效，深度探析旅游发展新思路。希望能为人们提供理解中国旅游业发展的综合、区域、动态、比较的视角，也希望能为各级政府、旅游企业的相关决策提供参考依据。

《报告》采取开放合作模式，广泛凝聚各方研究力量，由多名长期从事旅游教学和研究的专家、学者、中青年学术骨干共同完成，历时近一年。《报告》由谢双玉统筹负责并统稿，各部分的撰写人员分别为：谢双玉撰写总论和全国旅游业发展盘点，卢雯撰写省域、重点城市支撑环境盘点，吕丽撰写省域核心产业评价，朱磊撰写重点城市核心产业评价和旅游需求分析以及省域旅游需求分析，贾垚焱和王娟撰写省域、重点城市旅游业发展综合评价，郑文升撰写中国旅游业发展对策，龚箭撰写专题一，张祥撰写专题二；同时，《报告》得到胡静的全面指导以及冯娟、王晓芳、乔花芳、李亚娟、程绍文、李艳分别在总论、旅游目的地、旅行社业、旅游需求分析、旅游业发展综合评价、专题研究方面的指导。此外，于洁协助完成空间分析，鲁静、韩磊、李淑贤、谢文彬、杨旭、沈真雷参与部分章节初稿的撰写，叶丹、尹航、鲁静、王蓉、张明月、崔典、李彬、阴姣姣、刘超群、涂奕、付超、刘鹏鲲、蔡丕淼、钟苏桓、杨骏（排名不分先后）参与数据收集。同往年一样，本报告的完成也得益于相关机构、多位领导和专家学者的重视、关心、指导和帮助，感谢大家一直给予我们的热心关怀和悉心指导，使我们的研究报告更具前瞻性和引领性，特别感谢湖北经济与社会发展研究院院长、原湖北省副省长蒋大国女士的指导与大力支持；中国旅游出版社谯洁主任、李冉冉编辑给予了本报告很多支持与帮助，也向他们表示最诚挚的谢意。

《报告》即将付梓，虽已尽心尽力，但难免有不成熟和疏漏之处，敬请大家斧正；也衷心地希望在来年的《报告》撰写中，能继续得到大家的不吝赐教！

谢双玉

2017 年 11 月

目录
CONTENTS

第一篇　总报告

第二篇 专题报告

附　录

图表目录

CONTENTS

第一篇　总报告

总 论

2016年是“十三五”规划开局之年，也是中国经济增幅收窄、寻求发展新方位的关键一年。在广大人民群众的旅游需求空前释放和旅游热情不断高涨的背景下，在全域旅游、旅游业改革创新先行区、旅游市场综合监管机制、打击“不合理低价游”专项行动、导游自由执业试点、自驾车房车营地建设等一系列政策的出台和落实的保障下，在广大旅游企业的勇敢探索、艰苦奋斗和不懈努力下，中国旅游业经受住了国际、国内经济诸多利空考验，消费和投资两旺，创新创业活跃，旅游外交也取得新成效。旅游目的地建设和发展进一步向全域旅游新模式转型，旅游投资保持快速增长，投资模式不断创新，旅游消费保持高速增长，国内旅游规模持续扩大，入境旅游继续复苏，出境旅游回归理性，三大市场呈现协调发展新格局，为“十三五”规划的实施奠定了坚实的基础。

一、中国旅游业的发展特征

（一）系列旅游政策相继出台，旅游发展备受重视

2016年，一系列旅游相关政策和举措相继出台，为旅游业的蓬勃发展提供了有力、有利的政策支持和保障。2016年2月，国务院办公厅印发了《关于加大脱贫攻坚力度支持革命老区开发建设的指导意见》[①]，该意见针对老区现状为建设红色旅游景区提供了指导意见；同月，国务院办公厅公布了《关于加强旅游市场综合监管的通知》（国办发〔2016〕5号）[②]，拉开了多部门联合执法协调监管旅游市场的序幕；3月，国家旅游局批准公布《旅行社老年旅游服务规范》，为中老年旅游的发展提供了方向指引和具体要求；4月，国家旅游局启动120亿元旅游基建基金项目，重点支持休闲度假旅游、乡村旅游、文化旅游、研学旅行、旅游小城镇和新产品、新业态项目；同月，国家旅游局印发《全国旅游标准化发展规划（2016~2020）》（旅发〔2016〕48号）[③]；6月，国务院办公厅转发

① 国务院办公厅．中办、国办印发《关于加大脱贫攻坚力度支持革命老区开发建设的指导意见》.新华社官网，2016年2月1日（http://news.xinhuanet.com/2016-02/01/c_1117960711.htm?isappinstalled=0，2017-6-23）。

② 国务院办公厅．国务院办公厅关于加强旅游市场综合监管的通知．新华社官网，2016年2月19日．（http://news.xinhuanet.com/politics/2016-02/19/c_128734686.htm，2017-6-23）。

③ 国家旅游局．国家旅游局关于印发《全国旅游标准化发展规划（2016-2020）》的通知（旅发〔2016〕48号）.国家旅游局，2016年4月15日（http://www.cnta.gov.cn/zwgk/tzggnew/201604/t20160415_766793.shtml，2017-6-23）。

发改委、文化部等共同颁布的《关于推动文化文物单位文化创意产品开发的若干意见》（国办发〔2016〕36号）[①]，将文化创意产品开发作为推动革命老区、民族地区、边疆地区、贫困地区文化遗产保护和文化发展、扩大就业、促进社会进步的重要措施，要求“支持文化资源与创意设计、旅游等相关产业跨界融合，提升文化旅游产品和服务的设计水平，开发具有地域特色、民族风情、文化品位的旅游商品和纪念品”；7月，住建部、国家发改委、财政部联合下发《关于开展特色小镇培育工作的通知》（建村〔2016〕147号），提出到2020年培育1000个左右的具有特色、富有活力的休闲旅游、商贸物流、现代制造、教育科技、传统文化、美丽宜居等特色小镇，使旅游特色小镇建设成为未来发展的重点；8月，国家旅游局和发改委共同组织编制了《全国生态旅游发展规划（2016–2025年）》（发改社会〔2016〕1831号）[②]，为未来十年全国生态旅游的发展明确了目标、任务等；同月，国家旅游局颁布了《关于加快推进2016年自驾车房车营地建设的通知》（旅办发〔2016〕241号）[③]；12月，国家旅游局修改《旅行社条例实施细则》（国家旅游局第42号令），并在第十二届全国人大常委会第二十四次会议上表决通过[④]。

同时，截至2017年8月，全国有23个省域、160多个地（市）成立了旅游发展委员会，比2016年增加了7个；2017年的政府工作报告5次提及“旅游”发展，比2016年增加了1次；2016年全国各省政府工作报告共提及“旅游”398次，较2015年增加了28次，平均约13次，增幅为7.57%。这都表明国家和各级政府对旅游业的发展越来越重视。

（二）三大旅游市场同步增长，呈现协调发展趋势

2016年，中国国内游客、出境游客、入境游客量同比分别增长了11.00%、5.63%、3.45%，国内旅游收入、出境旅游花费、入境旅游收入同比分别增加了15.19%、4.5%、5.58%，呈现同步增长态势。同时，与2015年相比，出境旅游人数和消费虽然继续蝉联世界第一，增幅都有所降低，尤其消费总额的增幅降低了20个百分点，而入境旅游人数和收入保持世界第四的地位，且均有小幅增长，尤其外国游客的数量和在华花费都出现较大增幅，国内旅游人数和收入的增幅都有所增大，使三大旅游市场呈现出协调发展的趋势。

（三）旅游经济贡献日益加大，但仍存在提升空间

根据世界旅游及旅行理事会的数据，2016年，中国旅游业对GDP的直接贡献和总贡

① 中央人民政府. 国务院办公厅转发文化部等部门关于推动文化文物单位文化创意产品开发若干意见的通知. 中央人民政府，2016年5月11日（http://www.gov.cn/zhengce/content/2016-05/16/content_5073722.htm，2017-6-23）。

② 中央人民政府. 两部门关于印发全国生态旅游发展规划（2016–2025年）的通知（发改社会〔2016〕1831号）. 中央人民政府，2016年9月6日（http://www.gov.cn/xinwen/2016-09/06/content_5105784.htm，2017-6-24）。

③ 国家旅游局. 国家旅游局联合六部委印发《关于加快推进2016年自驾车房车营地建设的通知》. 国家旅游局，2016年9月26日（http://www.cnta.gov.cn/xxfb/jdxwnew2/201609/t20160926_784672.shtml，2017-6-24）。

④ 国家旅游局.《关于修改〈旅行社条例实施细则〉和废止〈出境旅游领队人员管理办法〉的决定》. 国家旅游局，2016年12月20日（http://www.cnta.gov.cn/zwgk/fgwj/bmfg/201612/t20161220_809753.shtml，2017-6-24）。

献分别达到 1.828 万亿元（2752 亿美元）和 6.646 万亿元（10007 亿美元），都呈大幅增长态势，直接贡献度和总贡献度分别达到 2.46% 和 8.93%，也都有小幅提升；中国旅游业创造的直接就业岗位和总就业岗位分别为 2368.05 万个和 6952.75 万个，占年末全国就业人数的比例分别为 3.05% 和 8.96%；中国的旅游投资额为 9139 亿元（1376 亿美元），占全国总投资的比例为 2.9%。旅游业的综合贡献大。

同时也应该看到，中国旅游业对 GDP 的贡献与发达国家（如英国，其旅游业的直接、总贡献分别占 GDP 的 3.4%、10.8%①）甚至世界整体水平（旅游业的直接、总贡献分别占全部 GDP 的 3.1%、10.2%②）还有一定距离；中国旅游业的直接就业贡献率和总就业贡献率也与全球整体水平（直接就业贡献率 3.6%，总就业贡献率 9.6%）有一定差距；中国旅游业的投资贡献率也与全球整体水平（4.4%）有一定差距；可见，中国旅游业的综合贡献还有一定的提升空间。

（四）综合管理体制正在形成，保障全域旅游发展

2016 年 2 月 4 日，国务院办公厅印发《关于加强旅游市场综合监管的通知》（以下称《通知》）。这是国务院办公厅继 2009 年发布《关于加快发展旅游业的意见》等一系列促进旅游业健康协调发展的专项文件后，发布的首个旅游市场监管综合性专项文件③，具有十分重要的意义。《通知》不仅提出“要加快建立权责明确、执法有力、行为规范、保障有效的旅游市场综合监管机制，依法落实旅游市场监管责任，创新旅游市场综合监管机制”，而且还明确了旅游、公安、工商、交通运输、文化、税务、质检、价格主管、商务、通信主管、网信部门（互联网信息办公室）、民航 12 个部门的监管责任，还要求旅游企业依照法律法规主动规范经营服务行为，鼓励社会各界积极通过“12301”等平台提供各类违法违规行为线索。这既是全域旅游发展对综合产业发展和综合执法的要求，也是全域旅游发展的体制机制保障。坚持政府（国务院和地方政府）、各相关部门、旅游企业和社会公众“四位一体”，以“政府主导、属地管理、部门联动、行业自律、各司其职、齐抓共管、公众参与”为原则，建立这样的综合监管机制，能在管理体制上，解决长期以来各部门职能交叉、职责不清、多头执法的矛盾和问题，打破部门分割，构建起多维度的协同监管机制，即加强联合执法协调监管，加强旅游诚信协同监管，加强旅游执法与司法相衔接，全面维护广大旅游者的合法权益，更好地为发挥政府作用以及深化旅游业改革奠定坚实的基础。

2017 年 2 月 27 日，国家旅游局印发了《国家级旅游业改革创新先行区建设管理办法》

① 数据来源：World Travel & Tourism Council. Travel & Tourism Economic Impact 2017 CHINA. World Travel & Tourism Council（https://www.wttc.org/-/media/files/reports/economic-impact-research/countries-2017/unitedkingdom2017.pdf, 2017-10-11））。

② 数据来源：World Travel & Tourism Council. 旅游和旅行 2017 年对经济的影响 <全球 / 区域>. World Travel & Tourism Council 官网（2017-10-08）。

③ 邹爱勇. 对《关于加强旅游市场综合监管的通知》的认识和理解（上）. 中国旅游报，2016年3月9日（畅游江苏（江苏旅游诚信网）http://cx.jstour.gov.cn/2016/03/9273.html，2017-10-30）。

（以下称《办法》）。《办法》要求先行区旅游改革创新的规定任务包括“明确把旅游业定位为经济社会发展的战略性支柱产业或支柱产业；建立健全全域旅游综合管理体制与机制；优化地方政府通过资金、资源、规划等引导旅游业发展的新动能机制；建立健全旅游市场综合监管与综合执法体制机制等”，进一步明确和强化了全域旅游综合管理体制与机制以及旅游市场综合监管与综合执法体制机制建立健全的任务要求，还明确了旅游改革创新不是由旅游局牵头的改革，而是由地方政府主导的改革；这将进一步促进全域旅游综合协调管理体制的建立和完善。

（五）核心产业数量规模“一减两增”，盈利能力增强

从全国尺度来看，星级饭店数量持续减少，新型住宿设施数量也有所减少，而 A 级旅游景区数量持续增加，且增幅大幅提高，旅行社数量也持续增加，且增速略有回升；可见，三大核心产业的数量规模表现为“一减两增”的态势。星级饭店虽然继续亏损，但亏损额大幅降低，尤其东部地区扭亏为盈，A 级旅游景区持续盈利，且盈利额度由降转升，旅行社也持续盈利，但额度大幅缩减；总体来看，三大核心产业的盈利能力有所增强。但应该注意的是，三大产业的全员劳动生产率都有所下降。

从省域尺度来看，多数省域住宿设施数量减少，而 A 级旅游景区数量增加，而且增幅较大，平均约 30%，旅行社数量也呈增长态势，且增速成倍加快；也表现为“一减两增”的特征。星级饭店虽然整体亏损，仅八省域盈利，但利润有所增加，增长率平均约 200%，且有七成省域实现利润增长，扭转了负增长态势；2015 年全国 31 个省域旅游景区的平均利润较 2014 年增加了 6.09%，但过半省域旅游景区的利润出现了负增长；31 个省域旅行社的平均利润只有 0.60 亿元，较 2014 年大幅下降，且有 11 个省域出现亏损；因此，从省域尺度来看，只有星级饭店的盈利能力有所增强，而旅游景区和旅行社的盈利能力都有下降。

从副省级城市尺度来看，15 个副省级城市 2016 年的平均住宿设施总数较 2015 年略有增加，但星级饭店平均数量呈负增长，且降幅加大；而副省级城市景区旅游企业数量增长率平均约 37%，大幅提高，副省级城市旅行社数量增长率平均约 8%，也略有提高；基本上也表现为“一减两增”的特征。2015 年副省级城市星级饭店的利润反降为增，增长率平均为 8.75%，较 2014 年有很大提高；副省级城市景区旅游企业利润增长率平均约 123%，不仅大幅提高，而且远高于景区旅游企业数量的增长率，但是，全部城市旅行社的利润都呈负增长，增长率约 –84%，而且是在全员劳动生产率有所提高的情况下，值得注意；可见，从副省级城市尺度来看，星级饭店和景区旅游企业的盈利能力都有所增强，而旅行社业的盈利能力有所下降。

（六）三大区域、省际差异较大，区域发展不平衡

在对全国尺度进行分析的 23 个指标中，18 个指标（占 78.26%）都存在明显的东部与中、西部的差异，且都表现为东部优于中、西部，而且，人均 GDP、万人专利授

权数、互联网普及率、新型住宿设施的数量、星级饭店利润、旅游景区利润、旅游总收入的东中西差异呈进一步扩大趋势，只有空气质量优良天数、生活垃圾无害化处理率、旅游管理机构设置、政府工作报告提及"旅游"次数、景区全员劳动生产率五个指标的东中西差异不明显。同时，从以省域为单元进行的旅游业发展评价结果来看，自然环境、社会经济环境、住宿接待业、旅游目的地、旅行社业、旅游需求这些方面的发展评价以及综合竞争力、现实竞争力、潜在竞争力、发展环境竞争力综合评价的第一梯队大多数（6~7 个）都是东部、东南部沿海省域，少数（3~4 个）为中部、西南部省域，而西北、东北省域几乎没有，只有辽宁进入旅行社业第一梯队，新疆进入潜在竞争力第一梯队。这都表明：中国旅游业发展存在明显的东中西部差异，区域发展不平衡。

在以省域为单元进行分析的 38 个评价指标中，29 个指标（76.32%）的变异系数绝对值都大于 0.50，表明这些指标的省际差异都较大；而且，与上一年度相比，其中有 11 个指标的变异系数呈现出增加的趋势，6 个指标的变异系数变化很小，这表明这些指标的省际差异不仅大而且稳定存在或呈扩大趋势。这种省际差异也反映出中国旅游业发展不平衡的状态。

当然，同时也要看到，旅客周转量、星级饭店数、星级饭店全员劳动生产率等 9 个指标的东中西差异呈现出缩小的趋势，31 个省域的旅客周转量、露营地数量、A 级旅游景区增长率等 9 个指标的变异系数也有所缩小，表明这些指标的省际差异呈现出缩小态势。

二、中国旅游业的世界地位

（一）世界第一大出境旅游国：游客量、消费总量持续领跑世界

1. 出境游客数量：蝉联世界第一，增速小幅减缓

2016 年，中国国内生产总值（GDP）达到 74.41 万亿元，首破 70 万亿元，同比增长 6.7%，经济增速重回全球第一，国民经济运行稳健，为出境旅游提供了经济条件。人民币于 2016 年 10 月 1 日正式加入国际货币基金组织（IMF）特别提款权（SDR）货币篮子，而且其比重超过日元和英镑，仅次于美元和欧元，让我国公民出国旅游、购物消费更加便捷。2016 年国家进一步落实带薪休假制度，努力推进"一带一路"建设。与此同时，中国签证环境持续优化，如英国、荷兰、以色列将对中国公民的签证有效期分别放宽至 2 年、5 年、10 年，澳大利亚也开始试行，或简化签证办理手续或提高办理便捷程度，阿塞拜疆、苏里南、文莱、阿联酋、亚美尼亚对以旅行为目的的中国公民实施落地签，马来西亚、赞比亚、乌干达、阿根廷对中国公民开放电子签证或有条件电子签证，

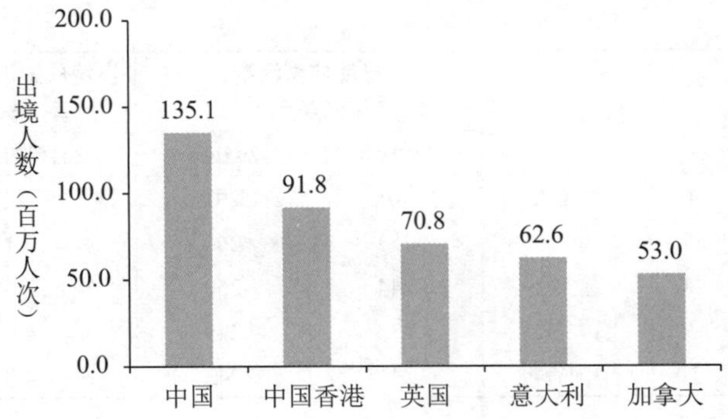

图 0–1　2016 年世界出境游游客人数排名前 5 的国家（或地区）

（数据来源：UNWTO Tourism Highlights，2017Edition；美国、德国和法国数据缺失）

厄瓜多尔、摩洛哥、乌克兰、塞尔维亚、墨西哥、突尼斯、汤加、秘鲁对中国旅行者实行免签、阶段性免签或有条件免签政策，日本放宽中国公民赴日的签证要求，为我国居民出境旅游的发展营造了相对宽松的环境。境外旅游目的地不断完善对中国游客的接待环境，加强旅游促销、增开中国航线、扩展中文服务（包括中文标识、中文导游、中餐提供和银联卡受理等）、优化免税政策等，这一系列措施都促进了出境游规模的扩大。此外，2016 年是中国—东盟旅游年、中国—哈萨克斯坦旅游年、中国—丹麦旅游年，9 月在成都举办了世界旅游组织全体大会，旅游外交活动的活跃也带动了中国出境旅游的热度。2016 年中国国民出境游客量达到 1.351 亿人次（图 0–1），连续五年蝉联世界第一，同比增长 5.63%，但是与 2015 年相比，增幅降低了 4.06 个百分点。

2. 出境旅游消费：仍居世界第一，增速大幅放缓

中国游客被称为“移动的钱包”，但中国游客出境旅游消费的井喷态势已经缓解，消费渐趋理性。从表 0–1 可以看出，2016 年我国出境旅游消费约 2611 亿美元，同比增长了 4.5%，约占全球出境旅游消费的 21.4%，虽然消费总额和市场份额仍然以较大优势持续保持世界第一的地位，但年增幅和市场份额均较 2015 年有所下降，分别降低了 20% 和 1.8%。可见，我国出境旅游消费在经过 2015 年井喷式增长后，2016 年增速大幅放缓，不敌美国、韩国、中国香港和澳大利亚，降至第五名；这表明我国出境旅游消费渐趋理性。同时，在世界排名前 10 名的出境旅游消费国中，我国出境旅游消费的人均消费水平仍偏低，仅 189 美元，远远低于其他国家和中国香港，而且较 2015 年降低了 11.3%；这说明我国出境旅游消费仍有极大的发展空间。

表 0–1　2016 年出境旅游消费排名前 10 的国家（或地区）

排名		出境旅游消费（亿美元）		出境旅游消费增长率（%）	市场份额（%）	总人口数（百万人）	人均花费（美元）
		2015年	2016年	2016/2015年	2016年	2016年	2016年
1	中国	2498	2611	4.5	21.4	1383	189
2	美国	1147	1236	7.8	10.1	323	382
3	德国	775	798	3.0	6.5	83	964
4	英国	633	636	0.5	5.2	66	970
5	法国	393	405	3.1	3.3	65	627

续表

排名		出境旅游消费（亿美元）		出境旅游消费增长率（%）	市场份额（%）	总人口数（百万人）	人均花费（美元）
		2015年	2016年	2016/2015年	2016年	2016年	2016年
6	加拿大	301	291	–3.3	2.4	36	802
7	韩国	253	266	5.1	2.2	51	520
8	意大利	244	250	2.5	2.0	61	411
9	澳大利亚	238	249	4.6	2.0	24	1026
10	中国香港	231	242	4.8	2.0	7	3284

（数据来源：UNWTO Tourism Highlights，2017 Edition。注：由于 WTO 每一年的报告都会对上一年的数据进行修正，使得该表中部分 2015 年的数据与《2016 中国旅游业发展报告》中的数据不同）

3. 出境游目的地：洲际分布均衡，泰韩日前三甲

根据《全国旅行社调查统计情况的公报》，2016 年全国旅行社共组织出境旅游 5656.65 万人次。从这些出境旅游的目的地洲来看，如图 0–2 所示，分布较均衡，比较而言，亚洲和欧洲占比较大，分别为 15.86% 和 13.88%，其次为美洲和大洋洲占比较大，分别为 10.77% 和 10.17%，而非洲相对较少，只占 8.18%；但与 2015 年相比较，各洲均衡发展的趋势非常明显，首先，2016 年出境旅游人数增长较快的是非洲和大洋洲，年增长率分别达到 65.83% 和 28.62%，其次是亚洲和美洲，年增长率分别为 22.36% 和 22.07%，从而改变了 2015 年旅行社组织出境旅游高度集中于亚洲（81.85%）和欧洲（12.50%）的格局。

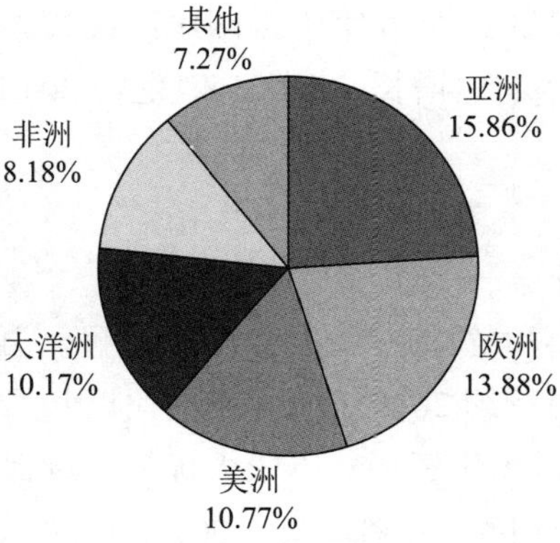

图 0–2　2016 年全国旅行社组织出境旅游人数的洲际分布

（数据来源：2016 年度第 4 季度全国旅行社统计调查情况的公报）

从这些出境旅游的目的地国家或地区来看，如图 0–3 所示，主要为东南亚国家和中国的港澳台地区。其中，泰国继续保持第一出境旅游目的地的地位，所占市场份额达到 16.11%，较 2015 年略有增加；韩国超越中国香港，跃居为第二大目的地，市场份额为 13.37%，较 2015 年增加了 2.60%，但受部署萨德反导系统等因素影响，韩国增长放缓；日本首次挤进前三甲，分割了 12.16% 的市场份额；而中国香港则被挤出前三甲，以 10.33% 的市场份额屈居第四位；印度尼西亚所占市场份额超过法国，跻身前 10，新晋为中国十大出境旅游目的地之一。携程旅游与中国旅游研究院联合发布的《向中国游客致敬——2016 年中国出境旅游者大数据》[①] 也显示，2016 年泰国、韩国、日本是前三大热门目的地，分别吸引了 877 万、804 万和 600 多万中国大陆游客前往，也是

① 中国旅游研究院. 向中国游客致敬 2016 年我国出境游达 1.22 亿人次——中国旅游研究院、携程旅行网发布《2016 中国出境旅游者大数据》. 中国旅游研究院，2017 年 1 月 22 日（http://www.ctaweb.org/html/2017-1/2017-1-22-10-41-66902.html，2017-9-2）。

2016 年我国游客花费总额最多的三大出境目的地国家。

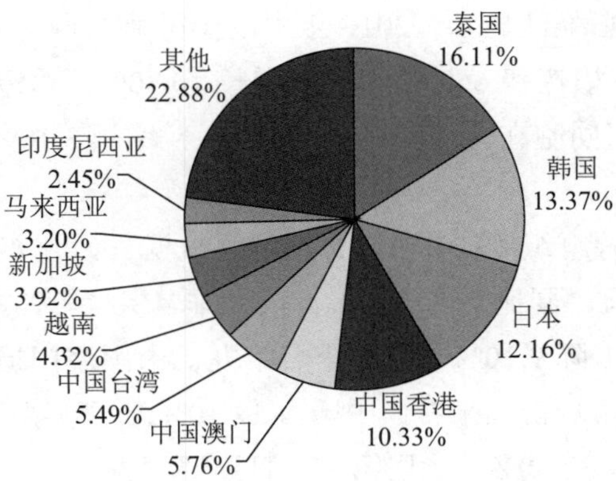

图 0–3　2016 年全国旅行社组织出境旅游人数排名前 10 位的国家和地区

（数据来源：2016 年度第 4 季度全国旅行社统计调查情况的公报）

（二）世界第四大入境旅游国：游客量、收入稳增，排名仍第四

1. 入境游客规模：稳步增长，世界排名保持第四

如表 0–2 所示，2016 年中国入境旅游人数 1.38 亿人次，同比增长 3.45%，稳步增长。其中：外国游客 2815 万人次，同比增长 8.33%，占入境旅游人数的比例为 20.33%，较 2015 年提高了约 1 个百分点；香港、澳门和台湾游客分别 8106 万人次、2350 万人次和 573 万人次，同比分别增长 2.03%、2.67% 和 4.21%，占入境旅游人数的比例分别为 58.55%、16.97% 和 4.14%，与 2015 年相比较，前两者略有下降，台湾略微提高。2016 年入境过夜旅游人数 5927 万人次，同比增长 4.19%，增幅提升了近 2 个百分点；世界排名第四[①]。其中：外国人 2165 万人次，增长 6.72%，占入境游客的比例为 36.53%，较 2015 年增加了近 1 个百分点；香港同胞 2772 万人次，增长 2.33%；澳门同胞 481 万人次，增长 3.09%；台湾同胞 509 万人次，增长 5.08%。可见，入境外国游客的增幅更大，使得入境外国游客所占比例有所增加。

表 0–2　2016 年中国入境旅游人数及其来源组成

入境游客来源地	入境旅游人数（万人次）	同比增长（%）	占入境旅游人数的比例（%）
合计	13844	3.45	100
香港同胞	8106	2.03	58.55
澳门同胞	2350	2.67	16.97
台湾同胞	573	4.21	4.14
外国人	2815	8.33	20.33

（数据来源：国家旅游局数据中心 . 2016 年全年旅游统计数据报告及 2017 年旅游经济形势预测 . 国家旅游局，2017 年 2 月 24 日（http://www.ctaweb.org/html/2017-2/2017-2-24-9-10-97907.html，2017-10-6）

① 数据来源：UNWTO Tourism Highlights，2017 Edition。

2. 旅游外汇收入：稳定增长，世界排名保持第四

国家旅游局数据中心统计显示，2016 年中国国际旅游收入 1200 亿美元，同比增长 5.58%。其中：外国人在华花费 668 亿美元，增长 10.30%；香港同胞在内地花费 305 亿美元，增长 2.30%；澳门同胞在内地花费 76 亿美元，增长 3.10%；台湾同胞在大陆花费 150 亿美元，增长 5.00%[①]。

根据联合国世界旅游组织（UNWTO）收集的数据，如表 0–3 所示：2016 年中国入境旅游收入 444.32 亿美元，同比下降 1.19%，世界排名保持第四[②]。中国香港入境旅游收入 328.60 亿美元，同比下降 9.10%，世界排名第九；中国澳门退出前十。从在亚太地区（Asia and the Pacific）的市场份额来看，中国占 12.10%，不敌泰国，屈居第二，但是加上香港、澳门和台湾，则占 32.80%，稳居第一，且遥遥领先。

表 0–3　2016 年主要入境旅游接待国 / 地区外汇收入及排名

排名	国家	旅游外汇收入（亿美元）		旅游外汇收入增长率（%）		占所在洲的份额（%）
		2015年	2016年	2015/2014年	2016/2015年	
1	美国	2054.18	2059.40	7.00	0.25	65.80
2	西班牙	564.68	603.46	–13.30	6.87	13.50
3	泰国	449.22	498.71	16.90	11.02	13.60
4	中国	449.69	444.32	2.10	–1.19	12.10
5	法国	448.58	424.81	–22.90	–5.30	9.50
6	意大利	394.49	402.46	–13.30	2.02	9.00
7	英国	454.62	396.15	–2.30	–12.86	8.90
8	德国	369.08	374.33	–14.80	1.42	8.40
9	中国香港	361.50	328.60	–5.80	–9.10	9.00
10	澳大利亚	288.72	324.23	–8.20	12.30	8.80

（数据来源：UNWTO Tourism Highlights，2017 Edition。注：由于 WTO 每一年的报告都会对上一年的数据进行修正，因此，会出现该表中部分 2015 年的数据与《2016 中国旅游业发展报告》中的数据不一致）

3. 入境游客源地：亚洲主导，韩美日继续前三甲

2016 年全国旅行社外联接待入境外国游客 1892.84 万人次，占入境外国游客总数的 67.24%。从这些入境外国游客的来源洲来看：1189.18 万人次（62.83%）来自亚洲，357.44 万人次（18.88%）和 242.93 万人次（12.83%）分别来自欧洲和美洲，而来自其他洲的都很少（图 0–4）；从这些入境外国游客的来源国来看：旅行社外联接待入境游客人数排名前 10 位的国家是韩国、美国、日本、泰国、新加坡、马来西亚、俄罗斯、英国、印度尼西亚和澳大利亚，合计人数为 1378.88 万人次，占比达到 72.85%，其中：韩国、

① 数据来源：国家旅游局数据中心.《2016年全年旅游统计数据报告及2017年旅游经济形势预测》，国家旅游局，2017 年 2 月 24 日（http://www.ctaweb.org/html/2017–2/2017–2–24–9–10–97907.html，2017–10–6）。

② 数据来源：UNWTO Tourism Highlights，2017 Edition；根据修正后的数据，2015 年中国国际旅游收入为 449.69 亿美元，世界排名第四。

美国和日本为前三甲，旅行社外联接待入境游客人数分别为 461.11 万人次、173.93 万人次和 148.28 万人次，占比分别为 24.36%、9.19% 和 7.83%。

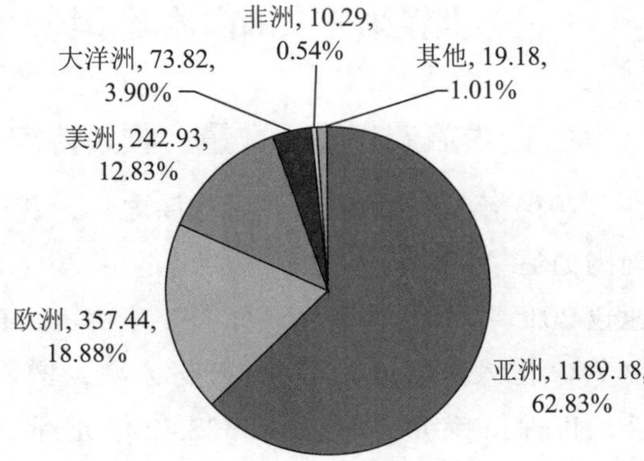

图 0–4 2016 年全国旅行社外联接待入境外国游客的来源洲

（数据来源：2016 年度第 4 季度全国旅行社统计调查情况的公报）

根据国家旅游局数据中心统计，包含相邻国家边民旅华人数的话，2016 年中国的入境外国游客人数为 3148 万人次。从这些入境外国游客的来源洲来看：亚洲占 67.50%，美洲占 10.70%，欧洲占 17.30%，大洋洲占 2.60%，非洲占 1.90%；从这些入境外国游客的来源国来看，排名前几位的是：韩国、美国、日本、泰国、新加坡、马来西亚、俄罗斯、英国等（图 0–5）。从这些入境游客的性别构成来看：男性占 63.00%，较 2015 年降低了 1.70%；女性占 37.00%。从这些入境游客的年龄组成来看：25~44 岁的游客最多，占比达到 46.80%，较 2015 年提高了 1.23 个百分点；其次，45~64 岁的游客较多，占比 34.30%；而 24 岁以下和 65 岁以上的游客都较少，占比分别只有 13.20% 和 5.70%。从这些入境游客的旅游目的来看：观光休闲占比最高，为 33.40%，较 2015 年提高了 1.66 个百分点；其次，会议 / 商务、服务员工占比较高，分别为 18.40%、15.00%；而探亲访友占比较低，只有 3.10%；另有 30.10% 的游客的目的为其他。

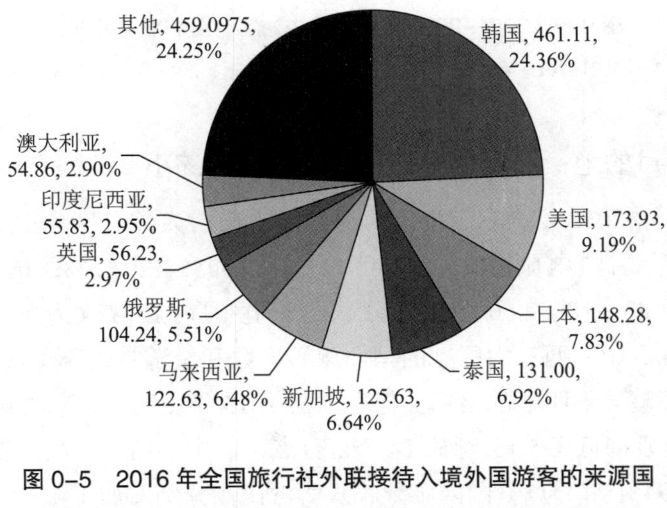

图 0–5 2016 年全国旅行社外联接待入境外国游客的来源国

（数据来源：2016 年度第 4 季度全国旅行社统计调查情况的公报）

（三）世界第一大国内旅游市场：规模持续增长，收入增长更快

1. 国内旅游规模：数量、收入持续增长，收入更快

2016 年是“十三五”的开局之年，我国旅游经济总体呈现强劲增长态势，全年接待国内游客 44.40 亿人次，旅游总收入 3.94 万亿元，同比分别增长 11.00% 和 15.19%，增速较 2015 年都有所提高。如图 0–6 所示，自 2001 年到 2016 年，国内旅游人数持续增长，由 7.80 亿人次增加到了 44.40 亿人次，增长了 4 倍多；国内旅游收入除 2003 年略有降低外，也保持持续增加，由 3522.40 亿元到 39390 亿元，增加了 10 倍多。可见，中国国内旅游人次和收入都保持以两位数的增长速度快速增长，而且旅游收入增长更快。

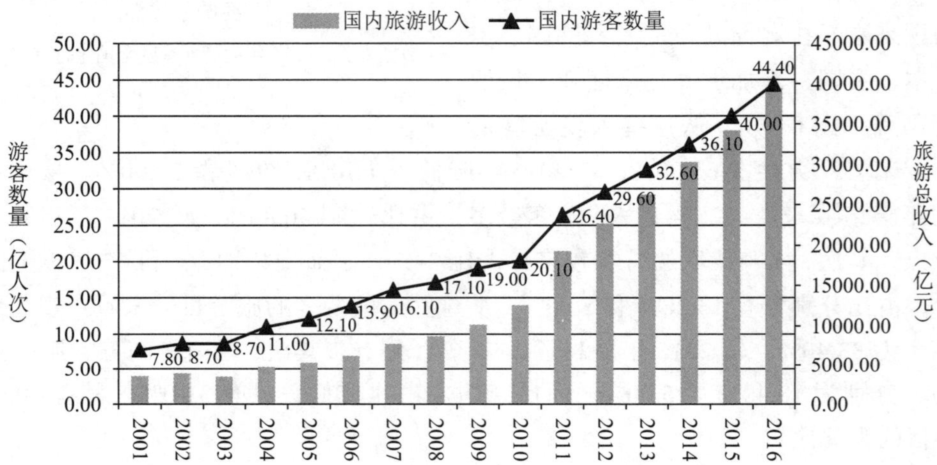

图 0–6　2001~2016 年中国国内游客数量和旅游总收入

（数据来源：2001~2015 年国民经济和社会发展统计公报，2016 年中国旅游业统计年鉴）

2. 国内旅游目的地：区域差异仍显著，但有所缩小

如图 0–7 所示，2016 年，东、中、西部的国内旅游人数分别为 19.12、12.28、12.92 亿人次，分别占全国国内旅游人数的 43.14%、27.71%、29.15%；国内旅游收入分别为 19909.14、9112.83、10382.66 亿元，分别占全国国内旅游收入的 50.52%、23.13%、26.35%。可见，东、中、西三大区域的国内旅游人数和旅游收入仍呈现出明显的东部高、中西部低而中西部差异不明显的格局。但是，与 2015 年相比较，东部国内旅游人数和旅游收入所占比例分别降低了 5.15① 和 4.24 个百分点，而中、西部国内旅游人数所占比例分别增加了 2.20、2.94 个百分点，国内旅游收入所占比例分别增加了 1.36、2.88② 个百分点，这表明东部与中、西部之间的差距呈缩小趋势。

① 这里考虑广东国内旅游人数是过夜旅游人数、宁夏数据缺失的话，下降幅度应该小于 5.15 个百分点。

② 这里考虑贵州用的是旅游总收入、宁夏数据缺失的话，增加幅度应该大于 2.88 个百分点。

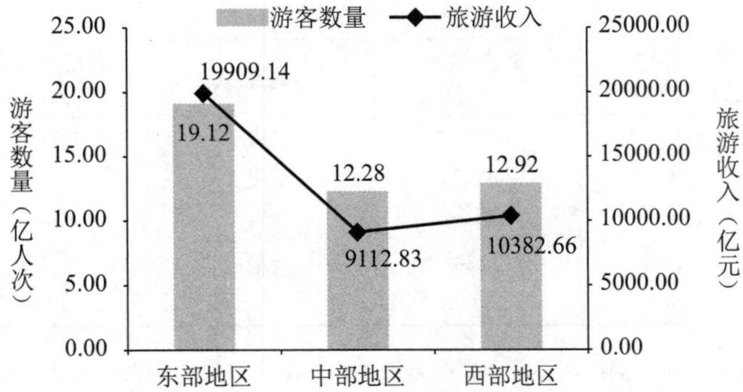

图 0–7　2016 年三大区域接待国内游客数量和国内旅游收入

（数据来源：同表 0–3；注：2015 年各省市区国民经济和社会发展统计公报。注：由于统计口径不同，31 个省域的国内旅游接待人数之和、国内旅游收入之和分别是全国国内旅游接待人数、全国国内旅游收入的倍数，因此，分别将各省域国内旅游接待人数、国内旅游收入除以相应的倍数后，分别加总求出不同区域的国内旅游接待人数和收入。另：宁夏数据缺失，计算时按 0 计）

如表 0–4 所示，从 2016 年各省（直辖市、自治区）（以下称省域）接待的国内旅游人数来看，江苏、天津、四川接待国内游客量较多，分别达到 6.78、6.71、6.37 亿人次；河南、浙江、湖北、湖南、贵州、安徽紧随其后，年接待国内游客量都超过 5.00 亿人次，而内蒙古、新疆、海南、青海、西藏的国内游客接待量都不足 1 亿人次，相差 4~5 倍；另外，2016 年 31 个省域国内旅游人数的变异系数为 0.53，较 2015 年降低了 0.08。从 2016 年各省域的国内旅游收入来看，江苏和广东较高，国内旅游收入分别达到 9952.50、9200.24 亿元，四川、浙江、天津紧随其后，国内旅游收入都超过 7000 亿元，而西藏和青海的国内旅游收入较少，分别只有 318.12、307.24 亿元，最多的和最少的之间相差了 31 倍多；另外，2016 年 31 个省域国内旅游收入的变异系数为 0.58，较 2015 年降低了 0.11。可见，2016 年国内旅游人数和旅游收入的省际差异仍较大，但呈缩小趋势。

表 0–4　2016 年中国 31 个省域的国内旅游人数和国内旅游收入

地区	旅游人数（亿人次）	旅游收入（亿元）	地区	旅游人数（亿人次）	旅游收入（亿元）
北京	2.80	4683	湖北	5.73	4870
天津	6.71	7315.87	湖南	5.60	4640.7
河北	4.70	4610.10	广东	3.62[b]	9200.24
山西	4.40	4228.00	广西	4.04	4047.65
内蒙古	0.96	2635.60	海南	0.595[c]	649.35[d]
辽宁	4.49	4112.20	重庆[e]	4.48	2533.21
吉林	1.64	2845.94	四川	6.37	7600.5
黑龙江	1.44	1572.90	贵州	5.30	5027.54[f]
上海	2.96	3443.93	云南	4.25	4536.54
江苏	6.78	9952.50	西藏	0.228	318.12[g]
浙江	5.73	7600	陕西	4.46	3658.92

续表

地区	旅游人数（亿人次）	旅游收入（亿元）	地区	旅游人数（亿人次）	旅游收入（亿元）
安徽	5.22	4763.60	甘肃	1.91	1219.20
福建	3.09	3495.21	宁夏	–	–
江西	4.69	4954.5	青海	0.29	307.24
山东	4.40	4228	新疆	0.79	1340
河南	5.80	5704.26[a]			

（数据来源：2016 年各省市区的国民经济和社会发展统计公报。[a] 为旅游总收入减去旅游创汇 9.2 亿美元（折合人民币 59.8 亿元，数据来源：刘春香 . 2016 年河南旅游优势叠加带来旅游发展乘数效应 . 河南日报，2017–01–19），[b] 为过夜旅游人数，[c] 为国内外游客总人数减去入境旅游人数（74.89 万人次），[d] 为旅游总收入减去旅游外汇收入 3.5 亿美元（折合人民币 22.75 亿元，数据来源：马伟元 . 2016 年海南实现旅游总收入 669.62 亿元 . 南海网，2017–01–19），[e] 数据来源于《2016 年重庆市旅游业统计公报》，[f] 为旅游总收入，[g] 为旅游总收入减去旅游外汇收入 1.9439 亿美元，– 表示数据缺失）

3. 国内旅游发展速度：中、西部高于东部，西部放缓

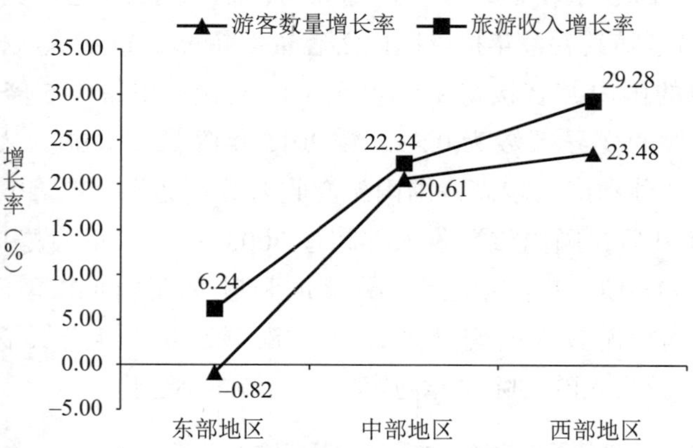

图 0–8　2016 年三大区域国内旅游人数和旅游收入的增长率

（数据来源：同表 0–4。注：同图 0–7）

如前所述，2016 年中国国内旅游人数和旅游收入都呈现快速增长态势。从三大区域的发展态势来看，如图 0–8 所示，2016 年东、中、西部的旅游人数增长率分别为 –0.82%、20.16%、23.48%，旅游收入增长率分别为 6.24%、22.34%、29.28%；中、西部接待的国内旅游人数和旅游收入的增长幅度都远远高于东部，保持高速发展的良好势头，这也是东部与中、西部差距有所缩小的主要原因。但同时也要注意到，在中部地区国内旅游人数和旅游收入增幅都较 2015 年有所提高的同时，西部地区增幅都有所下降，分别降低了 10.77% 和 7.34%。

从各省域的发展态势来看，2016 年国内旅游人数增长较快的省域是贵州、新疆、云南，增幅都超过 30%；其次是河北、青海、江西、甘肃、山西，增幅都超过 20%。国内旅游收入增长较快的省域是云南和贵州，增幅都超过 40%；其次是江西、新疆、河北，增幅都超过 30%。可见，除了河北以外，国内旅游人数和收入增长最快的都是中、西部省域。

（四）总就业贡献世界第一，GDP 和投资贡献世界第二

1. 对 GDP 的贡献：持续高速增长，稳居世界第二

GDP 的大小是衡量一个地区经济发展的重要指标，而衡量旅游业对经济发展影响程度的评价标准则是其对 GDP 增长的贡献。根据世界旅游及旅行理事会的数据，2016 年，中国旅游业对 GDP 的直接贡献是 1.828 万亿元（2752 亿美元），同比增长了 29.64%，而且，自 2009 年以来保持增加的态势，占全国 GDP（74.41 万亿元[①]）的比例为 2.46%，较 2015 年提高了 0.40 个百分点，而且，自 2011 年以来持续提高；综合贡献达 6.646 万亿元（10007 亿美元），同比增长了 23.85%，占全国 GDP 的比例为 8.93%，较 2015 年提高了 1.10 个百分点。同时也应该看到，中国旅游业对 GDP 的贡献与发达国家（如英国，其旅游业的直接、综合贡献分别占 GDP 的 3.4%、10.8%[②]）甚至世界整体水平（旅游业的直接、综合贡献分别占全部 GDP 的 3.1%、10.2%[③]）还有一定距离，还有提升的空间。

从中国旅游业的经济贡献在世界的地位来看，中国旅游业对 GDP 的直接贡献和综合贡献分别占全球旅游业直接贡献（23060 亿美元）和综合贡献（76113 亿美元）的 11.93% 和 13.14%，都仅次于经济实力强劲和旅游业高度发达的美国，而遥遥领先于直接贡献和综合贡献都居第三的德国，稳居世界第二（表 0–5）。

表 0–5　2016 年旅游业对 GDP 的贡献前 10 名的国家

国家	对GDP的直接贡献（亿美元）	排名	对GDP的综合贡献（亿美元）	排名
美国	5037	1	15092	1
中国	2752	2	10007	2
德国	1381	3	3767	3
日本	1105	4	3432	4
英国	900	5	2832	5
法国	898	6	2213	6
印度	862	7	2089	7
意大利	767	8	2076	8
西班牙	711	9	1772	9
墨西哥	637	10	1659	10
世界平均水平	191		573	

（数据来源：World Travel & Tourism Council.Travel &Tourism，Global Economic Impact & Issues 2017. World Travel & Tourism Council (https://www.wttc.org/–/media/files/reports/economic–impact–research/2017–documents/global–economic–impact–and–issues–2017.pdf, 2017–10–11)）

① 数据来源：国家统计局. 中华人民共和国2016年国民经济和社会发展统计公报. 国家统计局，2017–02–28（http://www.stats.gov.cn/tjsj/zxfb/201702/t20170228_1467424.html，2017–10–11）。

② 数据来源：World Travel & Tourism Council. Travel & Tourism Economic Impact 2017 CHINA. World Travel & Tourism Council（https://www.wttc.org/–/media/files/reports/economic–impact–research/countries–2017/unitedkingdom2017.pdf, 2017–10–11））。

③ 数据来源：World Travel & Tourism Council. 旅游和旅行 2017 年对经济的影响 < 全球 / 区域 >. World Travel & Tourism Council 官网（2017–10–08）。

2. 对就业的贡献：小幅增加，创造的就业岗位数世界第一

旅游业是带动其他产业发展的重要推动力。根据世界旅游及旅行理事会的数据，2016 年，中国旅游业创造的直接就业岗位为 2368.06 万个，同比增加了 5.30%，而且自 2010 年以来保持小幅增加，占年末全国就业人数（77603 万人[①]）的 3.05%，较 2015 年提高了 0.15 个百分点；旅游业创造的总就业岗位为 6952.77 万个，同比增加了 6.81%，占年末全国就业人数的比例为 8.96%，较 2015 年提高了 0.56 个百分点。

从中国旅游业的就业贡献在世界的地位来看，中国旅游业创造的直接就业岗位占全球旅游业创造的直接就业岗位（10874.1 万个）的 21.78%，仅次于印度，而遥遥领先于第三的美国，稳居世界第二（表 0–6）；总就业岗位占全球旅游业创造的总就业岗位（29222 万个[②]）的 23.79%，遥遥领先于居于第二的印度，稳居世界第一（表 0–6），对中国及世界旅游业的发展具有重要影响。

表 0–6　2016 年部分国家和地区旅游业创造的就业岗位数及世界排名

国家或地区	创造的直接就业岗位（万个）	排名	创造的总就业岗位（万个）	排名
中国	2368.06	2	6952.77	1
印度	2539.47	1	4034.30	2
美国	548.58	3	1420.68	3
印度尼西亚	194.42	10	670.86	7
越南	195.96	9	400.28	12
泰国	231.37	7	573.90	9
日本	112.48	15	447.40	10
马来西亚	63.97	25	170.07	24
中国香港	18.96	66	55.88	60
中国澳门	10.04	97	19.46	108
东南亚地区平均水平	371.68		1100.69	
世界平均水平	84.39		215.29	

（数据来源：World Travel & Tourism Council. Travel & Tourism Economic Impact 2017 CHINA. World Travel & Tourism Council，https://www.wttc.org/–/media/files/reports/economic–impact–research/countries–2017/china2017.pdf, 2017–10–08）

3. 对投资的贡献：持续稳定增长，稳居世界第二

随着人们旅游需求的高涨，国家支持旅游发展的一系列政策的相继出台，以及旅游发展形势的持续向好，出现了旅游投资热潮，政府、央企、国企、民营企业纷纷加入旅游投资大军。继 2015 年全国旅游直接投资突破万亿元大关后，2016 年达到 12997 亿元，同比增长了 29.05%，高出全国固定资产投资增速 20 个百分点，尤为突出的是，民营旅

① 数据来源：国家统计局.《中华人民共和国 2016 年国民经济和社会发展统计公报》，国家统计局，2017–02–28（http://www.stats.gov.cn/tjsj/zxfb/201702/t20170228_1467424.html，2017–10–11）。

② 数据来源：World Travel & Tourism Council. 旅游和旅行 2017 年对经济的影响 <全球 / 区域>. World Travel & Tourism Council 官网（2017–10–08）。

游投资积极性高涨，占旅游投资总额的 59%[①]。

根据世界旅游及旅行理事会的数据，2016 年，中国的旅游投资额为 9139 亿元（1376 亿美元），同比增加了 9.78%[②]，而且自 2011 年恢复增长以来，一直保持稳定增长态势，占全国总投资的比例为 2.90%，较 2015 年提高了 0.10 个百分点。从中国旅游投资在世界的地位来看，2016 年中国旅游投资额占世界旅游投资额（8065 亿美元）的 17.06%，与 2015 年基本持平，仅次于以 1608 亿美元位居世界第一的美国，但差距不大，而远远领先于以 372 亿美元位居世界第三的法国，稳居世界第二（表 0–7）。

表 0–7　2016 年部分国家和地区旅游投资额及其世界排名

地区	旅游投资额（亿美元）		排名		年增长率（%）
	2015年	2016年	2015年	2016年	
美国	1488	1608	1	1	8.06
中国	1325	1376	2	2	3.85
法国	–	372	–	3	–
日本	328	344	5	4	4.88
印度	353	340	3	5	–3.68
印度尼西亚	140	136	14	14	–2.86
泰国	66	70	21	20	6.06
中国香港	56	59	24	23	5.36
马来西亚	53	50	27	27	–5.66
越南	52	55	29	26	5.77
中国澳门	33	22	40	50	–33.33
东南亚地区平均水平	93*	280	–	–	–
世界平均水平	43	44	–	–	2.33

（数据来源：World Travel & Tourism Council. Travel & Tourism Economic Impact 2017 CHINA. World Travel & Tourism Council，https://www.wttc.org/–/media/files/reports/economic–impact–research/countries–2017/china2017.pdf, 2017–10–08；* 2015 年为亚太地区的平均水平）

三、中国旅游业的热点事件

（一）“十三五”规划首次被列入国家重点专项

2016 年 12 月 26 日，国务院发布经李克强总理签批的《“十三五”旅游业发展规划》（以下称《规划》），这是我国旅游业发展中又一个具有里程碑意义的重大事件。《规划》有六方面的历史性突破和重大亮点，即：首次被列入国家重点专项规划，层级达到前所未有的高度；首次在《规划》中全面明确分工，实施力度前所未有；首次以五大发展理念谋篇

① 彭艳娇. 旅游投资. 中国旅游报，2017年7月12日（http://www.cnta.gov.cn/xxfb/jdxwnew2/201707/t20170712_831530.shtml，2017–10–12）。

② 为按人民币为单位的数据计算所得。

布局，确立以全域旅游作为旅游发展战略，与国家战略实现了前所未有的融合；首次由国家权威智库专家开展研究，组织团队编写，广泛吸收集成各方面智慧；首次一边编制规划一边出台系列相关政策举措，集成515战略以及各种政策，得到前所未有的政策支撑；首次全面部署“旅游+”，成为经济结构调整的加速器、供给侧改革的催化剂，为旅游规划构建了前所未有的宽度[①]。

《规划》对未来五年我国旅游业的发展做出了总体部署和谋划，简要概括为“四五六”，即四大目标、五大趋势、六大任务。四大目标分别为旅游经济稳步增长、综合效益显著提升、人民群众更加满意、国际影响力大幅提升。旅游业发展的五大趋势分别为消费大众化、需求品质化、发展全域化、产业现代化和竞争国际化。六大任务包括：创新驱动，增强旅游业发展新动能；协调推进，提升旅游业发展质量；绿色发展，提升旅游生态文明价值；开放合作，构建旅游开放新格局；共建共享，提高人民群众满意度；深化改革，完善旅游发展保障体系。《规划》作为旅游业发展的蓝图，是我国未来五年旅游发展的行动纲领和指南。

（二）“首批国家级旅游业改革创新先行区”名单公布

2015年年底，国家旅游局公布了“首批国家级旅游业改革创新先行区”名单，确立了浙江湖州、江西鹰潭、河北保定、内蒙古鄂尔多斯、山东青岛、四川资阳、山东沂南、湖北武汉、陕西韩城、甘肃敦煌等20个国家级旅游业改革创新先行区。旅游业改革创新先行区是指以“创新统筹职能、创新政策措施、创新产业引导”为指引，以市县政府为改革主体，以旅游业体制机制为改革内容，以实现旅游目的地整体发展为主要目标的旅游改革先行先试地区。国家旅游局制定的《旅游业改革创新先行区工作方案》明确要求先行区必须改革创新“旅游业产业定位”“旅游综合管理体制”“旅游业发展引导机制”“旅游公共服务体制”“旅游市场监管机制”五大方面，鼓励先行区改革创新“景区管理体制”“门票预约制度”“旅游投融资体制”“区域协调发展体制”“考核评价体系”“中介组织发展机制”等。同时，国家旅游局将在旅游用地改革、旅游市场限制放宽、出入境手续简化、国家旅游发展基金申报等方面给予大力支持，促进先行区旅游管理体制实现质的飞跃，旅游业发展速度和质量高于全国平均水平，发展成果体现对经济和社会的综合贡献。

2017年2月27日，为贯彻落实相关文件精神，充分发挥旅游业在全面深化改革中的作用，有效推进国家级旅游业改革创新先行区工作，国家旅游局印发了《国家级旅游业改革创新先行区建设管理办法》（以下称《办法》）。该《办法》不仅进一步明确了先行区的申报条件、程序和要求，而且明确提出：“先行区实施动态进出机制，国家旅游局适时委托第三方对各先行区旅游改革创新工作进行评估。对连续两年旅游改革创新工作没有明显进展、规定任务无法完成的，责令限期整改；逾期仍未达到要求的，取消其国家级

---

① 石培华．全国“十三五”旅游业发展规划六方面的历史性突破与重大亮点．人民网－旅游频道，2017年2月7日（http://www.cnta.gov.cn/ztwz/jj135lvyfzgh/zcjd/201702/t20170207_814263.shtml，2017-10-23）。

旅游业改革创新先行区资格。”这使得先行区不仅仅是一个国字号头衔，更是一份国字号责任，对各先行区切实做好旅游业改革创新工作起到了莫大的监督作用。

（三）“1+3+N”的旅游市场综合监管机制形成

2016年2月19日，国务院办公厅发布《关于加强旅游市场综合监管的通知》（国办发〔2016〕5号），提出要加快建立权责明确、执法有力、行为规范、保障有效的旅游市场综合监管机制，进一步解决扰乱旅游市场秩序、侵害旅游者权益等突出问题；要求依法落实旅游市场监管责任，创新旅游市场综合监管机制，包括制定旅游市场综合监管责任清单、完善旅游法律规范体系、健全完善旅游市场监管标准、推进旅游市场监管随机抽查、建立健全旅游诚信体系、推进综合监管体制改革试点、加强执法与司法相衔接，从而全面提高旅游市场综合监管水平。

同时，为了解决当前旅游管理中表现突出的部门职能不协调、不衔接、不匹配的问题，国家旅游局副局长杜江提出，要以整合为核心，创新旅游管理体制，努力实现监管覆盖旅游活动全过程、贯通旅游产业全链条，逐步实现旅游行业管理向部门协调转变、向职能整合转变、向制度保障转变，并进一步提出要积极推动“1+3+N”的旅游管理体制创新，即建立一个综合协调性强的旅游管理机构，设置旅游警察、旅游工商所和旅游巡回法庭三支执法队伍，建立与各部门职能相互包容衔接的N种旅游发展制度。可见，旅游改革创新不是由旅游局牵头的改革，而是由地方政府主导的改革。

而后，各地相继成立了旅游协调执法和综合执法的机构（如陕西省韩城市组建的旅游警察分局、旅游法庭、旅游市场监管分局，河南省栾川县公安局成立的旅游警察大队，江苏省连云港市成立的由旅游、工商、物价、城管、公安、交通、工商等多个职能部门参与的旅游投诉查处和联合执法办公室，四川省乐山市组建的旅游法庭等），出台或完善了旅游协调执法和综合执法的制度（如内蒙古自治区呼伦贝尔市出台了《呼伦贝尔市旅游综合执法检查机制工作方案》《呼伦贝尔市旅游市场治理整顿专项行动实施方案》《呼伦贝尔市旅游市场秩序重点整治活动实施方案》），创新了相关执法形式（如江苏省连云港市由市政府牵头建立的由各县区、景区和市级职能部门共同参与的旅游市场监管机制等），使全国旅游市场秩序较以前有了很大改观。另外，呼伦贝尔市与满洲里、阿尔山等地签署《区域旅游联合执法协议》，河北省保定市已与北京、天津旅游管理机构签订《京津保质监执法公约》，探索打破地域管理权限壁垒、联合对旅游市场进行监督管理的机制和路径。可以预见，未来联合管理规范旅游市场将成为常态。

（四）老年旅游服务规范的实施激活老年旅游市场

2016年9月1日，国家旅游局批准发布的《旅行社老年旅游服务规范》正式实施。该规范明确要求，旅行社在设计产品之初就要考虑到老年游客的特殊性，比如摸清身体健康状况、配备医生或具有专业资质的导游，或将旅游产品按照年龄进一步细分等，不仅为中老年旅游的发展提供了一个方向指引，解决了因为行业规范等不健全而导致很多旅游服务机构不愿意接待高龄老年人的问题，而且能促进中老年人群旅游需求潜力的释放，扩大旅游消费市场和水平，也是我国迎接“老龄化”社会到来的有益探索和准备。

在该规范正式实施后，不少旅游企业推出了老年旅游产品，弥补了市场不足。如 9 月 19 日，同程旅游在苏州举行了“活到一百岁，游遍全世界”全国中老年旅游服务社群“百旅会”启动揭牌仪式，宣布成立“百旅会”中老年旅游会员俱乐部，定位为中老年品质旅游服务和幸福生活社群，引发全行业对老年旅游市场的关注。

（五）“一带一路”沿线国家旅游合作成效显著

2017 年 5 月 14~15 日，举世瞩目的“一带一路”国际合作高峰论坛在北京成功举办。习近平主席强调，我们要建立多层次人文合作机制，搭建更多合作平台，开辟更多合作渠道。其中，要用好历史文化遗产，联合打造具有丝绸之路特色的旅游产品和遗产保护模式。根据预测，“十三五”期间，我国将为“一带一路”沿线国家和地区输送 1.5 亿人次游客、2000 亿美元旅游消费，同时我们还将吸引沿线国家和地区 8500 万人次游客来华旅游，拉动旅游消费约 1100 亿美元[①]。

自 2013 年 11 月“一带一路”战略被写入党的十八届三中全会《中共中央关于全面深化改革若干重大问题的决定》并上升为我国对外开放的重大战略以来，中国与“一带一路”沿线国家的旅游合作与交流取得了丰硕的成果。在 2014 年于摩洛哥举办的香山旅游峰会上，世界旅游城市联合会针对西亚北非地区会员专门设计了“一带一路旅游城市多元化发展”议题，并组织了“摩洛哥千人游”；2015 年举办丝绸之路旅游部长会议，通过了《丝绸之路国家旅游部长会议西安倡议》；2016 年 1 月，世界旅游城市联合会与会员单位新疆阿勒泰地区联合举办了“一带一路与旅游合作”国际论坛；2017 年 3 月，世界城市旅游联合会在马来西亚槟城举办了亚太旅游论坛，发布了《“一带一路”旅游走廊节点城市建设倡议》等；2017 年 5 月，“一带一路”国际合作高峰论坛期间，中国国家旅游局与乌兹别克斯坦国家旅游发展委员会签署了《中华人民共和国国家旅游局与乌兹别克斯坦共和国国家旅游发展委员会 2017~2020 年旅游合作发展纲要》，与智利经济、发展和旅游部签署了《中华人民共和国国家旅游局与智利共和国经济、发展和旅游部关于加强旅游合作的谅解备忘录》，与波兰外交部签署了《中华人民共和国政府和波兰共和国政府旅游领域合作协议》，与柬埔寨王国旅游部签署了《中华人民共和国国家旅游局和柬埔寨王国旅游部关于旅游合作的谅解备忘录实施方案（2017~2020）》；在合作机制方面，建立了中国—东盟、中国—中东欧、中俄蒙等一系列双多边旅游合作机制，举办了首次中国—东盟旅游部门会议、首届中国—南亚旅游部长会议等活动，为深化旅游“一带一路”工作提供了机制保障；与“一带一路”重点国家合作，先后举办了中俄、中韩、中印、中国—中东欧、中丹、中瑞、中哈、中国—东盟等多个旅游年，覆盖国家 34 个，在

---

① 彭艳娇．“一带一路”发展战略，旅游可以大有作为．国家旅游局，2017年5月18日（http://www.cnta.gov.cn/xxfb/jdxwnew2/201705/t20170518_825816.shtml，2017-06-20）。

各旅游年框架下组织民众喜闻乐见的旅游推广交流活动。

中国与“一带一路”沿线国家旅游合作与交流的实际成效也十分显著。首先，中国民航已与43个“一带一路”沿线国家实现空中直航，新开辟沿线国家航线240条，每周航班达到约4200个①。其次，截至2016年年底，中国已与120个国家和地区签署了双边政府间航空运输协定，其中，“一带一路”沿线国家占一半以上。最后，据测算，中国与“一带一路”沿线国家双向旅游交流规模已超过2500万人次；去哪儿、携程、蚂蜂窝、驴妈妈等旅游电商根据机票量和度假线路及目的地玩乐售卖量等综合统计，“一带一路”旅游3年间游客出游意愿的热度翻了3倍;《2017“一带一路”出境游趋势报告》数据显示，东南亚地区凭借良好的区位优势和优质旅游资源，目前是“一带一路”沿线最火爆的出境游目的地；俄罗斯、中东欧等新兴旅游目的地增速较快，未来有望成为中国游客出游的全新热门选择②。

（六）自由执业试点全面启动导游社会化改革

导游是衔接旅游服务各个环节的重要角色，其服务的质量和水平直接决定着整个旅游服务的质量，也决定着新时代个性化、定制化的旅游需求是否能得到充分满足，因此，导游是旅游业供给侧改革的重要内容。2016年5月5日，国家旅游局向吉林、上海、江苏、浙江、湖南、广东、广西、海南、四川发布《国家旅游局关于开展导游自由执业试点工作的通知》（旅发〔2016〕59号），同时下发了《导游自由执业试点实施方案》《导游自由执业试点管理办法（试行）》，要求江浙沪粤四省市进行线上导游自由执业试点，要求吉林长白山、湖南长沙和张家界、广西桂林、海南三亚、四川成都实行线上线下导游自由执业试点；其目的在于提升导游的整体服务水平，杜绝“导购”等现象的同时可以更多地体现导游职业的自身价值；这标志着我国导游社会化改革的全面启动。导游自由执业后，导游的薪酬将与其服务水平直接挂钩，从而刺激导游从业者回归服务本质，对于破解强迫购物等行业难题具有重要意义。目前，携程、途牛、同程等8家在线旅游企业已开始试点工作，建立了网约导游平台。

（七）全域旅游的大力推广促进旅游发展转型

2016年1月29日，在2016年全国旅游工作会议上，国家旅游局局长李金早提出推动全域旅游的发展。他提出，旅游业发展到现在，已经到了全民旅游和以个人游、自驾游为主的全新阶段，传统的景点旅游模式已不能满足现代大旅游发展的需要，因此应大力推广全域旅游③。他深入阐明了“什么是全域旅游”“为何推进全域旅游”“如何推进全域旅游”，

① 齐中熙.我国已与40多个“一带一路”沿线国家实现空中直航.新华社，2017年5月18日（http://www.cnta.gov.cn/xxfb/hydt/201705/t20170517_825755.shtml，2017-10-25）。

② 彭艳娇.“一带一路”沿线国家成中国游客热门目的地 十大热门出发城市中，上海居首位.新民晚报，2017年5月17日（http://www.cnta.gov.cn/xxfb/jdxwnew2/201705/t20170517_825720.shtml，2017-10-25）。

③ 李金早.全域旅游大有可为.国家旅游局新闻办，2016年2月8日（http://www.cnta.gov.cn/ztwz/zghy/hydt/201602/t20160208_760166.shtml，2017-10-27）。

并指出全域旅游模式要实现九大转变：一是从单一景点景区建设和管理到综合目的地统筹发展转变；二是从门票经济向产业经济转变；三是从导游必须由旅行社委派的封闭式管理体制向导游依法自由有序流动的开放式管理转变；四是从粗放低效旅游向精细高效旅游转变；五是从封闭的旅游自循环向开放的“旅游＋”融合发展方式转变；六是从旅游企业单打独享到社会共建共享转变；七是从景点景区围墙内的“民团式”治安管理、社会管理向全域旅游依法治理转变；八是从部门行为向党政统筹推进转变；九是从仅是景点景区接待国际游客和狭窄的国际合作向全域接待国际游客、全方位、多层次国际交流合作转变。这九点既指明了现代旅游发展的新方向、新路径、新模式，也明确了今后一段时间旅游发展和管理的新任务，包括构建全域旅游综合协调管理体制、导游管理体制改革、区域旅游发展评价体系创新等。全域旅游概念的提出标志着政府、产业对中国旅游发展阶段及其规律的认识又跃上了一个全新高度[①]，这也将推动旅游由“到此一游”的单一产品时代向“深度体验游”的全域旅游时代演进，这将促进旅游业转型升级、提质增效，构建新型旅游发展格局，这也可能使2016年成为中国旅游发展史上最具里程碑意义的一年。

之后，国家旅游局围绕全域旅游发布了《国家全域旅游示范区认定标准（征求意见稿）》（2016年9月10日）、《全域旅游示范区创建工作导则》（旅发〔2017〕79号）等多个文件，在《“十三五”旅游业发展规划》中均围绕全域旅游开展工作部署，加大了政策扶持的力度，还联合交通运输部、农业部等多个部门，发布了《关于促进交通运输与旅游融合发展的若干意见》《关于大力发展体育旅游的指导意见》等多个文件，为全域旅游发展提供了政策指导和机制保障。同时，继2015年9月颁布《关于开展“国家全域旅游示范区”创建工作的通知》启动“国家全域旅游示范区”创建工作后，国家旅游局分别于2016年2月与11月分两批公布了国家全域旅游示范区创建名录，共计500个，推动这些名录区域转变发展理念，编制全域旅游发展规划，探索管理体制创新。全域旅游也得到了各级政府的重视和支持。江苏省委书记李强、云南省委书记陈豪、贵州省省长孙志刚、宁夏回族自治区主席咸辉等多位党政“一把手”纷纷力推，全域旅游已成为各地发展经济的重要抓手[②]。尤其是在2017年3月5日的国务院政府工作报告中，李克强总理提出，“完善旅游设施和服务，大力发展乡村、休闲、全域旅游”；“全域旅游”首次写入政府工作报告，预示着中国推进“全域旅游”的步伐将更加务实、坚定。

（八）多项政策连续出台助推自驾车房车旅游热潮

2016年3月5日，李克强总理在政府工作报告中明确提出：“落实带薪休假制度，加强旅游交通、景区景点、自驾车营地等设施建设，规范旅游市场秩序，迎接正在兴起的大众旅游时代”；此后，国务院办公厅在《关于研究扩大文化、体育、旅游等消费热点，

① 段强. 2016中国旅游波澜壮阔 大事件可载史册. 中国网，2016年12月8日（品橙旅游，http://www.pinchain.com/article/101183，2017-10-27）。

② 于阗. “全域旅游”上升国家战略 成经济发展重要引擎. 人民网，2017年3月15日（国家旅游局官网：http://www.cnta.gov.cn/xxfb/jdxwnew2/201703/t20170315_818779.shtml，2017-10-28）。

培育中长期经济增长点和发展新动力有关问题的报告》中再次提出“加快自驾车房车营地等建设”，要求“适应当前我国自驾车房车旅游快速发展的需要，制定促进自驾车房车旅游发展的指导意见，在有回报的领域完善支持政策，吸引社会资本投入，2016 年建设 500 个营地，同时，积极研究解决房车上路限制等问题”，并明确由国家旅游局牵头，会同国家发展改革委、工业和信息化部、公安部、财政部、国土资源部、住房和城乡建设部、交通运输部等部门完成 2016 年建设 500 个营地的任务；2016 年 9 月 22 日，国家旅游局等六部委印发《关于加快推进 2016 年自驾车房车露营地建设的通知》，加快推进自驾车房车营地建设；2016 年 11 月 9 日，国家旅游局等 11 部委在京发布《关于促进自驾车旅居车旅游发展的若干意见》；2016 年 12 月 26 日，国务院发布的《“十三五”旅游业发展规划》中同样指出加快发展自驾车旅居车旅游。

上述各种政策文件的不断出台，表明 2016 年是自驾游、房车露营备受关注的一年，也是相关产品生产和基础设施建设大力发展的一年。在国家政策的支持下，上海、山东、重庆、广东等省市结合自身特点，纷纷出台了相关政策，以促进房车经济发展，掀起了一轮自驾车房车营地规划和建设的热潮。有数据显示，2016 年中国房车销售量为 1.5 万辆，截至 2016 年年末，中国房车保有量约 4.5 万辆，房车露营地保有量为 503 个，而美国、日本、澳大利亚 2016 年的房车销售量分别是 430691 辆、5364 辆、21841 辆，房车保有量分别为 1130 万辆、10.04 万辆、60.9 万辆，房车露营地保有量分别约为 27210 个、3000 个、2500 个[①]；可见，与发达国家相比，中国自驾车房车露营旅游还有巨大的发展空间，有业内人士估计，到 2020 年，中国房车市场将达到 50 亿美元，露营地保有量将达到 1 万个，这无疑是一个新的增长点。当然，同时也要明确，我国自驾车房车营地建设和相关市场发展还处于起步阶段，土地供给、房车上路、营地运营管理等制约其发展的问题，尚需破题，国家关于房车上牌规定、高速路收费标准、驾驶房车所需驾照等方面，还缺乏明确的规定，限制了消费者购买和使用房车，房车产业相关的国家标准和规范欠缺，致使房车生产和营地建设运营管理水平参差不齐，影响了行业的整体形象及健康发展[②]。

（九）旅游企业的重组与并购呈强强联合态势

2016 年 7 月 11 日，经报国务院批准，中国国旅集团有限公司整体并入中国港中旅集团公司，成为其全资子公司。8 月 3 日，中国港中旅集团公司与中国国旅集团有限公司在京召开重组大会，中国旅游集团公司正式挂牌。重组后的中国旅游集团公司，旗下拥有中国国旅、香港中旅、中国免税、维景酒店、世界之窗、锦绣中华、中旅银行、海泉湾、芒果网等一批业内知名品牌。11 月 10 日，中国旅游集团召开新闻发布会，宣布在战略重组后，目前中国旅游集团资产总额已近 1500 亿元，销售额超过 1000 亿元，其愿景是成

① Zhangfan（责任编辑）. 2017 全球房车露营最新数据年中汇总 . 21 世纪房车，2017 年 8 月 3 日（http://www.21rv.com/Home/Article/index/id/30790/p/2.html，2017-10-28）。

② Wanghailong（责任编辑）. 自驾车房车露营地建设入风口 . 21 世纪房车，2016 年 7 月 15 日（http://www.21rv.com/Home/Article/index/id/27727，2017-10-29）。

为国家级旅游企业“航母”。中国国旅是国内规模最大、实力最强的旅行社巨头，也是中国免税业旗舰企业，中国港中旅是中央直接管理的国有重要骨干企业，也是总部在香港的三家中央企业之一，资产总额超过1000亿元，营业收入335亿元，利润总额23.7亿元；港中旅集团与国旅集团重组是贯彻落实中共中央、国务院《关于深化国有企业改革的指导意见》，实现旅游央企强强联合、优化资源配置，形成具有核心竞争力和知名品牌、具有国际视野和国际竞争力的巨头企业，做强做优做大旅游央企的重要举措，这将是今后一段时间旅游企业重组与并购的必然趋势。

此外，2016年，携程经过架构的调整启动了对去哪儿和艺龙的整合，同时在非标住宿及旅游度假两个领域也做出了大力度的整合举动，收购旅游百事通扩充线下实力，形成了所谓的“CBQ”组合；同程与万达旅游合并，实现了线上效率与线下服务落地的有机融合；途家并购蚂蚁短租和携程、去哪儿民宿业务，成为民宿行业的最大一次并购，启动了非标住宿业的并购潮，预示着中国的住宿分享行业将迈步进入全速成长期；海航集团马不停蹄地进行海外并购，业务领域涉及酒店、度假村、航空、机上餐饮等方方面面。纵观这一轮轰轰烈烈的重组与并购，表现为强强联合、线上线下整合的新态势。

（十）云南旅游乱象频出敲响乱象整治的警钟

2016年1月，云南西双版纳一导游因购物问题训斥游客“现在有的人一毛不拔，白吃白喝白住，你们问心无愧啊？我都替你们害臊”；2016年10月，一名云南导游强制游客购买翡翠，声称“买不够东西，今天别想走出云南这个地方”；2017年1月24日，微博爆出女游客在云南丽江被打致毁容；2017年2月4日，游客辱骂店家经警方协调道歉后，被饭店老板尾随追打；2017年春节前，云南省副省长参团旅游，被“一对一”服务强制购物①。在前两年，云南旅游早已爆出游客被强制消费的恶性事件，整治之后却发现游客投诉不减反增，2014、2015、2016年云南省的旅游投诉均居全国榜首，种种事件不断爆出，社会关注层层累加，美丽的多彩云南已经蒙上了挥之不去的阴影。

2017年2月10日，云南省省长阮成发对旅游市场整治“放狠话”：“有些购物店那么嚣张，为什么就关不掉呢？背后有人吧。”他提出要从整治市场乱象和产业转型升级两方面发力，“两手都要抓、都要硬”。作为以旅游业为支柱产业的云南，几乎每一年云南省都会推出措施，“重拳整治”旅游市场，但却收效甚微。在面对旅游业各方利益的协调中，相关职能部门应当以更为强硬、更实际的作为整治行业，不仅有决心，更要有行动、有成效；更要切断零负团费产品中的灰色利益链，解决违法经营单位“背后有人”的问题，打破这个固化的利益体系。同时，旅游者在面对各类低价团时也需认清产品实际价值，看淡价格，看重体验，要明确天下没有免费的午餐，服务也需要支付成本，零负团费必然面临低劣的服务环境。

① 王倩，文松辉.副省长被逼购物，云南旅游乱象整治迫在眉睫.人民网－观点频道，2017年2月24日（http://opinion.people.com.cn/n1/2017/0224/c1003-29106237.html，2017-10-28）。

第一章 全国旅游业发展盘点

本报告分别从全国整体、东中西三大区域以及七大分区的视角对中国旅游业发展的支撑环境、核心产业和旅游需求进行全面盘点，把握近年来中国旅游业发展的整体状况、大区域格局，希望能为国家层面旅游发展战略的制定和改革措施的出台等提供参考依据。其中，支撑环境主要考虑与区域旅游发展有密切关系的自然环境、社会经济环境和旅游政策环境，核心产业包括住宿接待业、旅游目的地（旅游景区）和旅行社业，关注各个行业的发展现状和发展潜力，旅游需求主要关注旅游接待规模、旅游总收入和人均花费。

一、支撑环境盘点

区域整体环境是影响目的地旅游竞争力的重要因素，无论是现实竞争力的取得还是潜在竞争力的开发，都必须以良好的产业发展环境作为支撑和保障。本报告从自然环境、社会经济环境和旅游政策环境三方面盘点旅游业发展的支撑环境。

（一）自然环境

1. 空气质量优良天数：全国平均 247 天，逐渐好转；西部优于中、东部；东、西部持续增加，中部有所减少

根据《大气污染防治行动计划》，从 2013 年开始，中央财政设立大气污染防治专项资金，“十二五”期间共安排 254 亿元，支持京津冀及周边、长三角、珠三角地区治理雾霾。2016 年下达专项资金 112 亿元，支持京津冀、长三角、珠三角等重点区域落实“大气十条”。根据《2016 中国环境状况公报》公布的数据，2016 年全国城市空气质量总体趋好，环境空气质量标准重点监测的 74 个城市细颗粒物（PM2.5）平均浓度比 2015 年下降 9.10%；全国 338 个地级以上城市中，虽然只有 84 个城市（占 24.85%）环境空气质量达标，有 254 个城市（占 75.15%）环境空气质量超标，但与 2015 年相比较，前者增加了 11 个城市，后者减少了 11 个城市。

截至 2015 年年底，全国 31 个省会城市平均空气质量优良天数（即全国空气质量优良天数）约为 247 天，比 2014 年增加了 7 天，增幅为 2.90%。如图 1–1 所示，2011~2015 年，全国空气质量优良天数波动变化：在 2013 年相对 2011、2012 年大幅减少[①]后，2014

① 这与 2013 年国家逐渐开始实行的大气质量测量从 PM10 到 PM2.5 的统计标准变化有关。

年出现了较大幅增加，2015 年虽然仍保持增加，但增幅降低了 10.39 个百分点。

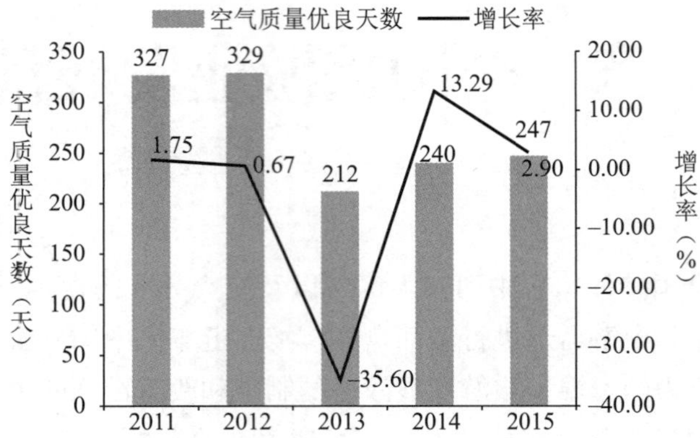

图 1–1　2011~2015 年全国省会城市空气质量优良天数及其变化

（数据来源：中国统计年鉴 2012~2016）

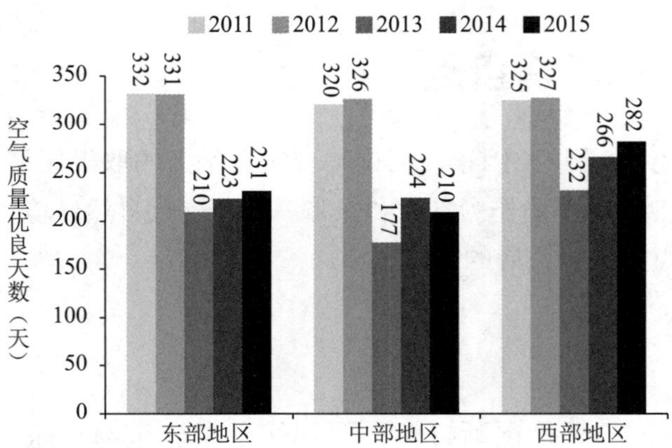

图 1–2　2011~2015 年三大区域空气质量优良天数比较

（数据来源：中国统计年鉴 2012~2016）

从不同区域空气质量优良天数来看，2015 年东、中、西三大区域空气质量优良天数分别为 231 天、210 天、282 天（图 1–2）；与 2014 年相比，东部和西部地区分别增加了 8 天和 16 天，增幅分别为 3.55% 和 5.92%，而中部地区则下降了 14 天，降幅为 6.54%。从 2011~2015 年各区域空气质量优良天数的变化来看，东部和西部的变化基本上与全国一致，先小幅增加，2013 年大幅减少，2014 年较大幅度回升，而 2015 年仍保持增加，但增幅下降；而中部地区在 2015 年出现了下降情况，需要警惕。

2. 城市污水处理率：全国平均约 88%，小幅提高；中部领先，东部其次

《2016 中国环境状况公报》显示：全国 1940 个地表水国控断面（点位）开展了水质监测，Ⅰ～Ⅲ类、Ⅳ～Ⅴ类和劣Ⅴ类水质断面分别占 67.80%、23.70% 和 8.60%，分别较 2015 年增加了 3.30%、降低了 3% 和 0.20%；同时，6124 个地下水水质监测点中，水质为优良级的监测点比例为 10.10%，良好级的监测点比例为 25.40%，较好级的监测点比例为 4.40%，前两者都较 2015 年略有增加；表明地表水较 2015 年有所好转。

截至 2015 年年底，全国 31 个省域城市污水处理率平均为 87.67%，较 2014 年的 85.94% 提高了 1.73 个百分点。从不同区域城市污水处理率来看，2015 年东、中、西三大区域的城市污水处理率分别为 90.39%、92.22%、82.45%（图 1–3），可见，西部地区

相对落后。与 2014 年相比，东、中、西三个区域的城市污水处理率都有提高，分别提高了 1.97、1.70、1.49 个百分点。

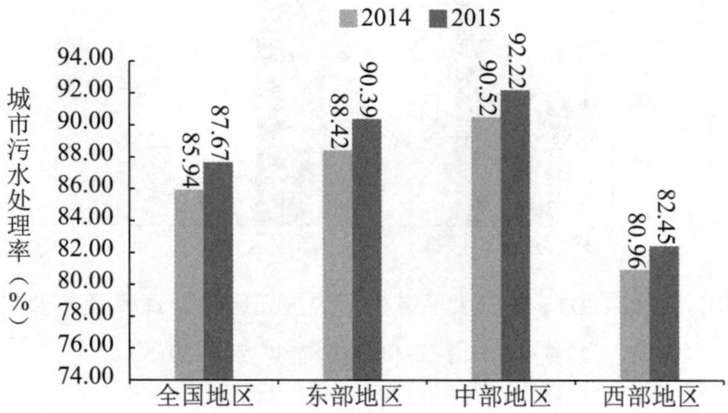

图 1–3 2014~2015 年全国及三大区域城市污水处理率比较

（数据来源：中国环境统计年鉴 2015、2016）

3. 生活垃圾无害化处理率：全国平均达 93%，持续提高；中部高、西部低，东部增幅大

2015 年全国 30 个[①] 省域生活垃圾无害化处理率的平均值为 92.99%，年增长率为 2.31%。2012~2015 年，如图 1–4 所示，全国生活垃圾无害化处理率持续提高，从 2012 年的 84.48% 增加到 2015 年的 92.99%，平均年增长率为 3.26%，但是近年来增速有所放缓，这与生活垃圾无害化处理已经达到较高水平有关。

如图 1–5 所示，2015 年东、中、西三大区域生活垃圾无害化处理率分别为 93.49%、96.43%、90.53%，中部地区最高，西部地区仍然较低；与 2014 年相比较，东、中、西三大区域生活垃圾无害化处理率均有所提高，增幅分别为 3.22%、1.97%、1.26%，东部地区增幅略有提高，而中、西部地区增幅都继续降低。

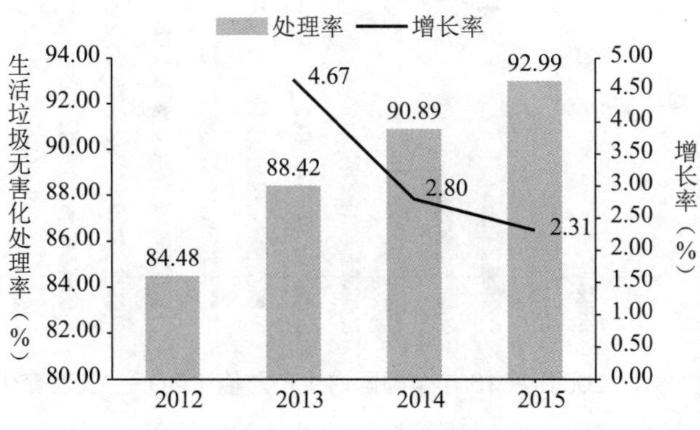

图 1–4 2012~2015 年全国生活垃圾无害化处理率及其变化

（数据来源：中国环境统计年鉴 2013~2016）

① 西藏数据缺失，不纳入计算。

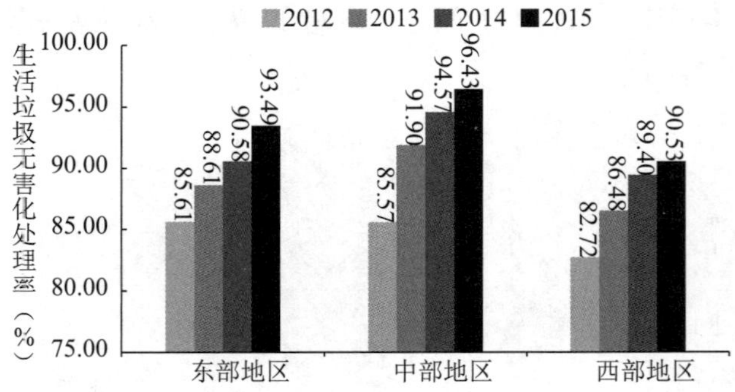

图 1-5　2012~2015 年三大区域生活垃圾无害化处理率及其变化比较

（数据来源：中国环境统计年鉴 2013~2016）

（二）社会经济环境

1. 经济发展水平

（1）GDP：持续增长，且增速略有回升；东、中、西差异显著、稳定；三大区域增速相当，中部略高，都逐年放缓

经初步统计，2016 年全国实现国内生产总值（GDP）744127 亿元，比 2015 年增长 6.7%，其中，第三产业增加值 384221 亿元，增加值比重为 51.6%，比 2015 年提高 1.40 个百分点[①]。纵观 2001~2016 年，全国 GDP 保持持续增长，增幅在前两年持续下降后，2016 年略有回升（图 1-6）。

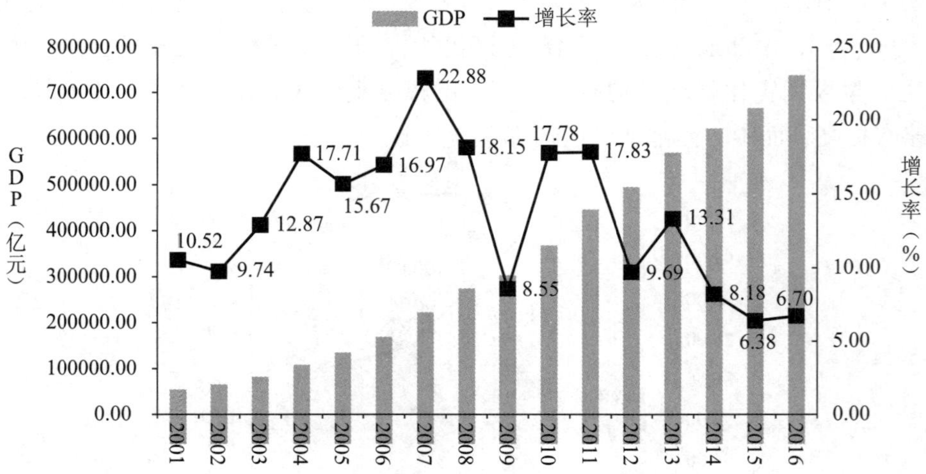

图 1-6　2001~2016 年全国国内生产总值（GDP）及其变化

（数据来源：中国统计年鉴 2013~2015，2016 年的增长率直接引用 2016 年国民经济和社会发展统计公报按不变价格计算的数据）

---

① 数据来源：2016 年国民经济和社会发展统计公报（2017 年 2 月 28 日）（http://www.stats.gov.cn/tjsj/zxfb/201702/t20170228_1467424.html，2017-08-20）。

从三大区域的 GDP 来看，如图 1-7 所示，2015 年东、中、西三大区域的 GDP 分别为 430785.49 亿元、146950.46 亿元、145018.92 亿元，与 2014 年相比较，分别增加了 5.70%、5.96%、5.01%；而东、中、西三大区域 GDP 占全国 GDP 的比重分别为 59.60%、20.33% 和 20.06%，与 2014 年相比较，各区域占比变化都不大，其中，东部、西部地区占比略有上升（图 1-8），中部地区占比略有降低；可见，东、中、西区域差异仍存在。

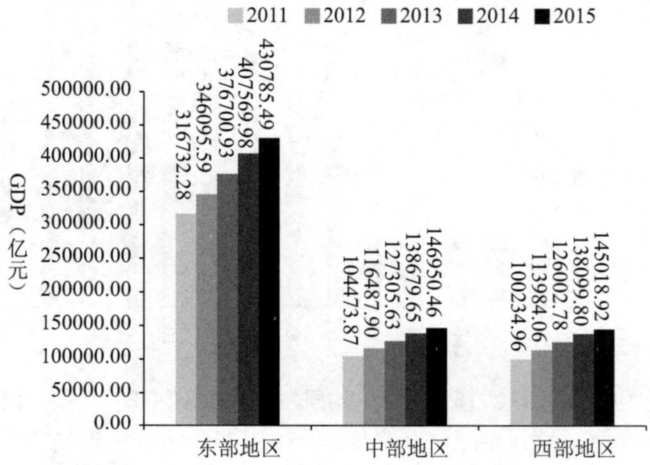

图 1-7　2011~2015 年三大区域国内生产总值（GDP）比较

（数据来源：中国统计年鉴 2012~2016）

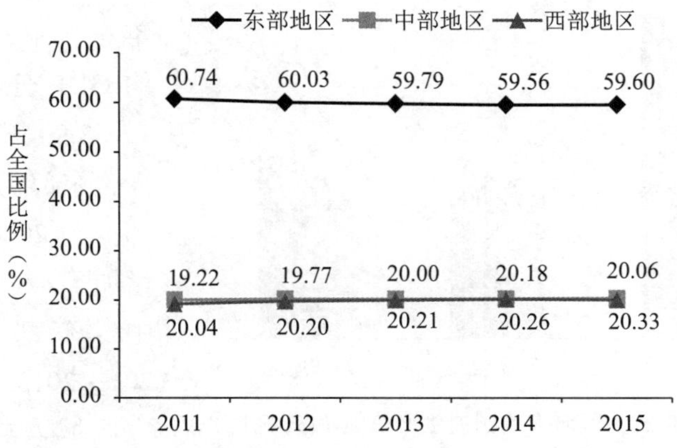

图 1-8　2011~2015 年三大区域国内生产总值（GDP）占全国 GDP 比例比较

（数据来源：中国统计年鉴 2012~2016）

纵观 2011~2015 年，与全国相同，东、中、西三大区域 GDP 均呈现出持续增长的态势，平均年增幅分别为 9.90%、11.40%、12.40%，达到 10% 左右，但增速逐年放缓。

（2）人均 GDP：再创新高，持续增长，且增速略有回升；东、中、西区域差异显著；中、西部五年平均增速较快，但东、中、西差距继续扩大

2016 年全国人均国内生产总值 53980 元 / 人，比 2015 年增长 6.1%。纵观 2001~2016

年，全国人均 GDP 与 GDP 呈现出相同的变化情况，虽然保持持续增长，增幅在前两年持续下降后，2016 年略有回升（图 1–9）。

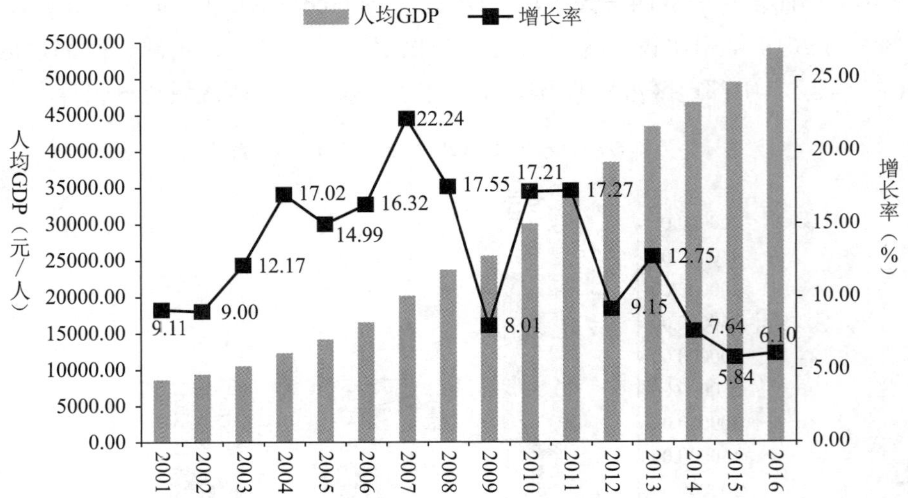

图 1–9　2001~2016 年全国人均国内生产总值（GDP）及其变化

（数据来源：中国统计年鉴 2013~2016 年，2016 年的增长率直接引用《2016 年国民经济和社会发展公报》按不变价格计算的数据）

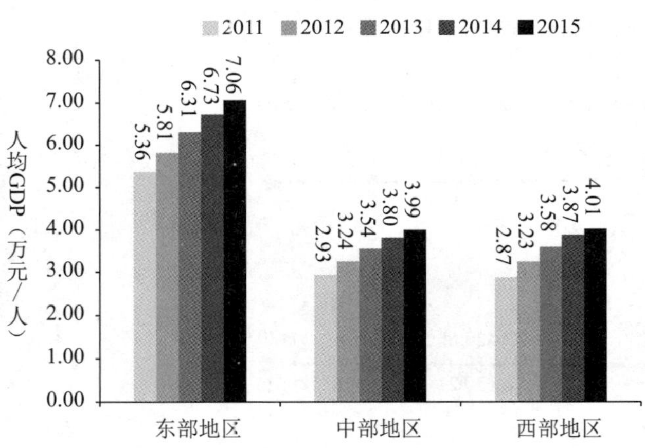

图 1–10　2011~2015 年三大区域人均国内生产总值（GDP）比较

（数据来源：中国统计年鉴 2012~2016）

从三大区域的人均 GDP 来看，如图 1–10 所示，2015 年东、中、西三大区域的人均 GDP 分别为 7.06 万元 / 人、3.99 万元 / 人、4.01 万元 / 人，东部仍遥遥领先于中、西部；与 2014 年相比较，分别增加了 4.90%、4.97%、3.80%，中、东部增速更快。纵观 2011~2015 年，东、中、西三大区域人均 GDP 呈逐年增长的变化态势，平均年增幅分别为 8.99%、10.77%、11.51%，中、西部增速更高；但整体上看，东部与中部、东部与西部的人均 GDP 差距继续扩大，分别从 2011 年的 2.43 万元 / 人和 2.49 万元 / 人增加到了 2015 年的 3.07 万元 / 人和 3.05 万元 / 人。

2. 交通发展水平（旅客周转量）：超过 3 万亿人公里，反降为升；东中西差距明显，但东、中部减少，西部增加，差距呈缩小趋势

2016 年全国旅客运输总量 192 亿人次，比 2015 年下降 1.2%；旅客周转量 31305.7 亿

人公里，较2015年有所增加，增幅为4.19%。纵观2001~2016年，如图1–11所示，全国旅客周转量近四年在波动中增加，2016年又反降为升。

从三大区域的旅客周转量来看，如图1–12所示，2015年东、中、西三大区域的旅客周转量分别为9753.23亿人公里、6928.87亿人公里、5867.23亿人公里，东部仍然最高，但与2014年相比较，西部地区增加了2.50%，东部和中部地区分别减少了8.42%和6.23%。

2015年东、中、西三大区域旅客周转量占全国的比例分别为43.25%、30.73%、26.02%，虽然东、中部仍然较大，但与2014年相比较，东部和中部地区所占比例均有所降低，分别降低了1.57和0.36个百分点，而西部地区所占比例提高了1.93个百分点，改变了2014年东中部与西部的差距继续扩大的趋势。纵观2011~2015年，东、中部地区旅客周转量的变化趋势一致，呈现为增加—降低—增加—又降低的不断波动状态，而西部地区近两年则持续增加，虽然增幅都不大（图1–13）。

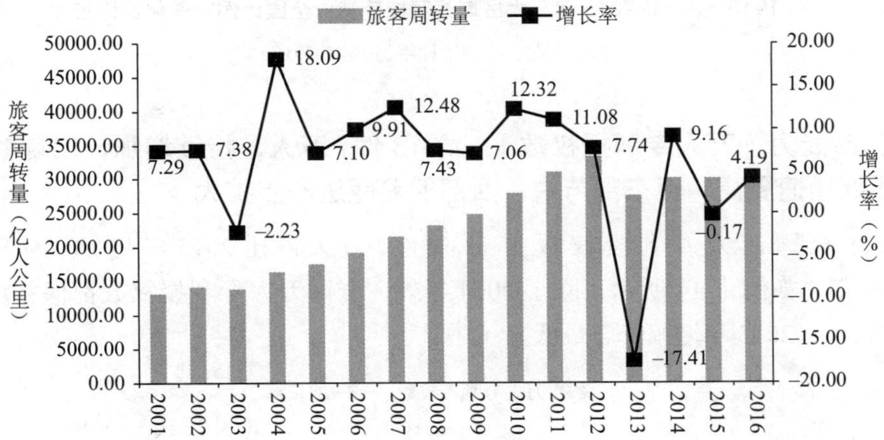

图1–11 2001~2016年全国旅客周转量及其变化

（数据来源：中国统计年鉴2001,2006,2011,2015，2016年国民经济和社会发展统计公报）

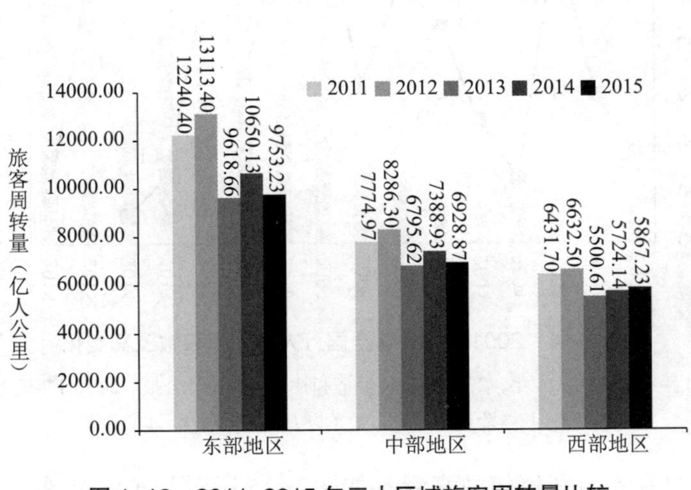

图1–12 2011~2015年三大区域旅客周转量比较

（数据来源：中国统计年鉴2012~2016）

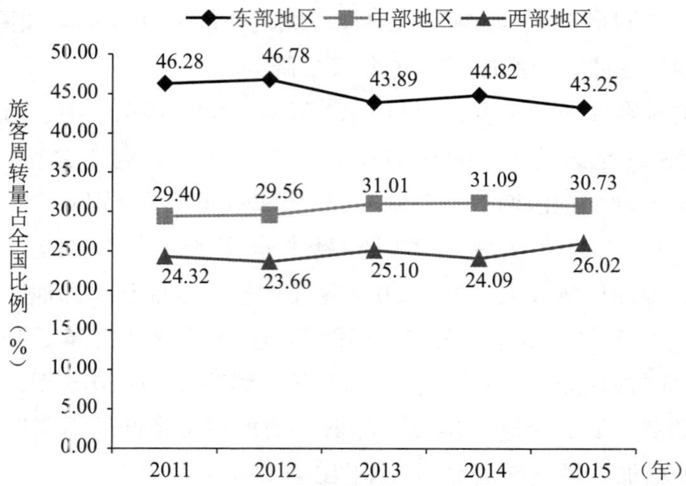

图 1–13　2011~2015 年三大区域旅客周转量占全国比例的变化及比较

（数据来源：中国统计年鉴 2012~2016）

3. 创新能力（万人专利授权数）：约 13 件 / 万人，持续增加，但增幅大幅降低；中西部增速更高，但东部与中、西部的差距进一步扩大

2016 年全国万人专利授权数为 12.69 件 / 万人，比 2015 年增加 1.50%。纵观 2001~2016 年，如图 1–14 所示，除了 2014 年外，全国万人专利授权数都保持增长，但增幅波动较大，2015 年增幅降至最低。

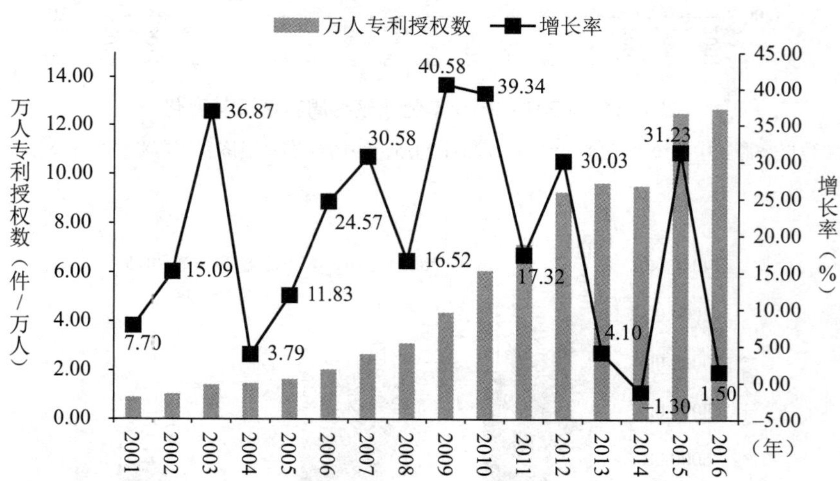

图 1–14　2001~2016 年全国万人专利授权数及其变化

［数据来源：中国统计年鉴 2001~2016 年，2016 年国民经济和社会发展统计公报。注：各年度万人专利授权数为该年度专利授权数除以年底人口数（以万人为单位），以下同］

从三大区域的万人专利授权数来看，如图 1–15 所示，2015 年东、中、西三大区域的万人专利授权数分别为 18.07 件 / 万人、5.72 件 / 万人、4.40 件 / 万人，东部分别是中、

西部的3倍多、4倍多；与2014年相比较，东、中、西部地区的万人专利授权数都大幅增加，增幅分别为29.19%、33.83%、46.31%，虽然中、西部的增幅更大，但因东部地区万人专利授权数基数大，在增长率大致相同的情况下，东部与中、西部地区的万人专利授权数的差距进一步扩大。

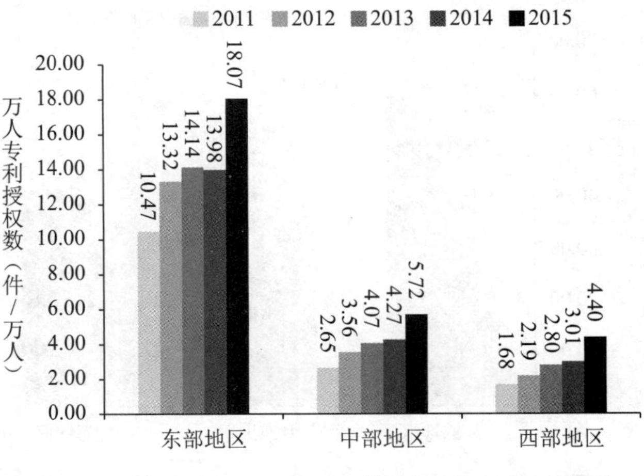

图1-15 2011~2015年三大区域万人专利授权数比较

（数据来源：中国统计年鉴2012~2016年。注：三大区域万人专利授权数为各区域省域万人专利授权数的平均值）

4. 信息化水平（互联网普及率）：持续提高，且增幅反降为升；东、中部提高，西部略降，东西差距进一步扩大

2016年，全国固定互联网宽带接入用户29721万户，比2015年增加3774万户；移动宽带用户94075万户，增加22766万户。移动互联网接入流量93.60亿G，比2015年增长123.70%。互联网上网人数7.31亿人，增加4299万人，其中手机上网人数6.95亿人，增加7550万人；互联网普及率达到53.20%①，较2015年增加了2.90个百分点。纵观2001~2016年，如图1-16所示，全国互联网普及率仍持续提高，而且，提高幅度一反2008年以来逐年降低的趋势，2016年略有上升。

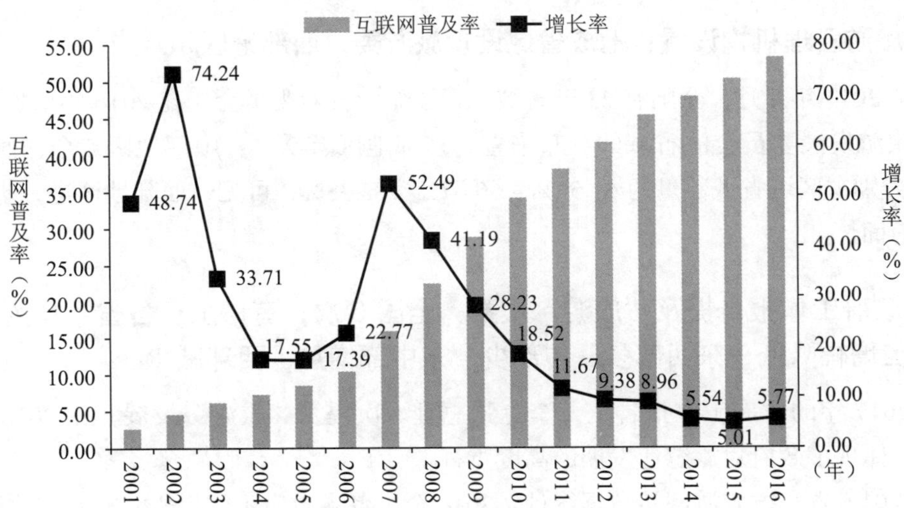

图1-16 2001~2016年全国互联网普及率及其变化

（数据来源：中国统计年鉴2013~2016年，2016年国民经济和社会发展统计公报。注：各年度互联网普及率为该年度互联网上网人数除以年底人口数，以下同）

① 国家统计局. 2016年国民经济和社会发展统计公报. 新华社官网，2017年2月27日（http://sh.xinhuanet.com/2017-02/28/c_136091451_2.htm，2017-06-26）。

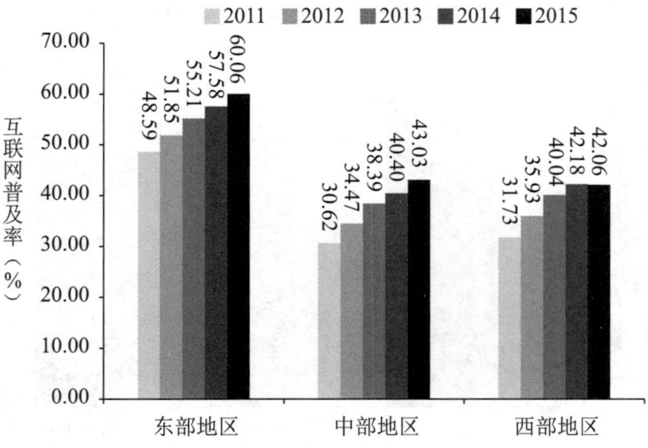

图 1–17　2011~2015 年三大区域互联网普及率比较

（数据来源：中国统计年鉴 2015、2016。注：三大区域互联网普及率为各区域省域互联网普及率的平均值）

从三大区域的互联网普及率来看，如图 1–17 所示，2015 年东、中、西三大区域的互联网普及率分别为 60.06%、43.03%、42.06%，东部比中、西部分别高了 17.03 和 18.00 个百分点；与 2014 年相比较，东、中部地区的互联网普及率有所提高，分别提高了 2.48、2.63 个百分点，而西部地区则有所降低，虽然幅度很小，致使东西差距进一步扩大。纵观 2011~2015 年，东、中、西三大区域的互联网普及率基本上都持续提高，多年平均增幅分别为 5.52%、9.34%、8.11%；可见，中、西部的多年平均增速比东部快了近一倍，使其与东部的差距总体上呈缩小的变化趋势，但是，由于近年来西部地区和中部地区的互联网发展遭遇瓶颈，进一步普及难度加大，中、西部地区的增速有所放缓，甚至出现负增长。

（三）旅游政策环境

1. 旅游管理机构设置：七成省域设置旅游委，西部地区超八成

截至 2017 年 8 月，全国有 23 个省域设置了旅游发展委员会，比 2016 年增加了 7 个。从设置旅游发展委员会的省域的分布来看，东部地区有 9 个，中部地区 4 个，西部地区 10 个，分别占区域省域数量的 61.54%、66.67%、83.33%；可见，西部地区进一步走在了全国的前面。

2. 政府工作报告提及“旅游”次数：全国 5 次，有增加；各省平均约 13 次，有增加但增幅降低；东西部多，中部少，东中部增加，西部减少

在 2017 年的政府工作报告上，李克强总理 5 次提及“旅游”发展，比 2016 年增加了 1 次，体现了政府对旅游业发展的高度重视。

据全国各省官方旅游网站数据统计，2016 全国各省政府工作报告共提及“旅游”398 次，较 2015 年增加了 28 次，平均约 13 次，增幅为 7.57%，表明全国对于旅游的重视程度都在进一步提高。其中，东、中、西部地区各省域平均提及约 12.77 次、10.83 次、12.25 次，与 2015 年相比较，东、中部地区都有所增加，分别增加了约 2 次、1 次，而西部地区却有所减少，减少了约 2 次。

二、核心产业盘点

（一）住宿接待业

1. 数量规模及其变化：星级饭店仍有万家，但逐年减少；等级结构的“偏高型”进一步加强，五星级持续增加，其他星级持续减少；东部所占比例略降，中西部所占比例略升；新型住宿设施有所减少

截至2016年第四季度，在全国星级饭店统计管理系统中登记的星级饭店共计12213家[①]，但是完成年度审核的仅有10157家[②]。与2015年相比，星级饭店减少了799家，年增长率为-7.29%，降幅比2015年增加了1.74个百分点，表明星级饭店数量呈持续下降的趋势；另外，如图1-18所示，近三年全国星级饭店数量呈现出持续减少的变化趋势。

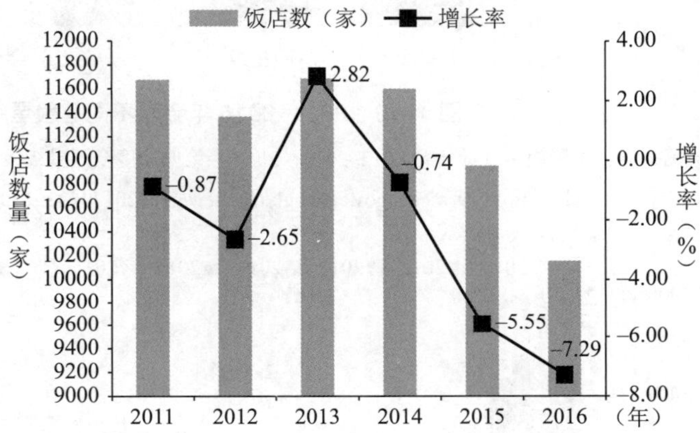

图1-18　2011~2016年全国星级饭店数量规模变化

（数据来源：中国旅游统计年鉴2012~2015，2016年第四季度全国星级饭店统计公报，国家旅游局官网，2017年4月18日，http://www.cnta.gov.cn/zwgk/tzggnew/gztz/201704/t20170418_822726.shtml，2017-6-26）

从星级饭店的等级结构来看，2016年五星级、四星级、三星级、二星级和一星级饭店分别有809家、2367家、4937家、1972家和72家，分别占7.96%、23.30%、48.61%、19.42%、0.71%，与2015年相比五星、四星和三星级饭店所占比例都有所上升，二星级和一星级饭店所占比例都有所下降（图1-19）；高档（五星级、四星级）、中档（三星级、二星级）、低档（一星级）饭店的比例为1∶2.18∶0.02，与2015年的1∶2.42∶0.03相比，星级饭店“偏高型”发展的趋势进一步加强。

从不同等级星级饭店的数量变化来看，2011~2016年：五星级饭店数量保持增长，平均年增幅为6.88%，但是近三年增幅持续降低，2016年增幅仅0.25%；四星级和三星级饭店数量近两年出现持续下降，尤其三星级饭店数量的下降幅度还有所增大，达到6.60%；一星级和二星级饭店数量都呈现持续下降趋势，而且下降幅度较大，2016年分别达到21.74%和16.90%（图1-19）。

---

① 数据来源：国家旅游局．国家旅游局关于2016年第四季度全国星级饭店统计公报．国家旅游局，2017年4月18日（http://www.cnta.gov.cn/zwgk/lysj/201704/t20170418_822726.shtml，2017-06-26）；其中，新疆数据不含建设兵团，以下同。

② 以下星级饭店统计数据按审核完成后星级饭店数计。

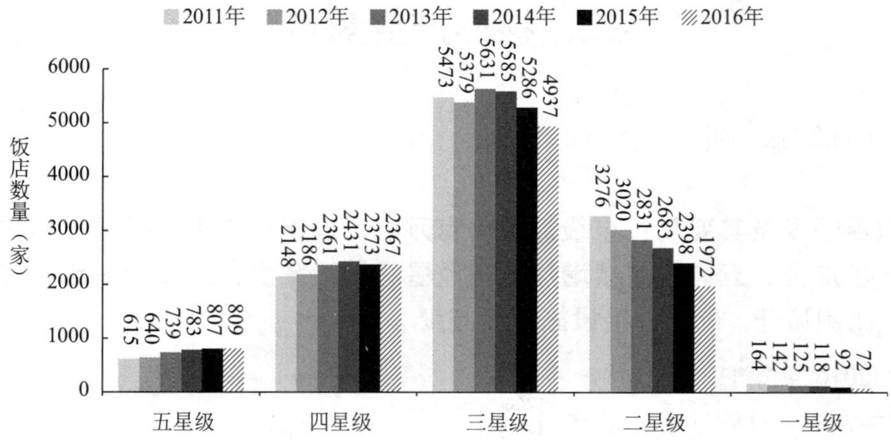

图 1-19　2011~2016 年全国不同等级星级饭店数量比较

（数据来源：中国旅游统计年鉴 2012~2015，2016 年第四季度全国星级饭店统计公报，国家旅游局官网，2017 年 4 月 18 日，http://www.cnta.gov.cn/zwgk/tzggnew/gztz/201704/t20170418_822726.shtml，2017-6-26）

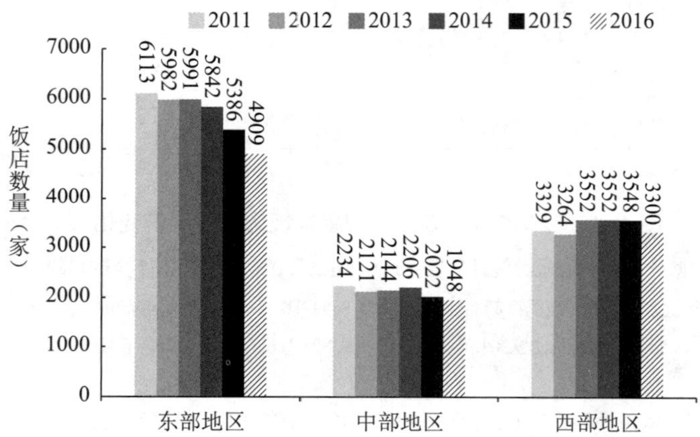

图 1-20　2011~2016 年三大区域星级饭店数量规模比较

（数据来源：中国旅游统计年鉴 2012~2015，2016 年第四季度全国星级饭店统计公报，国家旅游局官网，2017 年 4 月 18 日，http://www.cnta.gov.cn/zwgk/tzggnew/gztz/201704/t20170418_822726.shtml，2017-6-27）

从不同区域星级饭店的数量来看，2016 年东部、中部、西部地区星级饭店数量分别为 4909 家、1948 家、3300 家（图 1-20），比 2015 年分别减少了 477 家、74 家、248 家，降幅分别为 8.86%、3.66%、6.99%，占全国星级饭店数量的比例分别为 48.33%、19.18% 和 32.49%，表现为东部占比略微下降，中、西部占比略微上升（图 1-21）。

从新型住宿接待设施的发展情况来看，2017 年 5 月通过携程网搜索时，全国共有精品酒店 220 家（含香港、澳门和台湾，则有 229 家），同比减少了 9 家；全国共有汽车露营地（已建成）343 个（不含港澳台），同比减少了 3 个；全国共有 326958 家途家公寓，同比减少了 41026 家。

从东、中、西三大区域新型住宿接待设施数量分布来看，如表 1-1 所示，东部精品酒店、汽车营地和途家公寓数量都最多，所占比例分别达到 66.82%、52.77% 和 64.94%，远远超过中、西部地区；与 2015 年相比，精品酒店和汽车营地所占比例分别降低了 2.99 和 10.81 个百分点，但途家公寓所占比例增加了 3.49 个百分点。

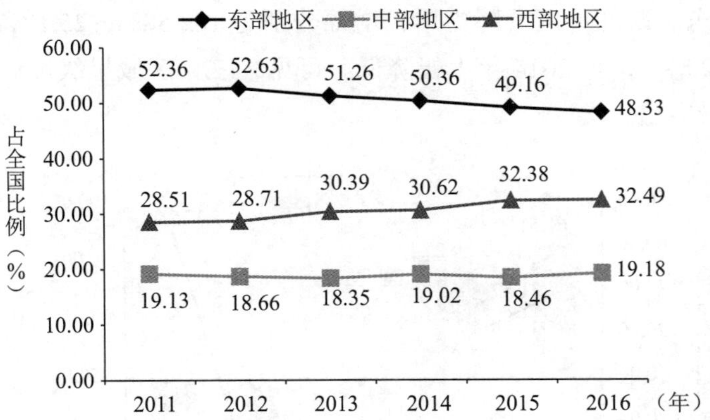

图 1–21　2011~2016 年三大区域星级饭店数量占全国比例的变化趋势

（数据来源：中国旅游统计年鉴 2012~2015，2016 年第四季度全国星级饭店统计公报，国家旅游局官网，2017 年 4 月 18 日，http://www.cnta.gov.cn/zwgk/tzggnew/gztz/201704/t20170418_822726.shtml，2017–6–27）

表 1–1　2016 年三大区域各种类型住宿设施数量

区域	星级饭店		精品酒店		汽车营地		途家公寓		住宿设施总数	
	数量（家）	比例（%）	数量（家）	比例（%）	数量（家）	比例（%）	数量（家）	比例（%）	数量（家）	比例（%）
东部地区	4909	48.33	147	66.82	181	52.77	212323	64.94	229556	65.59
中部地区	1948	19.18	53	24.09	53	15.45	39991	12.23	42119	12.03
西部地区	3300	32.49	20	9.09	109	31.78	74644	22.83	78321	22.38
全国合计	10157		220		343		326958		349996	

（数据来源：2016 年第四季度全国星级饭店统计公报，国家旅游局官网，2017 年 4 月 18 日，http://www.cnta.gov.cn/zwgk/tzggnew/gztz/201704/t20170418_822726.shtml；2017 年各城市精品酒店统计，携程网，2017 年 5 月，http://hotels.ctrip.com/hotel/beijing1#ctm_ref=ctr_hp_sb_lst；2017 年各城市途家公寓统计，携程网，2017 年 5 月，http://hotels.ctrip.com/tujia/；2016 中国露营地产业发展报告，中国露营网，2017 年 2 月，http://www.51luying.com/portal.php?mod=view&aid=8587；2016 中国露营地数量分布图，中国露营网，2017 年 2 月，http://www.51luying.com/serach.html）

2. 经营效益及其变化：继续亏损，但亏损额大幅降低；东部扭亏为盈，中、西部继续亏损，前者亏损额略增，后者亏损额降低

如图 1–22 所示，2015 年全国星级饭店利润为 –14.24 亿元[①]，持续亏损，但与 2014 年相比，反降为增，而且增幅高达 75.90%，亏损额大幅降低。

如图 1–23 所示，2015 年东、中、西三大区域星级饭店利润分别为 15.48 亿元、–14.65 亿元、–15.07 亿元，东部地区不仅最高，而且扭亏为盈，而中、西部地区继续亏损。与

① 其中，新疆数据不含建设兵团，以下同。

2014 年相比较，东、西部地区反降为增，增幅分别为 162.58%、25.17%；而中部地区继续下降，降幅为 2.87%，较 2014 年大幅降低。可见，三大区域星级饭店经营效益都有所好转，东部表现最突出。

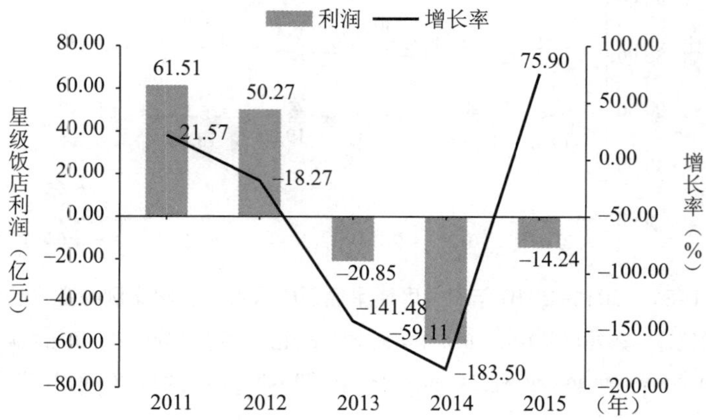

图 1–22　2011~2015 年全国星级饭店利润及其变化趋势

（数据来源：中国旅游统计年鉴副本 2012~2016）

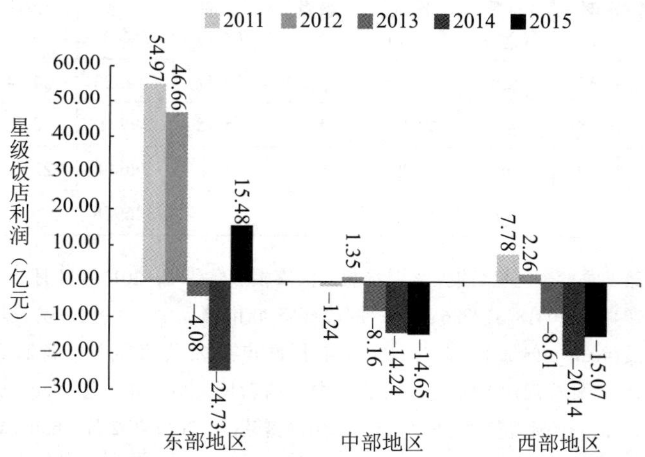

图 1–23　2011~2015 年三大区域星级饭店利润比较

（数据来源：中国旅游统计年鉴副本 2012~2016）

3. 发展效率及其变化：出现负增长；东西部高，中部低，西部提高，东中部降低；内外资间的差距缩小

2015 年，全国星级饭店全员劳动生产率为 14.30 万元 / 人[①]，年增长率为 –0.17%。2011~2015 年，如图 1–24 所示，全国星级饭店全员劳动生产率在经过了四年持续提高后，出现了小幅降低。

① 其中，新疆数据不含建设兵团，以下同。

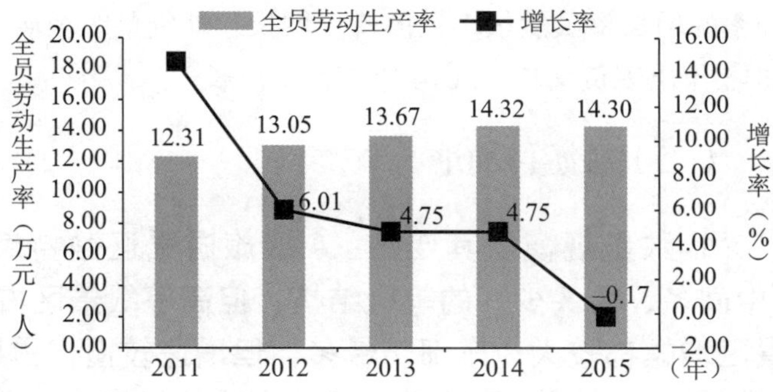

图 1-24　2011~2015 年全国星级饭店全员劳动生产率及其变化

（数据来源：中国旅游统计年鉴副本 2012~2016）

如图 1-25 所示，2015 年东、中、西三大区域星级饭店的全员劳动生产率分别为 16.57 万元 / 人、11.13 万元 / 人、13.41 万元 / 人，一改 2014 年从东向西依次降低的格局，东部、西部地区较高，而中部地区最低。与 2014 年相比较，只有西部地区星级饭店全员劳动生产率有所提高，增幅为 11.65%，而东部和中部地区均出现下降，降幅分别为 4.62% 和 9.64%（图 1-25）。纵观近五年来各地区的劳动生产率变化，东部地区星级饭店劳动生产率未能保持前四年连续提高的趋势，2015 年出现了下降；中部地区星级饭店劳动生产率则一直在 11 万元 / 人左右徘徊，不稳定；西部地区星级饭店劳动生产率在波动中有所上升，从 2011 年的 11.30 万元 / 人增加到 2015 年的 13.41 万元 / 人。

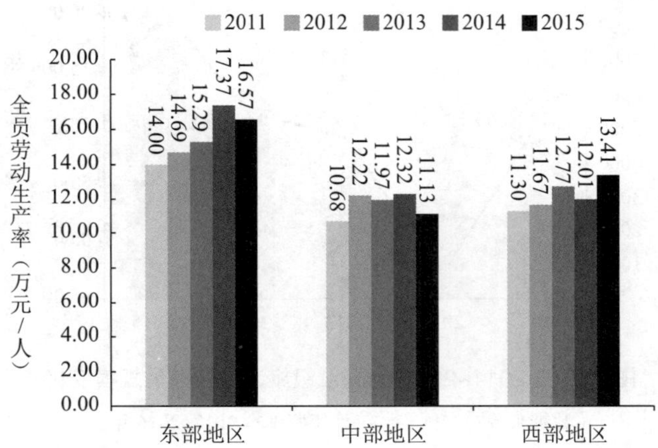

图 1-25　2011~2015 年三大区域星级饭店全员劳动生产率比较

（数据来源：中国旅游统计年鉴副本 2012~2016）

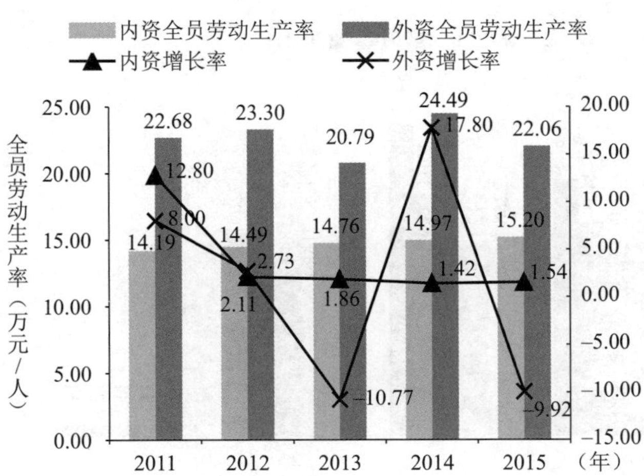

图 1-26　2011~2015 年内、外资星级饭店全员劳动生产率及其变化率比较

（数据来源：中国旅游统计年鉴副本 2012~2016 年）

如图 1-26 所示，2015 年内、外资星级饭店全员劳动生产率分别为 15.20 万元 / 人、22.06 万元 / 人，仍有较大差距，但与 2014 年相比，内资与外资之间的差距有所缩小，内资劳动生产率达到外资的 68.90%，增加了 7.77 个百分点。纵观 2011~2015 年，内资星级饭店全员劳动生

产率的增长率虽然很小，但持续增长；外资星级饭店全员劳动生产率的波动较大，2013、2015 年出现负增长，2014 年却大幅增长。

（二）旅游目的地

1. 数量规模及其变化：A 级旅游景区数持续增加，且增幅大幅提高；保持“中间多、两头少”的等级结构，但高等级景区占比略有降低，除 1A 外的各等级景区增幅都较大；东部仍最多，但增速较慢，占比小幅降低；华东仍最多，华中增幅最大，华南和华北高等级景区占比较高，东北 5A 级景区增长最快

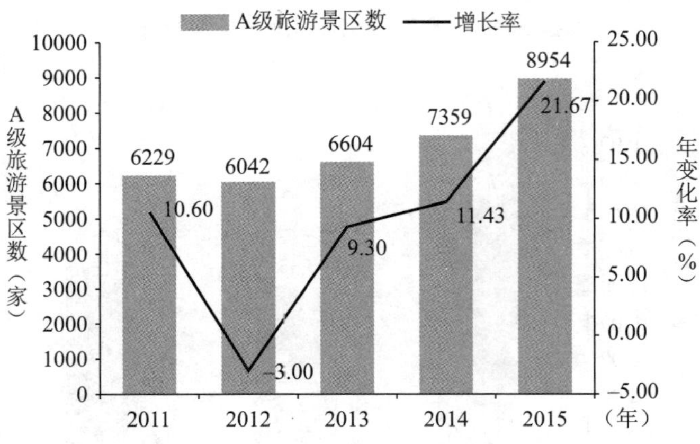

图 1-27 2011~2015 全国 A 级旅游景区数量规模变化

（数据来源：中国旅游统计年鉴副本 2012~2016 年）

截至 2015 年年底，全国共有 A 级旅游景区 8954 家，较 2014 年增加了 1595 家，年增长率为 21.67%。纵观 2011~2015 年，如图 1-27 所示，近三年全国 A 级旅游景区数量保持持续增长，而且增幅有较大幅度提高，2015 年的增长率比 2014 年提高了 10.24 个百分点。可见，近三年全国 A 级景区数量呈快速增加的发展态势。

从等级结构来看，2015 年 5A、4A、3A、2A 和 1A 级旅游景区数量分别为 212 家、2862 家、3489 家、2269 家和 122 家，所占比例分别为 2.37%、31.96%、38.97%、25.34% 和 1.36%，继续保持“中间多，两头少”的等级结构特征；高等级（5A 和 4A）旅游景区所占比例为 34.33%，较 2014 年降低了 0.82 个百分点。

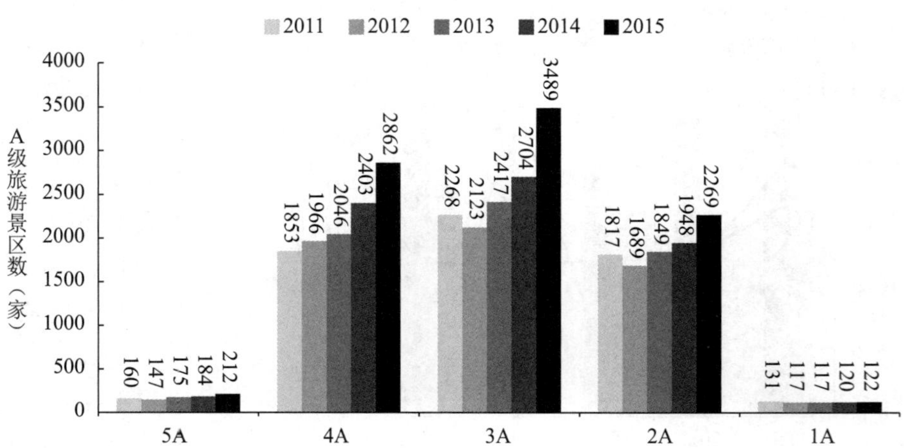

图 1-28 2011~2015 年全国不同等级 A 级旅游景区数量比较

（数据来源：中国旅游统计年鉴副本 2012~2016 年）

从不同等级A级旅游景区数量的变化来看，如图1–28所示，2015年各等级旅游景区数量都呈增长态势，其中，4A和3A级旅游景区的增幅较大，分别达到19.10%和29.03%，5A和2A级旅游景区的增幅其次，分别为15.22%和16.48%，而1A级旅游景区的基数最小，增幅也最小，只有1.67%。与2014年相比，5A和2A级旅游景区2015年的增幅分别提高了10.08和11.13个百分点，十分突出。纵观2011~2015年，除了1A级旅游景区外，其他等级A级旅游景区数量不仅都保持持续增长态势，而且增幅明显提高。

从不同区域A级旅游景区的数量来看，2015年东部、中部、西部地区A级旅游景区数量分别为4305家、1986家、2663家（图1–29），占全国A级旅游景区数量的比例分别为48.08%、22.18%、29.74%。与2014年相比较，数量分别增加了628家、443家、524家，增幅分别为17.08%、28.71%、24.50%；A级旅游景区所占比例，东部地区下降了1.89个百分点，而中、西部地区则分别增加了1.21和0.67个百分点；可见，东部地区A级旅游景区虽然占比最高，但增速较慢，因此，占比有所减少，而中、西部地区增速较快，占比略有上升，使中、西部与东部的差距略有缩小。2011~2015年，东、中、西部地区A级旅游景区数量的平均增长率分别为9.06%、12.48%、10.07%，中、西部地区略快于东部地区。

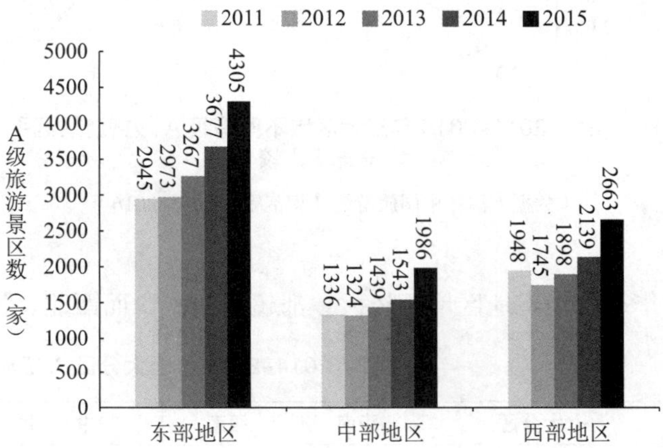

图1–29　2011~2015年三大区域A级旅游景区数量比较

（数据来源：中国旅游统计年鉴副本2012~2016）

如图1–30所示，2015年，东、中、西三大区域A级旅游景区的等级结构都与总体一致，都呈现出“中间多、两头少”的结构特征，高等级旅游景区所占比例分别为33.17%、36.91%、34.28%；可见，中部地区高等级旅游景区所占比例较高。从三大区域不同等级旅游景区的发展变化来看，如图1–31所示，2011~2015年期间，三大区域都是高等级旅游景区的平均增长率较大，低等级旅游景区的平均增长率较小；5A级旅游景区的平均增速相当，中

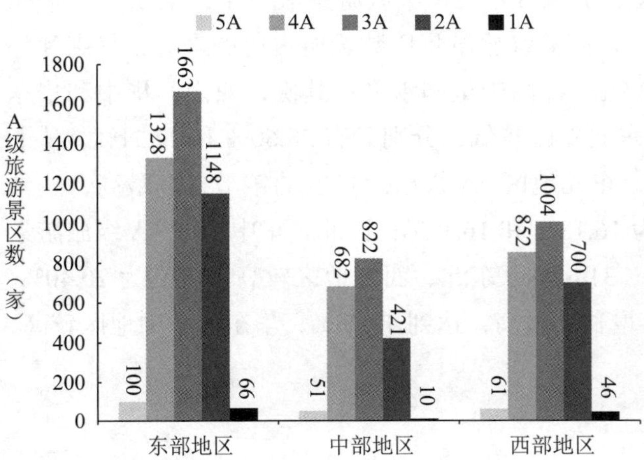

图1–30　2015年三大区域A级旅游景区的等级结构比较

（数据来源：中国旅游统计年鉴副本2016）

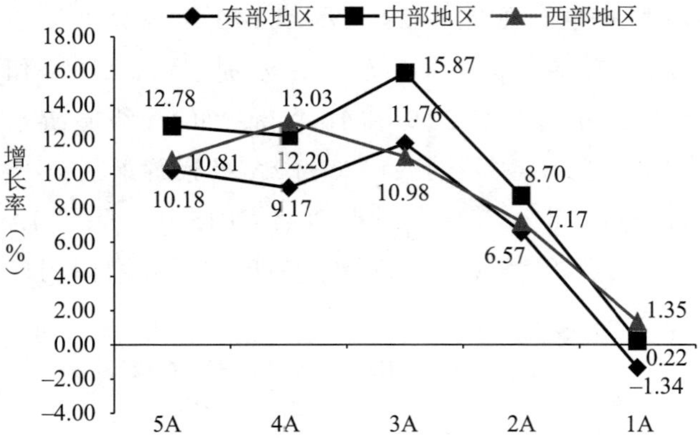

图 1-31　2011~2015 年三大区域不同等级 A 级旅游景区平均增长率比较

（数据来源：中国旅游统计年鉴副本 2012~2016）

部地区略胜一筹；西、中部地区 4A 级旅游景区的平均增长率较高，中部地区 3A、2A 级旅游景区的平均增长率最高，中、东部地区的 1A 级旅游景区处于零增长或负增长状态。

从 A 级旅游景区数量在七大分区的分布来看，2015 年仍然是华东区最多，达 3174 家，其次西北、西南、华中区较多，分别有 1351 家、1013 家、1000 家，而华南区仍然最少，只有 647 家。七大分区 A 级旅游景区都有增长，其中，华中地区增幅最大，达到 31.06%，其次，西南、华东、华南地区增幅较大，都超过 20%，而西北、华北和东北地区增幅较小（表 1-2）。

表 1-2　2014~2015 年七大分区 A 级旅游景区数量及年增长率

七大分区	华南	西南	华中	西北	华东	东北	华北
2014年数量（家）	536	786	763	1129	2558	847	740
2015年数量（家）	647	1013	1000	1351	3174	941	828
年增长率（%）	20.71	28.88	31.06	19.66	24.08	11.10	11.89

（数据来源：中国旅游统计年鉴副本 2015~2016）

从七大分区不同等级旅游景区的发展情况来看，如图 1-32 所示：东北、华东、华中和西北地区都是 3A 级旅游景区最多，其次 4A 级或者 2A 级旅游景区较多；华北、华南和西南地区都是 4A 级旅游景区最多，其次 3A、2A 级旅游景区较多；从 5A 级到 2A 级旅游景区，都是华东地区数量最多。从高等级旅游景区数量所占比例来看，华南和华北地区最高，分别达到 49.15% 和 40.34%，都高于全国水平；其次，西南、华中和华东地区较高，都超过 30.00%；而西北和东北地区较低，分别只有 28.50% 和 27.21%。从七大分区不同等级景区的发展速度来看，东北地区 5A 级旅游景区的年增长率最高，达到 40.00%，华东和西北地区较高，分别为 16.13% 和 16.17%；西北、华中地区 4A 级旅游景区的年增长率最高，分别达到 33.21%、31.62%，东北、西南地区较高，分别为 20.40%、19.29%；华南地区 3A 级旅游景区的年增长率最高，达到 43.28%，华东、华中地区较高，分别为 37.35%、33.63%。

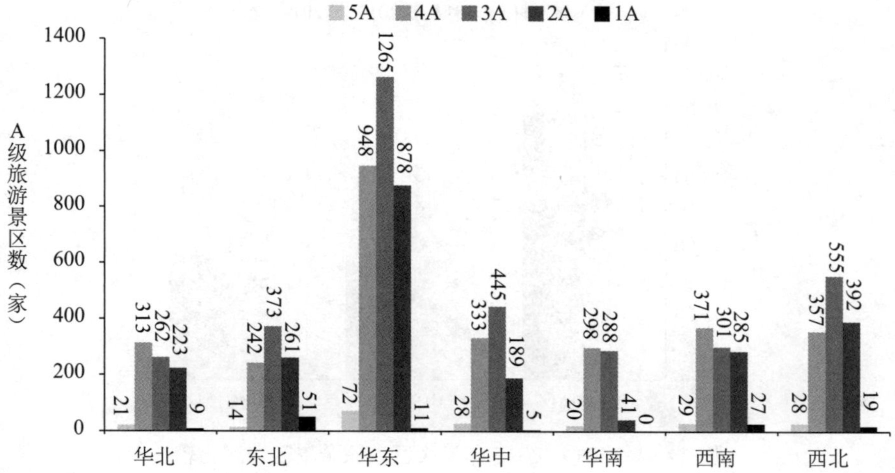

图 1–32　2015 年七大分区 A 级旅游景区的等级结构比较

（数据来源：中国旅游统计年鉴副本 2016）

2. 经营效益及其变化：持续盈利，且额度反降为升；东部继续盈利最多，且大幅增加，中、西部盈利较少且下降

如图 1–33 所示，2015 年全国旅游景区利润为 36.72 亿元，不仅继续处于盈利状态，而且一改前两年持续下降的趋势有所增加，增幅为 6.08%。

如图 1–34 所示，2015 年东、中、西三大区域旅游景区利润分别为 19.79 亿元、9.07 亿元、7.90 亿元，都处于盈利状态，而且，东部继续盈利最多，中部次之，而西部最少。与 2014 年相比较，只有东部地区的旅游景区利润呈现增长态势，增幅为 22.92%，而中部、西部地区的旅游景区利润都有所下降，降幅分别为 3.51%、13.28%。

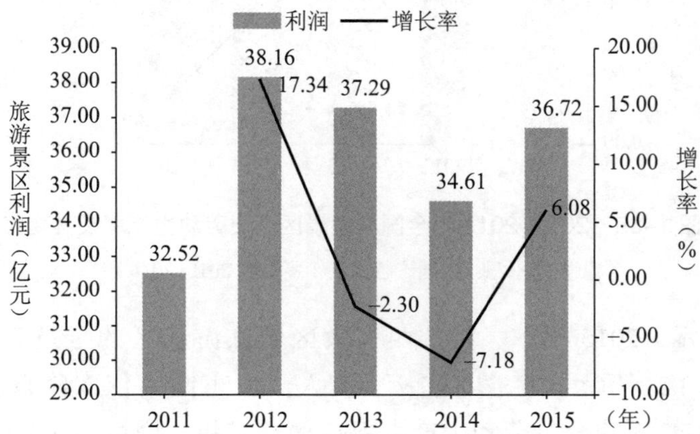

图 1–33　2011~2015 年全国旅游景区利润及其变化趋势

（数据来源：中国旅游统计年鉴副本 2012~2016）

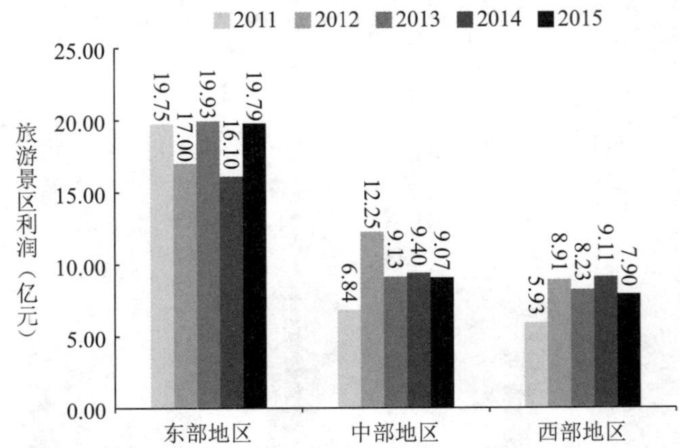

图 1-34　2011~2015 年三大区域旅游景区利润比较

（数据来源：中国旅游统计年鉴副本 2012~2016）

3. 发展效率及其变化：止增反降，且增速直线下降；东、中、西保持依次降低；中部保持持续增加，东、西部出现负增长

2015 年，全国旅游景区全员劳动生产率为 22.60 万元 / 人，年增长率为 –1.69%（图 1–35），不仅增长幅度持续降低，而且在前三年持续增长后，出现了负增长。

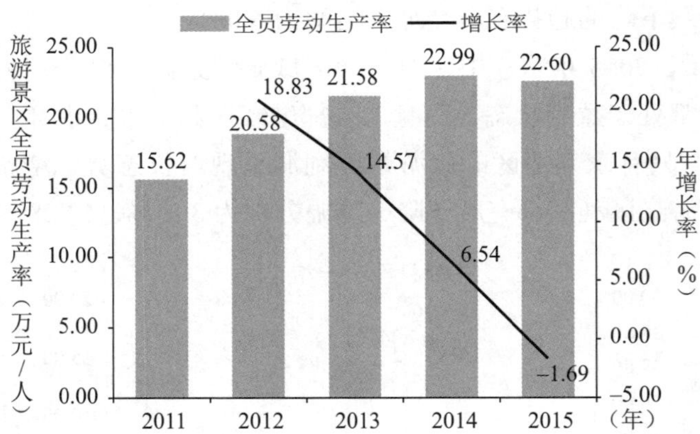

图 1–35　2011~2015 年全国旅游景区全员劳动生产率及其变化

（数据来源：中国旅游统计年鉴副本 2012~2016）

如图 1–36 所示，2015 年东、中、西三大区域旅游景区的全员劳动生产率分别为 24.92 万元 / 人、23.21 万元 / 人、17.90 万元 / 人，从东向西依次降低。与 2014 年相比较，中部地区旅游景区的全员劳动生产率保持增长态势，增幅为 3.32%，虽然不大，但较 2014 年有所提高；而东、西部地区则出现负增长，降幅分别为 3.71%、1.65%。纵观 2011~2015 年，中部地区旅游景区的全员劳动生产率保持持续提高的变化趋势，平均年增长率为 9.46%；而东部、西部地区在前三年持续提高后，2015 年出现了负增长。

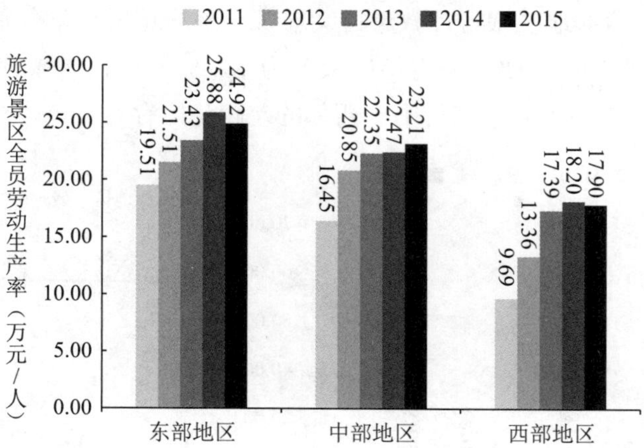

图 1–36　2011~2015 年三大区域旅游景区全员劳动生产率比较

（数据来源：中国旅游统计年鉴副本 2012~2016）

（三）旅行社业

1. 数量规模及其变化：持续增加，且增速略有回升；三大区域都增加，且占比稳定，东部增速略降，中西部增速加快

截至 2015 年年底，全国共有旅行社 27621 家，较 2014 年增加了 971 家，年增长率为 3.64%。纵观 2010~2015 年，如图 1–37 所示，全国旅行社数量呈逐年小幅递增的变化趋势，在 2010 年以后年增长率都在 5% 左右，且自 2012 年以后的两年增速持续降低，但 2015 年略有回升。

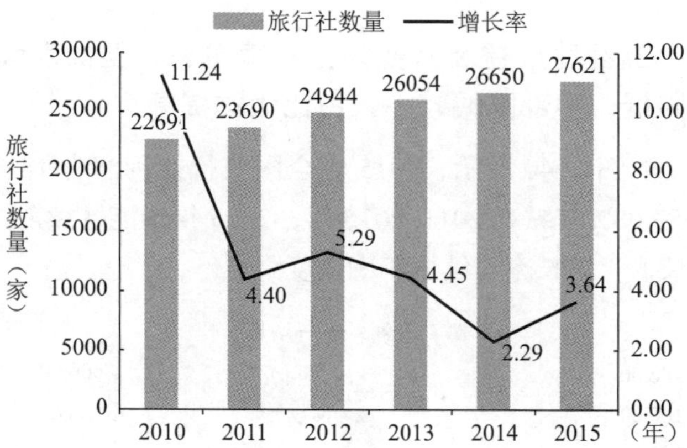

图 1–37　2010~2015 年全国旅行社数量规模变化

（数据来源：中国旅游统计年鉴副本 2011~2016）

从三大区域旅行社数量及其发展格局来看：2015 年，东、中、西三大区域分别拥有旅行社 16365 家、5555 家、5701 家（图 1–38），分别占全国总量的 59.25%、20.11%、20.64%（图 1–39）；可见，东部地区的旅行社数量仍然遥遥领先，比中、西部地区多出 1~2 倍，西部地区首次超过中部地区，跃居第二，改变了旅行社规模长期以来由东部向西部逐渐递减的格局。与 2014 年相比较，东、中、西三大区域旅行社数量都有增加，增幅分别为 3.58%、1.57%、5.95%，东部地区的增幅略有降低，而西、中部地区的增幅则有所提高，尤其中部地区反降为升；三大区域旅行社数量占全国旅行社数量的比例几乎没有变化（图 1–39）。纵观

2010~2015 年，东、西部地区旅行社数量持续增长，平均年增长率分别为 4.64%、4.09%，中部地区旅行社数量小幅波动，平均年增长率为 1.88%；从各区域旅行社数量占全国的比例来看，变化非常小，表明东部与中、西部的差距稳定存在。

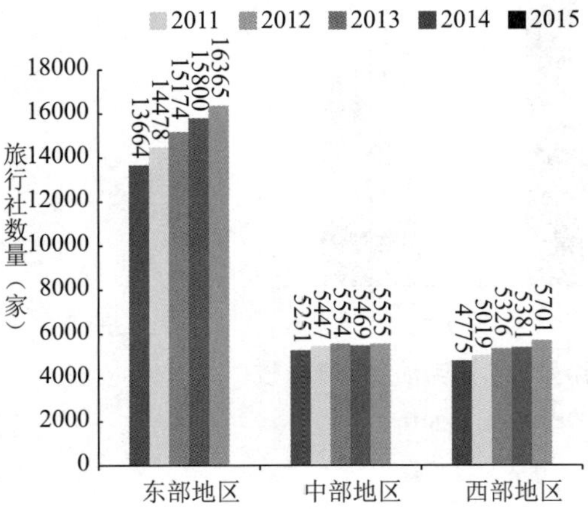

图 1–38　2011~2015 年三大区域旅行社数量规模比较

（数据来源：中国旅游统计年鉴副本 2012~2016）

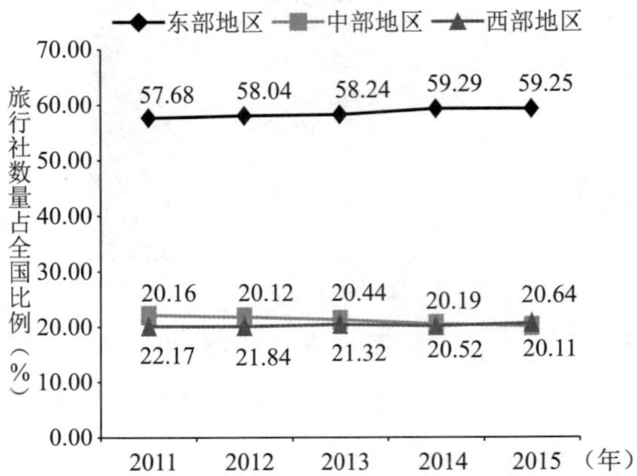

图 1~39　2011~2015 年三大区域旅行社数量占全国比例比较

（数据来源：中国旅游统计年鉴副本 2012~2016）

2. 经营效益及其变化：持续盈利，但额度大幅缩减；东部仍独大，但占比略微降低；中部降幅较小，占比大幅提高

如图 1–40 所示，2015 年全国旅行社利润为 18.60 亿元，较 2014 年大幅下降，降幅为 89.08%。纵观 2011~2015 年，2015 年没能继续前三年的持续增长态势，出现了大幅负增长，年增长率连续两年大幅度降低。

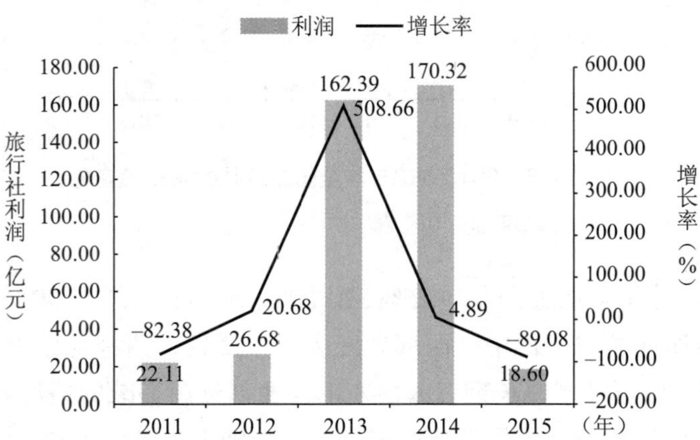

图 1–40　2011~2015 年全国旅行社利润变化

（数据来源：中国旅游统计年鉴副本 2012~2016）

如图 1–41 所示，2015 年东、中、西三大区域的旅行社利润分别为 14.40 亿元、4.06 亿元、0.14 亿元，占全国旅行社利润的比例分别为 77.42%、21.83%、0.75%；可见，东部继续独大，西部很弱。与 2014 年相比较，东、中、西三大区域旅行社利润均大幅度降低，降幅分别为 89.18%、78.78%、99.25%；中部地区由于降幅较小，因此其旅行社利润占全国比例提高了 10.60 个百分点，

而东、西部地区都分别降低了 0.74 个百分点、9.87 个百分点。

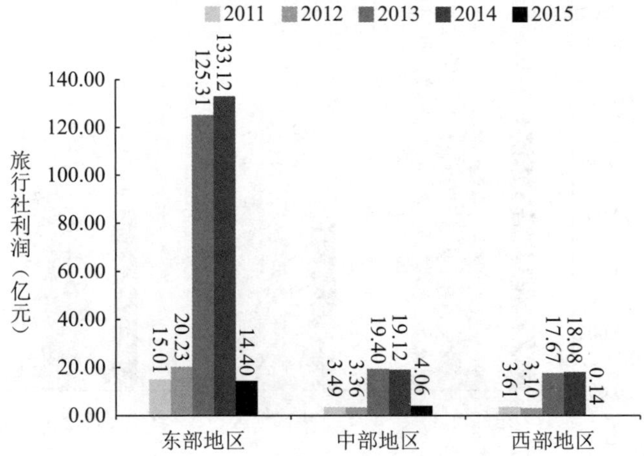

图 1–41　2011~2015 年三大区域旅行社利润比较

（数据来源：中国旅游统计年鉴副本 2012~2016）

3. 发展效率及其变化：在三大行业中最高，小幅下降，波动变化；东部仍最高，但与中、西部的差距有所缩小；东部降低，中西部提高

2015 年，全国旅行社全员劳动生产率为 86.21 万元 / 人，在三大行业中最高，较 2014 年下降了 1.88%。2011~2015 年，如图 1–42 所示，全国旅行社全员劳动生产率处于不断波动变化中。

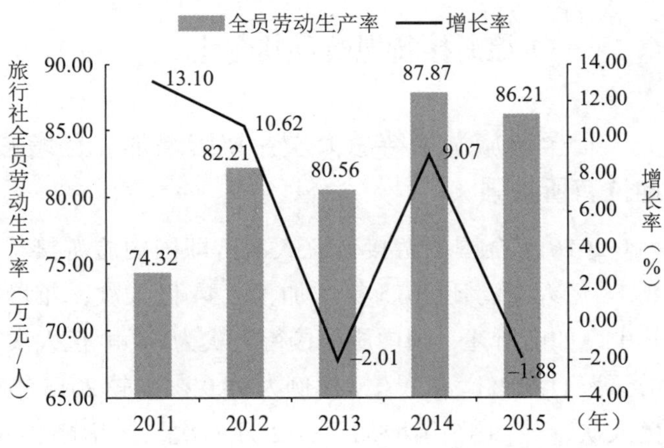

图 1–42　2011~2015 年全国旅行社全员劳动生产率变化

（数据来源：中国旅游统计年鉴副本 2012~2016）

如图 1–43 所示，2015 年东、中、西三大区域旅行社的全员劳动生产率分别为 110.11 万元 / 人、66.93 万元 / 人、69.97 万元 / 人，东部地区仍然最高，但与中、西部的差距缩小。与 2014 年相比较，中、西部地区旅行社的全员劳动生产率都有所提高，增幅分别为 0.91%、3.43%，而东部地区则出现了下降，降幅为 5.47%（图 1–43）。纵观 2011~2015 年，三大区域旅行社全员劳动生产率的变化趋势不同：东部地区前四年持续提高，到 2015 年才出现下降；而中、西部地区都是在 2013 年出现下降后，近两年持续提高，但增幅都不大，平均年增长率分别为 1.56%、5.39%。

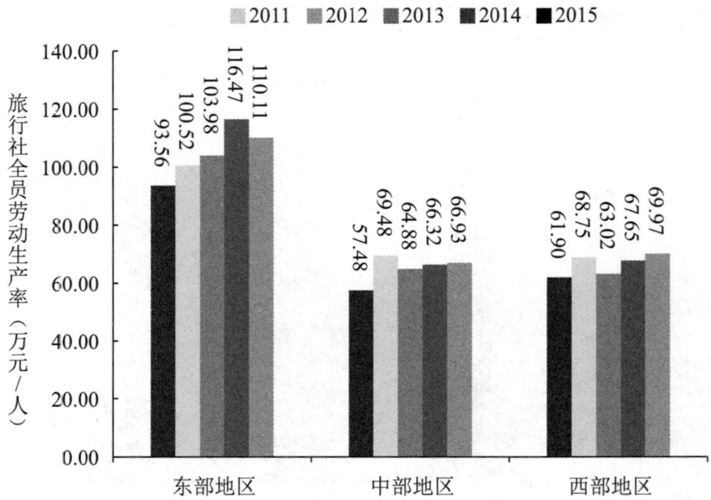

图 1–43　2011~2015 年三大区域旅行社全员劳动生产率比较

（数据来源：中国旅游统计年鉴副本 2012~2016）

三、旅游需求盘点

（一）旅游接待规模及其变化

1. 全国旅游接待总人次：持续增加，且增幅略有提高；国内旅游接待的主导地位有所加强

2016 年全国旅游接待总人次（即国内旅游接待人次与入境旅游接待人次之和）为 45.78 亿人次，比 2015 年增加了 4.44 亿人次，年增幅为 10.76%，较 2015 年略有提高。其中，如前所述，国内旅游接待人次为 44.40 亿人次，较 2015 年增加了 4.40 亿人次，年增幅为 11.00%，占总人次比例为 96.99%，较 2015 年略有增加；入境旅游接待人次为 1.38 亿人次，较 2015 年增加了 462 万人次，年增幅为 3.45%，占总人次比例为 3.04%，较 2015 年略有降低。

如图 1–44 所示，2001~2016 年，除了 2003 年外，全国旅游接待总人次保持持续增长的发展趋势，从 2001 年的 8.73 亿人次增长到了 2016 年的 45.78 亿人次，增长了 4 倍多，平均年增长率达到 11.86%。其中，国内旅游接待人次不仅所占比例很大，而且增速也较快，从 2001 年的 7.84 亿人次增加到 2016 年的 44.40 亿人次，平均年增长率为 12.44%；入境旅游人次由 2001 年的 0.89 亿人次增长到 2016 年的 1.38 亿人次，平均年增长率只有 3.15%。

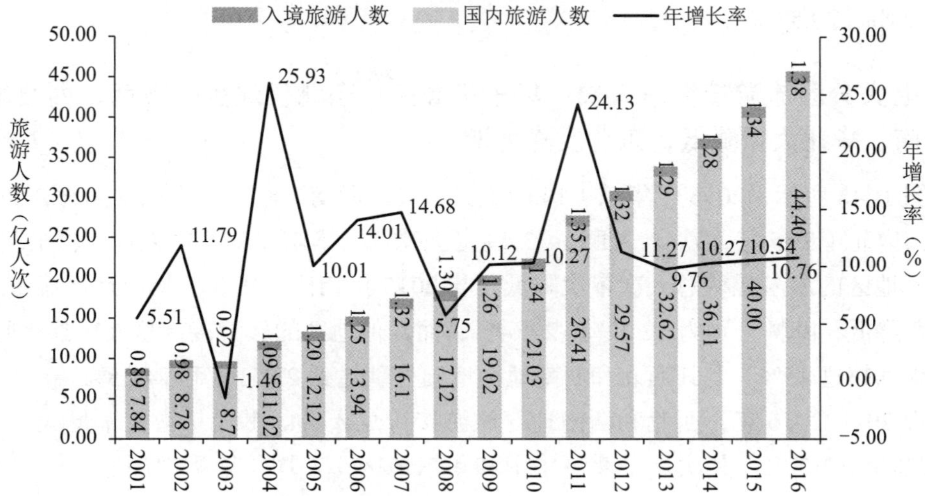

图 1–44　2001~2016 年全国旅游接待总人次（国内旅游人数、入境旅游人数）及增长率

（数据来源：2001~2016 年中国旅游业统计公报）

2. 三大区域旅游接待总人次：东部小幅减少，中、西部大幅增加；东部占比大幅缩减，中西部占比增加，差距进一步缩小

如图 1–45 所示，2016 年东、中、西三大区域旅游接待总人次分别为 19.30 亿人次、12.66 亿人次、13.42 亿人次，分别较 2015 年增加了 3.33%、20.08%、23.86%；占全国旅游接待总人次的比例分别为 42.53%、27.90%、29.57%，与 2015 年相比较，东部地区占比降低了 5.76 个百分点，中、西部地区占比分别增加了 2.40 和 3.36 个百分点；可见，虽然当前我国东、中、西三大区域旅游接待总人次的差异仍然十分显著，但这种差异在进一步缩小。

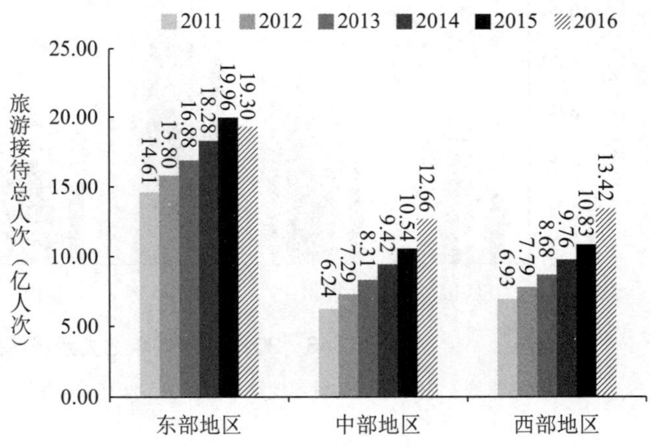

图 1–45　2011~2016 年三大区域旅游接待总人次比较

（数据来源：中国旅游统计年鉴 2011~2016，2016 年国民经济和社会发展统计公报。注：由于统计口径不同，31 个省域旅游接待总人次之和是全国旅游接待总人次的倍数，因此，将各省域旅游接待总人次除以这个倍数后，分别加总求出不同区域的旅游接待总人次）

纵观 2011~2016 年，中、西部地区旅游接待总人次都持续增加，平均年增幅分别达到 17.44% 和 17.59%，而东部地区在前 5 年持续增长后，2016 年出现了小幅下降，致使东部地区旅游接待人次占全国的比例逐年降低，从 2011 年的 52.62% 降低到了 2016 年的 42.53%，而中、西部地区旅游接待人次占全国的比例则持续上升，分别从 2011 年的 22.49%、24.97% 上升到 2016

年的 27.90%、29.57%。

3. 七大分区旅游接待总人次：华东仍最多，东北仍最少；西南、西北增幅最大，华南、华北大幅降低，东北反降为增

如图 1–46 所示，2016 年华东（14.64 亿人次）、西南（8.30 亿人次）、华中（6.91 亿人次）、华北（5.55 亿人次）、西北（3.49 亿人次）、华南（3.45 亿人次）、东北（3.06 亿人次）地区的旅游接待总人次依次降低，与 2015 年相比，华北、华南地区旅游接待总人次有所降低，降幅分别为 12.32%、22.64%，而其他地区的旅游接待总人次都有所增加，而且增幅都超过 15%，尤其西北和西南地区增幅分别达到 22.51% 和 24.55%。

纵观 2011~2016 年，西北和西南地区旅游接待总人次的平均年增长率最大，分别达到 17.85% 和 17.71%，其次是华北、华中和华东地区，平均年增幅都超过 10%，而华南和东北地区则增幅不明显，平均年增幅分别只有 5.12% 和 6.18%。

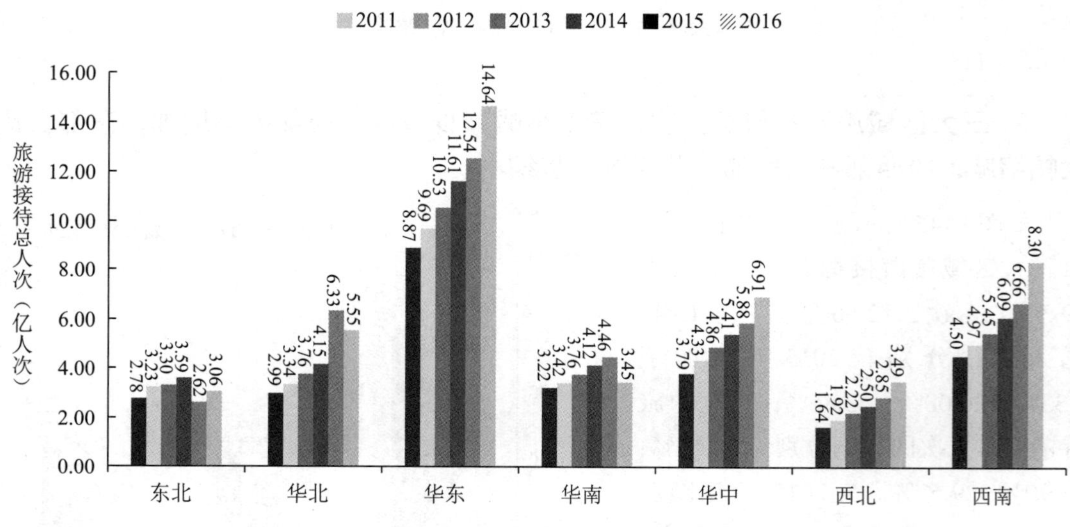

图 1–46　2011~2016 年七大经济区旅游接待总人次比较

（数据来源：中国旅游统计年鉴 2011~2016，2016 年国民经济和社会发展统计公报。注：同图 1–45）

（二）旅游总收入及其变化

1. 全国旅游总收入：突破 4.5 万亿元，国内旅游收入占八成多；十三年持续增长，且增幅较大，国内旅游收入增长更快

2016年全国旅游总收入（即国内旅游收入与入境旅游收入之和）为4.72万亿元①，比2015年增加了近5604.50亿元，年增幅为13.48%。其中，如前所述，国内旅游收入为3.94万亿元，占旅游总收入的 83.47%，较 2015 年略有增加；入境旅游收入约为 7800 亿元，

① 入境旅游收入由以美元计的统计数据乘以美元兑人民币的汇率 6.5 而得来，下同。

占旅游总收入的 16.53%，较 2015 年略有降低。

如图 1–47 所示，2001~2016 年，除了 2003 年外，全国旅游总收入呈现出持续增长的发展趋势，从 2001 年的 4995 亿元增长到了 2016 年的 4.72 万亿元，增长了 9 倍多，平均年增长率达到 16.47%，高于前述的旅游接待总人次的同期年均增长率。其中，国内旅游收入从 2001 年的 3522.36 亿元增加到 2016 年的 3.94 万亿元，增长了 11 倍多，平均年增长率达到 17.93%；入境旅游收入除了 2003 年大幅降低外，2008、2009 年也出现较大幅度降低，降幅分别为 10.53%、4.71%，但总体上由 2001 年的 177.92 亿美元增长到 2016 年的 1200 亿美元，增长了 6 倍多，平均年增长率达到了 14.48%。

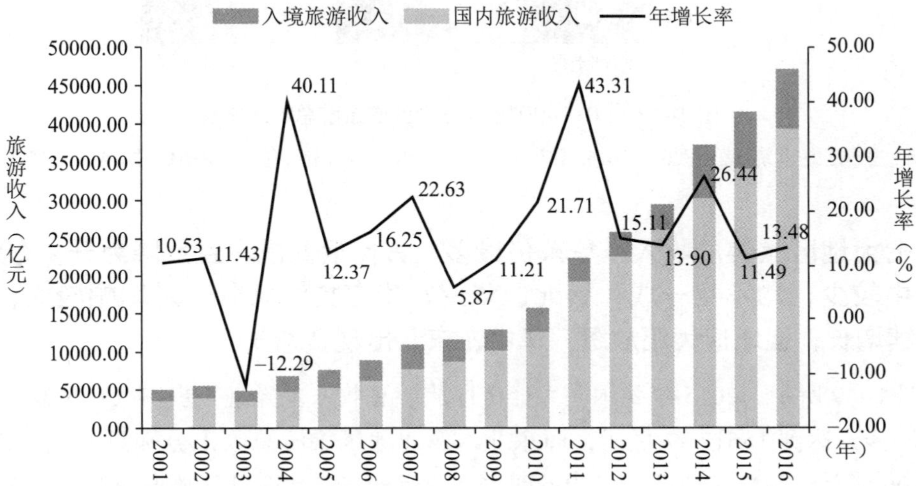

图 1–47　2001~2016 年全国旅游总收入（国内旅游收入与入境旅游收入之和）及其变化

（数据来源：中国旅游统计年鉴 2011~2016，2016 年国民经济和社会发展统计公报。注：各年度入境旅游收入由旅游总收入减去国内旅游收入得到）

2. 三大区域旅游总收入：都持续增长，西部增幅最大，中部最小；东部占比近六成，略有增加，西部占比持续小幅增加，中部占比缩小；区域差异缩小的趋势未能持续

如图 1–48 所示，2015 年东、中、西三大区域的旅游总收入分别为 23785.14 亿元、8085.46 亿元和 9649.50 亿元，与 2014 年相比较，分别增加了 12.52%、3.06%、15.87%；占全国旅游总收入的比例分别为 57.29%、19.47%、23.24%，与 2014 年相比较，东、西部地区旅游总收入占比分别上升了 0.62、0.91 个百分点，而中部地区占比则下降了 1.56 个百分点；可见，东、西部地区的年旅游总收入的差距持续缩小，但东、中部地区间的差距有所扩大。

纵观 2011~2015 年，东、中、西三大区域旅游总收入都保持持续增加的发展趋势，但 2015 年增幅都大幅放缓，分别较 2014 年下降了 10.44、25.78、17.09 个百分点，致使平均年增长率也分别下降为 19.43%、23.94%、28.27%，较 2010~2014 年分别下降了 1.73、

5.22、3.10 个百分点；可见，旅游总收入区域差异的缩小没能持续。

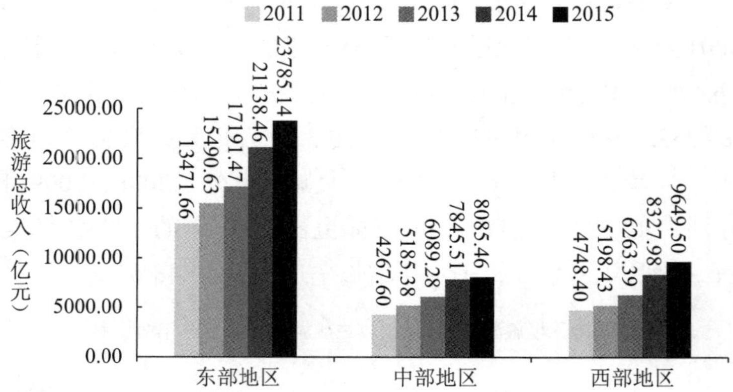

图 1-48　2011~2015 年三大区域旅游总收入比较

（数据来源：中国旅游业统计公报 2011~2016。注：同图 1-45；天津、河南、海南和贵州数据缺失，计算时以 0 处理）

3. 七大地区旅游总收入：华东仍最多，占比近四成，且反降为升，东北、西北、华中较少，均不足一成；西北、华南、华东持续增长，且增幅较大，西南、华北持续增长，但增速大幅放缓，华中、东北出现负增长

如图 1-49 所示，2015 年我国七大经济区旅游总收入差异进一步扩大：华东地区旅游总收入最多，达到 15617.47 亿元，而东北、西北地区旅游总收入分别只有 3111.77 亿元和 3224.06 亿元，与华东地区分别相差四倍多或近四倍。华东地区旅游总收入占全国的比例为 37.61%，较 2014 年增加了 3.78 个百分点，集中度进一步增大。

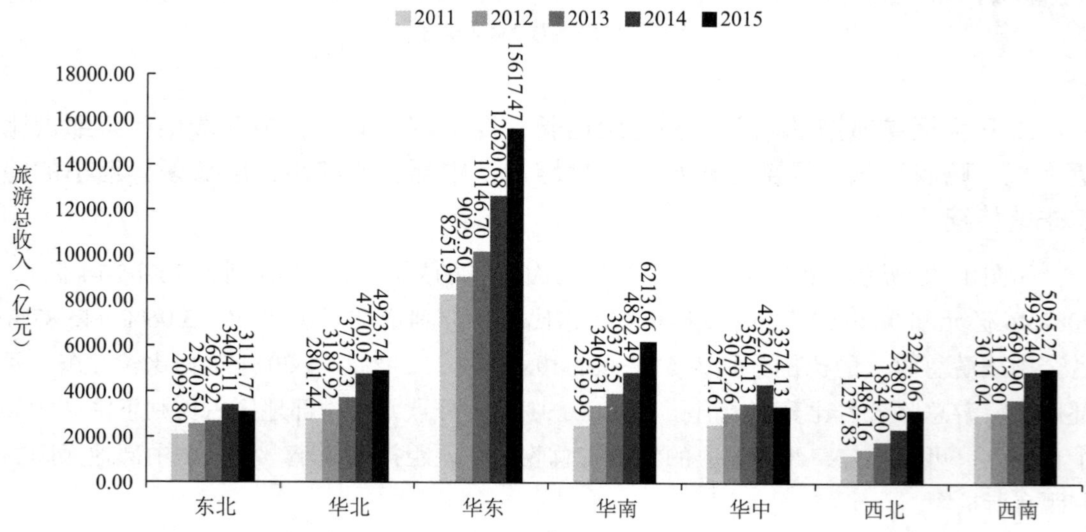

图 1-49　2011~2015 年七大经济区旅游总收入比较

（数据来源：中国旅游业统计公报 2011~2016。注：同图 1-45）

与2014年相比较，七大地区旅游总收入的增长率变化不一：西北、华南、华东地区旅游总收入的增长率较高，分别为35.45%、28.05%、23.75%，而华中和东北地区旅游总收入却出现较大幅度负增长，降幅分别为22.47%和8.59%，西南和华北地区虽然仍保持增长，但增幅分别只有2.49%和3.22%，较2014年分别下降了31.15和24.41个百分点。纵观2011~2015年，除了华中和东北地区外，其他地区旅游总收入都呈现出持续增长的态势，平均年增长率都接近或超过20%；从各地区旅游总收入占全国的比例来看，华东地区所占比例在前四年持续降低后，2015年反降为升，其他地区也都呈波动变化的态势。

（三）人均花费及其变化

1. 全国入境游客人均花费：600多美元，持续增加，增幅虽不大但有提高；人均停留天数多年平均增幅高于人均天花费，但差距缩小

2015年全国入境游客人均花费为635.35美元/人，比2014年增加了18.79美元/人，年增长率为3.05%；既得益于人均天花费从2014年的192.67美元/人·天提高到2015年的196.14美元/人·天，也得益于人均停留天数从2014年的3.11天增加到2015年的3.17天。

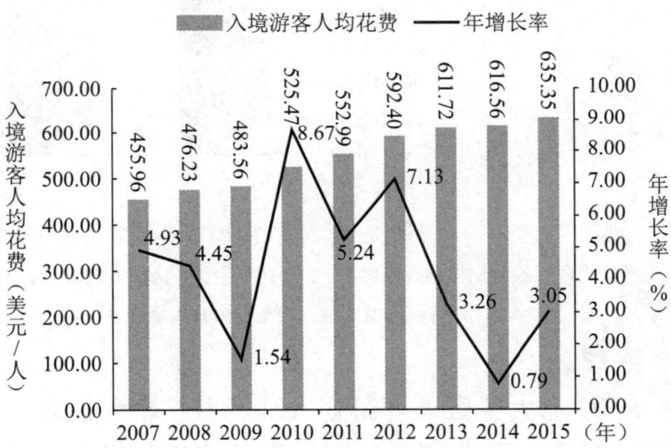

图1–50　2007~2015年全国入境游客人均花费及其年增长率

（数据来源：旅游抽样调查资料2008~2016。注：全国入境游客的人均花费是31个省域入境游客人均花费的平均值，各省域入境游客人均花费由其入境游客人均停留天数与人均天花费相乘计算得到）

如图1–50所示，2007~2015年，全国入境游客人均花费呈现出持续增长的发展趋势，从2007年的455.96美元/人增长到了2015年的635.35美元/人，增长了39.34%，平均年增长率为4.34%，较2006~2014年略有降低。其中，人均停留天数由2007年的2.49天增加到2015年的3.17天，平均年增长率为2.83%，较2006~2014年略有降低；人均天花费由2007年的177.64美元/人·天增加到2015年的196.14美元/人·天，平均年增长率为1.58%，较2006~2014年略有增加。

2. 三大区域入境游客人均花费：东部最多，西部次之，中部最少；西部持续增加，多年平均增幅较大，东、中部反降为增，但幅度很小；东、西差距继续缩小

如图1–51所示，2015年东、中、西三大区域入境游客人均花费分别为849.31美元/人、408.52美元/人、516.97美元/人；与2014年相比较，都有增加，东、中部增幅很小，

分别只有 0.07%、1.20%，而西部的增幅较大，达到 9.64%；使得东部与西部、中部地区入境游客人均花费的差距都有所缩小。

纵观 2011~2015 年，西部地区入境游客人均花费表现为持续增加，平均年增幅较大，达到 6.77%，较 2010~2014 年提高了 0.71 个百分点；东、中部地区入境游客人均花费在近年来有增有降，但幅度都很小，因此，整体上表现为增加，平均年增幅分别为 2.79%、2.55%，都较 2010~2014 年有所降低；这使得东、西差距逐渐缩小。

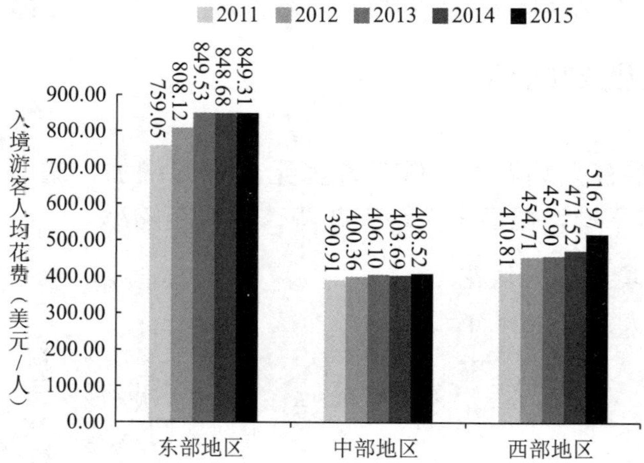

图 1–51 2011~2015 年三大区域入境游客人均花费比较

（数据来源：旅游抽样调查资料 2012~2016。注：各区域入境游客的人均花费是各区域的省域入境游客人均花费的平均值，各省域入境游客人均花费由其入境游客人均停留天数与人均天花费相乘计算得到）

3. 七大分区入境游客人均花费：华北最高，华中最低；西南和西北年增幅较高，华东、东北和华中则呈现负增长；华北、西北持续、稳定增加，华南和西南反降为升，华中小幅波动，东北、华东持续减少；分区差异多扩大

如图 1–52 所示，2015 年我国七大经济区入境游客人均花费差异较大：华北地区仍最高，达到 1461.55 美元 / 人，是其他地区的 2~3 倍；华南、华中地区较低，分别只有 406.17 美元 / 人、394.76 美元 / 人。

与 2014 年相比较，西南、西北、华南和华北地区入境游客人均花费都有所增加，尤其前两者增幅较高，分别为 13.48%、7.52%；而华东、东北和华中地区入境游客人均花费则都有所降低，但降幅都很小，在 2% 之内。纵观 2011~2015 年，华北和西北地区入境游客人均花费呈持续、稳定增长趋势，平均年增幅分别为 8.17% 和 8.44%；东北、华东地区近两年呈持续减少态势，但降幅都有所降低；华南地区在 2013 年降低后，近两年呈稳定、缓慢回升态势；西南地区在前两年持续降低后，出现了强力回升态势；华中地区则处于小幅波动状态。因此，综合起来看，华北地区与东北、华东、华南、华中地区入境游客人均花费的差异继续扩大，而与西北、西南地区间的差异缩小。

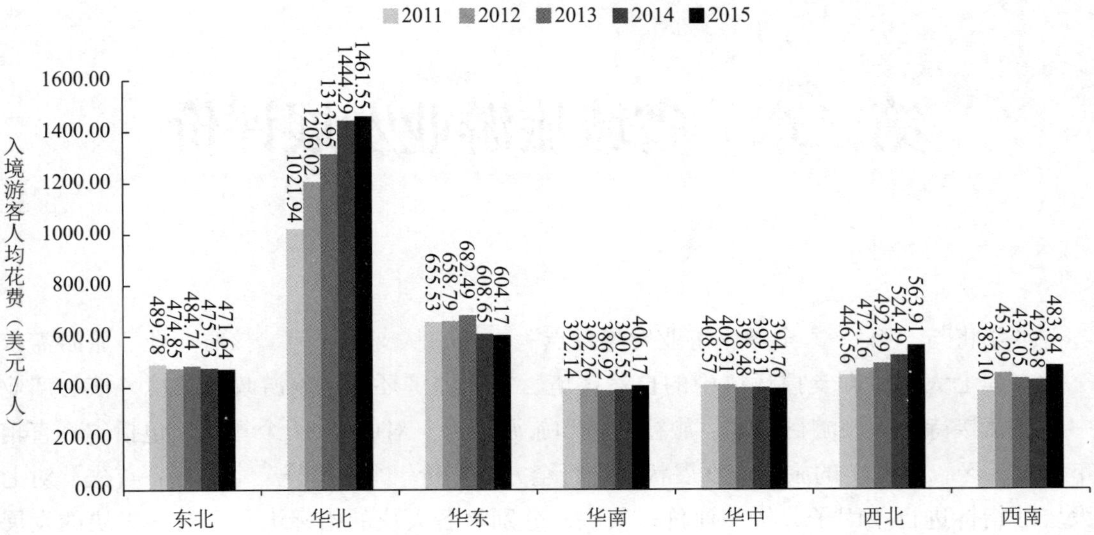

图 1–52　2011~2015 年七大分区入境游客人均花费比较

（数据来源：旅游抽样调查资料 2012~2016。注：各分区入境游客的人均花费是各分区的省域入境游客人均花费的平均值，各省域入境游客人均花费由其入境游客人均停留天数与人均天花费相乘计算得到）

第二章 省域旅游业发展评价

本章将与“第一章 全国旅游业发展盘点”一样，从支撑环境、核心产业、旅游需求三大方面七大块（即支撑环境中的自然环境、社会经济环境、旅游政策环境，核心产业中的住宿接待业、旅游目的地、旅行社业和旅游需求）对中国 31 个省域（包括省、直辖市和自治区，下同）的旅游业发展状况进行全方位评价[①]。评价分三个层面：首先，对七大块的指标进行单因子分析和评价；其次，分别将各大块的指标汇总，对各大块的发展状况进行综合评价；最后，将所有指标汇总，分综合竞争力、现实竞争力、潜在竞争力和发展环境竞争力，对 31 个省域旅游业发展状况进行全面的综合评价。该评价力求全方位、多层面、多角度，既关注年际间的动态变化，也关注省际的横向比较，让各个省域不仅可以把握各自的整体状况，而且能够了解各个方面的具体情况，不仅清楚自身的发展脉络，而且了解各自在 31 个省域中的相对位置，从而能够总揽全局、有的放矢地进行区域旅游发展决策。

一、支撑环境评价

如前所述，《报告》选用全年空气质量优良天数、城市污水处理率、生活垃圾无害化处理率这三个指标评价 31 个省域旅游业发展的自然环境水平，选用经济发展水平（综合 GDP 和人均 GDP）、年旅客周转量和万人专利授权数这三个指标来评价 31 个省域旅游业发展的社会经济环境水平，选用旅游管理机构设置情况和政府工作报告中提及“旅游”次数这两个指标来评价 31 个省旅游业发展的政策环境水平，这些评价指标及其基本描述统计如表 2-1 所示。

表 2-1 2015 年中国 31 个省域旅游发展的支撑环境评价指标及其基本描述统计

类型	评价指标	极小值	极大值	平均值	标准差	变异系数
自然环境	空气质量优良天数（天）	124.00	350.00	246.61	67.17	0.27
	城市污水处理率（%）	19.10	96.70	87.67	14.56	0.17
	生活垃圾无害化处理率（%）	64.20	100.00	92.99	8.41	0.09

① 由于数据统计口径、可获得性等影响，这里没有包括香港和澳门这两个特别行政区以及台湾省。

续表

类型	评价指标	极小值	极大值	平均值	标准差	变异系数
社会经济环境	GDP总量（亿元）	1026.39	67809.85	23314.67	18219.05	0.78
	人均GDP（万元/人）	2.61	10.68	5.29	2.32	0.44
	年旅客周转量（亿人公里）	38.28	1796.52	734.72	490.00	0.67
	万人专利授权数（件）	0.61	43.31	10.39	11.64	1.12
政策环境	旅游管理机构设置[a]	1.00	2.00	1.71	0.45	0.27
	政府工作报告提及“旅游”次数（次）[b]	2.00	69.00	12.84	11.96	0.93

（注：a 表示该指标数据为截至 2017 年 6 月；b 表示该指标数据为 2016 年）

（一）自然环境

1. 自然环境单因子分析

（1）空气质量优良天数：平均 247 天，一半省域达平均，云南最优；近半省域有所增加，冀、鲁、川表现突出；近半省域增长率提高，鲁、冀、川表现突出；省际差异较大，优良省域集中于南部和西北部，较差省域仍集中于华北

从表 2-1、图 2-1 可以看出，2015 年 31 个省域省会城市空气质量优良天数（即全年空气质量达到及好于二级的天数）的平均值为 247 天，较 2014 年增加了 6 天，16 个省域达到或超过 247 天。其中，空气质量最好的是云南，空气质量优良天数达到 350 天，即全年空气质量优良；其次，海南、福建、贵州、广西、西藏、广东和江西空气质量优良天数也都在 300 天以上；空气质量优良天数较少的是山东、山西、江苏和河南，都不足 140 天，大气环境亟待改善；河北、北京、湖北的空气质量优良天数徘徊在全年的一半左右。

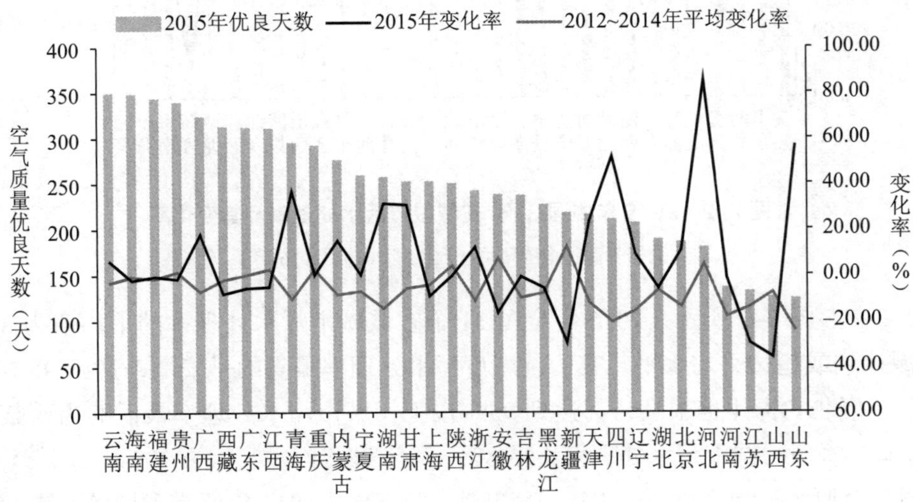

图 2-1　2015 年中国 31 个省域省会城市的空气质量优良天数及其变化率

（数据来源：中国统计年鉴 2012~2016）

如图 2–1 所示，与 2014 年相比，2015 年大部分省域空气质量有所下降，仅有 13 个省域空气质量优良天数有所增加，其中，河北、山东和四川的增幅较大，都超过 50%；而山西、江苏和新疆的降幅较大，都超过约 30%。与 2012~2014 年的平均变化率相比较，有 14 个省域 2015 年空气质量优良天数的增长率提高，尤其山东、河北和四川，增长率分别提高了 81.75、80.97 和 72.32 个百分点，表现十分突出；福建、吉林、黑龙江、湖北、河南 2015 年空气质量优良天数仍有降低，但降幅较前三年的平均降幅有所减小；而其他 12 个省域 2015 年的空气质量优良天数增长率都较前三年有所低，尤其新疆、山西、安徽和江苏都降低了 10%~40%。

2015 年全国 31 个省域空气质量优良天数的变异系数为 0.27，在反映自然环境的三个评价指标中较高（表 2–1），但是，与 2014 年相比，减小了 0.05，表明空气质量优良天数的省际差异较大，但呈持续缩小趋势。空气质量较好的省份大多位于南部和西北部地区，而空气质量较差的省域多集中分布于华北地区。

（2）城市污水处理率：平均 88%，八成省份达平均，安徽最优；几乎所有省域都有提高，且处理率越低的提高幅度越大；省际差异小，且呈缩小趋势，处理率较高省域集中于东、中部

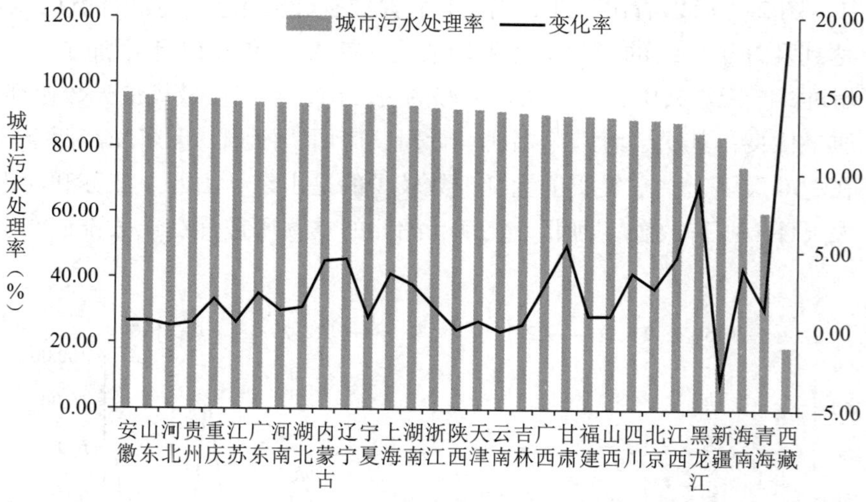

图 2–2　2015 年中国 31 个省域城市污水处理率及其变化率

（数据来源：中国环境统计年鉴 2015、2016 年）

如表 2–1、图 2–2 所示，2015 年全国 31 个省域城市污水处理率的平均值为 87.67%，26 个省域达到或超过平均水平。其中，城市污水处理率最高的是安徽，达到 96.70%，其次，山东、河北和贵州也很高，都达到 95% 以上；城市污水处理率最低的为西藏，不足 20%，青海、海南的城市污水处理率不足 80%，还需提升。

如图 2–2 所示，与 2014 年相比，除新疆、云南外，2015 年所有省域的城市污水处理率都有所提高，其中，西藏的提高幅度最大，达到 18.63%。而且，城市污水处理率前 10 位省域的平均变化率为 1.33%，中间 11 位省域的平均变化率为 2.02%，后 10 位省域的平

均变化率为 4.27%，总体上呈现出处理率越低的省域，处理率增加幅度越大的变化趋势。

如表 2–1 所示，2015 年全国 31 个省域城市污水处理率的变异系数为 0.17，在自然环境的三个评价指标中最低，同时，与 2014 年相比，变异系数下降了 0.03，表明城市污水处理率的省际差异较小，且呈缩小趋势。城市污水处理率较高的省域集中连片地分布于东、中部地区，而较低的省域则集中于西北部地区和分散于东、中部地区。

（3）生活垃圾无害化处理率：平均 93%，六成省域达平均，沪苏鲁较优；近七成省域提高，吉黑表现突出，且处理率越低增幅越大；不足三成省域增长率提高，黑龙江表现突出；省际差异较小，且呈缩小趋势，处理率较高省域仍集中于东部沿海及中北部

如表 2–1、图 2–3 所示，2015 年 30 个[①]省域生活垃圾无害化处理率的平均值为 64.20%，且 19 个省域达到或超过平均值。其中，上海、江苏、山东的生活垃圾无害化处理率达到 100%，而北京、黑龙江、甘肃的生活垃圾无害化处理率低于 80%，改进空间较大。

如图 2–3 所示，与 2014 年相比，20 个省域 2015 年的生活垃圾无害化处理率有所提高，平均提高幅度约为 3%，其中，吉林和黑龙江的提高幅度最大，分别达到 36.83% 和 32.77%；而北京、天津、云南、宁夏等 7 个省域 2015 年的生活垃圾无害化处理率有所下降，尤其北京降幅达到 20.88%，需要引起重视。而且，2015 年生活垃圾无害化处理率排名前 10 位省域的平均变化率为 0.55%，排名中间省域的平均变化率为 3.01%，而排名后 9 位（不包括西藏，因其数据缺失）省域的平均变化率为 5.13%；可见，生活垃圾无害化处理率越低的省域，其增长率越大。

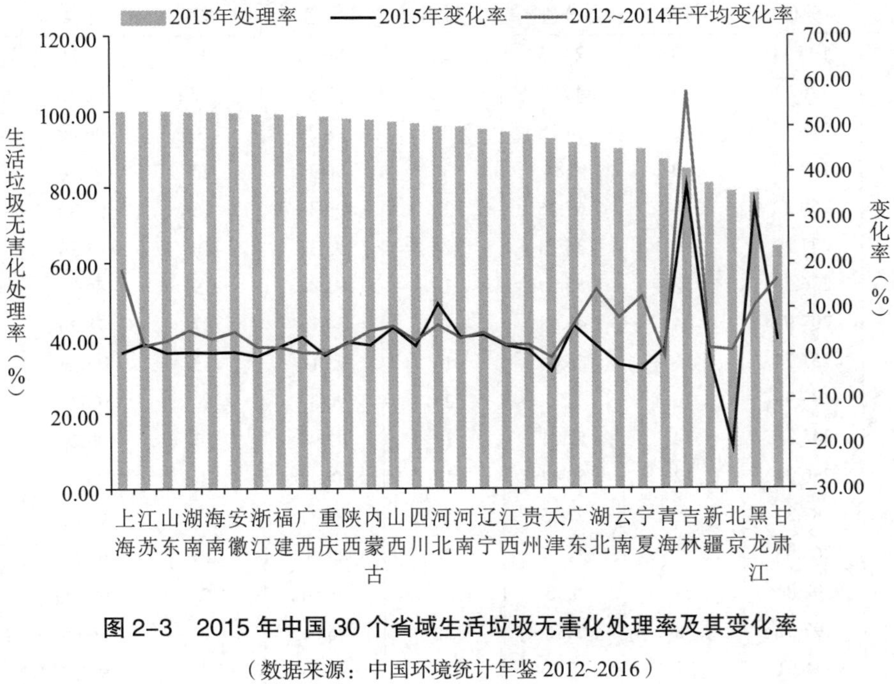

图 2–3　2015 年中国 30 个省域生活垃圾无害化处理率及其变化率

（数据来源：中国环境统计年鉴 2012~2016）

① 西藏数据缺失，不纳入计算。

与2012~2014年的平均变化率相比较，如图2-3所示，只有8个省域2015年的生活垃圾无害化处理率的增长率有所提高，其中，黑龙江提高了22.27个百分点，表现十分突出；而其他22个省域2015年的增长率都有所降低，其中，北京、吉林、上海、宁夏、甘肃、湖北和云南都降低了10~20个百分点。

如表2-1所示，全国31个省域生活垃圾无害化处理率的变异系数为0.09，很小，且比2011年减小了0.03，表明生活垃圾无害化处理率的省际差异很小，且呈缩小趋势。生活垃圾无害化处理率较高的省份集中在东部沿海及中北部地区。

2. 自然环境综合评价

将空气质量优良天数、城市污水处理率和生活垃圾无害化处理率三个指标的数据进行归一化处理，而后加和计算，得到全国31个省域自然环境综合评价结果（表2-2、图2-4）。依据综合评价得分高低，将31个省域分为三个梯队，分别从梯队成员、空间分布、各指标的相对状况等角度对各个梯队进行分析。由于各指标得分都是归一化处理后的得分，得分值只反映所处的相对位置，因此，在分析各省域各指标的相对状况时，通过比较各省域各指标的排名来反映各省域的相对优势领域和不足之处。

表2-2 2015年中国31个省域旅游发展的自然环境综合评价结果

省域	自然环境综合评价		空气质量优良天数		城市污水处理率		生活垃圾无害化处理率	
	分值	排序	分值	排序	分值	排序	分值	排序
北京	195.54	29	27.43	26	89.30	25	78.80	28
天津	226.71	17	40.71	22	93.30	17	92.70	20
河北	218.97	20	24.78	27	98.20	3	96.00	15
山西	188.42	30	0.88	30	90.34	23	97.20	13
内蒙古	260.32	9	67.26	11	95.36	10	97.70	12
辽宁	227.29	16	36.73	24	95.36	10	95.20	17
吉林	226.58	18	50.00	19	91.88	19	84.70	26
黑龙江	207.92	24	45.58	20	84.15	27	78.20	29
上海	251.74	11	56.64	14	95.10	13	100.00	1
江苏	199.93	26	3.54	29	96.39	6	100.00	1
浙江	245.36	14	52.21	17	93.94	15	99.20	7
安徽	250.04	12	50.44	18	100.00	1	99.60	6
福建	287.27	2	97.35	3	90.72	22	99.20	7
江西	265.65	8	82.74	8	88.40	26	94.50	18
山东	198.84	27	0.00	31	98.84	2	100.00	1
河南	197.31	28	5.31	28	96.01	8	96.00	15
湖北	216.01	21	28.76	25	95.75	9	91.50	22
湖南	253.49	10	58.85	13	94.85	14	99.80	4
广东	270.92	5	83.19	7	96.13	7	91.60	21

续表

省域	自然环境综合评价		空气质量优良天数		城市污水处理率		生活垃圾无害化处理率	
	分值	排序	分值	排序	分值	排序	分值	排序
广西	278.56	4	88.50	5	91.37	20	98.70	9
海南	270.36	7	99.56	2	71.01	29	99.80	4
重庆	270.49	6	74.34	10	97.55	5	98.60	10
四川	224.73	19	38.50	23	89.43	24	96.80	14
贵州	287.44	1	95.58	4	98.07	4	93.80	19
云南	282.65	3	100.00	1	92.65	18	90.00	23
西藏	83.63	31	83.63	6	0.00	31	0.00	31
陕西	247.18	13	55.75	16	93.43	16	98.00	11
甘肃	211.69	23	56.64	14	90.85	21	64.20	30
青海	215.57	22	75.66	9	52.71	30	87.20	25
宁夏	245.00	15	59.73	12	95.36	10	89.90	24
新疆	205.35	25	41.59	21	82.86	28	80.90	27

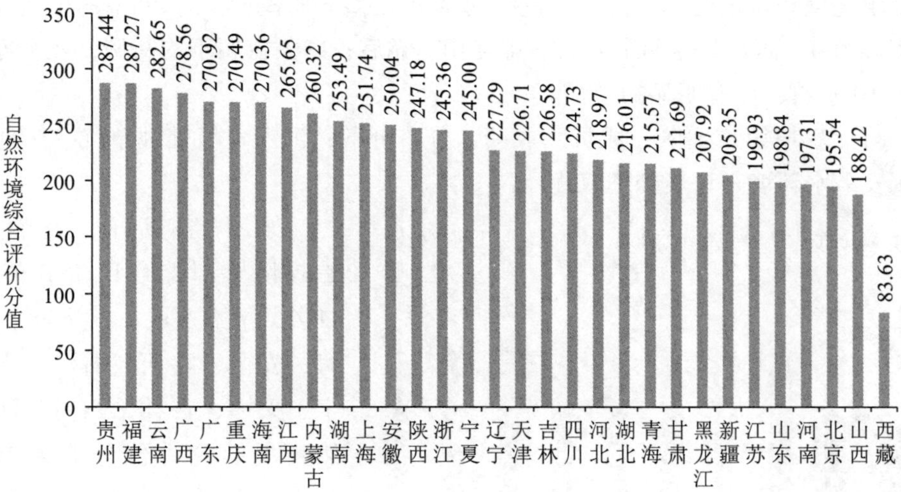

图 2-4　2015 年中国 31 个省域旅游发展的自然环境综合评价结果

（1）自然环境第一梯队：近半为新进成员，多为南部省域；黔粤空气—水环境双优，闽桂琼空气—垃圾处理双优，滇赣空气质量单优，重庆水环境单优，湖南垃圾处理单优，内蒙古各方面均衡

如图 2-5 所示，自然环境第一梯队（即综合评价分值排名前 10 位的省域，以下同）包括贵州、福建、云南、广西、广东、重庆、海南、江西、内蒙古和湖南，自然环境综合评价分值均高于 250，从空间分布来看，集中分布在南部地区。与 2014 年相比，梯队成员变化较大，西藏、上海、北京和安徽被福建、广西、内蒙古和湖南挤出第一梯队；这可能主要受到水环境质量的衡量指标因数据缺失更改为由城市污水处理率替代 2014 年

的污水集中处理率的影响所致。

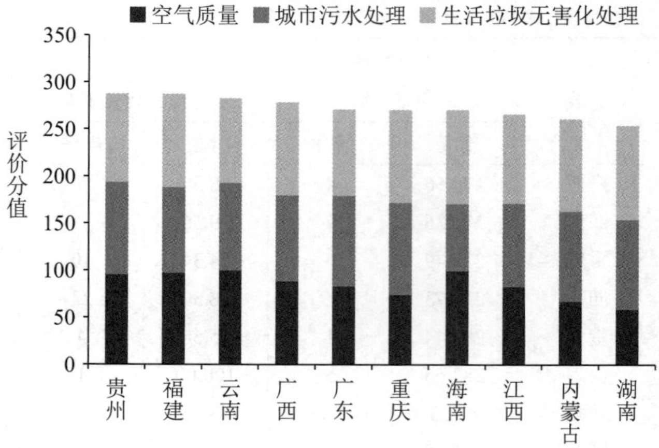

图 2–5 2015 年自然环境综合评价第一梯队省域及要素组成示意图

从这些省域的组成要素状况来看，如图 2–5、表 2–2 所示，自然环境第一梯队省域的表现各异：贵州和广东属于空气、水环境双优型，这两个方面的排名分别都为第 4 和第 7，而垃圾处理排名分别是第 19 和第 21，短板明显；福建、广西和海南属于空气、垃圾处理双优型，这两个方面的排名都在前 10 位甚至前 5 位，而城市污水处理率的排名分别为第 22 位、第 20 位和第 29 位，是明显的短板；云南和江西属于空气单优型，空气质量优良天数的排名分别为第 1 和第 8，而其他两个方面的排名都在第二甚至第三梯队，改进空间较大；重庆和湖南则分别属于水环境单优型和垃圾处理单优型，重庆的城市污水处理率排第 5，湖南的生活垃圾无害化处理率排第 4，而在其他两个方面的排名相对靠后；内蒙古属于均衡型，三个方面的排名都在第 10 左右，没有明显的短板。

（2）自然环境第二梯队：成员六成新，分布分散；沪浙垃圾处理单优，宁辽冀水环境单优，安徽水环境—垃圾处理双优

如图 2–6 所示，自然环境第二梯队（即综合评价分值排名第 11~20 位的省域，以下同）包括上海、安徽、陕西、浙江、宁夏、辽宁、天津、吉林、四川和河北，自然环境综合评价分值为 210~250，分布很分散，东北、华北、西北、西南、华东都有 1~2 个省域。

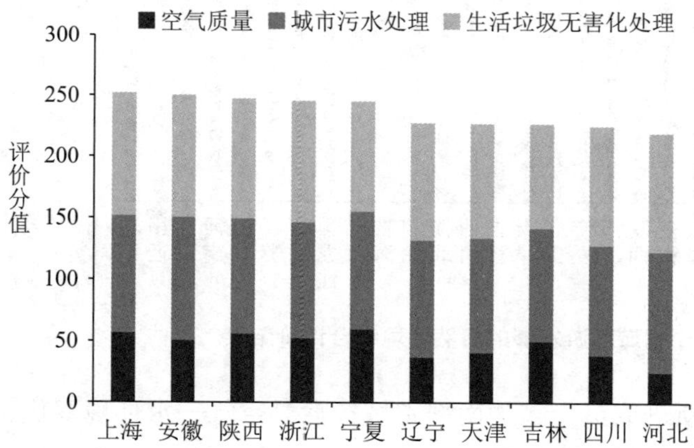

图 2–6 2015 年自然环境综合评价第二梯队省域及要素组成示意图

从这些省域的组成要素状况来看，如图 2–6、表 2–2 所示，自然环境第二梯队省域都表现一般，但也有少数省域也有表现突出的方面：上海和浙江属于垃圾处理单优型，其生活垃圾无害化处理排名分别第 1 和第 7，不仅进入第一梯队，而且表现很突出；宁夏、辽宁和河北属于水环境单优型，它们的城市污水处理率分别排第 10、第 10 和第 3，处于第一梯队；安徽为水环境、垃圾处理双优型，这两个方面的排名分别为第 1 和第 6，优势突出，但其全年空气质量优良天数排第 18 名，亟待改善。

（3）自然环境第三梯队：成员较稳定，多西北、华北、华中省域；鄂豫水环境单优，青藏空气质量单优，苏鲁水环境－垃圾处理双优

如图 2–7 所示，自然环境第三梯队（即综合评价分值排名第 21~31 位的省域，以下同）包括湖北、青海、甘肃、黑龙江、新疆、江苏、山东、河南、北京、山西和西藏，自然环境综合评价分值都低于 220，主要为西北、华北及华中省域。与 2014 年相比，梯队成员较稳定，湖北、新疆、北京、西藏为新掉入的成员。

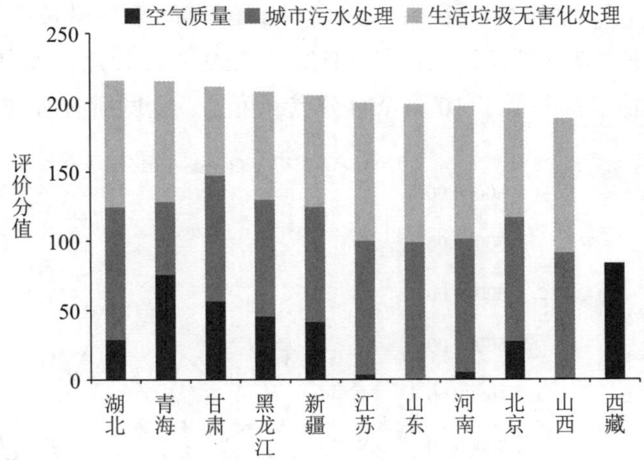

图 2–7　2015 年自然环境综合评价第三梯队省域及要素组成示意图

从这些省域的组成要素状况来看，如图 2–7、表 2–2 所示，自然环境第三梯队省域整体表现最弱，但个别省域有表现突出的方面：湖北和河南水环境单优，其城市污水处理的排名分别为第 9 和第 8，属于第一梯队，但其他两个方面的排名都很靠后；青海和西藏属于空气质量单优型，其空气质量分别排第 9 名和第 6 名，处于前列；山东和江苏属于水环境、垃圾处理双优，城市污水处理的排名分别为第 6 和第 2、生活垃圾无害化处理的排名均第 1，表现十分突出，但其空气质量的排名分别第 29 和第 31，短板十分明显。

（二）社会经济环境

1. 社会经济环境单因子分析

（1）经济发展水平

① GDP 总量：平均 2.33 万亿元，小幅增长，近四成省域达平均，粤苏鲁遥遥领先；年增长率平均约 5%，藏黔渝表现突出，总量越大省域增幅也略大；所有省域增长趋缓；省际差异较大且稳定，东南—西北分异明显

如表 2–1、图 2–8 所示，2015 年全国 31 个省域 GDP 的平均值为 23314.67 亿元，较 2014 年增长了 5.61%，但只有 12 个省域达到或超过平均值。其中，广东、江苏和山东的 GDP 最高，都超过 6.00 万亿元，遥遥领先；其次，浙江、河南也很强，GDP 都超过 3.50 万亿元；而新疆、甘肃、海南、宁夏、青海、西藏的 GDP 都在 1.00 万亿元以下，西藏 GDP 最低，刚过 0.10 万亿元。

如图 2–8 所示，与 2014 年相比，除了甘肃以外的 30 个省域 GDP 都有增长，平均增长率为 5.30%，其中，西藏、贵州和重庆的增长率最高，均超过 10.00%；可见，几乎所有省域 GDP 持续上升。从与 GDP 总量的关系来看，2015 年 GDP 排名前 10 位、中等、

后 10 位省域的平均增长率分别为 5.54%、5.41%、4.94%，呈现出 GDP 越高的省域 GDP 增长率也越大的特点。

如图 2–8 所示，与 2011~2014 年的平均增长率相比较，31 个省域 2015 年的 GDP 增长率都有所降低，平均降低了 7.59 个百分点，尤其辽宁、陕西、内蒙古、吉林、新疆、甘肃都降低了 10 多个百分点；可见，全国所有省域 GDP 的增长都趋缓。

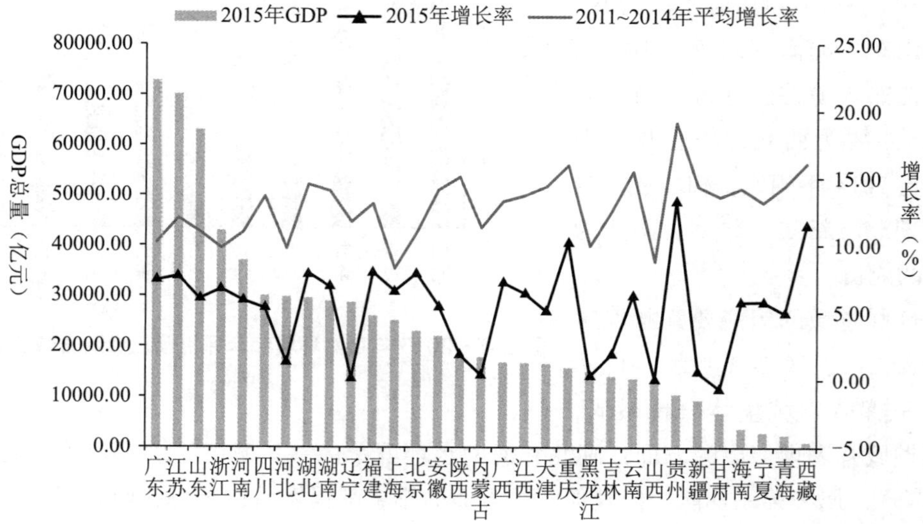

图 2–8　2015 年中国 31 个省域的 GDP 及其增长率

（数据来源：中国统计年鉴 2012~2016）

如表 2–1 所示，全国 31 个省域 GDP 的变异系数为 0.78，在社会经济环境的四个评价指标中较高，但较 2014 年只增加了 0.01，表明 GDP 的省际差异较大，且基本稳定。另外，GDP 达到 2 万亿元以上的省域几乎都集中分布在东南部，只有四川位于西部地区，而 GDP 小于 1 万亿元的省域几乎都位于西北、东北、西南地区，呈现出明显的东南—西北空间分异格局。

② 人均 GDP：平均 5 万元 / 人，小幅增长，只三成省域达平均，津京沪独占鳌头；年增长率平均约 5%，贵州表现突出；几乎所有省域增长趋缓；省际差异小且稳定，具沿海—内陆分异特征

如表 2–1、图 2–9 所示，2015 年全国 31 个省域人均 GDP 的平均值为 5.29 万元 / 人，较 2014 年增长了 4.75%，只有 10 个省域达到或超过均值。其中，天津、北京、上海的人均 GDP 最高，都超过 10.00 万元 / 人，比其他省域高出至少 1.00 万元 / 人；其次，江苏、浙江、内蒙古、福建、广东、辽宁和山东的人均 GDP 也较高，都超过 6.00 万元 / 人；而贵州、云南和甘肃的人均 GDP 都较低，均在 3.00 万元 / 人以下。

如图 2–9 所示，与 2014 年相比，除了新疆、山西、甘肃以外的 28 个省域 2015 年的人均 GDP 都有增加，平均增幅为 4.48%，其中，贵州的增幅最大，达 12.63%。从与人均 GDP 的关系来看，2015 年人均 GDP 排名前 10 位、中等和后 10 位省域人均 GDP 的平均

增长率分别为4.98%、3.28%和5.28%；可见，人均GDP较高和较低的省域的增长率较大。

与2011~2014年的平均增长率相比较，如图2–9所示，除了上海以外的30个省域2015年的人均GDP增长率都有所降低，平均降低了7.85个百分点，其中，新疆降低幅度最大，达到15.02个百分点；可见，人均GDP的增长也都趋缓。

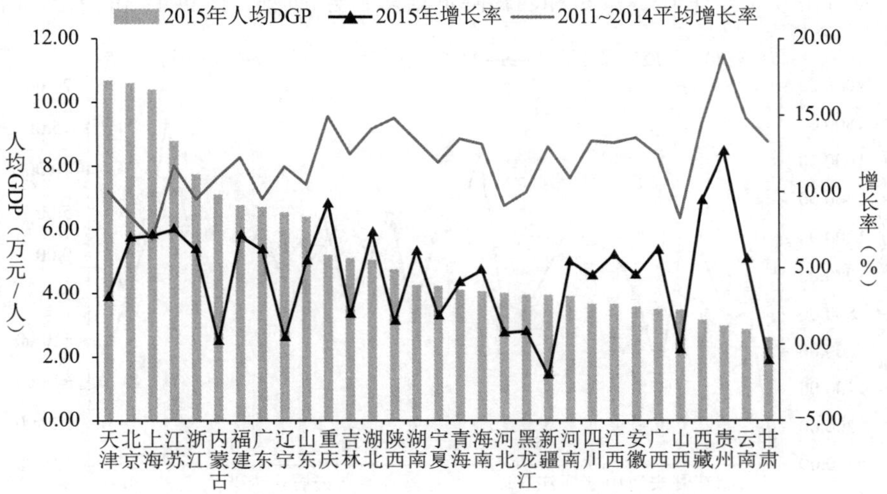

图2–9 2015年中国31个省域的人均GDP及其增长率

（数据来源：中国统计年鉴2012~2016）

如表2–1所示，全国31个省域人均GDP的变异系数为0.44，在社会经济环境的四个评价指标中最低，而且较2014年只增加了0.01，表明人均GDP的省际差异小且稳定。另外，人均GDP较高的省域都集中在东部沿海和东北地区，呈现出一定的沿海—内陆分异格局。

（2）年旅客周转量：平均735亿人公里，小幅降低，四成省域超平均，广东最高；过半省域有所增加，但增幅偏小，且年旅客周转量较小的省域增幅较大；较前四年增长趋缓；省际差异较小且呈缩小趋势，较高省域集中于东南半壁

如表2–1、图2–10所示，2015年全国31个省域年旅客周转量平均为734.72亿人公里，较2014年降低了4.15%，有13个省域达到或超过均值。其中，广东的年旅客周转量最高，达到1796.52亿人公里，其次，河南、湖南、江苏、湖北、安徽、河北、山东和浙江的年旅客周转量较高，都在1000亿人公里以上；而青海、宁夏、海南和西藏的年旅客周转量较低，均在100亿人公里以下，其中西藏最低，年旅客周转量只有38.28亿人公里。

如图2–10所示，与2014年相比，16个省域2015年的旅客周转量有所增加，平均增幅为3.80%，其中，青海和广西的增幅最大，分别为15.83%和12.11%；其他14个省域2015年的旅客周转量都小幅下降，平均降幅为7.09%，其中，广东、西藏和安徽的降幅最大，分别达到22.41%、15.16%和14.05%。同时，从与年旅客周转量的关系来看，2015年旅客周转量排名前10位、中等和后10位省域的平均变化率分别为–5.01%、0.02%和0.48%；可见，年旅客周转量较低的省域呈增长态势，而年旅客周转量较高的省域呈

减少态势。

与 2011~2014 年的平均增长率相比较，如图 2-10 所示，有 12 个省域 2015 年旅客周转量的增长率有所提高，平均提高了 5.71 个百分点，其中，广西和青海提高最多，分别提高了 16.24 和 13.32 个百分点；其他 19 个省域 2015 年旅客周转量的增长率都有所降低，平均降低了 8.38 个百分点，其中，广东和西藏降低最多，分别降低了 24.41 和 28.09 个百分点。

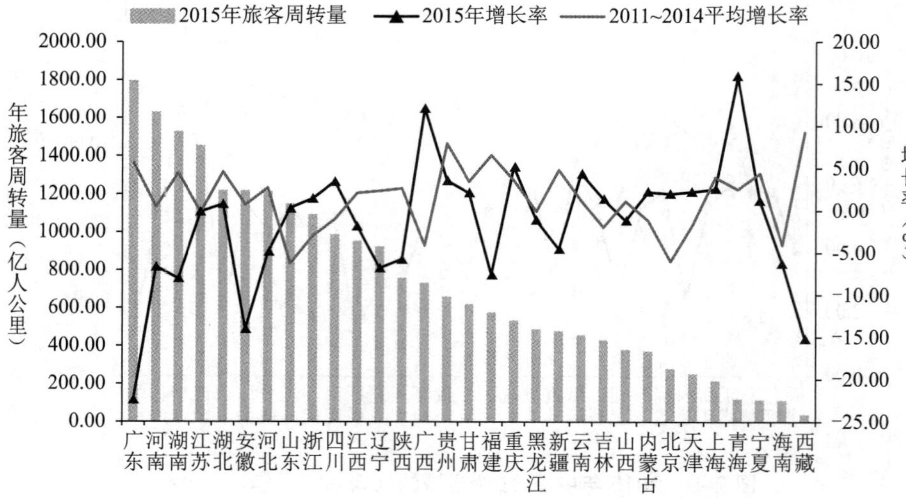

图 2-10　2015 年中国 31 个省域的年旅客周转量及其增长率

（数据来源：中国统计年鉴 2012~2016）

如表 2-1 所示，2015 年全国 31 个省域年旅客周转量的变异系数为 0.67，在社会经济环境的 4 个评价指标中较小，而且比 2014 年降低了 0.06，表明年旅客周转量的省际差异较小，且呈缩小态势。另外，年旅客周转量较高（大于 800 亿人公里）的省域集中分布在东南半壁。

（3）万人专利授权数：平均 10 件，不足三成省域达平均，京浙遥遥领先；所有省域都有增加，平均增幅近 40%，青海增幅最大，授权数较少省域的增幅较大；较前四年几乎全线增长提速；省际差异较大但持续缩小，沿海—内陆分异明显

如表 2-1、图 2-11 所示，2015 年全国 31 个省域万人专利授权数的平均值为 10.39 件，较 2014 年增加了 32.17%，但只有 8 个省域达到或超过均值。其中，北京、浙江的万人专利授权数最高，分别有 43、42 件，其次，江苏、上海、天津、广东较高，均在 22 件以上，而西藏的万人专利授权数只有 0.61 件。

与 2014 年相比，所有省域 2015 年的万人专利授权数都有增加，平均增幅 38.48%，其中，青海的增幅最大，达到 94.94%，江西、新疆、福建和重庆的增幅也较大，均达 50% 以上。从与万人专利授权数的关系来看，2015 年万人专利授权数排名前 10 位、中等和后 10 位省域的平均增长率分别为 34.05%、42.28% 和 38.74%；可见，创新能力较低的省域万人专利授权数的增幅较大。

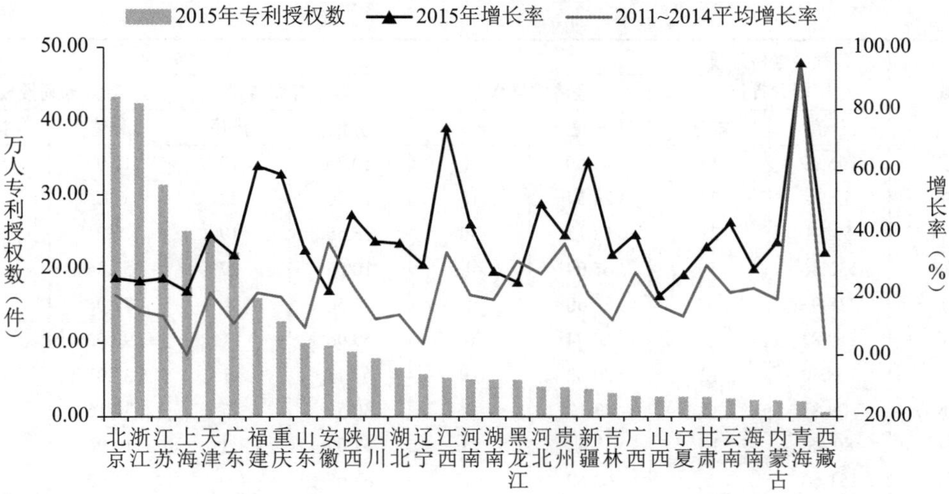

图 2–11　2015 年中国 31 个省域的万人专利授权数及其增长率

（数据来源：中国统计年鉴 2012~2016 年）

与 2011~2014 年的平均增长率相比较，如图 2–11 所示，除了安徽和黑龙江以外的 29 个省域 2015 年的万人专利授权数的增长率都有提高，平均提高了 19.51 个百分点，其中，新疆、福建、江西提高最多，都超过了 40 个百分点。

如表 2–1 所示，2015 年 31 个省域万人专利授权数的变异系数为 1.12，在社会经济环境的 4 个评价指标中最高，但比 2014 年降低了 0.07，表明万人专利授权数的省际差异较大，但持续缩小。另外，万人专利授权数较高的省域集中在东部沿海地区。

2. 社会经济环境综合评价

将上述经济发展水平、年旅客周转量和万人专利授权数三个指标数据进行归一化处理，其中经济发展水平取 GDP 和人均 GDP 归一化处理后的平均值，而后加和计算，得到全国 31 个省域社会经济环境的综合评价结果（表 2–3、图 2–12）。依据综合评价得分高低，将 31 个省域分为三个梯队，分别从梯队成员、空间分布、各指标的相对状况等角度对各个梯队进行分析。

表 2–3　2015 年中国 31 个省域旅游发展的社会经济环境综合评价结果

省域	社会经济环境综合评价		经济发展水平		年旅客周转量		万人专利授权数	
	分值	排序	分值	排序	分值	排序	分值	排序
北京	178.52	4	64.80	5	13.72	25	100.00	1
天津	128.07	8	60.80	7	12.17	26	55.10	5
河北	103.62	14	28.73	14	66.82	7	8.07	19
山西	37.99	27	13.58	24	19.44	23	4.97	24
内蒙古	62.16	19	39.51	10	18.93	24	3.72	29

续表

省域	社会经济环境综合评价		经济发展水平		年旅客周转量		万人专利授权数	
	分值	排序	分值	排序	分值	排序	分值	排序
辽宁	105.99	13	43.60	8	50.36	12	12.03	14
吉林	52.96	22	24.54	18	22.30	22	6.12	22
黑龙江	53.88	21	18.12	20	25.55	19	10.21	18
上海	132.46	7	65.04	4	10.06	27	57.36	4
江苏	238.95	1	86.40	1	80.50	4	72.06	3
浙江	218.82	3	60.94	6	59.96	9	97.92	2
安徽	108.80	12	20.62	19	67.11	6	21.07	10
福建	109.83	11	43.12	9	30.55	17	36.16	7
江西	80.48	18	17.44	21	52.07	11	10.96	15
山东	151.60	5	66.62	3	63.08	8	21.90	9
河南	133.99	6	33.06	12	90.56	2	10.37	16
湖北	116.19	10	34.97	11	67.14	5	14.09	13
湖南	124.67	9	29.63	13	84.70	3	10.33	17
广东	226.02	2	75.39	2	100.00	1	50.63	6
广西	61.15	20	16.51	22	39.44	14	5.20	23
海南	18.98	29	10.86	26	4.25	30	3.87	28
重庆	83.27	17	26.32	16	28.17	18	28.77	8
四川	97.84	15	26.73	15	54.00	10	17.11	12
贵州	52.04	23	8.85	29	35.26	15	7.93	20
云南	38.50	26	10.38	27	23.79	21	4.33	27
西藏	3.45	31	3.45	31	0.00	31	0.00	31
陕西	85.20	16	25.09	17	40.95	13	19.16	11
甘肃	41.87	25	4.01	30	33.07	16	4.79	26
青海	18.27	30	10.25	28	4.60	28	3.42	30
宁夏	20.66	28	11.35	25	4.39	29	4.92	25
新疆	46.31	24	14.08	23	24.97	20	7.26	21

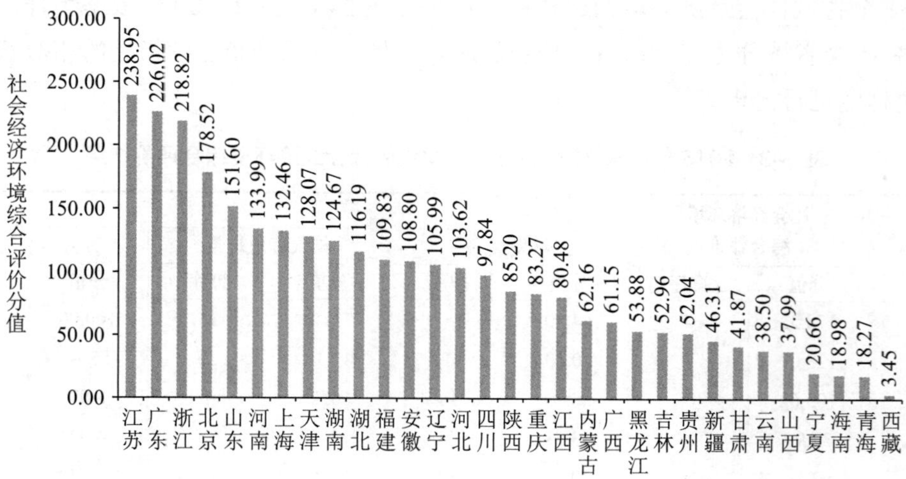

图 2–12　2015 年中国 31 个省域旅游发展的社会经济环境综合评价结果

（1）社会经济环境第一梯队：成员基本稳定，多沿海、中部省域；苏粤浙鲁均衡，京津沪经济—创新双优，豫湘鄂交通单优

如图 2-12 所示，社会经济环境第一梯队包括江苏、广东、浙江、北京、山东、河南、上海、天津、湖南和湖北，社会经济环境综合评价分值都高于 100，都是沿海或中部省域。与 2014 年相比，梯队成员基本稳定，只有湖北是替代安徽的新进成员。

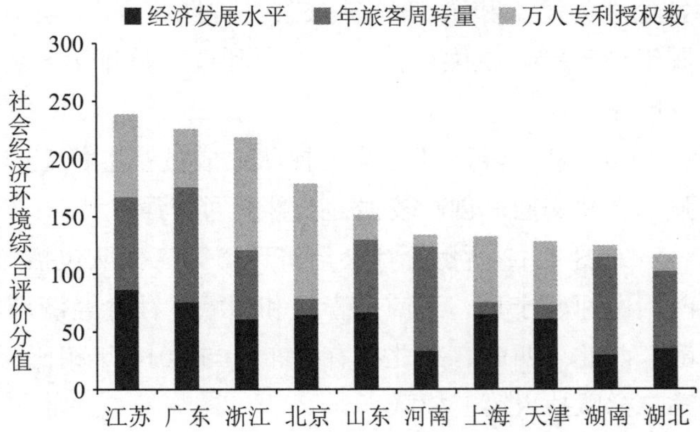

图 2-13 2015 年社会经济环境综合评价第一梯队省域及要素组成

从这些省域的组成要素状况来看，如图 2-13、表 2-3 所示，社会经济环境第一梯队省域有三种不同类型：江苏、广东、浙江和山东属于均衡型，三个方面的排名都在前 6，都表现较好，没有明显的短板；北京、上海、天津属于经济、创新双优型，其经济发展水平和万人专利授权数的排名都在前 7 位，但其年旅客周转量排名分别为第 25、第 27 和第 26，这主要是因为这些直辖市范围很小，导致其道路里程有限所致；河南、湖南和湖北属于交通单优型，其年旅客周转量排名分别为第 2、第 3 和第 5，表现突出，但其经济发展水平、万人专利授权数的排名几乎都处于第二梯队，有一定提升空间。

（2）社会经济环境第二梯队：成员基本稳定，多中西部、东三省域；福建经济—创新双优，安徽交通—创新双优，辽蒙经济单优，冀川交通单优，重庆创新能力单优

如图 2-12 所示，社会经济环境第二梯队包括福建、安徽、辽宁、河北、四川、陕西、重庆、江西、内蒙古和广西，社会经济环境综合评价分值为 60~110，多中西部、东北省域。与 2014 年相比，梯队成员基本稳定，安徽从第一梯队掉入，广西从第三梯队晋升而来。

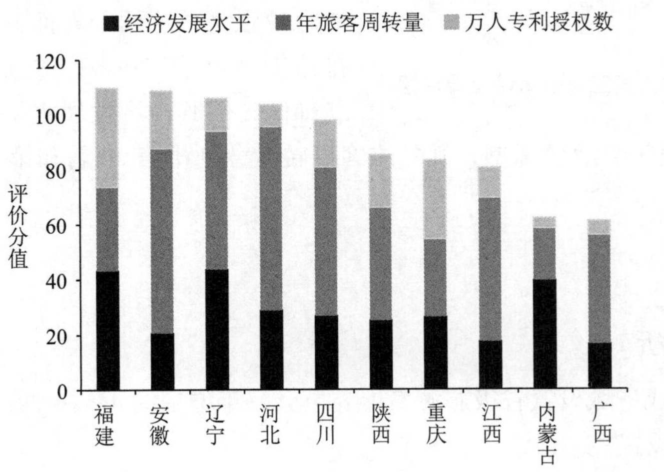

图 2-14 2015 年社会经济环境综合评价第二梯队省域及要素组成

从这些省域的组成要素状况来看，如图 2-14、表 2-3 所示，社会经济环境第二梯队省域多数有表现突出的方面：福建属于经济发展水平、创新能力双优，这两个方面的排名分别为第 9 和第 7，进入第一梯队，而其年旅客周转量排

第 17 名，比较落后；安徽属于交通、创新能力双优，这两个方面的排名分别为第 6 和第 10，进入第一梯队，但其经济发展水平仅排第 19，成为明显的短板；辽宁和内蒙古属于经济发展水平单优型，其经济发展水平分别排第 8 名和第 10 名，处于较靠前的位置，但其他两个方面都没有明显优势，尤其内蒙古的年旅客周转量和万人专利授权数分别排第 24 名和第 29 名，还比较落后；河北和四川属于交通单优型，其年旅客周转量排名分别为第 7 和第 10，进入第一梯队，而其他两个方面的排名都处于一般水平；重庆属于创新能力单优型，其万人专利授权数排第 8 名，表现较突出，但其他两个方面表现一般。

（3）社会经济环境第三梯队：成员基本稳定，分散分布；黑龙江均衡，吉林经济较强，贵州交通—创新较强，新甘交通较强

如图 2-12 所示，社会经济环境第三梯队包括黑龙江、吉林、贵州、新疆、甘肃、云南、山西、宁夏、海南、青海和西藏，社会经济环境综合评价分值都小于 55，分布较分散，西北、西南、东北都有分布。与 2014 年相比，梯队成员基本稳定，只有黑龙江是由第二梯队掉入第三梯队。

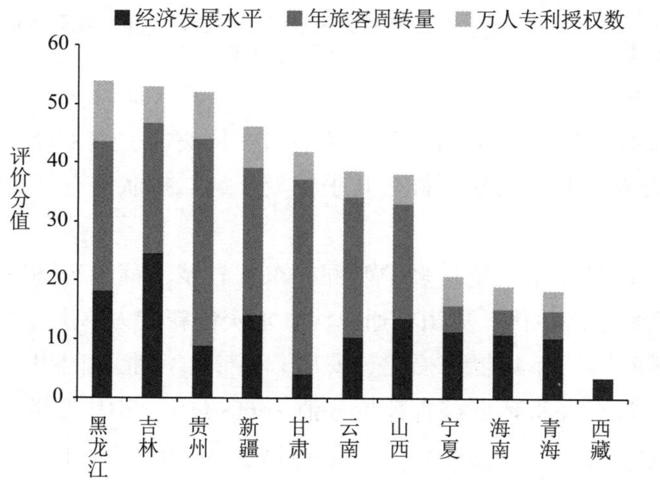

图 2-15　2015 年社会经济环境综合评价第三梯队省域及要素组成

从这些省域的组成要素状况来看，如图 2-15、表 2-3 所示，社会经济环境第三梯队省域各方面表现都很弱，只有个别省域有表现相对较强的方面：黑龙江为均衡型，三个方面的排名都在 18~20 位；吉林属于经济发展水平较强型，其经济发展水平排第 18 名，处于第二梯队；贵州属于交通、创新能力较强型，这两个方面分别排第 15 名和第 20 名，进入第二梯队，但其经济发展水平排名第 29，很落后；新疆和甘肃属于交通较强型，其年旅客周转量分别排第 20 名和第 16 名，进入第二梯队。

（三）旅游政策环境

1. 旅游政策环境单因子分析

（1）旅游管理机构设置：七成省域设置省级旅游发展委员会，年增幅约 44%；西南、西北、华北、东北省域几乎都已设置

各省域旅游管理机构的设置情况在一定程度上体现了政府对旅游的重视程度，因此，

《报告》通过各省域政府官网查找了其旅游管理机构的设置情况，并给设置了省级旅游发展委员会的省域赋值 2，因为旅游发展委员会是将旅游管理机构由省政府的下属机构升级为政府组成部门，地位、综合协调职能进一步加强，而给设置了省级旅游局的省域赋值 1，给无以上机构设置省域赋值 0。

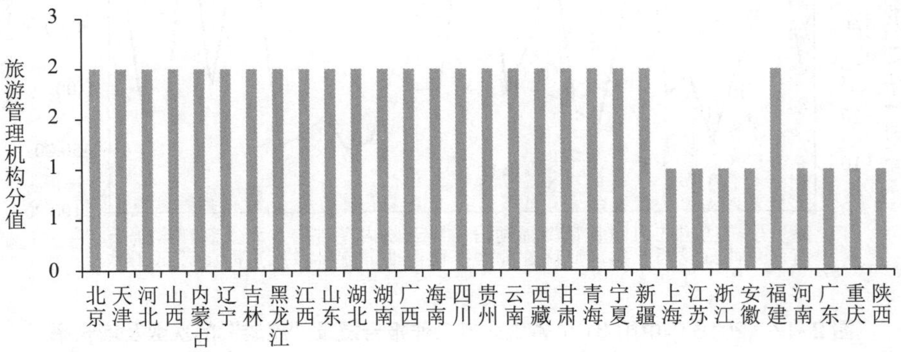

图 2-16　2017 年中国 31 个省域的旅游管理机构设置情况

（数据来源：各省域相关政府官网；1= 设置了旅游局，2= 设置了旅游发展委员会）

如图 2-16 所示，截至 2017 年 8 月，全国已有 23 个省份成立了省级旅游发展委员会，较 2016 年增加了 7 个省域，增幅为 43.75%。天津、山西、内蒙古、吉林、青海、新疆、福建为新成立省级旅游发展委员会的省域。

如表 2-1 所示，2017 年全国 31 个省域旅游管理机构设置的变异系数为 0.27，很小，而且比 2016 年降低了 0.07，表明旅游管理机构设置的省际差异很小，且呈缩小趋势。从空间分布来看，设置了省级旅游发展委员会的省域集中于西南、西北、华北、东北地区。

（2）政府工作报告提及"旅游"次数：平均 13 次，小幅增加，四成省域达平均，海南独占鳌头；过半省域增加，平均增幅约 80%；省际差异明显，但呈缩小态势，呈西南—东北空间分异

《报告》搜集各省域的政府工作报告，统计其中"旅游"被提及的次数，并以此反映政府对旅游业的重视程度。如表 2-1、图 2-17 所示，2016 年全国 31 个省域政府工作报告提及"旅游"次数的平均值为 12.84，较 2015 年增加了 7.57%，12 个省域达到或超过均值。其中，海南政府工作报告提及"旅游"的次数最多，达到 69 次，其次是贵州、宁夏、广西和西藏，分别提及了 26、21、20 和 20 次，黑龙江、江西、河北、四川、甘肃、青海、湖南、福建和湖北也提及了 10 次以上；而其余省域政府工作报告提及"旅游"的次数都小于 10 次，尤其是浙江、天津分别只提及了 4 次和 2 次。

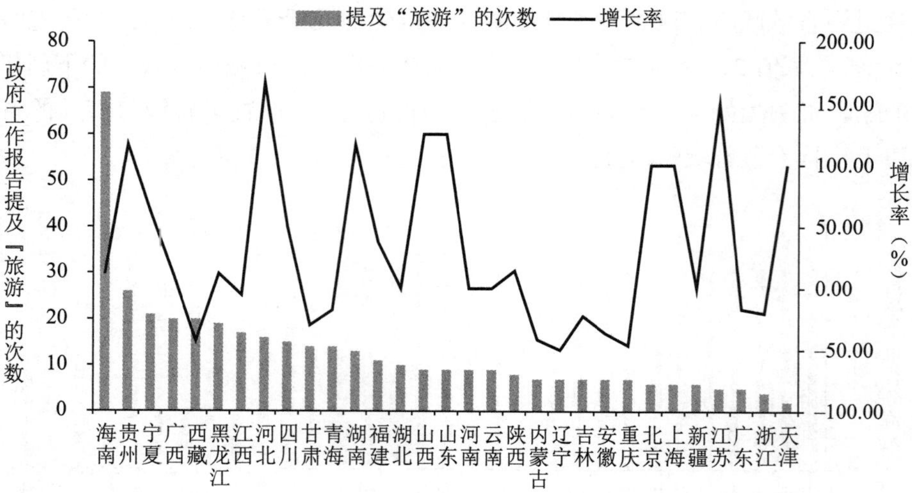

图 2–17　2016 年中国 31 个省域政府工作报告提及“旅游”的次数及增长率

（数据来源：各省域政府官网）

与 2015 年相比，如图 2–17 所示，16 个省域 2016 年政府工作报告提及“旅游”的次数有增加，平均增幅为 81.09%，其中，河北、江苏、山西、山东、湖南、贵州、北京、上海和天津的增幅较大，都超过 100%，湖北、河南、云南、新疆四省域政府工作报告提及“旅游”的次数没有变化，其他 11 个省域都有所减少，其中，辽宁、重庆、西藏和内蒙古的降幅较大，都超过 40%。

如表 2–1 所示，2016 年 31 个省域政府工作报告提及“旅游”次数的变异系数为 0.93，较大，但较 2015 年降低了 0.04，表明政府重视旅游程度的省际差异较大，但呈缩小趋势。同时，政府工作报告提及“旅游”次数的空间分异不明显，相对而言，提及次数较多的省域多分布在西南半壁。

2. 旅游政策环境综合评价

将旅游管理机构设置和政府工作报告提及“旅游”次数两个指标 2015 年[①] 的数据进行归一化处理，而后加和计算，得到 2015 年全国 31 个省域的政策环境综合评价结果（表 2–4、图 2–18）。依据政策环境综合评价得分高低，将 31 个省域分为三个梯队，分别从梯队成员、空间分布、各指标的相对状况等角度对各个梯队进行分析。

① 为了与其他方面的综合评价保持一致，这里利用 2015 年的数据。

表 2-4　2015 年中国 31 个省域旅游政策环境综合评价结果

省域	旅游政策环境综合评价		旅游行政管理机构设置		政府工作报告提及“旅游”次数	
	分值	排名	分值	排名	分值	排名
北京	103.28	4	100.00	1	3.28	28
天津	0.00	31	0.00	5	0.00	31
河北	8.20	22	0.00	5	8.20	21
山西	4.92	27	0.00	5	4.92	26
内蒙古	18.03	13	0.00	5	18.03	11
辽宁	21.31	10	0.00	5	21.31	8
吉林	13.11	18	0.00	5	13.11	16
黑龙江	26.23	8	0.00	5	26.23	6
上海	3.28	29	0.00	5	3.28	28
江苏	1.64	30	0.00	5	1.64	30
浙江	6.56	26	0.00	5	6.56	25
安徽	16.39	15	0.00	5	16.39	13
福建	11.48	20	0.00	5	11.48	19
江西	127.87	2	100.00	1	27.87	4
山东	4.92	27	0.00	5	4.92	26
河南	13.11	18	0.00	5	13.11	16
湖北	14.75	16	0.00	5	14.75	14
湖南	8.20	22	0.00	5	8.20	21
广东	8.20	22	0.00	5	8.20	21
广西	27.87	7	0.00	5	27.87	4
海南	200.00	1	100.00	1	100.00	1
重庆	19.67	11	0.00	5	19.67	9
四川	14.75	16	0.00	5	14.75	14
贵州	18.03	13	0.00	5	18.03	11
云南	113.11	3	100.00	1	13.11	16
西藏	55.74	5	0.00	5	55.74	2
陕西	9.84	21	0.00	5	9.84	20
甘肃	31.15	6	0.00	5	31.15	3
青海	26.23	8	0.00	5	26.23	6
宁夏	19.67	11	0.00	5	19.67	9
新疆	8.20	22	0.00	5	8.20	21

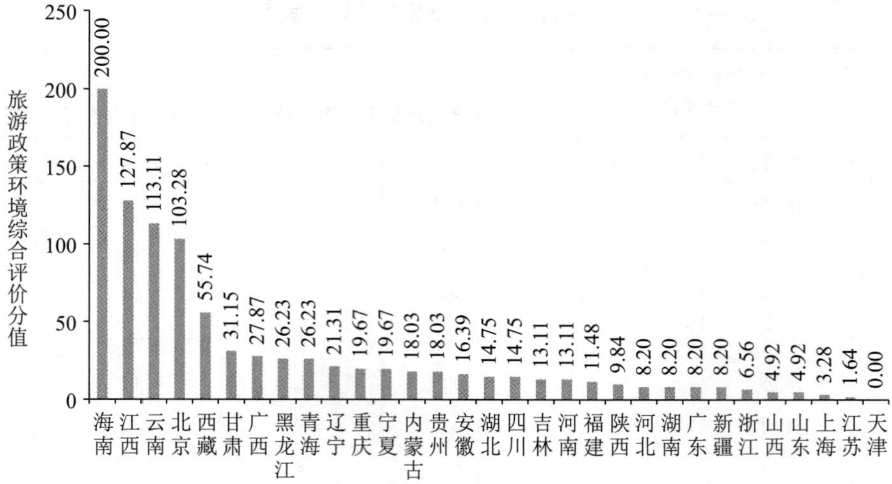

图 2-18　2015 年中国 31 个省域旅游政策环境综合评价结果

（1）旅游政策环境第一梯队：成员较稳定，多西南部省域；琼赣藏甘桂黑青辽均衡，滇京机构设置单优

如表 2-4、图 2-18 所示，旅游政策环境第一梯队包括海南、江西、云南、北京、西藏、甘肃、广西、黑龙江、青海和辽宁，旅游政策环境综合评价分值均在 20 以上，多为西南部省域。与 2014 年相比，梯队成员较稳定，广西、黑龙江和青海为新进入的成员。

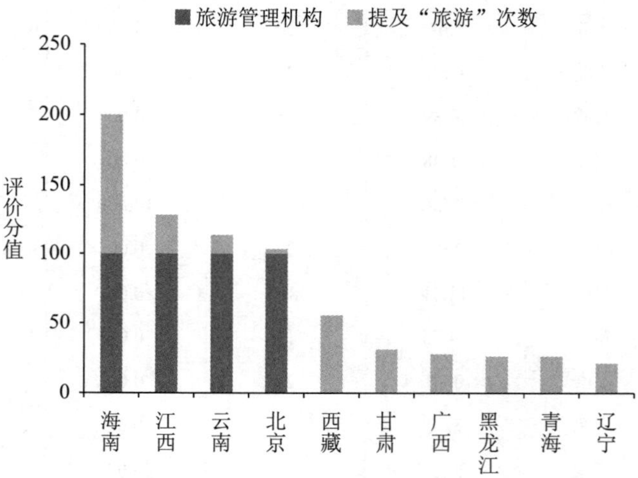

图 2-19　2015 年旅游政策环境综合评价第一梯队省域及要素组成

从这些省域的组成要素状况来看，如图 2-19、表 2-4 所示，旅游政策环境第一梯队省域的表现各异，海南、江西、西藏、甘肃、广西、黑龙江、青海和辽宁不管在政府管理机构设置还是政府重视旅游方面都走在了全国前列，而云南和北京在政府重视旅游方面分别排名第 16 和第 28，比较落后，还需加强。

（2）旅游政策环境第二梯队：梯队成员也较稳定，多中西部省域；均未设旅游委，政府重视旅游程度也不高

如表 2-4、图 2-18 所示，旅游政策环境第二梯队包括重庆、宁夏、内蒙古、贵州、安徽、湖北、四川、吉林、河南和福建，旅游政策环境综合评价得分为 10~20，并且均为在政府重视旅游方面的得分，多为中西部省域。与 2014 年相比，梯队成员较稳定，重庆、贵州和福建由第一梯队掉入，吉林由第三梯队升入。

从这些省域的组成要素状况来看，如图 2-20、表 2-4 所示，旅游政策环境第二梯队省域在旅游管理机构设置方面都很弱。

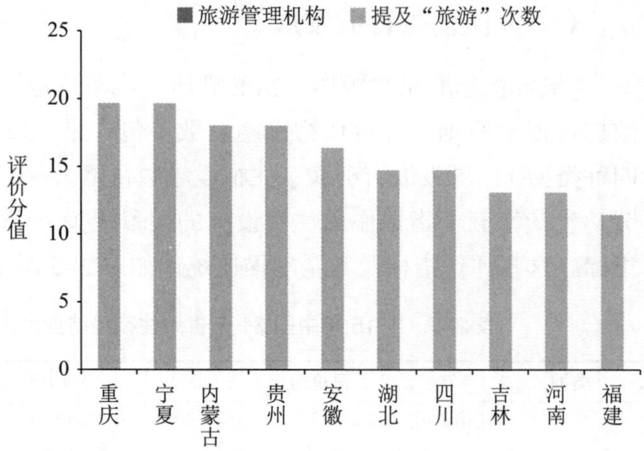

图 2-20　2015 年旅游政策环境综合评价第二梯队省域及要素组成

（3）旅游政策环境第三梯队：梯队成员基本稳定，多东部沿海省域；均未设旅游委，政府重视旅游程度也很低

如表 2-4、图 2-18 所示，旅游政策环境第三梯队包括陕西、河北、湖南、广东、新疆、浙江、山西、山东、上海、江苏和天津，旅游政策环境综合评价得分均在 10 以下，多东部沿海省域。与 2014 年相比，梯队成员基本稳定，只有广东是由第二梯队掉下来的。

从这些省域的组成要素状况来看，如图 2-21、表 2-4 所示，旅游政策环境第三梯队省域在旅游管理机构设置以及政府重视旅游程度方面都很弱，尤其上海、江苏、天津排在最后，与其旅游接待、旅游收入大省的身份不相称。

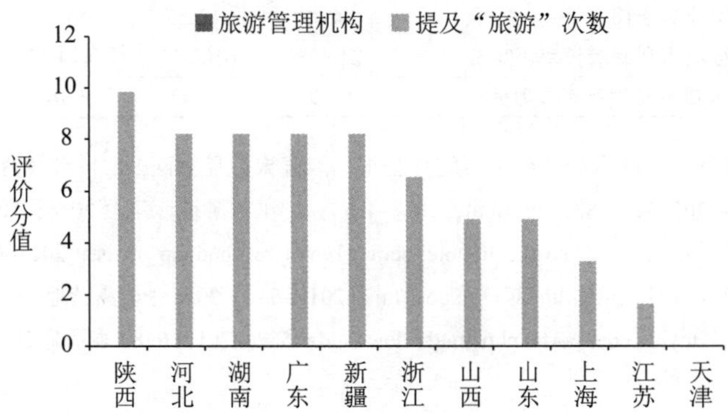

图 2-21　2015 年旅游政策环境综合评价第三梯队省域及要素组成

二、核心产业评价

住宿接待业、旅游目的地、旅行社业是区域旅游业发展的重要组成部分，在一定程度上决定着区域旅游业的发展水平。《报告》分别从发展现状和发展潜力对中国 31 个省域三大核心产业的发展状况进行分析，从各产业的数量规模和经营效益来把握其发展现状，从发展速度和发展效率来把握其发展潜力。而后，对相关指标进行归一化处理，加总求和，综合评价三大产业的发展情况。

（一）住宿接待业发展

《报告》选取星级饭店、精品酒店、汽车营地、途家公寓四种类型住宿设施，并基于数据可得性原则，评价住宿设施总数（包含星级饭店、精品酒店、汽车营地、途家公寓四种类型）、星级饭店利润、住宿设施数量增长率、星级饭店利润增长率、星级饭店全员劳动生产率五个指标作为住宿设施的数量规模、经营效益、发展速度和发展效率的评价指标。这些评价指标及其基本描述统计如表 2-5 所示。

表 2-5　2015 年中国 31 个省域住宿接待业发展的评价指标及其基本描述统计

类型	评价指标	平均值	最大值	最小值	标准差	变异系数
数量规模	住宿设施总数（家）[a]	10891.48	50721.00	586.00	10677.70	0.98
	其中：星级饭店数量[a]	326.29	761.00	35.00	175.63	0.54
	精品酒店数量[a]	7.10	39.00	0	10.71	1.51
	汽车营地数量[a]	11.06	33.00	1.00	8.01	0.72
	途家公寓数量[a]	10547.03	49929.00	412.00	10559.73	1.00
经营效益	星级饭店利润（亿元）	-0.46	26.49	-11.83	7.48	-16.29
发展速度	住宿设施数量增长率（%）[a]	-4.93	155.02	-79.33	47.78	-9.70
	其中：星级饭店增长率[a]	-4.62	15.82	-36.36	10.03	-2.17
	精品酒店增长率[a]	-19.76	66.67	-100.00	37.39	-1.89
	汽车营地增长率[a]	33.54	500.00	-76.47	135.19	4.03
	途家公寓增长率[a]	-4.45	163.57	-81.11	51.07	-11.47
	星级饭店利润增长率（%）	216.68	6182.71	-674.57	1121.74	5.18
发展效率	星级饭店全员劳动生产率（万元/人）	14.26	35.69	5.74	5.86	0.41

（数据来源：2016 年第四季度全国星级饭店统计公报，国家旅游局官网，2017 年 4 月，http://www.cnta.gov.cn/zwgk/tzggnew/gztz/201704/t20170418_822726.shtml，2017-4-17；中国旅游统计年鉴 2016；2016 年各城市精品酒店统计，携程网，2017 年 6 月，http://hotels.ctrip.com/hotel/beijing1#ctm_ref=hod_hp_sb_lst，2017-6-3；2016 年各城市途家公寓统计，携程网，2017 年 6 月，http://hotels.ctrip.com/tujia/,2017-6-5；2016 中国露营地产业发展报告，中国露营网，2016 年 6 月，http://www.51luying.com/portal.php?mod=view&aid=8587，2017-6-8 [a] 表示是 2016 年数据）

1. 发展现状

（1）数量总规模：1 万多家，近半省域达平均，广东遥遥领先；省际差异较大，且呈扩大趋势

住宿接待业数量总规模由星级饭店数量、精品酒店数量、汽车营地数量、途家公寓数量四个部分组成（以下合称住宿设施总数）。如表 2-5、图 2-22 所示，2016 年全国 31 个省域住宿设施总数的平均值为 10891.48 家，13 省域达到或超过平均水平。排名前 10 位的是广东、山东、海南、辽宁、北京、四川、江苏、上海、浙江、福建，其中，广东住宿设施总数达到 50721 家，遥遥领先，山东、海南、辽宁住宿设施数量也较大，均超过 2 万家；排名后 10 位的是贵州、河北、黑龙江、青海、甘肃、宁夏、内蒙古、西藏、新疆、吉林，除贵州外住宿设施总数都不足 4000 家。

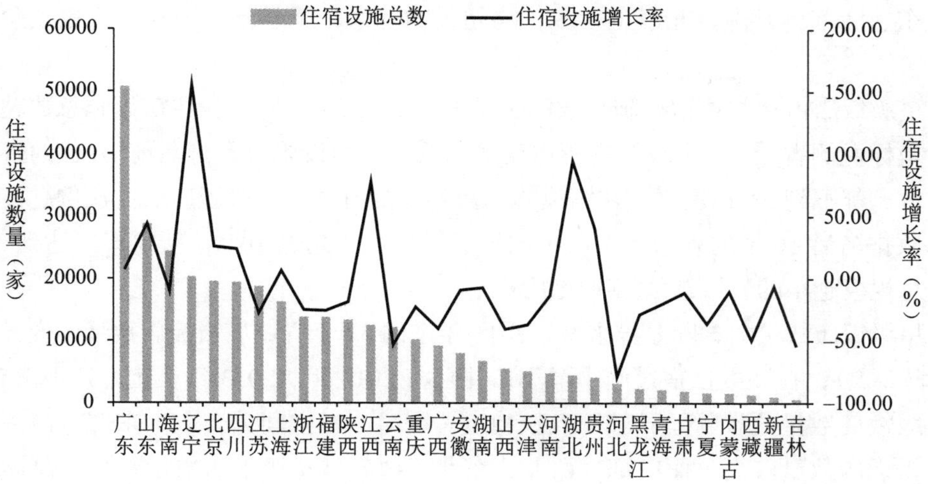

图 2–22 2016 年中国 31 个省域住宿设施总数及其增长率

（数据来源：同表 2–5）

从住宿设施总数的省际差异来看，2016 年全国 31 个省域住宿设施总数的变异系数的绝对值为 0.98（表 2–5），在住宿接待业的 4 个评价指标中较大，并较 2015 年有小幅度增加，表明住宿设施总数的省际差异较大，且有扩大的趋势。从住宿设施的空间分布来看，东部沿海、西部的偏东省域住宿设施总数都较大，而西北、东北和中部省域的都较小，呈现明显的西偏东部—东部的“U”形空间分异格局。

①星级饭店数量：300 多家，近半省域达平均，广东最多；住宿设施总数越小的省域越依赖星级饭店；省际差异较小且较稳定，呈东南—西北空间分异

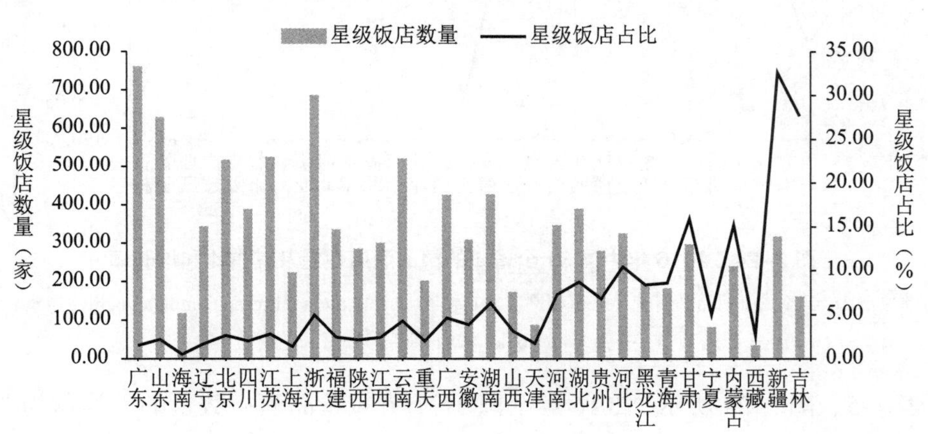

图 2–23 2016 年中国 31 个省域的星级饭店数量及其占住宿设施总数的比例

（数据来源：2016 年第四季度全国星级饭店统计公报，国家旅游局官网，2017 年 4 月，http://www.cnta.gov.cn/zwgk/tzggnew/gztz/201704/t20170418_822726.shtml，2017–4–17）

如表 2–5、图 2–23 所示，2016 年第四季度全国 31 个省域星级饭店数量的平均值为 326.29 家，13 省域达到或超过平均水平。广东星级饭店数量最多，有 761 家，其次，浙

江、山东、江苏、云南、北京也较多，均超过500家；而天津、宁夏、西藏较少，都不到100家。

从星级饭店占比与住宿设施总数的关系看，如图2–23所示，住宿设施总数越大的省域（横坐标左侧省域），星级饭店所占比例越低，住宿设施总数排名前16位的省域其星级饭店占比都不到5%；反之，住宿设施总数越小的省域，星级饭店所占比例越高，住宿设施总数排名后10位的省域，有一半的星级饭店占比超过10%，新疆甚至达到32.62%；可见，总规模越小的省域越依赖星级饭店。

从星级饭店数量的省际差异来看，2016年全国31个省域星级饭店数量的变异系数为0.54（表2–5），在四类住宿设施中最小，并且与2014年、2013年相比，几乎没有变化，表明星级饭店数量的省际差异较小且较稳定。同时，在空间分布上，东部、西南、东南省域星级饭店数量较高，而中部、西北、东北多数省域星级饭店数量较少，总体上呈现出明显的东南—西北空间分异格局。

②精品酒店数量：平均仅7家，仅三成省域达平均，浙沪较多，12省域未起步；住宿设施总数大的省域精品酒店较多；省际差异大，且有扩大趋势；呈东—西分异

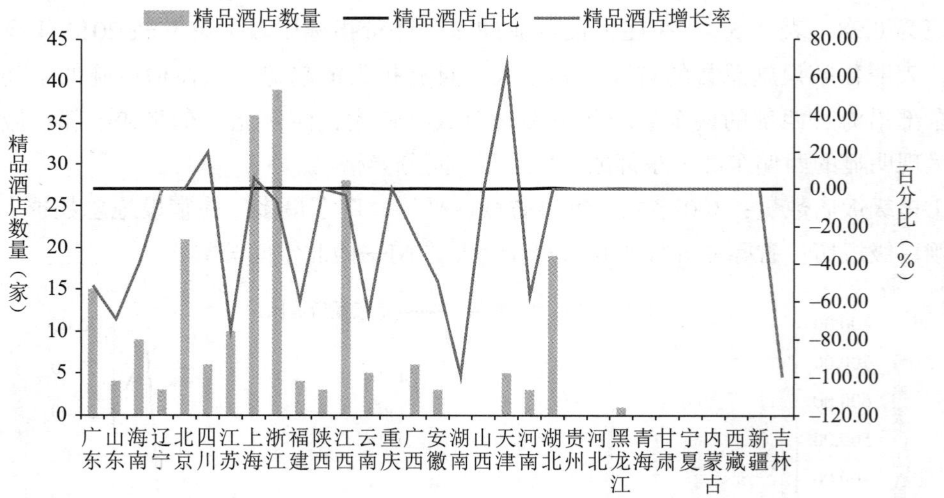

图2–24　2016年中国31个省域的精品酒店数量及其占比和增长率

（数据来源：2016年各城市精品酒店统计，携程网，2017年6月，http://hotels.ctrip.com/hotel/beijing1#ctm_ref=hod_hp_sb_lst，2017–6–3）

如表2–5、图2–24所示，2016年全国31个省域精品酒店数量的平均值为7.10家，8省域达到或超过平均水平。浙江、上海较多，均超过30家，占住宿设施总数的比例超过0.20%，其次，江西、北京，都达到20多家；而河北、山西、内蒙古等12个省域尚无一家精品酒店。

从精品酒店占住宿设施总数的比例来看，如图2–24所示，住宿设施总数排名前10位省域的平均占比为0.08%，住宿设施总数排名后10位省域的平均占比为0.00%，住宿设施总数排名中间的省域的平均占比为0.09%，即住宿设施总数较大的省域（横坐标左侧

省域），精品酒店数量也较多，反之较少。但湖北等例外，住宿设施排名10位以后，总数不大，但精品酒店较多，达到19家，居全国前列。

2016年全国31个省域精品酒店数量的变异系数为1.51（表2–5），在四类住宿设施中最高，同时，相较于2015年，增加了0.21，表明精品酒店数量的省际差异大，且有所扩大。同时，精品酒店主要集中于中部、东南部省域，浙江、上海等地区精品酒店数量远远超过其他省份；中部地区主要集中于湖北、江西；而广阔的西北、东北及部分华北省域精品酒店数量都很少，不足5家；总体而言，东部区域高于西部区域，呈现东—西分异，但不明显。

③汽车营地数量：平均只有11家，四成省域达平均，内蒙古最多；住宿规模总数越大的省域，汽车营地越少；省际差异较小，且呈缩小趋势；东部、西南和北部省域数量多，中部呈凹陷带

如表2–5、图2–25所示，2016年全国31个省域汽车营地数量的平均值为11.06家，14省域达到或超过平均水平。内蒙古最多，有33家，占住宿设施总数的比例超过2%；其次，北京、福建、江苏、浙江也较多，均超过20家；而贵州、西藏、宁夏、江西、陕西都很少，只有1~2家。

从汽车营地占住宿设施总数的比例来看，如图2–25所示，住宿设施总数排名前10位的省域，平均占比为0.08%，住宿设施总数排名后10位的省域，平均占比为0.65%，住宿设施总数排名中间的省域，平均占比为0.12%；可见住宿设施总数越多的省域（横坐标左侧省域），汽车营地的占比越少，反之越多。

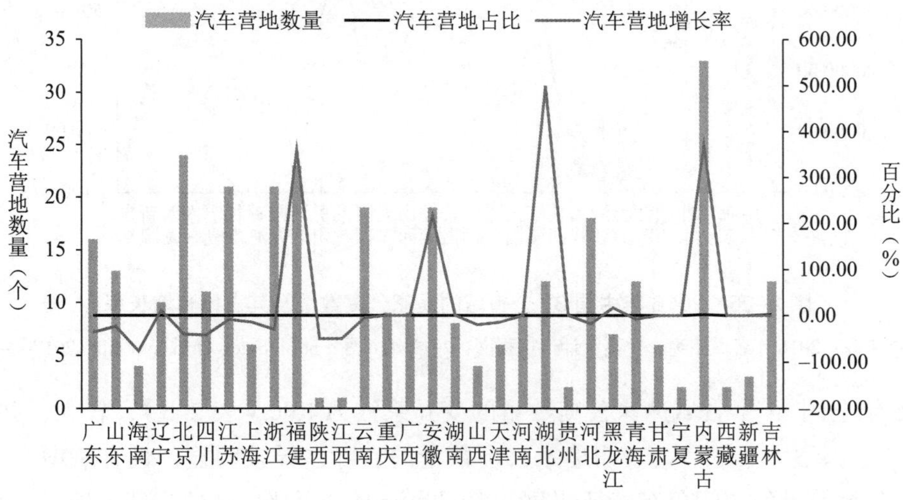

图2–25　2016年中国31个省域的汽车营地数量及其占比和增长率

（数据来源：2016中国露营地产业发展报告，中国露营网，2016年6月，http://www.51luying.com/portal.php?mod=view&aid=8587，2017–6–8）

2016年全国31个省域汽车营地数量的变异系数为0.72（表2–5），在四类住宿设施中较小，同时，相较于2015年，降低了0.12，表明其省际差异相对较小，且呈缩小趋势。

同时，汽车营地主要集中在东南沿海、西部旅游发达区域、北部省域，中部成为明显的汽车营地分布凹陷带。

④途家公寓数量：平均 1 万家，近半省域达平均，广东一马当先；住宿规模总数越大的省域，途家公寓越多；省域发展不平衡，沿海、西南更强

如表 2–5、图 2–26 所示，2016 年全国各 31 个省域途家公寓数量的平均值为 10547.03 家，13 省域达到或超过平均水平。其中，广东最多，有 49929 家途家公寓，比其他省域都多出 2 万多家，独占全国的 15.27%；其次，山东、海南发展也很快，超过 20000 家；而青海、甘肃、宁夏、内蒙古、西藏、新疆、吉林都很少，不足 2000 家，尤其是吉林最少，只有 412 家。

从途家公寓占住宿设施总数的比例来看，如图 2–26 所示，绝大部分省域都达到 90% 甚至 95% 以上，住宿设施数量排名前 10 位的省域，平均占比为 97.63%，住宿设施数量排名后 10 位的省域，平均占比为 86.02%，住宿设施数量排名中间的省域，平均占比为 95.63%，可见住宿设施数量多的省域（横坐标左侧省域），途家公寓占比较多，反之则较少。

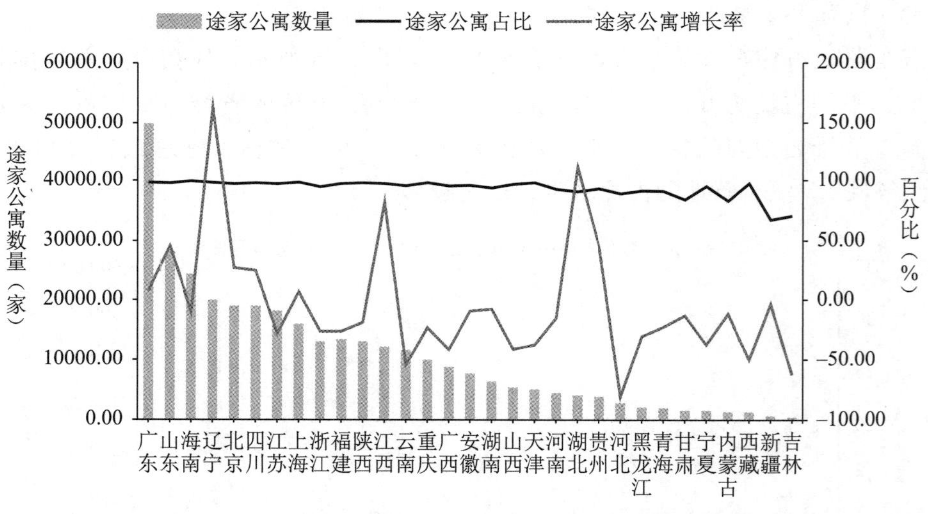

图 2–26　2016 年中国 31 个省域的途家公寓数量及其占比和增长率

（数据来源：2016 年各城市途家公寓统计，携程网，2017 年 6 月，http://hotels.ctrip.com/tujia/,2017–6–5）

2016 年全国 31 个省域途家公寓数量的变异系数为 1.00（表 2–5），较大，并且，相较于 2015 年，增大了 0.11，表明途家公寓数量的省际差异较明显，且有所增大。同时，省域途家公寓数量的空间分布特征明显，表现为沿海、西部地区的东部省域多，而中部、东北和西北省域少，呈现出"U"形空间分布形态。

（2）经营效益：整体亏损，仅 8 省域盈利；省际差异大，且差距扩大；空间分布呈西南—东北分异

由于精品酒店、汽车营地、途家公寓均未对经营效益进行系统性披露，没有相关数据，因此，《报告》选择 2015 年星级饭店利润评价各省域住宿接待业的经营效益，星级

饭店利润由人均利润与从业人数相乘所得。

如表 2–5、图 2–27 所示，2015 年全国 31 个省域星级饭店的利润平均为 –0.46 亿元，整体处于亏损状态，仅有 8 个省域实现盈利，广东、上海和北京表现较为突出，利润分别达到 26.49 亿元、22.54 亿元、17.46 亿元，海南、江西、青海、甘肃、云南利润较低；其他省域都有不同程度的亏损，有 4 个省域亏损 5 亿元以上，包括山东（–6.11 亿元）、浙江（–7.86 亿元）、辽宁（–7.94 亿元）、河北（–11.83 亿元）。

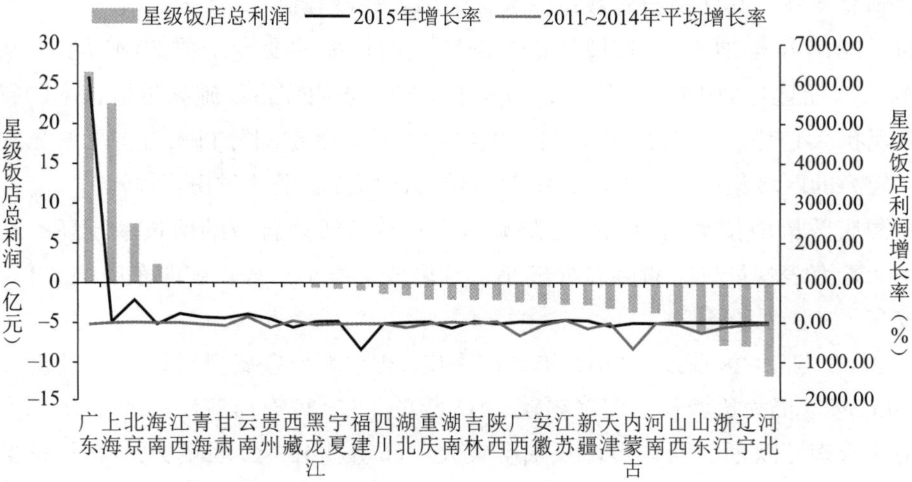

图 2–27　2015 年中国 31 个省域星级饭店利润及增长率

（数据来源：中国旅游统计年鉴 2012~2016）

2015 年全国 31 个省域星级饭店利润变异系数的绝对值高达 16.29（表 2–5），而且，与 2014 年及近五年相比，变异系数大幅度增加，表明星级饭店利润的省际差异很大，且呈扩大趋势。同时，31 个省域星级饭店利润的空间分布表现为西南和东南省域较好，除了上海、北京外，总体上西南部省域的经营效益高于东北部省域，表现为明显的西南—东北分异。

2. 发展潜力

（1）发展速度：多数省域数量减少，但利润增加；省际差异大，且呈扩大趋势；数量增长率的空间分异不明显，朝向东南的“T”形区域利润增长率较高

由于精品酒店、汽车营地、途家公寓没有利润统计的数据，基于数据可得性原则，选择 2016 年住宿设施数量增长率和 2015 年星级饭店利润增长率来分析住宿接待业的发展速度。但在综合评价中，为了保持与数据年份的一致，统一使用 2015 年星级饭店数量增长率和 2015 年星级饭店利润增长率。

①住宿设施数量增长率：平均 5%，绝大多数省域负增长；总规模越大的省域，增长率也越高；省际差异大，且呈扩大趋势，但空间分异特征不明显

如表 2–5、图 2–22 所示，2016 年全国 31 个省域住宿设施数量增长率的平均值

为 –4.93%，22 省域住宿设施数量呈现负增长，其中，河北、吉林、云南降幅较大，均超过 50%，河北高达 79.33%。北京、辽宁、上海、江西、山东、湖北、广东、四川、贵州 9 省域实现数量增长，其中，辽宁住宿设施数量增长率达 155.02%。

结合住宿设施的数量来看，如图 2–22 所示，住宿设施数量排名前 10 位的省域，平均增长率为 17.31%，而排名后 10 位的省域，平均增长率为 –25.61%，排名中间的省域，平均增长率为 –6.34%；可见，住宿设施数量越多的省域增长率也越高，反之则较低；但是江西、湖北除外，其住宿设施数量一般，但增长率却较高。

同时，2016 年全国 31 个省域住宿设施数量增长率的变异系数的绝对值为 9.70（表 2–5），较大，而且与 2015 年相比较，增大了 7.50，表明住宿设施数量增长率的省际差异较大，且呈扩大趋势。从 2016 年住宿设施数量增长率的空间分布来看，无明显的空间分异特征，较高的区域集中在环渤海、中部省份及西部旅游发达省份。

星级酒店数量增长率：约 –5%，降幅减小；数量较多省域的增长率较高；八省域增长率为正，青海表现最好；省际差异较小，且呈波动缩小趋势；朝向东南的“T”形区域增长率较高。

如表 2–5、图 2–28 所示，2016 年第四季度全国 31 个省域星级饭店数量增长率的平均值为 –4.62%，仍为负增长，但降幅较 2015 年的 –5.75% 有所减小；22 省域都呈现负增长，其中，云南、陕西、西藏负增长幅度较大，都超过 15%，西藏更是高达 36.36%；而青海、河南、湖北、广西、广东、北京、天津、甘肃呈增长态势，其中，青海增长率达到 15.82%。

结合星级饭店的数量来看，如图 2–28 所示，星级饭店数量排名前 10 位省域的平均增长率为 –1.44%，星级饭店数量排名后 10 位省域的平均增长率为 –5.38%，而星级饭店

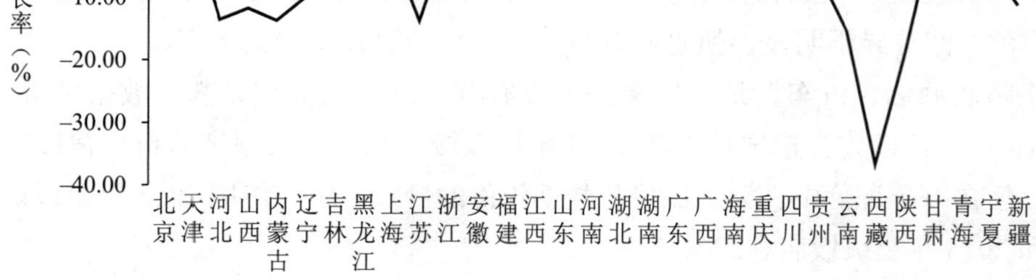

图 2–28　2016 年中国 31 个省域星级饭店数量增长率及 2011~2015 年平均增长率

（数据来源：中国旅游统计年鉴副本 2015~2016；2016 年第四季度全国星级饭店统计公报，国家旅游局官网，2017 年 4 月，http://www.cnta.gov.cn/zwgk/tzggnew/gztz/201704/t20170418_822726.shtml，2017–5–20）

数量中等的省域的平均增长率为 –6.83%；可见，星级饭店数量较多省域的增长率也较高。

与 2011~2015 年的平均增长率相比较，如图 2–28 所示，13 省域 2016 年星级饭店数量的增长率都有不同程度增加，河南的增长幅度最大，达到 432.76%；同时，18 省域 2016 年星级饭店数量的增长率有不同程度下降，尤其河北、西藏、陕西分别下降了 32.53、28.40、25.23 个百分点。总体而言，传统星级饭店呈萎缩趋势。

2016 年全国 31 个省域星级饭店数量增长率的变异系数的绝对值为 2.17（表 2–5），比较小，表明星级饭店数量增长率的省际差异较小；与 2015 年相比，变异系数绝对值有小幅增加，但是从变异系数绝对值过去五年的变化来看，总体呈现波动下降趋势，这表明星级饭店数量增长率的省际差异呈缩小趋势。从 2016 年星级饭店数量增长率的空间分布来看，华中、华南、成渝地区增长率较高，即朝向东南的“T”形区域增长率较高。

精品酒店数量增长率：平均约 –20%，小半省域负增长，近半省域零增长；省际差异小，西北高、东南低的空间分异格局明显，与精品酒店数量的分布格局大致相反。

如表 2–5、图 2–24 所示，2016 年全国 31 个省域精品酒店数量增长率的平均值为 –19.76 %，13 省域精品酒店数量呈现负增长，其中，吉林、湖南降幅较大，均为 100%；仅天津、四川、上海实现数量增长，其中，天津增长率最高，达 66.67%。15 省域数量没有发生变化，规模与 2015 年持平。

结合精品酒店的数量来看，如图 2–24 所示，精品酒店数量排名前 10 位省域的平均增长率为 –17.63%，精品酒店数量排名后 10 位省域的平均增长率为 –20.00%，精品酒店数量排名中间的省域的平均增长率为 –21.49%，总体上都呈较大幅度减少，但精品酒店数量多的省域的降幅较低。

2016 年全国 31 个省域精品酒店数量增长率的变异系数的绝对值为 1.89（表 2–5），较小，表明精品酒店数量增长率的省际差异较小。2016 年精品酒店数量增长率的空间分布，呈现出明显的西北部省域高、东南省域低的格局，与精品酒店数量的空间分布格局大致相反。

汽车营地数量增长率：平均 30%，半数省域负增长；汽车营地数量多的省域增长率也高；省际差异大，北部、中部和华南部分省域增长率较高。

如表 2–5、图 2–25 所示，2016 年全国 31 个省域汽车营地数量增长率的平均值为 33.54 %，仅 5 省域达到或超过平均值。湖北、内蒙古、福建、安徽、黑龙江、辽宁 6 省域实现数量增长，其中，湖北表现最为突出，增长率高达 500%，内蒙古、福建、安徽表现也较好，增长率均超过 200%。15 省域汽车营地数量呈现负增长，其中，江西、陕西、海南降幅最大，降幅达到或超过 50%，其中，海南汽车营地数量降幅达 76.47%。其他 10 省域汽车营地数量无变化，与 2015 年持平。

结合汽车营地的数量来看，如图 2–25 所示，汽车营地数量排名前 10 位省域的平均增长率为 147.59%，汽车营地数量排名后 10 位省域的平均增长率为 –38.63%，汽车营地数量排名中间的省域的平均增长率为 –4.54%；可见，汽车营地数量越多的省域，其增长率也越高。

2016 年全国 31 个省域汽车营地数量增长率的变异系数为 4.03（表 2–5），较大，表明汽车营地数量增长率的省际差异较大。2016 年汽车营地数量增长率较高的区域集中在北部、中部和华南的部分省份，空间分异特征不明显。

途家公寓数量增长率：平均约 –5%，七成省域负增长；辽鄂表现突出，成倍增长；数量多的省域增长率也高；省际差异较大，但无明显空间分异特征。

如表 2–5、图 2–26 所示，2016 年全国 31 个省域途家公寓数量增长率的平均值为 –4.45%，10 省域达到或超过平均，22 省域呈现负增长，其中，西藏、云南、吉林、河北降幅较大，达到或超过 50%，河北的降幅甚至高达 81.11%。仅 8 省域实现数量增长，其中，辽宁、湖北增长率较高，分别为 163.57%、111.25%。

结合途家公寓的数量来看，如图 2–26 所示，途家公寓数量排名前 10 位的省域的平均增长率为 19.11%，途家公寓数量排名后 10 位的省域的平均增长率为 –26.70%，途家公寓数量排名中间的省域的平均增长率为 –5.65%，总体上表现为途家公寓数量越多的省域增长率也越高。

2016 年全国 31 个省域途家公寓数量增长率的变异系数的绝对值为 11.47（表 2–5），较大，表明途家公寓数量增长率的省际差异较大。但是，2016 年途家公寓数量增长率较高的省域分散于中部、东北、西南和华南，空间分异特征不明显。

②星级饭店利润增长率：平均约 200%，七成省域实现利润增长，扭转了负增长态势，粤京表现突出；与前五年比较，多数省域提高，京沪粤广提高幅度大；省际差异大，且呈扩大态势；增长率较高省域集中于朝向东南的“T”形区域

如表 2–5、图 2–27 所示，2015 年全国 31 个省域星级饭店利润增长率的平均值为 216.68 %，21 个省域呈增长态势，扭转了 2014 年多数省域负增长的态势，但仅三省域超过平均值，其中，广东、北京的增长率超过 500%，尤其广东的增长率达到 6182.71%。其他 10 省域星级饭店利润呈现负增长，其中，西藏、湖南、福建负增长幅度较大，都超过 100%，尤其福建利润降幅达 674.57%。

结合星级饭店的利润来看，如图 2–27 所示，星级饭店利润排名前 10 位的省域的平均增长率为 741.11%，星级饭店利润排名后 10 位的省域的平均增长率为 1.68%，星级饭店利润排名中间的省域的平均增长率为 –64.62%；广东的超高增长率、西藏和湖南等的超低增长率对平均增长率的影响过大，但总体上星级饭店利润高的省域，其利润增长率也较大。

与 2011~2014 年平均值长率相比较，如图 2–27 所示，24 个省域 2015 年的利润增长率都有所增加，其中，广东、北京、内蒙古增加了 500 个百分点；7 个省域 2015 年的利润增长率有所降低，其中，福建降低了 600 多个百分点。总体而言，大多数省域星级饭店的经营效益有所上升。

2015 年全国 31 个省域星级饭店利润增长率的变异系数的绝对值为 5.18（表 2–5），较大，而且，比 2014 年和 2013 年有很大程度的增加，表明星级饭店利润增长率的省际差异较大，且呈扩大趋势。同时，2015 年星级饭店利润增长率较高的省域较集中地分布于东南、西南、西北、东北地区，即朝向东南的“T”形区域。

（2）发展效率：平均约 14 万元 / 人，与 2014 年持平；近半省域达到平均值，上海仍独领风骚；生产率越高的省域利润也越高；与前五年比较，七成省域实现增长，甘黑赣增幅较大；省际差异很小，且保持稳定，沿海省域稍高

由于缺乏精品酒店、汽车营地、途家公寓相关指标的统计数据，基于数据可得性原则，选择 2015 年星级饭店全员劳动生产率评价住宿接待业的发展效率。

如表 2–5、图 2–29 所示，2015 年全国 31 个省域星级饭店全员劳动生产率的平均值为 14.26 万元 / 人，与 2014 年的 14.32 万元 / 人基本持平；12 个省域达到或超过平均水平，其中，上海最高，为 35.69 万元 / 人，其次，北京、海南、浙江也较高，都超过 20 万元 / 人；而湖北、山西、云南、西藏、广西则不到 10 万元 / 人，尤其是广西，只有 5.74 万元 / 人。而且，总体上来看，星级饭店全员劳动生产率高的省域，其星级饭店利润也高，但也有例外，如贵州、黑龙江和西藏，虽然全员劳动生产率较高，但利润却很低。

从与各省域星级饭店利润的关系来看，如图 2–29 所示，星级饭店全员劳动生产率排名前 10 位的省域的平均利润为 3.40 亿元，排名中间的省域的平均利润为 –1.40 亿元，排名后 10 位的省域的平均利润为 –3.29 亿元；表现为全员劳动生产率越高的省域，利润也越高。但浙江、江苏、天津等省域，虽然星级饭店的全员劳动生产率较高，但其利润却很低，处于亏损状态，表明其在成本控制等方面有很大改进空间。

与 2010~2014 年的平均全员劳动生产率相比较，如图 2–29 所示，2015 年 21 个省域实现了全员劳动生产率的增长，其中，增长较快的是甘肃、黑龙江、江西，增幅分别为 34.07%、29.14%、28.18%。总体来看，全国 31 个省域星级饭店的全员劳动生产率呈提升趋势。

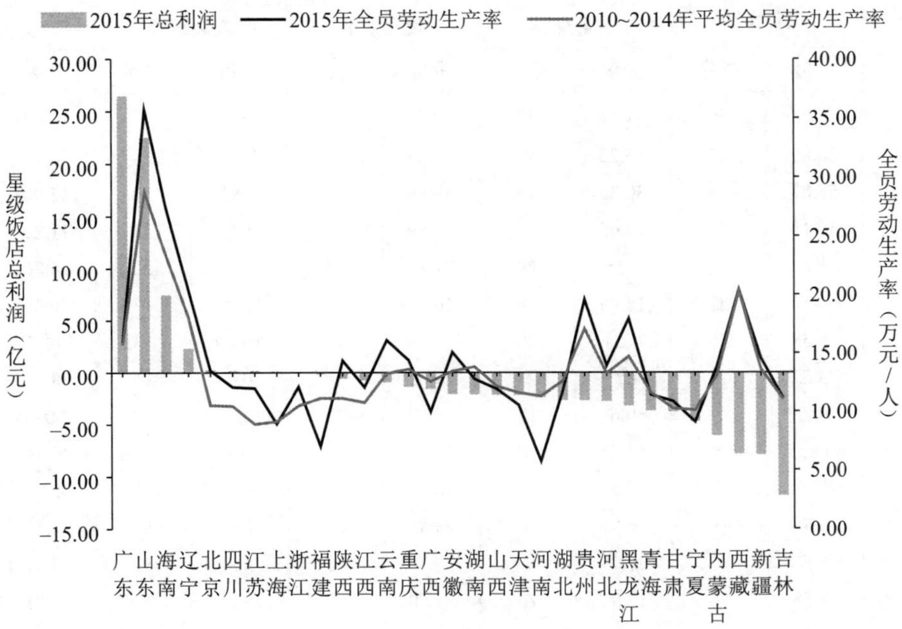

图 2–29 中国 31 个省域星级饭店 2015 年及 2011~2014 年平均全员劳动生产率

（数据来源：中国旅游统计年鉴副本 2012~2016）

从 2015 年 31 个省域全员劳动生产率的省际差异来看，变异系数为 0.41，在住宿接待业的评价指标中最小（表 2–5），与 2014 年相比，虽有小幅度增加，但 2011~2015 年，变化不大，表明其省际差异较小，且较为稳定。同时，星级饭店全员劳动生产率较高的省域主要集中在沿海区域。

3. 发展评价

分别对 2015 年的住宿设施总数（星级饭店、精品酒店、汽车营地、途家公寓数量之和）、星级饭店利润、星级饭店发展速度（星级饭店数量增长率和利润增长率的均值）、星级饭店全员劳动生产率进行归一化处理，然后加总求和，得到全国 31 个省域住宿接待业的综合评价结果（表 2–6、图 2–30）。依据综合评价得分高低，将 31 个省域分为三个梯队，分别从梯队成员、空间分布、各指标的相对状况等角度对各个梯队进行分析。由于各指标得分都是归一化处理后的得分，得分值只反映所处的相对位置，因此，在分析各省域各指标的相对状况时，通过比较该省域各指标的排名与其总体排名来反映各省域的相对优势领域和不足之处。

（1）住宿接待业第一梯队：多沿海及西南省域；成员基本稳定；广东规模—速度—效益三优，上海效益—效率双优，北京速度—效率—效益三优，海南规模—效益—效率三优，苏浙闽规模—效率双优，云南规模—速度双优，四川规模单优，重庆效率单优

表 2–6 2015 年中国 31 个省域住宿接待业综合评价分值及排序

省区市	住宿接待业综合评价		数量规模		发展效益		发展速度		发展效率	
	分值	排序	分值	排序	分值	排序	分值	排序	分值	排序
北京	172.00	3	31.33	10	50.34	3	18.24	2	72.09	2
天津	86.89	12	15.22	17	22.43	24	8.50	28	40.73	6
河北	58.07	25	30.35	13	0.00	31	9.83	19	17.90	24
山西	57.18	27	17.65	15	18.59	27	9.72	23	11.22	28
内蒙古	51.42	30	1.55	29	21.19	25	9.81	20	18.86	23
辽宁	64.50	22	14.95	18	10.16	30	10.01	17	29.38	10
吉林	56.58	28	0.54	30	25.28	18	10.19	13	20.57	21
黑龙江	73.22	15	4.75	22	29.32	11	10.37	11	28.78	12
上海	230.52	2	30.68	12	89.69	2	10.15	14	100.00	1
江苏	134.51	5	53.75	4	23.80	22	10.82	8	46.14	5
浙江	106.62	7	37.56	7	10.36	29	9.79	22	48.91	4
安徽	70.76	16	16.75	16	23.85	21	10.02	16	20.13	22
福建	100.77	8	37.79	6	28.39	13	0.00	31	34.59	7
江西	83.58	14	12.95	20	31.50	5	13.22	3	25.91	15
山东	92.58	11	40.86	5	14.94	28	9.80	21	26.98	14
河南	57.38	26	9.63	21	21.01	26	9.69	24	17.06	25
湖北	53.34	29	2.72	27	26.73	15	9.83	18	14.06	27

续表

省区市	住宿接待业综合评价		数量规模		发展效益		发展速度		发展效率	
	分值	排序	分值	排序	分值	排序	分值	排序	分值	排序
湖南	70.26	17	13.47	19	25.34	17	7.97	29	23.47	16
广东	334.09	1	100.00	1	100.00	1	100.00	1	34.09	8
广西	65.69	21	30.92	11	24.58	20	10.19	12	0.00	31
海南	151.60	4	56.30	2	37.01	4	9.28	27	49.02	3
重庆	92.81	10	26.26	14	25.37	16	10.07	15	31.12	9
四川	97.33	9	31.59	9	27.27	14	9.60	26	28.88	11
贵州	67.45	19	4.09	23	30.76	9	11.36	7	21.24	17
云南	109.01	6	54.13	3	31.14	8	13.05	4	10.68	29
西藏	45.68	31	3.49	25	30.53	10	7.45	30	4.21	30
陕西	84.05	13	33.24	8	25.21	19	9.61	25	15.99	26
甘肃	65.93	20	2.29	28	31.27	7	11.57	6	20.80	20
青海	68.02	18	3.52	24	31.29	6	12.08	5	21.14	18
宁夏	63.78	23	3.31	26	28.93	12	10.44	10	21.10	19
新疆	61.50	24	0.00	31	23.62	23	10.60	9	27.28	13

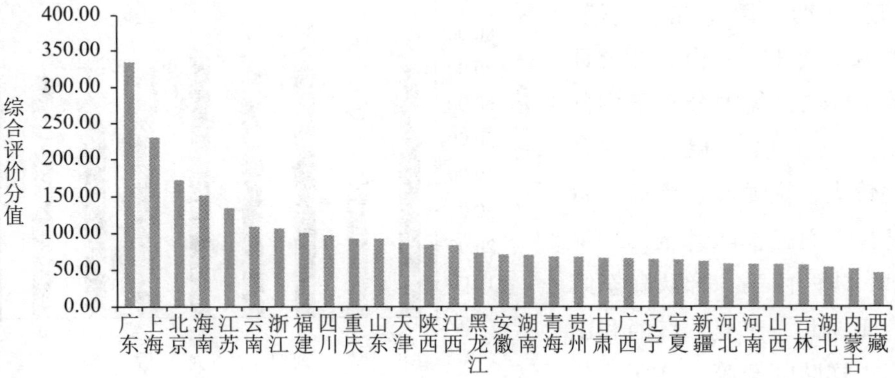

图 2-30　2015 年中国 31 个省域住宿接待业综合评价结果示意图

如表 2-6、图 2-30 所示，住宿接待业第一梯队省域包括广东、上海、北京、海南、江苏、云南、浙江、福建、四川、重庆，综合评价分值为 92~335 分，主要分布在东部沿海地区和成渝地区。与2014年相比，梯队成员基本稳定，只有四川和重庆挤入第一梯队，而天津和陕西被挤出第一梯队。

从这些省域的组成要素状况来看，如表 2-6、图 2-31 所示，第一梯队省域的表现各异：广东为规模—速度—效益三优型，这三个要素的得分均为 100，遥遥领先于其他省域，但其发展效率排名第 8，有一定提升空间；上海则为效益—效率双优型，分别排第 2 名和第 1 名，而其数量规模和发展速度却分别排第 12 名和第 14 名；北京为速度—效率和效益三优型，排名都在第 2 或第 3，而其数量规模排名第 10；海南属于规模—效益—

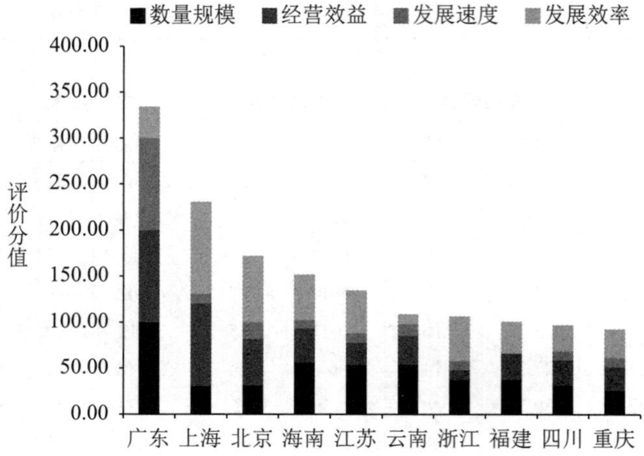

图 2-31 2015 年住宿接待业第一梯队省域及要素组成示意图

效率三优型，排名都在第 2~4 位；江苏、浙江、福建都为规模 – 效率双优型，数量规模和发展效率的排名都高于其总名次或基本相符，而其发展效益和速度的排名都靠后，有的甚至处于第三梯队，有很大提升空间；云南属于规模—速度双优型，排名都在第 3、第 4，而其发展效率排第 29 名；四川和重庆分别属于规模、效率取胜型。

（2）住宿接待业第二梯队：多中部、西北省域，成员变化大；鲁陕规模单优，天津效率单优，赣青黔甘效益—速度双优，黑龙江效益—速度—效率较优，安徽规模—速度较优，湖南效益—效率较优

如表 2-6、图 2-32 所示，住宿接待业第二梯队省域包括山东、天津、陕西、江西、黑龙江、安徽、湖南、青海、贵州、甘肃，综合评价得分为 65~92，集中分布于中部及西北部。与 2014 年相比，梯队成员变化较大，黑龙江、青海、贵州、甘肃为由第三梯队升至第二梯队，天津、陕西由第一梯队降至第二梯队，而湖北、宁夏、广西和山西则由第二梯队降至第三梯队。从这些省域的组成要素状况来看，如表 2-6、图 2-32 所示，住宿接待业第二梯队省域的表现也有较大差异：山东和陕西属于规模单优型，数量规模的排名分别为第 5 和第 8，进入第一梯队；天津属于效率取胜型，发展速度的排名为第 6；江西、青海、贵州和甘肃都属于效益—速度双优型，发展效益和发展速度的排名都进入第一梯队；黑龙江属于效益—速度—效率较优型，这三个方面的排名都在第 11、12 位；安徽和湖南分别属于规模—速度较优型和效益—效率较优型，这些方面的排名与其总体排名基本相符。

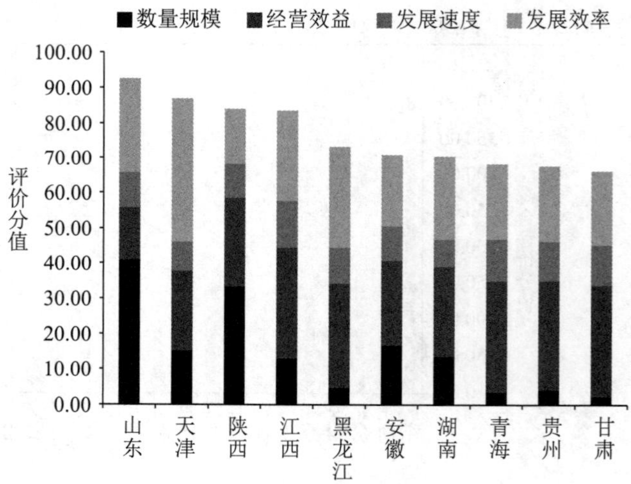

图 2-32 2015 年住宿接待业第二梯队省域及要素组成示意图

（3）住宿接待业第三梯队：多北部、中部省域，成员相对稳定；总体表现平平，但桂冀规模—速度较优，宁夏效率单优，新疆效益单优，辽吉鄂效益—速度较优，山西规模较优

如表 2-6、图 2-33 所示，住宿接待业第三梯队省域包括广西、辽宁、宁夏、新疆、

河北、河南、山西、吉林、湖北、内蒙古、西藏，综合评价得分在65以下，主要分布在东北、西北和中部地区。与2014年相比，成员相对稳定，只有广西、宁夏、山西、湖北从第二梯队降至第三梯队。从第三梯队省域的组成要素状况来看，如表2-6、图2-33所示，第三梯队多数省域在各方面都表现平平，但也有少数省域在某些方面表现相对较好：广西、河北属于规模—速度较优型，这两方面排名都在第二梯队；宁夏和新疆分别为效率和效益单优型，排名都为第10，进入第一梯队；宁夏、吉林和湖北都为效益、速度较优型，这两方面排名都在第二梯队；山西则为规模较优型，数量规模排名第15，进入第二梯队。

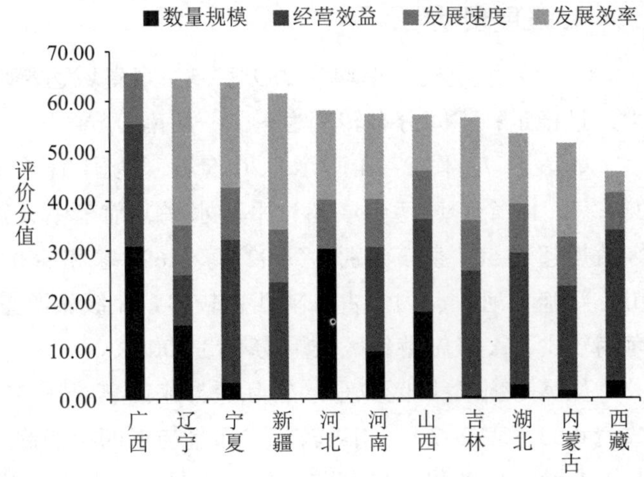

图2-33 2015年住宿接待业第三梯队省域及要素组成示意图

（二）旅游目的地发展

旅游目的地主要包括A级旅游景区和新兴目的地两大类，但是截至2017年年初，尚无新增的国家级旅游度假区、国家生态旅游示范区、最具特色旅游城市、中国国际特色旅游目的地、全域旅游示范区、休闲农业与乡村旅游示范县、休闲农业与乡村旅游示范区、乡村旅游创客示范基地、乡村旅游示范村、研学旅游目的地、研学旅游示范区等新兴目的地。因此，《报告》以2015年A级旅游景区的数据评价旅游目的地的发展状况。

《报告》分别选取A级旅游景区数量、利润、数量增长率、利润增长率、全员劳动生产率作为前述数量规模、经营效益、发展速度和发展效率的评价指标，这些评价指标及基本描述统计如表2-7所示。

表2-7 2015年中国31个省域旅游目的地发展的评价指标及其基本描述统计

类型	评价指标	平均值	最大值	最小值	标准差	变异系数
数量规模	A级旅游景区数量	289.00	921.00	55.00	181.40	0.63
经营效益	A级旅游景区利润（亿元）	1.22	12.38	-8.25	3.91	3.19
发展速度	A级旅游景区数量增长率（%）	29.94	258.62	2.25	44.69	1.49
	A级旅游景区利润增长率（%）	-100.26	3590.35	-4904.28	1227.03	-12.24
发展效率	景区全员劳动生产率（万元/人）	22.60	46.35	8.33	8.66	0.38

（数据来源：中国旅游统计年鉴副本2015~2016）

1. 发展现状

（1）数量规模：平均为 289 家，一半省域达平均，鲁、苏、皖前三甲；省际差异较小，且稳定；空间分布转变为东北—西南分异

如表 2–7、图 2–34 所示，2015 年，全国 31 个省域 A 级旅游景区总数的平均值为 289 家，15 个省域达到或超过平均水平，前三甲分别是山东、江苏和安徽，A 级旅游景区数量超过 500 家，分别达到 921 家、624 家和 560 家；其次，黑龙江、河南、湖北、四川、新疆、河北、内蒙古、陕西也较多，A 级旅游景区数量均超过 300 家；青海、宁夏、海南较少，A 级旅游景区数量均不足 100 家。

从 A 级旅游景区数量的省际差异来看，全国 31 个省域 A 级旅游景区数量的变异系数为 0.63（表 2–7），相对较小，而且与近四年相比，变化不大，稳定在 0.64 左右，表明 A 级旅游景区数量的省际差异较小，且保持相对稳定状态。从 A 级旅游景区数量的空间分布看，A 级旅游景区数量多的省域主要分布于东部沿海偏北地区以及东北、华北、西北地区，而中部少数省域和西南部多数省域 A 级旅游景区数量相对较少，总体上表现为东北—西南分异，与 2014 年的东西分异不同。

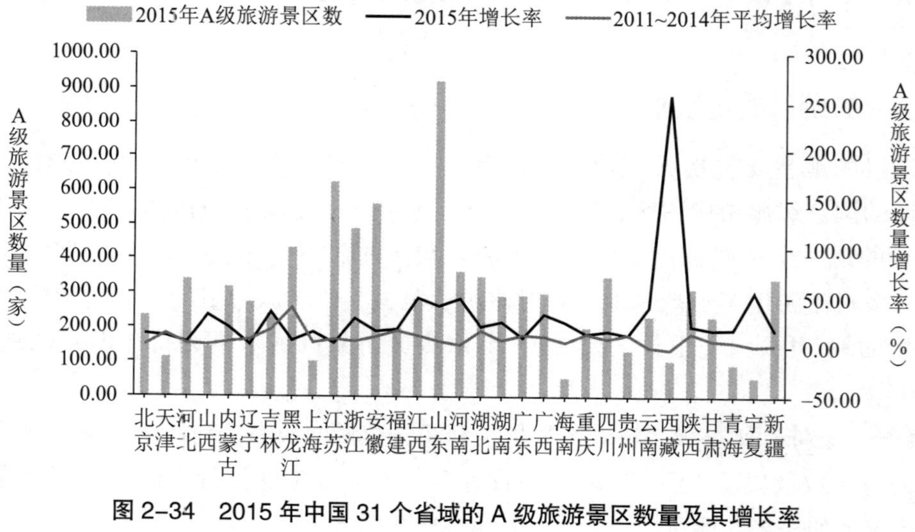

图 2–34　2015 年中国 31 个省域的 A 级旅游景区数量及其增长率

（数据来源：中国旅游统计年鉴副本 2012~2016）

（2）经营效益：利润平均为 1.22 亿元，近半省域达平均，粤鲁琼领先，12 省域亏损；省际差异较大，且呈扩大趋势；保持东南—西北的空间分异特征

如表 2–7、图 2–35 所示，2015 年中国 31 个省域旅游景区利润的平均值为 1.22 亿元，较 2014 年增加了 6.09%，13 省域达到或超过平均水平。与星级饭店和旅行社的利润相比较，旅游景区利润在三大产业中表现最好。从各个省域旅游景区的利润水平看，广东、山东、海南位居前三，超过 5 亿元，分别为 12.38 亿元、8.36 亿元、6.99 亿元，远高于其他省域；其次，上海、湖南、浙江、河南、陕西、四川的旅游景区利润较高，均超过 3 亿元；而辽宁、黑龙江、北京、内蒙古、吉林、福建、青海、天津、重庆、山西、河北、

江苏 12 省域均出现了不同程度的亏损，以江苏亏损最为严重，高达 8.25 亿元。

从旅游景区利润的省际差异来看，如表 2-7 所示，2015 年中国 31 个省域旅游景区利润的变异系数为 3.19，较大，且与 2014 年相比，明显升高，近五年呈波动增大的变化趋势，表明旅游景区利润的省际差异较大，且呈扩大趋势。同时，旅游景区利润高的省域仍然主要为东南、中部、华南及西南省域，呈现较明显的东南—西北分异特征。

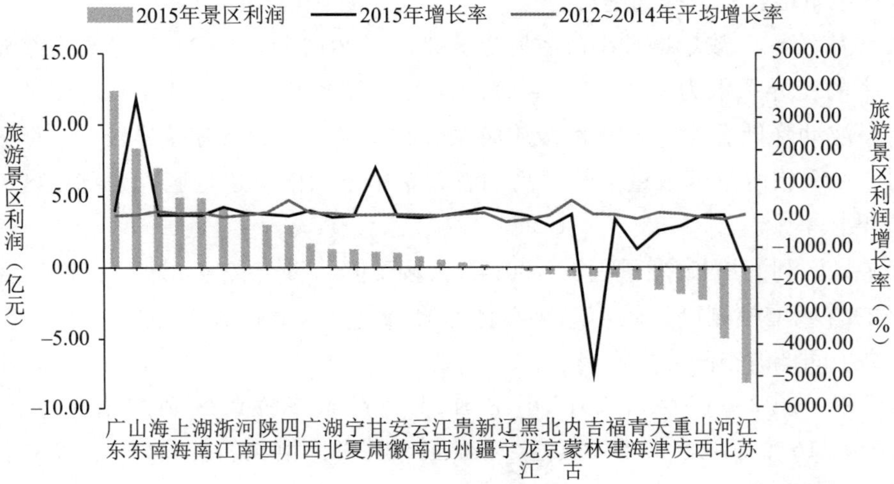

图 2–35　2015 年中国 31 个省域的旅游景区利润及其增长率

（数据来源：中国旅游统计年鉴副本 2013~2016）

2. 发展潜力

（1）发展速度：多数省域数量增长，但利润下降；省际差异较大，但呈缩小趋势；数量增长与利润增长的空间错位明显

结合利用 A 级旅游景区数量增长率和旅游景区利润的增长率衡量旅游目的地的发展速度。

① A 级旅游景区数量增长率：平均为 30%，近三成省域达平均，西藏高居榜首；景区数量中等的增幅较高；较前四年呈增加趋势；省际差异较大，但呈缩小趋势，从西南沿边到中部的“V”形区域增长率较大

如表 2–7、图 2–34 所示，2015 年中国 31 个省域 A 级旅游景区数量均有不同程度的增长，增长率的平均值为 29.94%，9 个省域达到平均值，其中，西藏的增长率达到 258.62%，高居榜首，其次，宁夏、江西、河南、山东、云南、吉林、广西、山西的增长率较高，均超过 30%；而广东、黑龙江、河北、江苏、辽宁的增长率则较低，均低于 10%，其中辽宁低至 2.25%。

结合各省域的 A 级旅游景区数量来看，如图 2–34 所示，剔除西藏这样的特异值后，景区数量排名前 10 位的省域平均增长率为 20.27%，景区数量处于中间水平的省域平均

增长率为 25.01%，景区数量排名后 10 位的省域平均增长率为 21.66%；可见，景区数量处于中间水平的省域，旅游景区的发展速度更快。

与 2011~2014 年的平均增长率对比来看，如图 2-34 所示，24 个省域 2015 年景区数量增长率都高于其前四年的平均增长率，尤其是西藏、云南、宁夏、山东、江西、河南、山西表现突出，都高出 30 个百分点；而重庆、贵州、天津等 7 个省域 2015 年景区数量增长率都有所下降，尤其是黑龙江降低了 33.45 个百分点。总体来看，全国 31 个省域 A 级旅游景区数量增长率呈提高趋势。

从 A 级旅游景区数量增长率的省际差异来看，2015 年中国 31 个省域 A 级旅游景区数量增长率的变异系数为 1.49（表 2-7），较大，但比 2014、2013 年减少了约 1.00，而且近五年呈波动降低态势，表明 A 级旅游景区数量增长率的省际差异较大，但呈缩小趋势。同时，A 级旅游景区数量增长率高的省域集中于西南沿边地区和中部地区，呈现出“V”形高增长率带。

②旅游景区利润增长率：平均 -100%，大幅下降，过半省域负增长；鲁甘表现突出；利润越高的省域增幅越高；较前三年总体呈降低趋势；省际差异较大，但呈缩小趋势；呈现南北高中间低的空间分异格局

如表 2-7、图 2-35 所示，2015 年中国 31 个省域旅游景区利润增长率的平均值为 -100.26%，16 个省域增长率为负值。在旅游景区利润增长的省域中，山东和甘肃表现十分突出，增长率都超过 1000%；其次，浙江、新疆、广西、广东的增幅也较高，均超过 100%。福建、北京、重庆、天津、青海、江苏、吉林则降幅超过 100%，其中青海、江苏和吉林的降幅更是超过 1000%。

结合各省域的利润水平来看，如图 2-35 所示，利润排名前 10 位的省域平均增长率为 428.89%，排名后 10 位的省域平均增长率为 -898.21%，而利润中等的省域平均增长率为 168.55%。可见，景区利润越高的省域，其景区利润增长率也越大。

与 2012~2014 年增长率的平均值相比较，如图 2-35 所示，14 个省域 2015 年景区利润增长率有所提升，尤其是山东和甘肃，增长率提高了几千个百分点；同时，陕西、上海、湖南、海南、内蒙古等 17 个省域 2015 年景区利润增长率都有所下降，尤其是江苏和吉林，增长率下降了上千个百分点。因此，总体来看，全国 31 个省域旅游景区利润增长率呈降低趋势。

从旅游景区利润增长率的省际差异来看，2015 年 31 个省域旅游景区利润增长率的变异系数的绝对值为 12.24（表 2-7），较高，但与 2014 年相比，大幅度降低，表明旅游景区利润增长率的省际差异较为显著，但呈缩小趋势。同时，2015 年 31 个省域旅游景区利润增长率较高的省域集中在华南、西北和东部部分省域，中部及西南地区多数为负增长，大体呈现南北高、中间低的空间分布格局。

（2）发展效率：全员劳动生产率平均为 23 万元 / 人，同比基本持平，近半省域达平均；生产率较高的省域利润也较高；较前四年总体呈提升趋势，黔青表现突出；省际差异很小，且呈缩小趋势，但东南—西北空间分异格局明显

如表 2-7、图 2-36 所示，2015 年全国 31 个省域全员劳动生产率的平均值为 22.60 万元 / 人，与 2014 年的 22.99 万元 / 人基本持平；13 省域达到或超过平均水平，其中，上海、天津、安徽、山东的全员劳动生产率均超过 30 万元 / 人，为前四强；而青海、吉林、山西、黑龙江的全员劳动生产率都不足 15 万元 / 人，尤其是山西和黑龙江均低于 10 万元 / 人。

图 2-36　2015 年、2011~2014 年中国 31 个省域旅游景区的全员劳动生产率

（数据来源：中国旅游统计年鉴副本 2012~2016。其中，西藏数据缺失）

从与旅游景区利润的关系来看，如图 2-36 所示，景区全员劳动生产率排名前 10 位的省域的平均利润为 1.87 亿元，排名中间的省域的平均利润为 2.46 亿元，排名后 10 位的省域（含数据缺失的西藏）的平均利润为 -0.99 亿元，表现为景区全员劳动生产率较高的省域，利润也较高，但全员劳动生产率很高的天津、江苏、北京，利润却很低，处于亏损状态，表明其在成本控制等方面有很大改进空间。

与 2011~2014 年旅游景区全员劳动生产率的平均水平相比较，如图 2-36 所示，2015 年 31 个省域旅游景区全员劳动生产率的平均值增加了 2.85%，其中，23 个省域 2015 年的全员劳动生产率有所提升，尤其是青海和贵州分别提高了 244.90% 和 81.62%，表现十分突出；而云南、江西等 8 个省域 2015 年的全员劳动生产率都有所下降，尤其是新疆和黑龙江都降低了 30% 以上。但总体来看，全国 31 个省域旅游景区的全员劳动生产率呈提升趋势。

从景区全员劳动生产率的省际差异看，2015 年 31 个省域景区全员劳动生产率的变异系数为 0.38（表 2-7），很小，而且近四年呈逐年降低态势，表明景区全员劳动生产率的省际差异很小，且呈不断缩小趋势。同时，景区全员劳动生产率较高的省域集中分布在东南部半壁，呈现明显的东南高、西北低的空间分异格局。

3. 发展评价

分别对A级旅游景区数量、A级旅游景区利润、A级旅游景区发展速度（A级旅游景区数量增长率和旅游景区利润增长率的均值）、景区全员劳动生产率四个指标进行归一化处理，然后加总求和，得到全国31个省域旅游目的地发展的综合评价结果（表2–8、图2–37）。依据综合评价得分高低，将31个省域分为三个梯队，分别从梯队成员、空间分布、各指标的相对状况等角度对各个梯队进行分析。如前所述，在分析各省域各指标的相对状况时，通过比较该省域各指标的排名与其总体排名来反映各省域的相对优势领域和不足之处。

表2–8　2015年中国31个省域旅游目的地综合评价分值及排序

省区市	旅游目的地综合评价		数量规模		发展效益		发展速度		发展效率	
	分值	排序	分值	排序	分值	排序	分值	排序	分值	排序
北京	166.27	14	20.67	19	37.48	21	53.49	25	54.63	8
天津	170.79	12	6.58	26	32.12	26	51.69	27	80.41	2
河北	123.18	27	32.79	10	15.52	29	57.30	19	17.57	26
山西	99.34	28	10.16	24	28.60	28	57.47	17	3.10	29
内蒙古	144.66	22	30.25	11	36.92	22	57.81	11	19.67	24
辽宁	147.10	19	25.17	17	39.90	19	58.44	9	23.59	22
吉林	64.91	30	21.13	18	36.84	23	0.00	30	6.94	28
黑龙江	139.13	25	43.30	5	38.67	20	57.16	20	0.00	30
上海	226.70	4	5.20	27	63.79	4	57.71	15	100.00	1
江苏	158.30	17	65.70	2	0.00	30	36.73	29	55.87	6
浙江	213.75	5	50.00	4	60.63	6	60.69	3	42.43	10
安徽	236.43	2	58.31	3	45.01	14	57.04	21	76.07	3
福建	146.56	20	16.51	22	36.32	24	56.06	24	37.66	12
江西	182.91	9	26.33	16	42.58	16	57.74	12	56.26	5
山东	337.62	1	100.00	1	80.52	2	100.00	1	57.10	4
河南	184.61	8	35.45	6	57.86	7	58.86	7	32.43	17
湖北	167.35	13	33.72	7	46.32	11	56.89	23	30.43	19
湖南	185.20	7	27.25	15	63.66	5	57.70	16	36.59	14
广东	227.76	3	27.48	14	100.00	1	58.88	6	41.40	11
广西	163.81	16	28.18	13	48.22	10	59.46	5	27.96	20
海南	181.19	10	0.00	30	73.86	3	57.73	14	49.61	9
重庆	135.57	26	16.51	22	30.66	27	53.39	26	35.01	16
四川	201.26	6	33.72	7	54.40	9	57.33	18	55.81	7
贵州	140.25	23	8.89	25	41.66	17	58.46	8	31.25	18
云南	144.71	21	20.44	20	43.80	15	56.93	22	23.54	23
西藏	—	31	—	31	—	31	—	31	—	31

续表

省区市	旅游目的地综合评价		数量规模		发展效益		发展速度		发展效率	
	分值	排序	分值	排序	分值	排序	分值	排序	分值	排序
陕西	179.51	11	29.68	12	54.55	8	57.99	10	37.30	13
甘肃	166.15	15	20.32	21	45.36	13	74.85	2	25.62	21
青海	98.73	29	4.39	28	35.54	25	45.15	28	13.65	27
宁夏	139.95	24	0.12	29	46.27	12	57.74	13	35.82	15
新疆	152.46	18	33.14	9	40.85	18	60.14	4	18.33	25

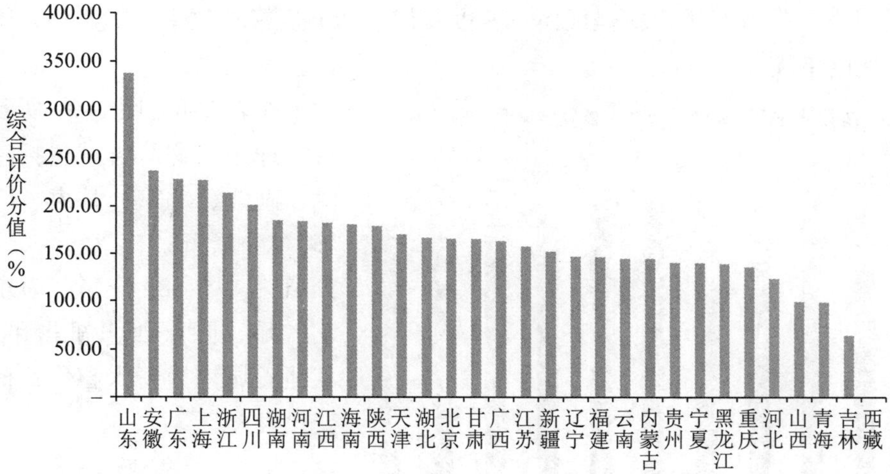

图 2-37　2015 年中国 31 个省域旅游目的地综合评价结果示意图

（1）旅游目的地第一梯队：成员较稳定，多中部和东南沿海省域；鲁豫规模—效益—速度三优，徽川规模—效率双优，浙江规模—速度双优，粤湘琼效益单优，沪赣效率单优

如表 2-8、图 2-38 所示，旅游目的地第一梯队省域包括山东、安徽、广东、上海、浙江、四川、湖南、河南、江西、海南，综合评价分值均高于 180 分，山东表现最好，得分为 337.62，较第二名高出约 100 分；梯队成员较稳定，浙江、湖南、河南、江西为新进入成员。

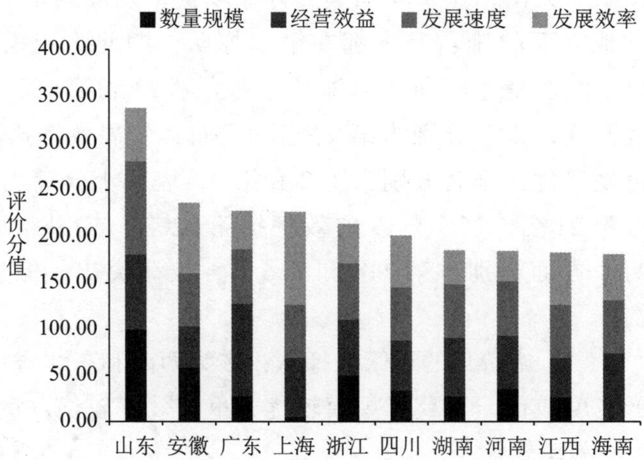

图 2-38　2015 年旅游目的地第一梯队省域及要素组成示意图

从这些省域在各方面的表现来看，如图 2-38、表 2-8 所

示，第一梯队省域的表现各异；山东和河南属于规模—效益—速度三优型，这三个方面的排名都高于或基本等于其总体排名，而发展效率相对较差，排名第4；安徽和四川属于规模—效率双优型，这两个方面的排名基本与其总体排名相符，而发展速度和经营效益较差，排名基本居于第二甚至第三梯队；广东、湖南和海南属于效益单优型，经营效益的排名分别居第1、第5和第3，均高于其总体排名，但其数量规模都相对较弱，分别排第14、第15和第30名；上海和江西属于效率单优型，发展效率的排名分别为第1和第5，远高于其总体排名；浙江属于规模—速度双优型，这两方面分别排第4和第3名。

（2）旅游目的地第二梯队：多东部和西北省域；七成为新成员；陕桂效益—速度双优，湖北规模—效益双优，新疆规模—速度双优，江苏规模—效率双优，津京闽效率单优，甘辽速度单优

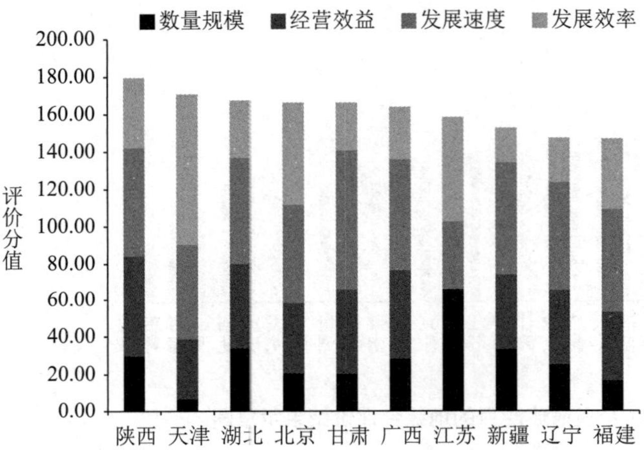

图2-39　2015年旅游目的地第二梯队省域及要素组成示意图

如表2-8、图2-39所示，旅游目的地第二梯队省域包括陕西、天津、湖北、北京、甘肃、广西、江苏、新疆、辽宁、福建，综合评价分值为145~180分，多为东部、西北省域，除陕西、湖北和北京外，其他省域均为新入省份，梯队成员变化很大。

从各个省域在各方面的表现来看，如图2-39、表2-8所示，第二梯队各省域虽然整体表现一般，但各省域都有较为突出的方面，如：陕西、广西为效益、速度双优，这两个方面的排名都进入或接近第一梯队；天津、北京和福建为效率单优，发展效率的排名分别为第2、第8和第12，而其他方面的排名基本都在第三梯队；湖北为规模—效益双优，排名分别为第7、第11，而发展速度和效率排名分别为第23和第19，有较大提升空间；新疆为规模—速度双优，排名分别为第9、第4，而其发展效率排名第25，有待提高；甘肃和辽宁为速度单优，排名分别为第2和第9，表现十分突出，但甘肃的数量规模和发展效率均排第21名，辽宁的发展效率排第22名，提升空间大；江苏为规模—效率双优，这两个方面分别排第2名和第6名，十分突出，但是经营效益和发展速度的排名属于倒数。

（3）旅游目的地第三梯队：多为西南和东北省域，成员较稳定；云南效益较优，蒙晋速度较优，黑冀吉规模较优，重庆效率较优，贵州速度—效益较优，宁夏效益—速度—效率较优

如表2-8、图2-40所示，旅游目的地第三梯队省域包括云南、内蒙古、贵州、宁夏、

黑龙江、重庆、河北、山西、青海、吉林、西藏，综合评价分值低于 145 分，各省域得分差异不大，主要为西南和东北省域，梯队成员相对稳定，只有云南、贵州、黑龙江是从 2014 年的第二梯队掉入第三梯队的。

从各个省域在各个方面的表现来看，如图 2–40、表 2–8 所示，第三梯队省域整体表现较弱，但在某些方面也表现较好，达到第二梯队甚至第一梯队水平，如：云南效益较优，排第 15 名；内蒙古和山西速度较优，分别排第 11 和第 17 名；黑龙江、河北、吉林规模优或较优，分别排第 5、第 10 和第 18；重庆效率较优，排第 16；贵州速度—效益较优，分别排第 8 和第 17 名；宁夏则为效益—速度—效率较优，分别排第 12、第 13 和第 15 名。

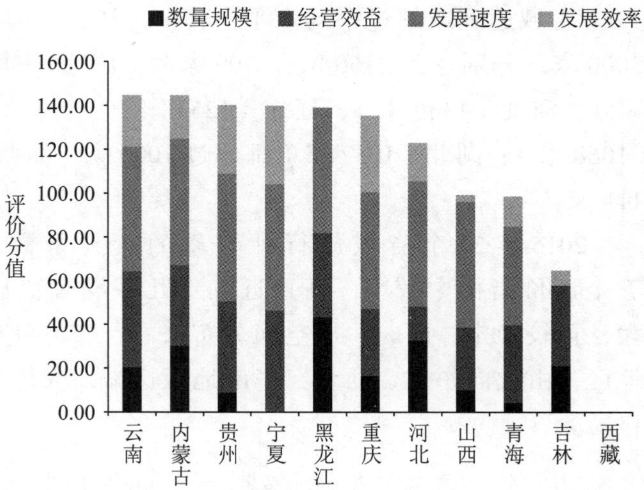

图 2–40　2015 年旅游目的地第三梯队省域及要素组成示意图

（备注：西藏因数据缺失，没有综合评价得分）

（三）旅行社业发展

《报告》分别选用旅行社数量、利润、数量增长率、利润增长率、全员劳动生产率作为旅行社业的数量规模、经营效益、发展速度和发展效率的评价指标。这些评价指标及其基本描述统计如表 2–9 所示。

表 2–9　2015 年中国 31 个省域旅行社业发展的评价指标及其基本描述统计

类型	评价指标	平均值	最大值	最小值	标准差	变异系数
数量规模	旅行社数量（家）	891.00	2160.00	111.00	566.03	0.64
经营效益	旅行社利润（万元）	5999.01	63807.74	–22439.16	15515.86	2.59
发展速度	旅行社数量增长率（%）	6.31	92.16	–2.63	16.36	2.59
	旅行社利润增长率（%）	–89.25	–22.44	–126.14	21.84	–0.24
发展效率	旅行社全员劳动生产率（万元/人）	86.21	197.02	18.05	44.40	0.52

（数据来源：中国旅游统计年鉴副本 2015~2016）

1. 发展现状

（1）数量规模：平均 891 家，12 省域达平均；苏鲁浙较多；省际差异不大且较稳定，具有由东向西逐步递减的空间分布格局

如表 2–9、图 2–41 所示，2015 年全国 31 个省域旅行社数量的平均值为 891 家，

12个省域达到或超过平均水平。其中，江苏、山东和浙江旅行社数量较多，都超过2000家，分别达到2160家、2109家和2028家；其次，广东（1901家）、北京（1397家）、河北（1360家）、辽宁（1253家）、上海（1225家）、河南（1082家）、安徽（1068家）、湖北（1037家）都超过1000家；而西藏和宁夏较少，分别仅有196家和111家。

2015年31个省域旅行社数量的变异系数为0.64（表2-9），在旅行社业的五个评价指标中较小，而且近五年几乎没有变化，说明旅行社数量的省际差异不大，且较稳定。同时，从空间分布来看，旅行社数量较高的省域集中在华北、华东地区，由此向东北、西北、华南地区递减，大体呈现由东向西逐步递减的空间分布格局。

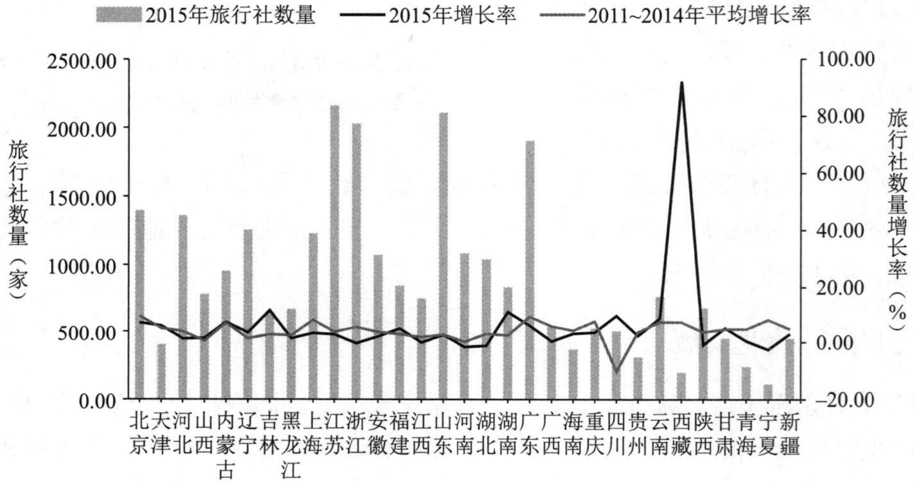

图2-41　2015年中国31个省域的旅行社数量及其增长率

（数据来源：中国旅游统计年鉴副本2015~2016）

（2）经营效益：利润平均为6000万元，不足三成省域达平均，北京出类拔萃；省际差异大，且呈扩大态势，效益高的省域分散分布于东南沿海、东北及中部

如表2-9、图2-42所示，2015年全国31个省域旅行社利润的平均值为5999.01万元，只有7个省域达到或超过平均水平，但有20个省域实现盈利，其中，北京出类拔萃，旅行社利润高达6.38亿元；其次，山东、广东、湖北、辽宁、浙江、福建也都超过1亿元；11个省域旅行社亏损，天津、云南、江苏、上海亏损均超过0.4亿元，尤其上海亏损高达2.24亿元。

2015年，31个省域旅行社利润的变异系数为2.59（表2-9），较大，而且较近五年有很大幅度增加，表明旅行社利润的省际差异较大，而且呈扩大态势。同时，从空间分布来看，利润较高的省域分散分布于东南沿海、东北及中部地区，空间分异不明显。

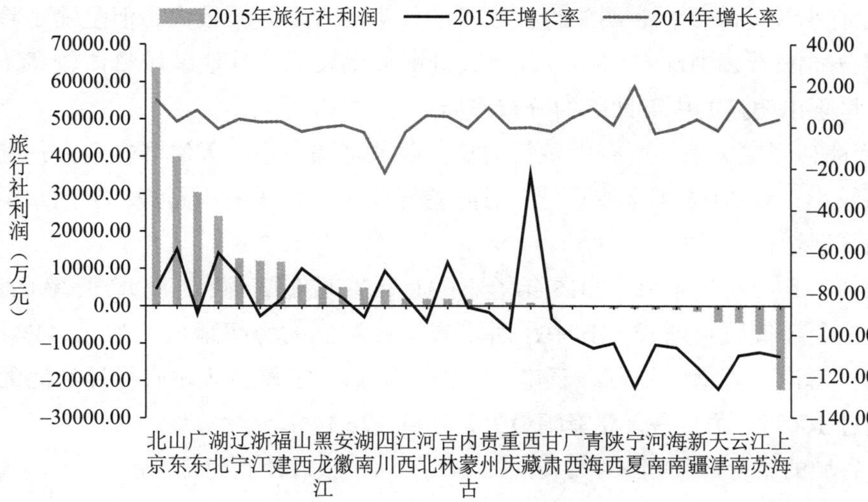

图 2–42　2015 年中国 31 个省域的旅行社利润及其增长率

（数据来源：中国旅游统计年鉴副本 2012~2016）

2. 发展潜力

（1）发展速度：多数省域数量增长，但利润全线降低；数量增长率省际差异较大，利润增长率省际差异小，但都呈缩小态势；数量与利润增长的空间错位不明显

① 旅行社数量增长率：平均为 6%，增速成倍加快，但仅两成省域达平均；绝大多数省域正增长，西藏表现突出；旅行社数量较少省域的增长率较高；三成省域增长率较前四年增大；省际差异较大，但呈缩小趋势，呈中部“凹陷”的空间分布格局

如表 2–9、图 2–41 所示，2015 年全国 31 个省域旅行社数量增长率的平均值为 6.31%，25 省域旅行社数量呈增长趋势，7 个省域达到或超过平均水平。其中，西藏、吉林、湖南增长率较高，均超过 10.00%，西藏表现突出，增长率达 92.16%；其次，四川（9.85%）、云南（8.81%）、内蒙古（7.44%）、北京（7.30%）、天津（6.10%）、广东（6.08%）也不错，增长率都超过 5%；而江西、浙江、陕西、湖北、河南、宁夏 6 个省域旅行社数量有所减少，但降幅均不大，均在 3% 以内。

结合各省域的旅行社数量来看，如图 2–41 所示，旅行社数量排名前 10 位的省域平均增长率为 2.72%，旅行社数量处于中间水平的省域平均增长率为 4.12%，旅行社数量排名后 10 位省域的平均增长率为 3.44%（剔除西藏这个特异值后），可见，旅行社数量较少的省域的增长率较高，与 2014 年的趋势不同。

与 2011~2014 年各省域旅行社数量的平均增长率相比，如图 2–41 所示，11 个省域 2015 年旅行社数量的增长率高于前四年的平均增长率，其中，西藏、四川、湖南、吉林表现突出，增长率均高出 5 个百分点；在 20 个增长率有所降低的省域中，宁夏、广西和浙江的增长率平均降低了 5 个百分点以上。

2015 年 31 个省域旅行社数量增长率的变异系数为 2.59（表 2–9），比较大，但与

2014 年相比有小幅度降低，表明旅行社数量增长率的省际差异较大，但呈缩小趋势。同时，从空间分布来看，中部省域的旅行社数量增长率较低，其他区域整体较高，且西部高于东部，呈现出明显的中部凹陷的分布格局。

② 旅行社利润增长率：所有省域负增长，西藏降幅最小，天津降幅最大；利润较高省域的降幅较小；较 2014 年全线降低；省际差异较小，且呈缩小趋势；从西藏至黑龙江的弧形带状区域增长率较高

如表 2–9、图 2–42 所示，2015 年全国 31 个省域旅行社利润增长率的平均值为 –89.25%，全部省域负增长。其中，西藏旅行社利润的降幅最低，为 22.44%；广西、陕西、河南、海南、青海、江苏、云南、上海、新疆、宁夏、天津旅行社利润的降幅都较大，均超过 100%，尤其是天津降幅最大，达到 126.14%。

结合各省域的旅行社利润来看，如图 2–42 所示，旅行社利润排名前 10 位的省域平均增长率为 –75.92%，旅行社利润处于中间水平的省域平均增长率为 –80.98%，旅行社利润排名后 10 位省域的平均增长率为 –111.67%，可见，旅行社利润越高的省域，旅行社利润的降幅越小。

与 2014 年各省域旅行社利润的增长率相比较，如图 2–42 所示，所有省域 2015 年旅行社利润的增长率都较2014年有所降低，而且低得较多，尤其广西、青海、陕西、宁夏、河南、海南、新疆、天津、云南、江苏、上海都降低了 100 多个百分点。

2015 年 31 个省域旅行社利润增长率的变异系数的绝对值为 0.24（表 2–9），比较小，与 2014 年的 2.91 相比有大幅度降低，而且近五年呈持续降低的变化态势，表明旅行社利润增长率的省际差异小，且呈缩小趋势。同时，2015 年旅行社利润增长率较高的省域分布在从西藏至黑龙江的一条西南—东北向的、略向南突出的弧形带状区域。

（2）发展效率：全员劳动生产率平均为 86 万元 / 人，仅三成省域达平均，京沪遥遥领先；生产率越高的省域利润也越高；较 2014 年小幅降低，较前五年六成省域提升，藏新赣表现突出；省际差异小，且呈缩小趋势，沿海、西北沿边及中西南省域较高

如表 2–9、图 2–43 所示，2015 年全国 31 个省域的旅行社全员劳动生产率平均为 86.21 万元 / 人，11 个省域达到或超过平均水平。其中，北京和上海遥遥领先，旅行社全员劳动生产率分别高达 197.02 万元 / 人和 194.91 万元 / 人；其次，重庆、江苏、广东、辽宁、福建、浙江也不错，旅行社全员劳动生产率均超过了 100 万元 / 人；而内蒙古、河南、甘肃旅行社的全员劳动生产率较低，都不足 30 万元 / 人。

结合各省域的旅行社利润来看，如图 2–43 所示，旅行社全员劳动生产率排名前 10 位、11~21 位和后 10 位省域旅行社利润的平均值分别为 137.58 万元、76.71 万元和 45.30 万元，表明旅行社全员劳动生产率越高的省域，旅行社利润也越高；但旅行社全员劳动生产率很高的江苏、上海、天津、海南等，旅行社利润却很低，处于亏损状态，表明其在成本控制等方面有很大改进空间。

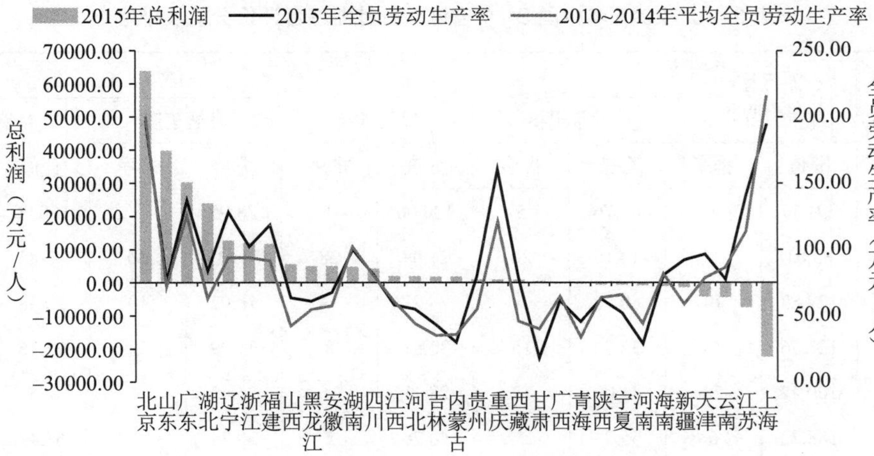

图 2-43 中国 31 个省域 2015 年、2010~2014 年平均全员劳动生产率

（数据来源：中国旅游统计年鉴副本 2012~2016）

与 2014 年相比较，2015 年 31 个省域旅行社全员劳动生产率的平均值降低了 1.88%；其中，14 个省域旅行社的全员劳动生产率较 2014 年下降，尤其甘肃、云南、河南降幅较大，均超过 30%；在 17 个旅行社全员劳动生产率提高的省域中，贵州、西藏和新疆表现突出，增幅分别达到 98.74%、94.94% 和 73.06%。与 2010~2014 年的平均水平相比较，19 个省域 2015 年旅行社全员劳动生产率有所提升，其中，西藏、新疆和山西表现突出，升幅均超过 50%，尤其西藏升幅达到 72.09%；在 2015 年旅行社全员劳动生产率较 2010~2014 年的平均水平降低的 12 个省域中，甘肃降幅最大，达到 54.97%。总体来看，全国 31 个省域旅行社的全员劳动生产率呈提升趋势。

2015 年 31 个省域旅行社全员劳动生产率的变异系数为 0.52（表 2-9），较小，较 2014 年略有降低，而且近五年呈波动降低趋势，表明旅行社全员劳动生产率的省际差异不大，且有缩小趋势。同时，在空间分布上，旅行社全员劳动生产率较高的省域集中分布于东南沿海、西北沿边及中西南地区。

3. 发展评价

分别对 31 个省域的旅行社数量、旅行社利润、旅行社数量和旅行社利润增长率的平均值、旅行社全员劳动生产率这四个指标进行归一化处理后，加总求和，得到全国 31 个省域旅行社业的综合评价结果（表 2-10、图 2-44）。依据综合评价得分高低，将 31 个省域分为三个梯队，并分别从梯队成员、空间分布、各指标的相对状况等角度对各个梯队进行分析。如前所述，在分析各省域各指标的相对状况时，通过比较该省域各指标的排名来反映其相对优势领域和不足之处。

表 2-10 2015 年中国 31 个省域旅行社业综合评价分值及排序

省区市	旅行社业综合评价		数量规模		发展效益		发展速度		发展效率	
	分值	排序	分值	排序	分值	排序	分值	排序	分值	排序
北京	291.71	1	62.76	5	100.00	1	28.95	8	100.00	1
天津	83.01	28	14.10	26	21.09	28	4.01	30	43.81	10
河北	127.83	14	60.96	6	28.28	14	18.02	19	20.58	25
山西	121.76	15	32.80	15	32.51	8	31.09	6	25.36	20
内蒙古	100.42	20	41.09	12	28.11	16	24.63	11	6.59	29
辽宁	188.22	6	55.73	7	40.76	5	30.24	7	61.49	6
吉林	106.42	18	26.35	20	28.15	15	37.84	2	14.07	28
黑龙江	110.27	17	27.38	19	31.83	9	27.07	9	23.99	23
上海	163.76	9	54.37	8	0.00	31	10.57	28	98.82	2
江苏	197.55	5	100.00	1	17.32	30	11.42	25	68.81	4
浙江	199.05	4	93.56	3	39.95	6	18.52	18	47.02	8
安徽	130.24	13	46.71	10	31.78	10	24.12	13	27.64	19
福建	156.97	10	35.87	13	39.62	7	25.30	10	56.17	7
江西	105.20	19	31.19	17	28.35	13	23.26	14	22.41	24
山东	238.66	2	97.51	2	72.21	2	36.42	3	32.52	18
河南	89.49	25	47.39	9	25.08	25	10.96	27	6.07	30
湖北	169.16	7	45.19	11	53.82	4	33.49	5	36.66	12
湖南	136.83	12	35.33	14	31.62	11	24.15	12	45.73	9
广东	237.22	3	87.36	4	61.17	3	22.28	15	66.41	5
广西	84.40	27	20.89	21	25.68	21	13.59	21	24.24	22
海南	84.75	26	12.30	27	24.85	26	12.62	23	34.98	14
重庆	143.78	11	20.06	22	27.06	18	17.05	20	79.61	3
四川	119.90	16	19.08	23	30.89	12	34.71	4	35.22	13
贵州	92.17	22	9.52	28	27.10	17	20.84	16	34.72	15
云南	99.50	21	31.97	16	20.86	29	13.58	22	33.09	17
西藏	165.15	8	4.15	30	26.99	19	100.00	1	34.02	16
陕西	89.64	24	27.77	18	25.29	23	11.62	24	24.95	21
甘肃	63.56	29	16.30	24	26.53	20	20.73	17	0.00	31
青海	58.27	30	6.20	29	25.63	22	11.14	26	15.31	27
宁夏	44.30	31	0.00	31	25.27	24	0.00	31	19.03	26
新疆	89.78	23	16.20	25	24.38	27	7.84	29	41.36	11

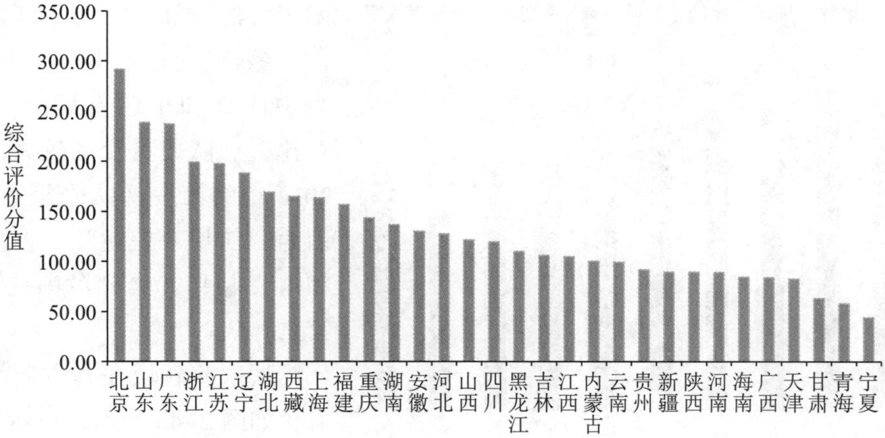

图 2-44　2015 年中国 31 个省域旅行社业综合评价结果示意图

（1）旅行社业第一梯队：成员基本稳定，多为沿海省域；京辽闽鄂均衡，山东规模—效益—速度三优，粤浙规模—效益—效率三优，苏沪规模—效率双优，西藏速度最优

如表 2-10、图 2-45 所示，旅行社业第一梯队省域包括北京、山东、广东、浙江、江苏、辽宁、湖北、西藏、上海、福建，综合评价分值在 150 分以上，主要分布在东部、东南部沿海地区以及中部、西南地区。与 2014 年相比，梯队成员变动不大，湖北和西藏为新入省域。

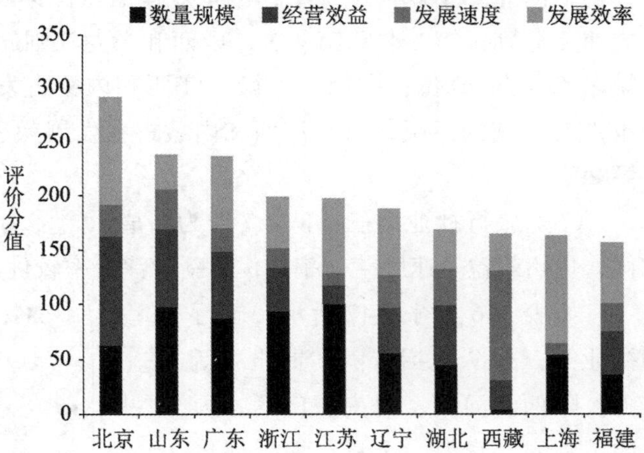

图 2-45　2015 年旅行社业第一梯队省域及要素组成示意图

从这些省域在各方面的表现来看，如图 2-45 所示，各个省域的表现各异：北京、辽宁、福建、湖北属于均衡型，各个指标的排名几乎都在前 10 位或附近，没有明显的短板；山东属于规模—效益—速度三优型，这三个方面都排第 2 名和第 3 名，但发展效率却排第 18 名，有待提升；广东、浙江属于规模—效益—效率三优型，这三个方面的排名都在前 10 位，但它们的发展速度排名分别为第 15 和第 18 位，是较明显的短板，有待改进；江苏和上海属于规模—效率双优型，这两个方面的排名都为前 10，而它们的发展效益、发展速度排名都处于第三梯队，短板明显；西藏则属于速度单优型，其发展速度排第 1 名，而其他各个方面都排在第二甚至第三梯队，有很大的提升空间。

（2）旅行社业第二梯队：7 个为新成员，多为中西部和东北省域；重庆效率单优，河北规模单优，吉川速度单优，晋黑效益—速度双优

如表 2-10、图 2-46 所示，旅行社业第二梯队包括重庆、湖南、安徽、河北、山西、

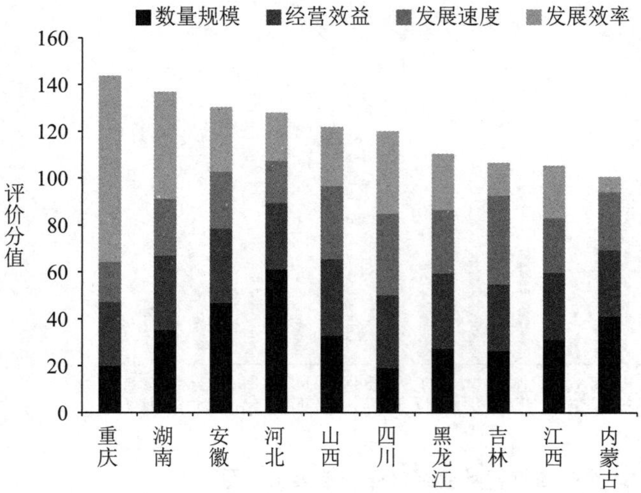

图 2–46　2015 年旅行社业第二梯队省域及要素组成示意图

四川、黑龙江、吉林、江西、内蒙古，综合得分为 100~145 分，主要为中西部和东北省域；与 2014 年相比，梯队成员变动较大，河北从 2014 年的第一梯队降至第二梯队，山西、四川、黑龙江、吉林、江西和内蒙古由 2014 年的第三梯队升至第二梯队。

从这些省域在各方面的表现来看，如图 2–46 所示，虽然整体表现一般，但有些省域有表现突出的方面，如：重庆属于效率单优型，发展效率居全国第 3，而其他方面都较弱；河北属于规模单优型，数量规模居全国第 6；吉林和四川均属于速度单优型，发展速度分别排第 2 名和第 4 名；山西和黑龙江则属于效益—速度双优型，这两个方面的排名都居前 10 位；湖南、安徽、江西和内蒙古发展相对均衡，没有特别突出的地方，也没有特别的短板，只是江西和内蒙古在发展效率方面表现较弱，排名分别为第 24 和第 29。

（3）旅行社业第三梯队：7 个为新成员，多为西南、西北省域；云南规模—效率较优，贵州效益—速度 – 效率较优，新琼津效率较优，豫陕规模较优，甘肃速度较优

如表 2–6、图 2–47 所示，旅行社业第三梯队包括云南、贵州、新疆、陕西、河南、海南、广西、天津、甘肃、青海、宁夏，综合评价分值在 40~100 分，主要分布于西南、西北地区。与 2014 年相比，梯队成员变动较大，云南、陕西、河南、海南、广西、天津和宁夏均为新入省域。

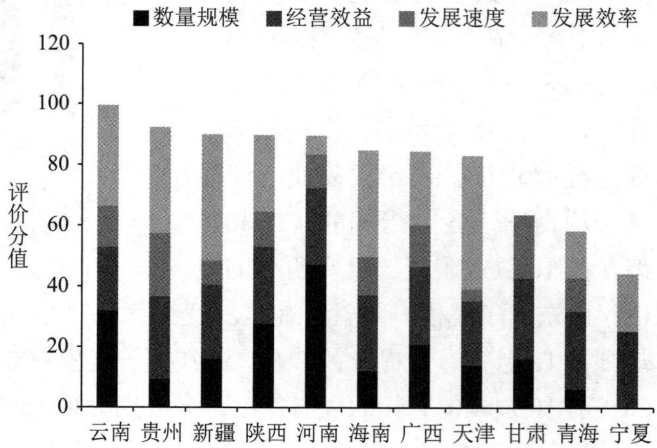

图 2–47　2015 年旅行社业第三梯队省域及要素组成示意图

从这些省域在各方面的表现来看，如图 2–47 所示，第三梯队省域整体表现都较弱，只有少数省域在某些方面表现较优（排名前 20）或优（排名前 10）。云南属于规模、效益较优，这两个方面分别排第 16 和第 17 名；贵州的效益、速度、效率较优，这三个方面的排名在第 15~17，而数量规模却排第 28 名，改进空间较大；天津、新疆、海南都属于效率较优，发展效率的排名分别为第 10、第 11 和第 14；河南和陕西属于规模单优、较优，数量规

模分别排第 9 名和第 18 名；甘肃属于速度较优，发展速度排第 17 名，而发展效率却排第 31 名。

三、旅游需求分析

旅游需求是反映区域旅游业发展的重要方面之一。《报告》从旅游需求现状和潜力两方面分析各省域的旅游需求，并选用旅游接待总人次（即国内旅游接待人次与入境旅游接待人次之和，以下同）、旅游总收入（即国内旅游收入与入境旅游收入之和，以下同）分别从规模和效益的角度反映旅游需求现状，选用旅游接待人次增长率和旅游收入增长率以及人均花费分别从速度和效率的角度反映旅游需求潜力。这些指标的基本描述统计如表 2–11 所示。

表 2–11　2015 年中国 31 个省域旅游需求评价指标及其基本描述统计

类型	评价指标	平均值	最大值	最小值	标准差	变异系数
旅游需求现状	旅游接待总人次（万人次）	32678.40	77750.35	1317.53	20485.06	0.63
	旅游总收入（亿元）	3564.54	11527.53	161.38	2540.02	0.71
旅游需求潜力	旅游接待总人次增长率（%）	10.25	31.40	–57.64	15.75	1.54
	旅游总收入增长率（%）	19.12	57.17	–29.58	15.33	0.80
	入境游客人均花费（美元/人）	635.35	3627.05	232.92	589.51	0.93

（数据来源：中国旅游统计年鉴 2016。注：入境旅游收入以 1∶6.5 的美元兑人民币汇率换算）

（一）旅游需求现状

1. 旅游接待总人次：平均超 3 亿人次，小幅增加，过半省域达平均，粤鲁苏领先；省际差异较小，且稳定，东南半壁高，西北半壁低；入境旅游接待占比很低，但接待总人次少的省域相对较高

如表 2–11 所示，2015 年我国 31 个省域旅游接待总人次的平均值为 3.27 亿人次，较 2014 年增加了 0.27 亿人次，增幅为 8.26%。如图 2–48 所示，17 省域达到或超过平均值，其中：广东、山东和江苏旅游接待总人次均突破了 6 亿人次，领跑全国；四川、浙江、河南、湖北、湖南和安徽均超过 4 亿人次，表现不俗，这 9 个省域旅游接待总人次之和占到全国的 50.53%；而内蒙古、新疆、海南、青海、宁夏和西藏的旅游接待总人次仍都不到 1 亿人次，较为落后。

2015 年全国 31 个省域旅游接待总人次的变异系数为 0.63，在旅游需求的 5 个评价指标中最低（表 2–11），与 2014 年相比，只增加了 0.01，表明旅游接待总人次的省际差异较小，且较稳定。同时，省域旅游接待总人次的空间分布总体上表现为明显的东南半壁高、西北半壁低的特征。

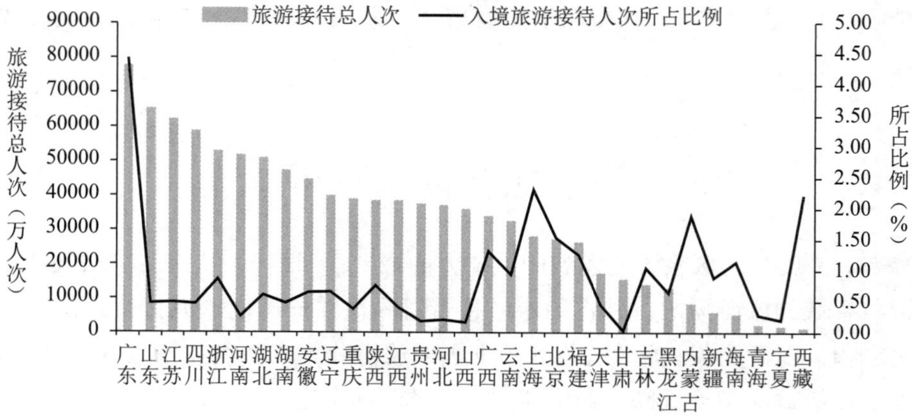

图 2-48　2015 年中国 31 个省域的旅游接待总人次及入境旅游接待人次所占比例

（数据来源：中国旅游统计年鉴 2016）

如图 2-48 所示，入境旅游人次占旅游接待总人次的比例都非常低，大部分省域该比例都不到 1%，而且总体上表现为旅游接待总人次越多的省域入境旅游接待人次占比越低，但广东例外，其入境旅游占比也是全国最高的，达到 4.44%，而旅游接待总人次较低的省域入境旅游占比较高，如西藏（2.22%）、内蒙古（1.93%）、海南（1.15%）。可见，目前我国各省域旅游接待仍以国内旅游接待为主，国内旅游接待人次远超入境旅游接待人次，显示了强劲的国内旅游需求。

2. 旅游总收入：平均超 3500 亿元，仅三成省域达平均，广东遥遥领先；省际差异较大且稳定，东南半壁高，西北半壁低；入境旅游收入占比都很低，但粤沪闽表现突出；占 GDP 比重增加，贵州仍表现最好

如表 2-11 所示，2015 年全国 31 省域旅游总收入的平均值为 3564.54 亿元，仅 12 个省域达到或超过平均水平，其中：广东遥遥领先，旅游总收入突破万亿元，达到 11527.53 亿元；江苏紧随其后，旅游总收入为 8998.76 亿元；其次，浙江、山东、四川旅游总收入较高，都超过 6000 亿元；这前 5 个省域的旅游总收入之和占全国旅游总收入的 36.74%；而黑龙江、宁夏等 7 个省域则较为落后，旅游总收入均不及 2000 亿元，7 省域旅游总收入之和仅占全国的 4.18%，尤其西藏、青海和宁夏旅游收入较少，均不及 300 亿元，与其较高的旅游知名度形成鲜明的对比（图 2-49）。

2015 年全国 31 个省域旅游总收入的变异系数为 0.71，在旅游需求的 5 个评价指标中处于中等（表 2-11），与 2014 年相比保持不变，表明旅游总收入的省际差异较大，且稳定。同时，旅游总收入的空间分布与旅游接待总人次基本保持一致，呈现为东南半壁高、西北半壁低的空间格局。

从旅游总收入的构成来看，2015 年各省域旅游收入仍以国内旅游收入占绝大部分，入境旅游收入占比都很小，只有广东、上海、福建的入境旅游收入占比达到 10% 左右，其他省域都不足 10%，尤其甘肃、宁夏、山西和贵州入境旅游收入占比都不足 1%（图 2-49）。

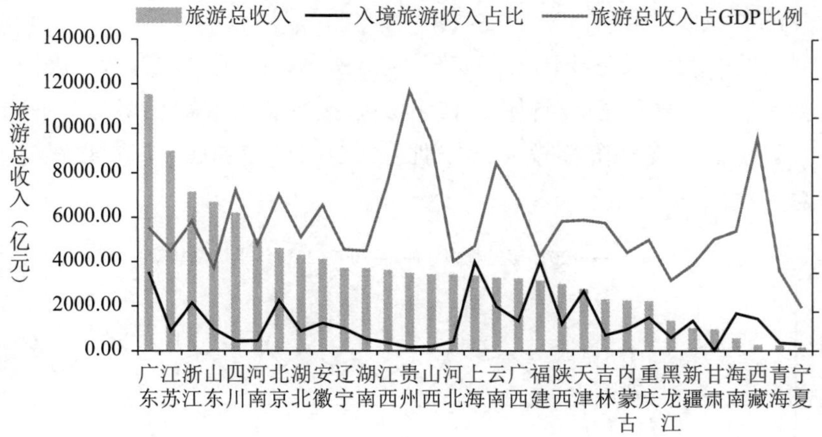

图 2–49　2015 年中国 31 个省域的旅游总收入

（数据来源：中国旅游统计年鉴 2016，中国统计年鉴 2016）

从旅游总收入占 GDP 比重来看，如图 2–49 所示，2015 年全国 31 个省域旅游总收入占 GDP 比重的平均值为 16.21%，比 2014 年增加了 1.66 个百分点；其中，贵州表现最好，旅游总收入占 GDP 的比重高达 33.42%，继续保持全国第一的领先位置，而且比 2014 年的 31.3% 又增长了 2.12 个百分点；其次，西藏、山西、云南、江西、四川和北京表现较好，旅游总收入占 GDP 的比重都超过 20%；而黑龙江和宁夏旅游总收入占 GDP 的比重小于 10%。从旅游总收入占 GDP 比重与旅游总收入的关系来看，一定程度上表现为旅游总收入越高的省域，旅游总收入占 GDP 比重也越大的特征。

旅游总收入占 GDP 比重的空间分布格局与旅游总收入不同，比重较高的省域多位于西南地区，如贵州、西藏、云南、四川、广西等，而比重较低的省域多位于西北、华北、东北地区，总体上表现为西南—东北分异。

（二）旅游需求潜力

1. 旅游接待总人次增长率：平均约 10%，七成省域达平均，琼甘新异军突起，旅游接待大省放缓；八成省域低于前八年平均水平，辽藏黑降幅较大；省际差异较大，且呈扩大态势，南北高、中部低

如表 2–11、图 2–50 所示，2015 年全国 31 个省域旅游接待总人次增长率的平均值为 10.25%，较 2014 年降低了 2.37 个百分点；20 个省域达到或超过平均水平，其中：海南表现突出，增长率达到 31.40%，甘肃、江西和新疆紧随其后，增长率均超过 20%；而宁夏、浙江、江苏、四川、湖北、山东、北京、上海、辽宁、西藏和黑龙江的增长率都较低，不足 10%，尤其辽宁、西藏和黑龙江更是出现了较大幅度的负增长。可见，海南、甘肃、新疆等非旅游接待大省有异军突起之势，而浙江、江苏、四川等旅游接待大省有放缓之趋。同时，结合旅游接待总人次来看，旅游接待总人次较多的省域相对稳定，而

旅游接待人次较少的省域波动较大。

与2007~2014年的平均增长率相比较，如图2-50所示，除了少数省域（海南、新疆、山西、河北、江西和青海）外，多数省域2015年旅游接待总人次增长率都有不同程度降低，尤其是辽宁、西藏、黑龙江降幅较大，分别达到30.41%、50.06%和82.64%。可见，总体上旅游接待总人次的增长趋缓。

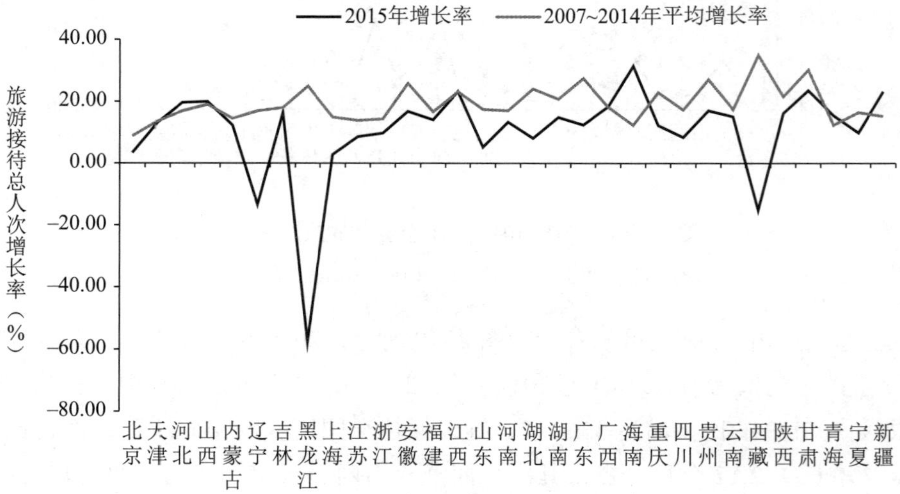

图2-50 中国31个省域旅游接待总人次2015年增长率及2007~2014年平均增长率

（数据来源：中国旅游统计年鉴2008~2016）

2015年全国31个省域旅游接待总人次增长率的变异系数为1.54，在旅游需求的5个评价指标中最高（表2-11），而且，与2014年相比，增加了0.96，表明旅游接待总人次增长率的省际差异较大，且呈扩大趋势。同时，2015年各省域旅游接待总人次增长率在空间上呈现出南部、北部高的特征，而中部出现一条从西藏—四川—湖北—浙江—江苏—山东—辽宁—黑龙江的不连续凹陷带。

2. 旅游总收入增长率：平均约19%，略有增加；一半省域达平均，新疆一枝独秀；旅游收入小的省域增长率较大；近八成省域低于前八年平均水平；省际差异较大，且呈扩大态势，西南半壁较高、东北半壁较低

如表2-11、图2-51所示，2015年全国31个省域旅游总收入增长率的平均值为19.12%，较2014年略有增加，16省域达到和超过平均水平；在旅游接待总人次的平均增长率降低的情况下，旅游总收入的平均增长率能有所增加，表明我国省域旅游发展的内涵式增长趋势进一步加强。在31个省域中，新疆一枝独秀，增长率达到57.17%，其次，西藏、广东、江西、河北、云南、吉林、四川、甘肃和广西的增长率也较高，均超过25%；而北京、上海、黑龙江、辽宁的增长率较低，都不足10%，尤其是黑龙江和辽宁更是出现了负增长，与其旅游接待总人次的下降相一致，但西藏的旅游总收入则没有随着旅游接待总人次的下降而降低，反而有较大幅度（37.84%）增加，这表明其旅游发

展已突破外延扩张的陷阱。

结合各省域的旅游总收入来看，旅游总收入排名前 10 位、中间 11 位和后 10 位省域的平均增长率分别为 13.11%、23.02% 和 26.79%，表现为旅游总收入越高的省域增长率越小，而旅游总收入越低的省域增长率越大。

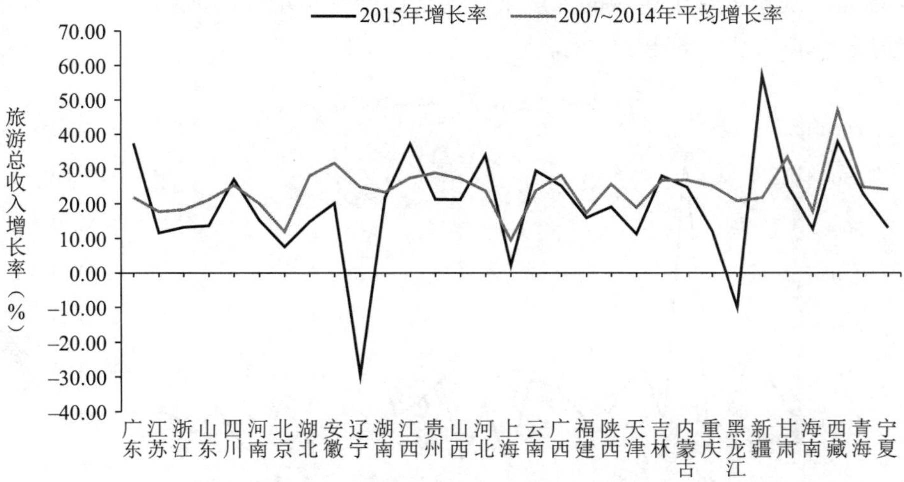

图 2-51　中国 31 个省域旅游总收入 2015 年增长率及 2007~2014 年平均增长率

（数据来源：中国旅游统计年鉴 2008~2016）

与 2007~2014 年的平均增长率相比较，如图 2-51 所示，广东、江西、河北、云南、吉林、四川延续前 8 年较高的增长态势，尤其是新疆，2015 年增长率比前 8 年的平均增长率高出 35.49 个百分点，表现十分突出；而其他 23 个省域 2015 年旅游总收入增长率都有不同程度降低，尤其是辽宁、黑龙江，增长率的降幅分别高达 50.37% 和 30.76%。

2015 年全国 31 个省域旅游总收入增长率的变异系数为 0.80，在旅游需求的 5 个评价指标中位于中等（表 2-11），而且，与 2014 年相比，增加了 0.31，表明旅游总收入增长率的省际差异较大，且呈扩大趋势。从空间分布来看，2015 年 31 个省域的旅游总收入增长率呈现西南半壁较高、东北半壁较低的格局。

3. 入境游客人均花费：平均 600 多美元，略有增加，不足三成省域达平均；天津仍独占鳌头，京新苏沪表现甚佳；平均增幅很小，但有较大提高，重庆表现突出；省际差异较大，但呈缩小趋势，东西高中部低、北部高南部低

如表 2-11、图 2-52 所示，2015 年我国 31 个省域入境游客人均花费的平均值为 635.35 美元 / 人，比 2014 年增加了 18.79 美元 / 人，增幅仅 3.05%，而且，仅 8 个省域达到或超过平均水平，其中：天津独占鳌头，入境游客人均花费达到 3627.05 美元 / 人；其次，北京、新疆、江苏、上海也表现甚佳，均超过 800 美元 / 人；而贵州、甘肃较为落后，入境游客人均花费都不到 300 美元 / 人；其他大部分省域入境游客人均花费都在 300~500

美元 / 人。

如图 2–52 所示，与 2014 年相比，31 个省域 2015 年入境游客人均花费增长率的平均值只有 4.30%，很小，但较 2014 年提高了 4.07 个百分点；重庆、广东、新疆、河北、黑龙江、甘肃表现较好，都有超过 10% 的增长，尤其是重庆，增幅高达 55.13%，表现十分突出；而福建、辽宁等 9 个省域的入境游客人均花费呈负增长，尤其福建、辽宁、海南 3 个省域负增长幅度较大，都超过 5%。

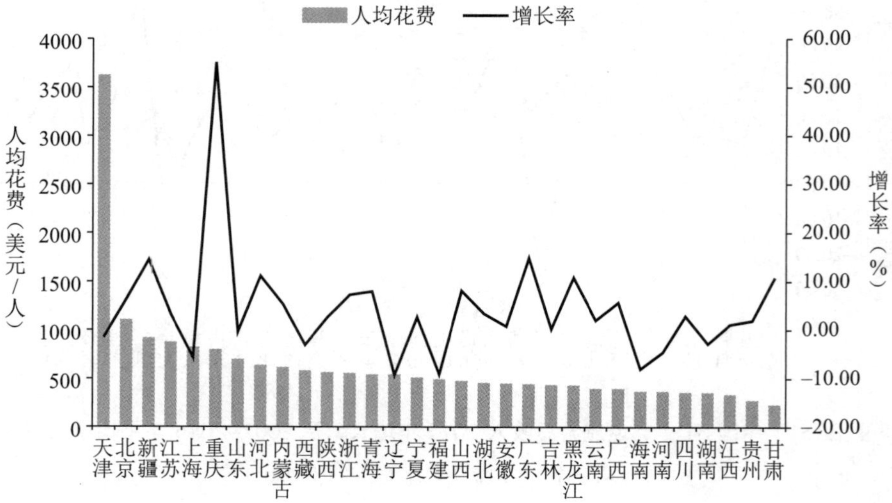

图 2–52　2015 年中国 31 个省域入境游客人均花费及增长率

（数据来源：国家旅游局 旅游抽样调查资料 2016）

2015 年全国 31 个省域入境游客人均花费的变异系数为 0.93，在旅游需求的 5 个评价指标中较高（表 2–11），但与 2014 年相比，减少了 0.04，表明入境游客人均花费的省际差异较大，但呈缩小趋势。31 个省域 2015 年入境游客的人均花费呈现出东西高中部低、北部高南部低的空间分布特征，而中南地区各省域人均花费为 277~480 美元 / 人。由此可见，我国东部沿海和西部边疆省域是主要的入境旅游目的地，其人均停留天数和人均天花费均高于中南地区。

（三）旅游需求综合评价

将前面的旅游接待总人次、旅游总收入、旅游接待总人次增长率、旅游总收入增长率以及入境游客人均花费这五个指标进行归一化处理后，加和计算，得到全国 31 个省域旅游需求的综合评价结果（表 2–12、图 2–53）。依据综合评价得分高低，将 31 个省域分为三个梯队，分别从梯队成员、空间分布、各指标的相对状况等角度对各个梯队进行分析。由于各指标得分都是归一化处理后的得分，得分值只反映所处的相对位置，因此，在分析各省域各指标的相对状况时，通过比较各省域各指标的排名来反映各省域的相对优势领域和不足之处。

1. 旅游需求第一梯队：成员较稳定，多东南部省域；多现状优胜，广东均衡，津赣冀潜力优胜

如表 2-12、图 2-53 所示，旅游需求第一梯队包括广东、江苏、山东、四川、天津、浙江、江西、河北、河南、安徽，综合评价分值都高于 230，主要是东南部省域。与 2014 年相比，梯队成员变动不大，河北、河南和安徽为新入省域。

从这些省域的组成要素状况来看，如表 2-12、图 2-53 所示，旅游需求第一梯队各省域在旅游需求现状和潜力方面的表现各有所长：广东为均衡型，其旅游需求现状和潜力分别排第 1 和第 5 名，都在第一梯队且靠前，没有明显的短板；江苏、山东、四川、浙江、河南、安徽都属于现状优胜型，其旅游需求现状排名都在第一梯队，而旅游需求潜力排名都在第二甚至第三梯队，短板明显；天津、江西、河北属于潜力优胜型，其旅游需求潜力分别排第 1、第 4 和第 3 名，优势明显，但其旅游旅游需求现状分别排第 22、第 11 和第 13 名，较弱。

表 2-12　2015 年中国 31 个省域旅游需求综合评价结果

省域	旅游需求综合评价		现状		潜力		省域	旅游需求综合评价		现状		潜力	
	得分	排名	得分	排名	得分	排名		得分	排名	得分	排名	得分	排名
北京	210.26	20	73.25	16	137.02	22	湖北	233.14	12	101.52	7	131.62	28
天津	270.73	5	44.12	22	226.61	1	湖南	235.62	11	91.47	9	144.14	16
河北	247.73	8	75.73	13	172.01	3	广东	362.15	1	200.00	1	162.15	5
山西	227.16	13	74.37	14	152.78	11	广西	223.29	15	70.18	17	153.12	9
内蒙古	180.15	24	27.84	24	152.30	12	海南	161.66	26	8.86	28	152.80	10
辽宁	140.71	28	81.97	10	58.75	30	重庆	210.92	19	67.67	19	143.24	18
吉林	191.34	22	35.73	23	155.61	6	四川	271.50	4	128.43	5	143.08	19
黑龙江	54.26	31	25.81	26	28.45	31	贵州	220.54	18	76.89	12	143.64	17
上海	185.38	23	63.63	20	121.75	29	云南	223.25	16	68.53	18	154.72	7
江苏	298.26	2	157.46	2	140.80	20	西藏	136.75	29	1.05	30	135.70	23
浙江	263.74	6	129.15	4	134.59	25	陕西	222.36	17	73.78	15	148.58	14
安徽	238.89	10	91.64	8	147.24	15	甘肃	180.10	25	25.90	25	154.20	8
福建	199.88	21	59.28	21	140.61	21	青海	153.56	27	2.07	29	151.50	13
江西	250.15	7	79.29	11	170.86	4	宁夏	133.81	30	0.68	31	133.12	27
山东	275.44	3	141.25	3	134.18	26	新疆	224.63	14	13.70	27	210.93	2
河南	244.35	9	108.90	6	135.45	24							

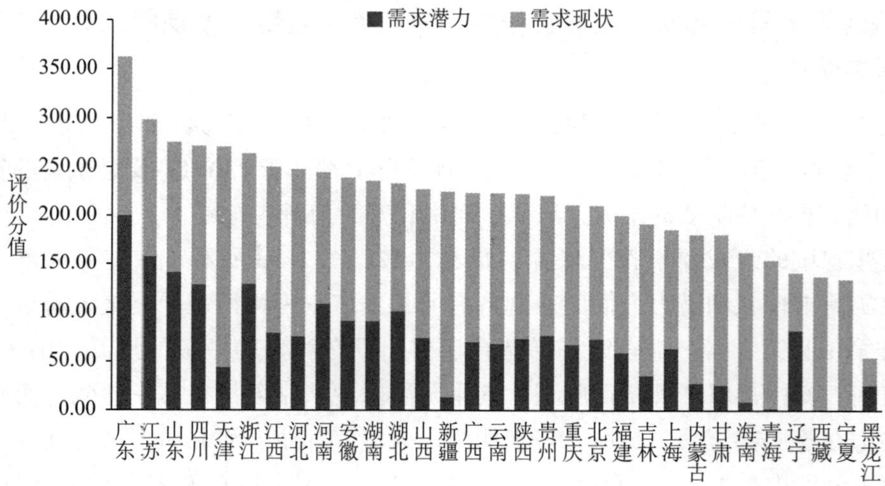

图 2–53　2015 年中国 31 省域旅游需求综合评价结果

2. 旅游需求第二梯队：一半为新成员，多中部、西南部省域；多表现一般，但湘鄂现状优胜，新滇桂潜力优胜

如表 2–12、图 2–53 所示，旅游需求第二梯队包括湖南、湖北、山西、新疆、广西、云南、陕西、贵州、重庆和北京，综合评价得分为 210~236，主要为中部、西南部省域。与 2014 年相比，梯队成员变动较大，湖北、山西从 2014 年的第一梯队落入第二梯队，新疆、重庆和北京则从 2014 年的第三梯队挤入第二梯队。

从这些省域的组成要素状况来看，如表 2–12、图 2–53 所示，旅游需求第二梯队省域虽然总体表现一般，但部分省域也有表现突出的方面，如：湖南和湖北属于现状优胜型，其旅游需求现状分别排第 9 和第 7 名，而旅游需求潜力分别排第 16 和第 28 名，有较大提高空间；新疆、云南和广西属于潜力优胜型，其旅游需求潜力分别排第 2、第 7 和第 9 名，而旅游需求现状则分别排第 27、第 18 和第 17 名，尤其是新疆，短板十分明显。

3. 旅游需求第三梯队：成员较稳定，多西北、东北省域；多表现较弱，但吉甘琼潜力优胜，辽宁现状优胜，内蒙古青海潜力较优

如表 2–12、图 2–53 所示，旅游需求第三梯队包括福建、吉林、上海、内蒙古、甘肃、海南、青海、辽宁、西藏、宁夏和黑龙江，综合评价得分均低于 200，多为西北、东北省域，与 2014 年相比，梯队成员变动不大，福建、辽宁和甘肃为新入省域。

从这些省域的组成要素状况来看，旅游需求第三梯队省域大多表现很弱，只有少数省域在旅游需求现状或潜力方面表现突出：吉林、甘肃和海南属于潜力优胜型，其旅游需求潜力分别排第 6、第 8 和第 10 名，进入第一梯队；辽宁属于现状优胜型，其旅游需求现状排第 10 名；内蒙古和青海属于潜力较优型，其旅游需求潜力分别排第 12 和第 13

名，进入第二梯队。

四、省域旅游业发展综合评价

将本章前述省域旅游业发展评价的各项指标按现实竞争力、潜在竞争力和发展环境竞争力进行汇总，全面评价全国31个省域的旅游竞争力。其中，现实竞争力和潜在竞争力分别由旅游需求、住宿接待业、旅游目的地和旅行社业四个方面的现实竞争力和潜在竞争力合并构成，发展环境竞争力由自然环境竞争力、社会经济环境竞争力和旅游政策环境竞争力合并构成。评价指标详见表2–13。

表2–13　2015年中国31个省域旅游业发展综合评价指标体系

<table>
<tr><th>A层</th><th>B层</th><th>C层</th><th>D层</th><th>数据来源</th><th>备注</th></tr>
<tr><td rowspan="15">综合竞争力</td><td rowspan="8">B1现实竞争力</td><td rowspan="2">C1旅游需求现实竞争力</td><td>D1旅游接待总人次（万人次）</td><td>《中国旅游统计年鉴2016》</td><td></td></tr>
<tr><td>D2旅游总收入（亿元）</td><td>《中国旅游统计年鉴2016》</td><td></td></tr>
<tr><td rowspan="2">C2住宿接待业现实竞争力</td><td>D3住宿设施总数（家）</td><td>详见表2–7</td><td>包含各类型饭店</td></tr>
<tr><td>D4星级饭店利润（亿元）</td><td>《中国旅游统计年鉴（副本）2016》</td><td></td></tr>
<tr><td rowspan="2">C3旅游目的地现实竞争力</td><td>D5 景区旅游企业数量（家）</td><td>《中国旅游统计年鉴（副本）2016》</td><td></td></tr>
<tr><td>D6景区旅游企业利润（亿元）</td><td>《中国旅游统计年鉴（副本）2016》</td><td></td></tr>
<tr><td rowspan="2">C4旅行社业现实竞争力</td><td>D7旅行社数量（个）</td><td>《中国旅游统计年鉴（副本）2016》</td><td></td></tr>
<tr><td>D8旅行社利润（亿元）</td><td>《中国旅游统计年鉴（副本）2016》</td><td></td></tr>
<tr><td rowspan="7">B2潜在竞争力</td><td rowspan="3">C5旅游需求潜在竞争力</td><td>D9旅游接待总人次增长率（%）</td><td>《中国旅游统计年鉴2016》</td><td></td></tr>
<tr><td>D10旅游总收入增长率（%）</td><td>《中国旅游统计年鉴2016》</td><td></td></tr>
<tr><td>D11入境游客人均花费（美元/人）</td><td>《中国旅游统计年鉴2016》</td><td>入境游客人均停留天数与人均天花费的乘积</td></tr>
<tr><td rowspan="2">C6住宿接待业潜在竞争力</td><td>D12星级饭店发展速度（%）</td><td>据《中国旅游统计年鉴（副本）》（2015、2016）数据计算</td><td>2015年星级饭店数量和利润增长率的均值</td></tr>
<tr><td>D13星级饭店全员劳动生产率（万元/人）</td><td>2015年全国星级饭店统计公报</td><td></td></tr>
<tr><td rowspan="2">C7旅游目的地潜在竞争力</td><td>D14 A级旅游景区发展速度（%）</td><td>根据《中国旅游统计年鉴（副本）》（2015、2016）数据计算</td><td>2015年A级旅游景区数量和利润增长率的均值</td></tr>
<tr><td>D15 景区全员劳动生产率（万元/人）</td><td>《中国旅游统计年鉴（副本）2016》</td><td></td></tr>
</table>

续表

A层	B层	C层	D层	数据来源	备注
综合竞争力	B2潜在竞争力	C8旅行社业潜在竞争力	D16旅行社业发展速度（%）	据《中国旅游统计年鉴（副本）》（2015、2016）数据计算	2015年旅行社数量和利润增长率的均值
			D17旅行社全员劳动生产率（万元/人）	《中国旅游统计年鉴（副本）2016》	
	B3发展环境竞争力	C9自然环境竞争力	D18空气质量优良天数（天）	《中国统计年鉴2016》《2016年国民经济和社会发展公报》	2015年省会城市的天数
			D19城市污水处理率（%）	《2016年中国环境统计年鉴》	
			D20生活垃圾无害化处理率（%）	《中国统计年鉴2016》《2016年中国环境统计年鉴》	
		C10社会经济环境竞争力	D21经济发展水平	《中国统计年鉴2016》	2015年GDP和人均GDP归一化后的平均值
			D22年旅客周转量（亿人公里）	《中国统计年鉴2016》	
			D23万人专利授权数（件）	《中国统计年鉴2016》	
		C11旅游政策环境竞争力	D24旅游管理机构	各省域相关政府官网	
			D25政府工作报告提及“旅游”次数（次）	各省域政府官网	

（一）综合竞争力评价结果

将反映全国31个省域2015年现实竞争力、潜在竞争力和发展环境竞争力的各项指标分别进行归一化处理后加和计算，得到全国31个省域旅游综合竞争力的评价结果（表2–14、图2–54）。依据综合评价得分高低，将31个省域分为三个梯队，分别从梯队成员、空间分布、各方面竞争力的相对状况等角度对各个梯队进行分析。由于西藏自治区旅游现实竞争力及潜在竞争力部分数据缺失，这里实际上只分析了30个省域的综合竞争力评价结果。

表2–14　2015年中国31个省域旅游综合竞争力评价结果

省域	综合竞争力		现实竞争力		潜在竞争力		发展环境竞争力	
	分值	排序	分值	排序	分值	排序	分值	排序
北京	1317.58	2	375.84	5	464.42	3	477.33	3
天津	966.20	15	155.67	27	455.76	4	354.77	16
河北	887.61	21	243.62	18	313.20	17	330.80	23
山西	736.76	26	214.68	19	290.75	22	231.33	30
内蒙古	817.17	23	186.97	24	289.69	23	340.51	21
辽宁	895.12	20	268.64	14	271.89	26	354.59	17
吉林	711.91	27	174.02	25	245.23	29	292.66	24
黑龙江	664.91	29	201.05	22	175.82	30	288.04	25
上海	1193.83	6	307.35	9	499.00	1	387.48	9

续表

省域	综合竞争力		现实竞争力		潜在竞争力		发展环境竞争力	
	分值	排序	分值	排序	分值	排序	分值	排序
江苏	1229.14	5	418.03	4	370.59	7	440.53	6
浙江	1253.89	4	421.21	3	361.96	13	470.73	5
安徽	1051.55	9	314.06	7	362.26	12	375.24	11
福建	1012.76	12	253.79	15	350.40	14	408.57	8
江西	1095.83	7	252.18	16	369.66	8	473.99	4
山东	1299.65	3	547.29	2	397.00	5	355.35	15
河南	920.24	17	305.31	10	270.51	27	344.42	19
湖北	969.94	14	310.01	8	312.98	18	346.95	18
湖南	1014.26	11	288.15	11	339.75	15	386.36	10
广东	1666.36	1	676.01	1	485.21	2	505.14	1
广西	904.78	19	248.64	17	288.55	24	367.58	13
海南	1068.54	8	213.18	21	366.02	10	489.34	2
重庆	956.51	16	213.59	20	369.49	9	373.43	12
四川	1027.32	10	325.37	6	364.63	11	337.33	22
贵州	877.94	22	198.91	23	321.51	16	357.52	14
云南	1010.73	13	270.87	12	305.59	21	434.27	7
西藏	–	–	–	–	–	–	142.81	31
陕西	917.78	18	269.52	13	306.04	20	342.22	20
甘肃	760.46	25	167.97	26	307.78	19	284.71	27
青海	638.66	30	108.63	29	269.96	28	260.07	28
宁夏	667.16	28	104.58	30	277.25	25	285.33	26
新疆	788.23	24	151.89	28	376.48	6	259.86	29

（注："–" 表示因数据缺失而没有评价结果）

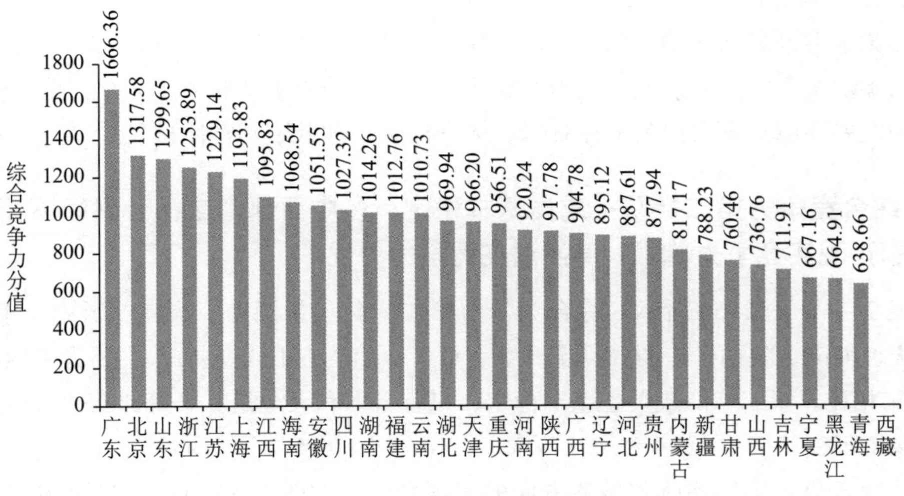

图 2–54 2015 年中国 31 个省域旅游综合竞争力评价结果示意图

1. 综合竞争力第一梯队：成员基本稳定，多沿海省域；粤京沪苏均衡发展，山东现实—潜在竞争力双优，浙江现实—环境竞争力双优，赣琼潜在—环境竞争力双优，皖川现实竞争力单优

如表 2-14、图 2-54 所示，综合竞争力第一梯队包括广东、北京、山东、浙江、江苏、上海、江西、海南、安徽、四川，综合评价得分均在1000分以上，主要为沿海省域。与 2014 年相比，梯队成员基本稳定，安徽、四川为由第二梯队晋升的新成员，而云南、天津则被挤出第一梯队。

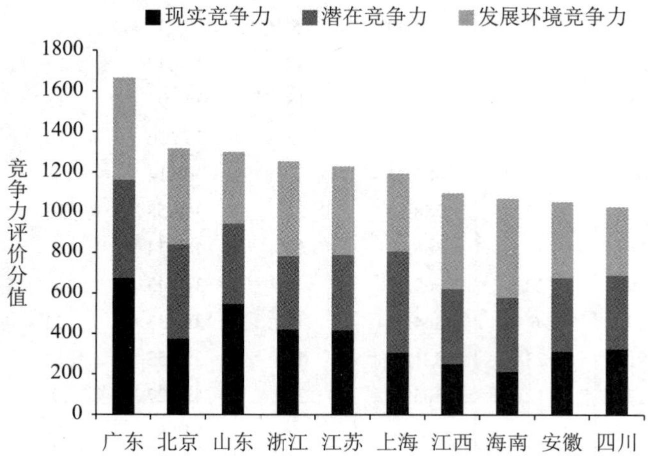

图 2-55　2015 年综合竞争力第一梯队省域及要素组成示意图

从综合竞争力第一梯队省域各方面的表现来看，如图 2-55 所示，它们整体表现最强，但不同省域的优势不同。广东、北京、江苏、上海属均衡发展型，其现实、潜在和发展环境三个方面的竞争力排名都在第一梯队，没有明显的短板；尤其广东，不仅综合竞争力排名第 1，而且三个方面的竞争力排名均为第 1 或第 2，特别是其潜在竞争力排名第 2，较 2014 年的第 12 位有了很大提升；同时，上海的潜在竞争力排名第 1，北京的潜在、发展环境竞争力排名均为第 3，十分突出。山东属于现实—潜在竞争力双优型，这两个方面的排名分别为第 2 和第 5，均属于第一梯队，但其发展环境竞争力排第 15 名，位于第二梯队，成为明显的短板。浙江属现实—环境竞争力双优型，这两个方面的竞争力排名分别为第 3 和第 5，表现很好，但其潜在竞争力排名为第 13，成为其弱项。江西和海南属于潜在—环境竞争力双优型，这两个方面的竞争力排名均在第一梯队，但其现实竞争力排名分别为 16 和第 21，较后。安徽和四川属于现实竞争力单优型，其现实竞争力排名分别为第 7 和第 6，属于第一梯队，但其潜在和发展环境竞争力排名都在第二、第三梯队，远低于其整体排名。

2. 综合竞争力第二梯队：成员基本稳定，多中西部省域；云闽湘环境竞争力单优，鄂豫现实竞争力单优，津渝潜在竞争力单优

如表 2-14、图 2-54 所示，综合竞争力第二梯队包括湖南、福建、云南、湖北、天津、重庆、河南、陕西、广西、辽宁，综合评价分值均在1000左右，主要为中西部省域。与2014年相比，第二梯队成员也基本稳定，只有云南和天津是从第一梯队掉入的新成员，其他都保持不变。

从综合竞争力第二梯队省域各方面的表现来看，如图 2-56 所示，虽整体表现一般，

但各省域也存在相对优势的方面。云南、福建、湖南属于环境竞争力单优型，其发展环境竞争力排名分别为第 7、第 8 和第 10 位，处于第一阶梯，而其他两个方面的竞争力排名多数处于第二梯队，有的甚至处于第三梯队，如云南的潜在竞争力排第 21 位，有一定的提升空间。湖北、河南属于现实竞争力单优型，其现实竞争力分别排第 8 和第 10 位，进入第一梯队，而其余指标排名均处于第二或第三梯队。天津、重庆为潜在竞争力单优型，其潜在竞争力分别排第 4 和第 9 名，表现比较突出。

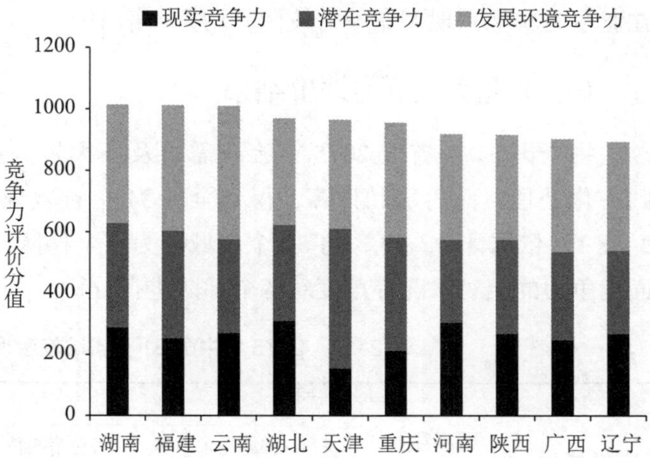

图 2–56 2015 年综合竞争力第二梯队省域及要素组成示意图

3. 综合竞争力第三梯队：成员没变，多西北、东北省域；新疆潜在竞争力突出，河北现实—潜在竞争力较优，贵州潜在—环境竞争力较优，甘肃潜在竞争力较优，山西现实竞争力较优

如表 2–14、图 2–54 所示，综合竞争力第三梯队包括河北、贵州、内蒙古、新疆、甘肃、山西、吉林、宁夏、黑龙江、青海、西藏，综合评价得分为 600~900，多为西北、东北省域。与 2014 年相比，梯队成员无变化，只是排名顺序有变化，尤其新疆名次提升了 6 位，进步明显。

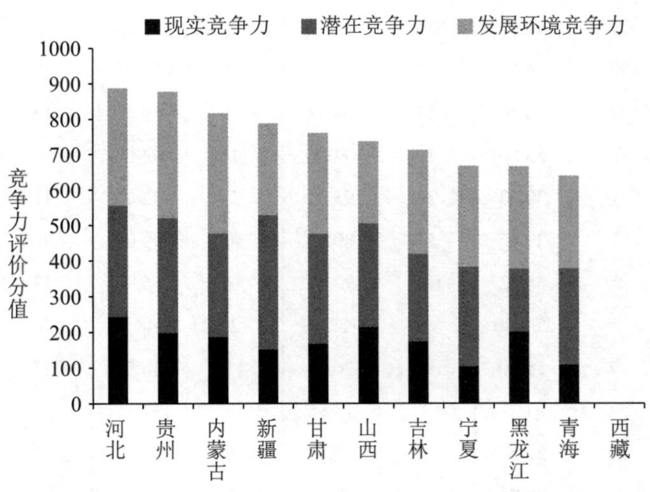

图 2–57 2015 年综合竞争力第三梯队省域及要素组成示意图

（注：西藏数据缺失）

从综合竞争力第三梯队省域各方面的表现来看，如图 2–57 所示，它们整体表现均较弱，但部分省域有相对较强的领域：新疆发展潜力优势突出，潜在竞争力排名第 6，进入第一梯队，表现突出，这是第三梯队省域中唯一一个进入第一梯队的指标；河北则现实—潜在竞争力较优，这两个方面的竞争力排名分列第 18 和第 17 位，进入第二梯队；贵州属潜在—环境竞争力较优型，这两方面的竞争力排名分别为第 16 和第 14；甘肃和山西分别属于潜在竞争力较优和现实竞争力较优，均排名第19。

（二）现实竞争力评价结果

将全国31个省域2015年旅游需求及三大核心产业发展现状的评价指标数据进行归一化处理，而后加和计算，得到全国31个省域现实竞争力的评价结果（表2–15、图2–58）。依据评分高低，将31个省域分为三个梯队，分别从梯队成员、空间分布、各方面竞争力的相对状况等角度对各个梯队进行分析。

表2–15　2015年中国31个省域旅游现实竞争力评价结果

省域	现实竞争力		C1旅游需求现实竞争力		C2住宿接待业现实竞争力		C3旅游目的地现实竞争力		C4旅行社业现实竞争力	
	得分	排序	得分	排序	得分	排序	得分	排序	得分	排序
北京	375.84	5	73.25	16	81.67	5	58.15	21	162.76	2
天津	155.67	27	44.12	22	37.65	17	38.70	30	35.20	28
河北	243.62	18	75.73	13	30.35	26	48.31	25	89.23	8
山西	214.68	19	74.37	14	36.23	18	38.77	29	65.30	14
内蒙古	186.97	24	27.84	24	22.74	31	67.17	16	69.21	12
辽宁	268.64	14	81.97	10	25.11	29	65.07	19	96.49	7
吉林	174.02	25	35.73	23	25.82	28	57.97	22	54.51	17
黑龙江	201.05	22	25.81	26	34.07	21	81.97	9	59.21	16
上海	307.35	9	63.63	20	120.37	2	68.99	14	54.37	18
江苏	418.03	4	157.46	2	77.55	6	65.70	17	117.32	5
浙江	421.21	3	129.15	4	47.92	13	110.63	3	133.51	4
安徽	314.06	7	91.64	8	40.61	15	103.32	4	78.49	9
福建	253.79	15	59.28	21	66.18	7	52.84	23	75.49	10
江西	252.18	16	79.29	11	44.44	14	68.91	15	59.53	15
山东	547.29	2	141.25	3	55.80	10	180.52	1	169.72	1
河南	305.31	10	108.90	6	30.63	25	93.31	5	72.46	11
湖北	310.01	8	101.52	7	29.45	27	80.03	10	99.01	6
湖南	288.15	11	91.47	9	38.82	16	90.92	6	66.95	13
广东	676.01	1	200.00	1	200.00	1	127.48	2	148.52	3
广西	248.64	17	70.18	17	55.50	11	76.40	11	46.57	23
海南	213.18	21	8.86	28	93.31	3	73.86	13	37.15	26
重庆	213.59	20	67.67	19	51.63	12	47.17	26	47.12	22
四川	325.37	6	128.43	5	58.86	8	88.12	7	49.97	21
贵州	198.91	23	76.89	12	34.85	19	50.55	24	36.61	27
云南	270.87	12	68.53	18	85.27	4	64.24	20	52.83	20

续表

省域	现实竞争力		C1旅游需求现实竞争力		C2住宿接待业现实竞争力		C3旅游目的地现实竞争力		C4旅行社业现实竞争力	
	得分	排序	得分	排序	得分	排序	得分	排序	得分	排序
西藏	–	–	1.05	30	34.02	22	–	–	31.13	30
陕西	269.52	13	73.78	15	58.45	9	84.22	8	53.06	19
甘肃	167.97	26	25.90	25	33.56	23	65.68	18	42.83	24
青海	108.63	29	2.07	29	34.81	20	39.93	28	31.83	29
宁夏	104.58	30	0.68	31	32.24	24	46.39	27	25.27	31
新疆	151.89	28	13.70	27	23.62	30	73.99	12	40.58	25

（注："–" 表示因数据缺失而没有评价结果）

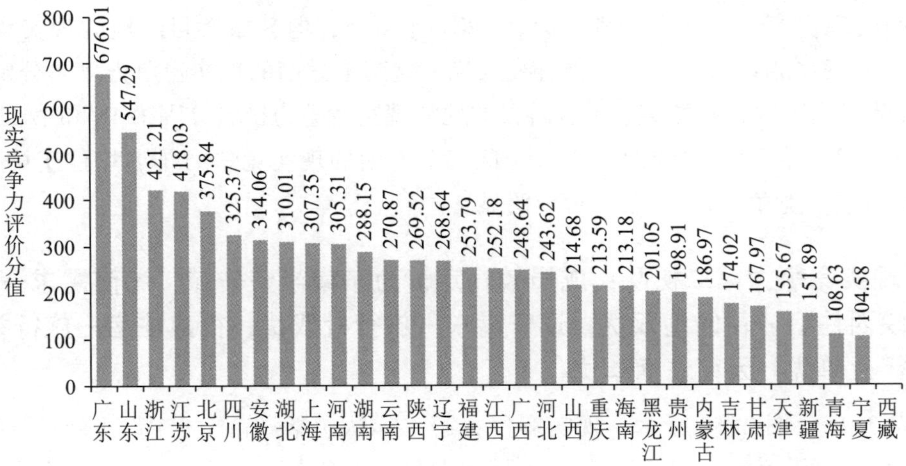

图 2–58　2015 年中国 31 个省域旅游现实竞争力评价结果示意图

1. 现实竞争力第一梯队：成员基本稳定，多华东、华中省域；粤鲁均衡，浙皖鄂豫需求—目的地—旅行社三优，上海住宿单优，江苏需求—住宿—旅行社三优，北京住宿—旅行社双优，四川需求—住宿—目的地三优

如表 2–15、图 2–58 所示，现实竞争力第一梯队包括广东、山东、浙江、江苏、北京、四川、安徽、湖北、上海、河南，现实竞争力得分均在 300 分以上，多为华东、华中省域。与 2014 年相比，梯队成员基本稳定，只有河南是由第二梯队晋升的新成员。

从现实竞争力第一梯队省域各方面的表现来看，如图 2–59 所示，它们整体表现最强，但不同省域优势各异，也各有短板：广东、山东为均衡型，四个方面的现实竞争力排名均处于第一梯队，没有明显的短板，广东更是四个方面的排名都居于前 3，表现十分

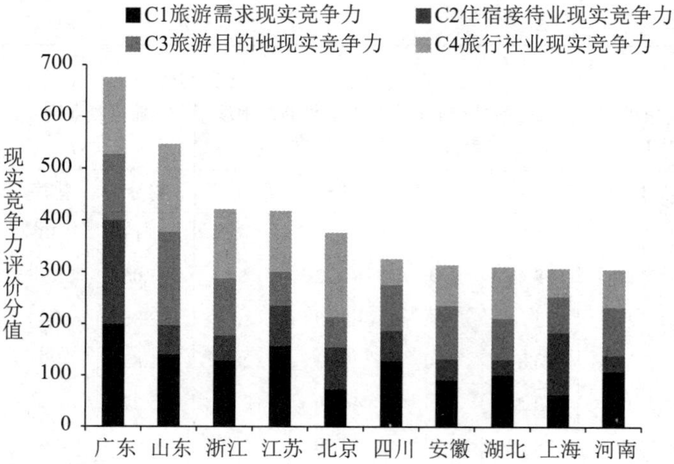

图 2-59　2015 年现实竞争力第一梯队省域及要素组成示意图

突出；浙江、安徽、湖北、河南属旅游需求、目的地、旅行社三优型，它们这三个方面的现实竞争力排名均属于第一梯队，但住宿接待业的现实竞争力排名分别为第 13、第 15、第 27 和第 25，成为较明显的短板；上海正好情况相反，属于住宿单优型，其住宿接待业的现实竞争力排名第 2，处于领先地位，但其他三个方面的现实竞争力排名均属第二梯队，不理想；江苏为旅游需求、住宿接待业、旅行社三优型，这三个方面的现实竞争力排名分别为第 2、第 6 和第 5，但其旅游目的地的现实竞争力排名第 17，较低；北京属于住宿、旅行社双优，这两个方面的现实竞争力排名分别第 5 和第 2，优势突出，但其旅游需求及旅游目的地的现实竞争力排名分别第 16 和第 21，靠后；四川属于需求、住宿、目的地三优型，这三个方面的现实竞争力排名均位于第一梯队，但其旅行社现实竞争力排 21 名，短板明显。

2. 现实竞争力第二梯队：成员较稳定，为东南半壁省域；湖南需求—目的地双优，陕西住宿—目的地双优，辽宁需求—旅行社双优，福建住宿—旅行社双优，河北旅行社单优，云南住宿单优

如表 2-15、图 2-58 所示，现实竞争力第二梯队包括湖南、云南、陕西、辽宁、福建、江西、广西、河北、山西、重庆，现实竞争力得分介于 210~280，为东南半壁省域，但分布相对分散。与 2014 年相比，梯队成员较稳定，湖南从第一梯队掉入，重庆和山西从第三梯队晋升上来。

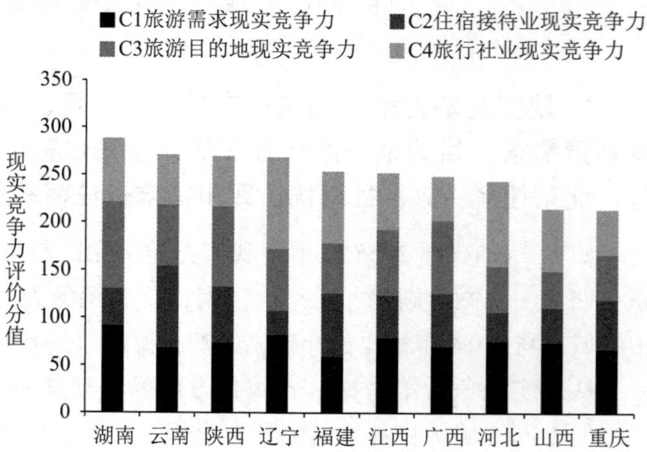

图 2-60　2015 年现实竞争力第二梯队省域及要素组成示意图

从现实竞争力第二梯队省域各方面的表现来看，如图 2-60 所示，它们虽然整体表现一般，但也存在相对优势的要素：湖南旅游需求、目的地双优，这两个方面的现实竞争力排名分别为第 9 和第 6，属于第一梯队；陕西住宿、目的地双优，这两方面

的现实竞争力排名分别为第 9 和第 8，位于第一梯队；辽宁旅游需求、旅行社双优，这两个方面的现实竞争力排名都处于第一梯队；福建住宿、旅行社双优，排名分别第 7 和第 10；云南、河北分别属于住宿接待业、旅行社单优，云南的住宿接待业现实竞争力排第 4 名，优势突出，河北的旅行社现实竞争力排第 8 名，也处于第一梯队，表现较突出。

3. 现实竞争力第三梯队：成员基本稳定，多西北、东北省域；海南住宿单优，黑龙江目的地单优，贵州需求—住宿较优，内蒙古目的地—旅行社较优，吉林旅行社较优，甘肃、新疆目的地较优，天津、青海住宿较优

如表 2–15、图 2–58 所示，现实竞争力第三梯队包括海南、黑龙江、贵州、内蒙古、吉林、甘肃、天津、新疆、青海、宁夏、西藏，现实竞争力得分均在 220 分以下，多西北、东北省域。与 2014 年相比，成员基本稳定，只有海南和黑龙江由第二梯队掉入，替代了重庆和山西。

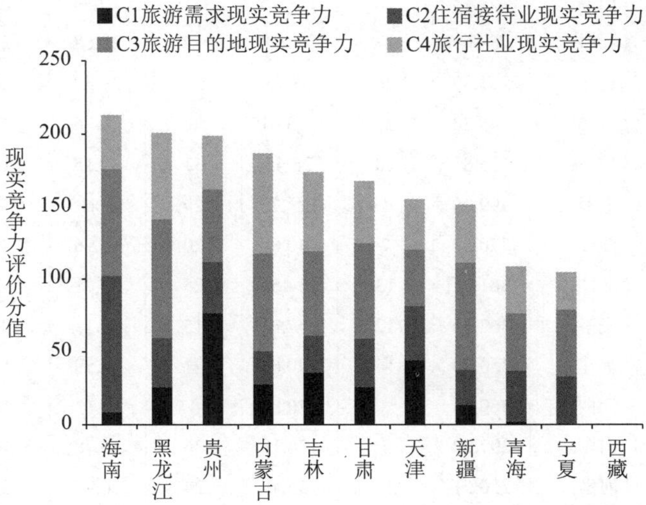

图 2–61 2015 年现实竞争力第三梯队省区市及要素组成示意图

从现实竞争力第三梯队省域各方面的表现来看，如图 2–61 所示，它们整体表现较弱，但部分省域有相对较强的领域：海南、黑龙江分别属于住宿、目的地单优型，前者的住宿接待业现实竞争力排名第 3，后者的旅游目的地现实竞争力排名第 9，都进入第一梯队，表现十分突出，但其他方面的现实竞争力都很弱，短板明显；贵州旅游需求、住宿接待业较优，这两个方面的现实竞争力排名分别为第 12 和第 19，位于第二梯队；内蒙古旅行社、目的地较优，这两个方面的现实竞争力分别排第 12 和第 16 名，进入第二梯队，具有一定优势；甘肃、新疆均为目的地较优，其旅游目的地现实竞争力分别排第 18 和第 12 名，进入第二梯队，而其余三个方面都处于第三梯队；天津、青海均为住宿接待业较优，其住宿接待业现实竞争力排名分别为第 17 和第 20，有一定优势；吉林则是旅行社较优。

（三）潜在竞争力评价结果

将全国 31 个省域 2015 年旅游需求以及住宿接待业、旅游目的地和旅行社业三大核心产业发展潜力的评价指标进行归一化处理，而后加和计算，得到全国 31 个省域潜在竞争力的评价结果（表 2–16、图 2–62）。依据评价得分高低，将 31 个省域分为三个梯队，

分别从梯队成员、空间分布、各方面竞争力的相对状况等角度对各个梯队进行分析。

表 2-16　2015 年中国 31 个省域旅游潜在竞争力评价结果

省域	潜在竞争力		C5旅游需求潜在竞争力		C6住宿接待业潜在竞争力		C7旅游目的地潜在竞争力		C8旅行社业潜在竞争力	
	得分	排名	得分	排名	得分	排名	得分	排名	得分	排名
北京	464.42	3	137.02	22	90.33	3	108.12	7	128.95	2
天津	455.76	4	226.61	1	49.24	7	132.09	4	47.81	20
河北	313.20	17	172.01	3	27.72	24	74.87	26	38.60	24
山西	290.75	22	152.78	11	20.94	29	60.57	27	56.45	14
内蒙古	289.69	23	152.30	12	28.68	23	77.49	25	31.22	27
辽宁	271.89	26	58.75	30	39.39	9	82.03	22	91.72	5
吉林	245.23	29	155.61	6	30.76	21	6.94	30	51.91	16
黑龙江	175.82	30	28.45	31	39.15	10	57.16	29	51.06	18
上海	499.00	1	121.75	29	110.15	2	157.71	1	109.39	3
江苏	370.59	7	140.80	20	56.96	6	92.59	16	80.23	8
浙江	361.96	13	134.59	25	58.71	4	103.12	9	65.54	13
安徽	362.26	12	147.24	15	30.15	22	133.10	3	51.75	17
福建	350.40	14	140.61	21	34.59	15	93.73	14	81.47	7
江西	369.66	8	170.86	4	39.13	11	114.00	5	45.67	23
山东	397.00	5	134.18	26	36.78	14	157.10	2	68.93	12
河南	270.51	27	135.45	24	26.75	25	91.29	17	17.03	31
湖北	312.98	18	131.62	28	23.89	27	87.32	21	70.15	9
湖南	339.75	15	144.14	16	31.44	20	94.29	13	69.88	11
广东	485.21	2	162.15	5	134.09	1	100.27	11	88.70	6
广西	288.55	24	153.12	9	10.19	31	87.42	20	37.83	25
海南	366.02	10	152.80	10	58.29	5	107.33	8	47.60	21
重庆	369.49	9	143.24	18	41.18	8	88.39	19	96.67	4
四川	364.63	11	143.08	19	38.48	12	113.14	6	69.93	10
贵州	321.51	16	143.64	17	32.60	17	89.70	18	55.56	15
云南	305.59	21	154.72	7	23.74	28	80.47	23	46.67	22
西藏	–	–	135.70	23	11.66	30	–	–	134.02	1
陕西	306.04	20	148.58	14	25.60	26	95.29	12	36.58	26
甘肃	307.78	19	154.20	8	32.37	18	100.47	10	20.73	29
青海	269.96	28	151.50	13	33.21	16	58.80	28	26.45	28
宁夏	277.25	25	133.12	27	31.54	19	93.56	15	19.03	30
新疆	376.48	6	210.93	2	37.88	13	78.47	24	49.20	19

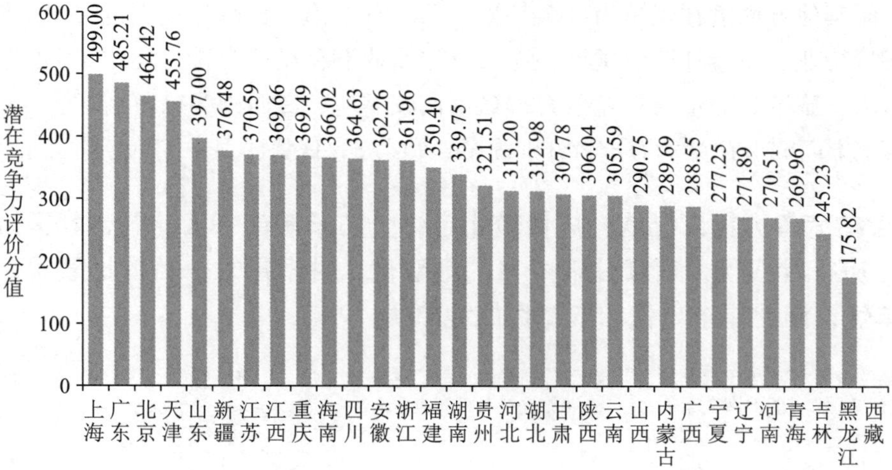

图 2-62 2015 年中国 31 个省域旅游潜在竞争力评价结果示意图

1. 潜在竞争力第一梯队：成员较稳定，分布分散；京沪核心产业潜力优，广东相对均衡，津琼需求—住宿—目的地三优，山东目的地单优，新疆需求单优，苏渝住宿—旅行社双优，江西需求—目的地双优

如表 2-16、图 2-62 所示，潜在竞争力第一梯队包括上海、广东、北京、天津、山东、新疆、江苏、江西、重庆、海南，空间分布分散，华东、华北、华南、华中、西北、西南均有分布。与 2014 年相比，梯队成员较稳定，广东、山东、重庆由第二梯队进入第一梯队，新疆由第三梯队进入第一梯队。

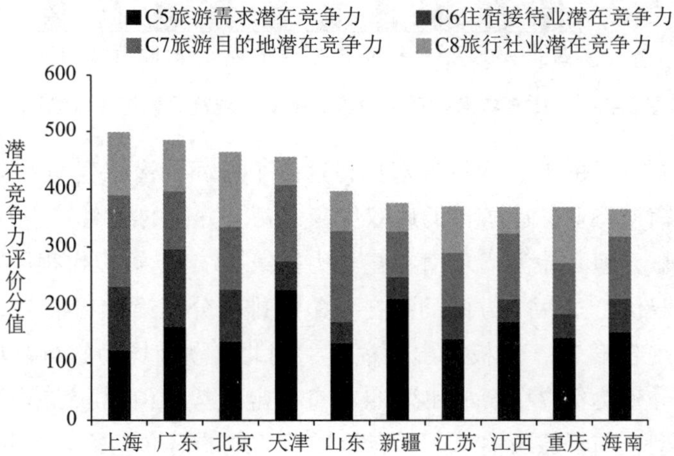

图 2-63 2015 年潜在竞争力第一梯队省域及要素组成示意图

从潜在竞争力第一梯队省域各方面的表现来看，如图 2-63 所示，各省优势各异：北京、上海为住宿接待业、旅游目的地、旅行社三优型，这三个方面的潜在竞争力排名几乎都为前三，优势突出，但其旅游需求潜在竞争力分别排第 22 名和第 29 名，短板也很突出；广东为均衡型，四个方面的潜在竞争力排名基本上都处于第一梯队，尤其住宿接待业潜在竞争力排名全国第一，十分突出；天津、海南属旅游需求、住宿接待业、旅游目的地三优型，这三个方面的潜在竞争力排名均在第一梯队，但其旅行社潜在竞争力排名分别为第 20 和第 21，成为明显的短板；山东和新疆分别为旅游目的地、旅游需求单优型，前者旅游目的地、后者旅游需求潜在竞争力均排第 2 名，优势突出，而其他方面潜在竞争力排名都处于第二甚至第三梯队，短板也突出；江苏、重庆为住宿接待业、旅行社业双优型，这两个方面的潜在竞争力排名均位于第一梯队，而其旅游需求、旅游目的地潜在竞争力排名都比较靠后；江西则为旅游需求、目的地双优型，这两个方面的潜在竞争力排名分别为第4和第5，优势明显。

2. 潜在竞争力第二梯队：成员较稳定，分布于东南—西北向带状区域；四川目的地—旅行社双优，浙江住宿—目的地双优，甘肃需求—目的地双优，闽鄂湘旅行社单优，河北需求单优，安徽目的地单优

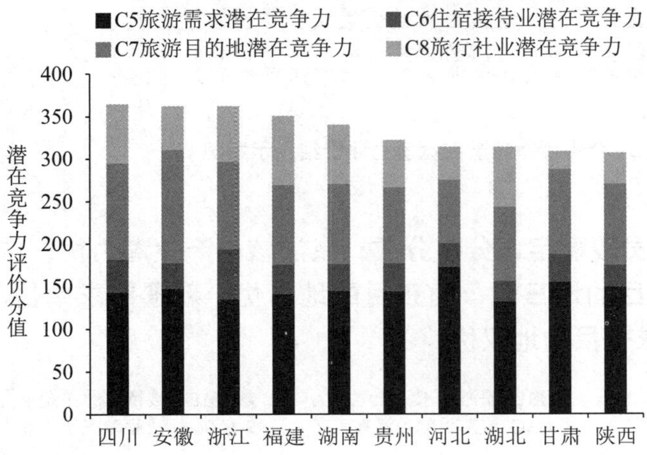

图 2-64　2015年潜在竞争力第二梯队省域及要素组成示意图

如表2-16、图2-62所示，潜在竞争力第二梯队包括四川、安徽、浙江、福建、湖南、贵州、河北、湖北、甘肃、陕西，多分布于从东南向西北的带状区域。与2014年相比，梯队成员较稳定，福建、陕西从第一梯队掉入，贵州、甘肃由第三梯队晋升而来。

从潜在竞争力第二梯队省域各方面的表现来看，如图2-64所示，它们整体表现一般，但部分省域有表现突出的领域：四川为旅游目的地、旅行社双优，这两个方面的潜在竞争力排名分别为第6和第10；浙江为住宿接待业、旅游目的地双优，这两个方面的潜在竞争力排名分别为第4和第9，优势较明显，但其旅游需求潜在竞争力排第25名，短板也很明显；甘肃为旅游需求、旅游目的地双优，这两个方面的潜在竞争力排名分列第8和第10，较靠前，但其旅行社潜在竞争力排名第29，短板突出；福建、湖北、湖南均为旅行社单优型，其旅行社潜在竞争力排名分别为第7、第9和第11，有一定优势；河北、安徽分别为旅游需求、旅游目的地单优型，前者旅游需求、后者旅游目的地的潜在竞争力排名均为第3，表现突出，但它们其他三个方面的潜在竞争力排名都比较或者很靠后。

3. 潜在竞争力第三梯队：成员较稳定，为东北、西南省域：吉云桂需求潜力单优，辽宁住宿—旅行社双优，黑龙江住宿潜力单优

如表2-16、图2-62所示，潜在竞争力第三梯队包括云南、山西、内蒙古、广西、宁夏、辽宁、河南、青海、吉林、黑龙江、西藏，多是大东北、大西南省域。与2014年相比，梯队成员较稳定，云南、广西、吉林分别由第一、第二梯队掉入第三梯队。

从潜在竞争力第三梯队省域各方面的表现来看，如图2-65所示，它们整体表现较弱，但也有许多省域有相对较强的领域：吉林、云南、广西为需求潜力单优型，其旅游

需求潜在竞争力排名分别为第 6、第 7 和第 9，表现突出；辽宁属住宿接待业、旅行社业双优型，这两个方面的潜在竞争力排名分别为第 9 和第 5，位列第一梯队；黑龙江住宿接待业潜力突出，排名第 10。

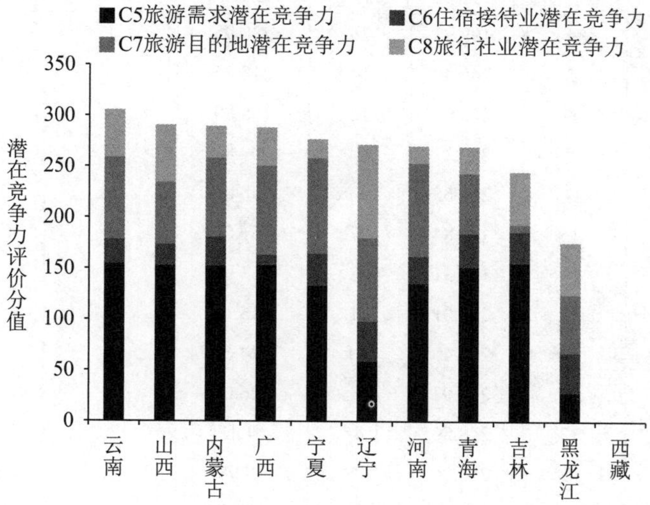

图 2-65 2015 年潜在竞争力第三梯队省域及要素组成示意图

（四）发展环境竞争力评价结果

对反映 2015 年全国 31 个省域旅游发展环境的自然环境、社会经济环境及旅游政策环境的各项指标数据进行归一化处理后，加总求和，得到全国 31 个省域旅游发展环境竞争力的评价结果（表 2-17、图 2-66）。根据评价得分高低，将 31 个省域分为三个梯队，分别从梯队成员、空间分布、与上年的变化及各方面的相对状况等角度对各个梯队进行分析。

表 2-17 2015 年中国 31 个省域旅游发展环境竞争力评价结果

省域	发展环境竞争力		C9自然环境竞争力		C10社会经济环境竞争力		D11旅游政策环境竞争力	
	分值	排序	竞争力	排序	竞争力	排序	分值	排序
北京	477.33	3	195.54	29	178.52	4	103.28	4
天津	354.77	16	226.71	17	128.07	8	0.00	31
河北	330.80	23	218.97	20	103.62	14	8.20	22
山西	231.33	30	188.42	30	37.99	27	4.92	27
内蒙古	340.51	21	260.32	9	62.16	19	18.03	13
辽宁	354.59	17	227.29	16	105.99	13	21.31	10
吉林	292.66	24	226.58	18	52.96	22	13.11	18
黑龙江	288.04	25	207.92	24	53.88	21	26.23	8
上海	387.48	9	251.74	11	132.46	7	3.28	29

续表

省域	发展环境竞争力		C9自然环境竞争力		C10社会经济环境竞争力		D11旅游政策环境竞争力	
	分值	排序	竞争力	排序	竞争力	排序	分值	排序
江苏	440.53	6	199.93	26	238.95	1	1.64	30
浙江	470.73	5	245.36	14	218.82	3	6.56	26
安徽	375.24	11	250.04	12	108.80	12	16.39	15
福建	408.57	8	287.27	2	109.83	11	11.48	20
江西	473.99	4	265.65	8	80.48	18	127.87	2
山东	355.35	15	198.84	27	151.60	5	4.92	27
河南	344.42	19	197.31	28	133.99	6	13.11	18
湖北	346.95	18	216.01	21	116.19	10	14.75	16
湖南	386.36	10	253.49	10	124.67	9	8.20	22
广东	505.14	1	270.92	5	226.02	2	8.20	22
广西	367.58	13	278.56	4	61.15	20	27.87	7
海南	489.34	2	270.36	7	18.98	29	200.00	1
重庆	373.43	12	270.49	6	83.27	17	19.67	11
四川	337.33	22	224.73	19	97.84	15	14.75	16
贵州	357.52	14	287.44	1	52.04	23	18.03	13
云南	434.27	7	282.65	3	38.50	26	113.11	3
西藏	142.81	31	83.63	31	3.45	31	55.74	5
陕西	342.22	20	247.18	13	85.20	16	9.84	21
甘肃	284.71	27	211.69	23	41.87	25	31.15	6
青海	260.07	28	215.57	22	18.27	30	26.23	8
宁夏	285.33	26	245.00	15	20.66	28	19.67	11
新疆	259.86	29	205.35	25	46.31	24	8.20	22

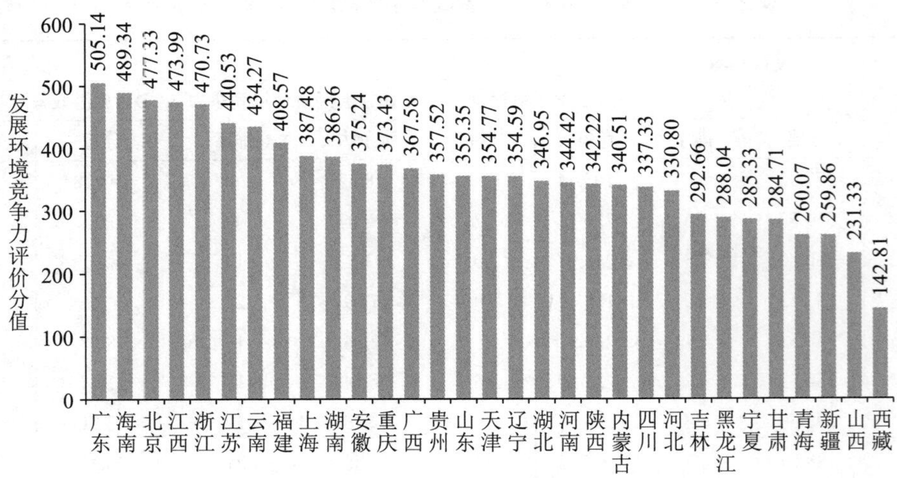

图 2-66　2015 年中国 31 个省域旅游发展环境竞争力评价结果示意图

1. 发展环境竞争力第一梯队：成员基本稳定，多东南部省域；粤湘社会经济—自然双优，琼赣云自然—政策双优，北京经济—政策双优，江浙沪社会经济单优，福建自然环境单优

如表 2–17、图 2–66 所示，发展环境竞争力第一梯队包括广东、海南、北京、江西、浙江、江苏、云南、福建、上海、湖南，发展环境竞争力评价得分均在 380 分之上，集中分布于东南部。与 2014 年相比，梯队成员基本稳定，只有福建、湖南是由第二梯队晋升的新成员，安徽、重庆两省则被挤出第一梯队。

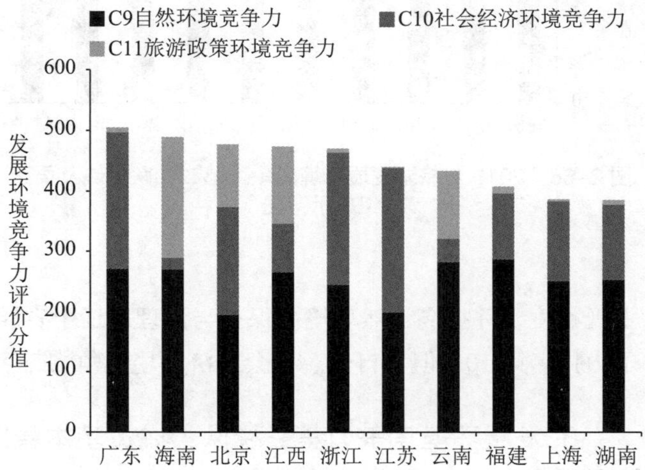

图 2–67　2015 年旅游发展环境竞争力第一梯队省域及要素组成示意图

从发展环境竞争力第一梯队省域各方面的表现来看，如图 2–67，它们整体表现最强，但优势各不相同。广东、湖南属于社会经济、自然环境双优型，其社会经济环境竞争力分别排名第 2 和第 9，自然环境竞争力分别排名第 5 和第 10，但其政策环境竞争力排名较后，均为第 22 名；海南、江西、云南属于自然、政策环境双优型，其自然环境竞争力排名分别为第 7、第 8 和第 3，政策环境竞争力排名分列第 1、第 2 和第 3，优势明显，但其社会经济环境竞争力排名较差，均在 20 名左右，短板明显；北京属经济、政策环境双优型，这两个方面的竞争力排名均为第 4，但其自然环境竞争力排名由 2014 年的第 4 名下降至第 29 名，这也是导致北京发展环境竞争力排名下降的主要原因；江苏、浙江、上海属社会经济环境单优型，其社会经济环境竞争力排名分别为第 1、第 3 和第 7，优势突出，但其自然、旅游政策环境竞争力排名多数处于第三梯队，劣势明显；福建属自然环境单优型，其自然环境竞争力排名第 2，但其他两个方面的环境竞争力排名中等。

2. 发展环境竞争力第二梯队：成员基本稳定，分布于东南、西北之间：黔渝自然单优，广西自然—政策双优，鲁津豫鄂社会经济单优，辽宁政策单优

如表 2–17、图 2–66 所示，发展环境竞争力第二梯队包括安徽、重庆、广西、贵州、山东、天津、辽宁、湖北、河南、陕西，发展环境竞争力评价分值在 340~380，省间差异较小，集中分布于由东南向西北推进的中间区域。与 2014 年相比，梯队成员基本稳定，只有山东、广西由第三梯队晋升至本梯队。

从发展环境竞争力第二梯度省域各方面的表现来看，如图 2–68 所示，它们整体表现一般，但各省域也有比较突出的领域：贵州、重庆为明显的自然环境单优型，其自然环境

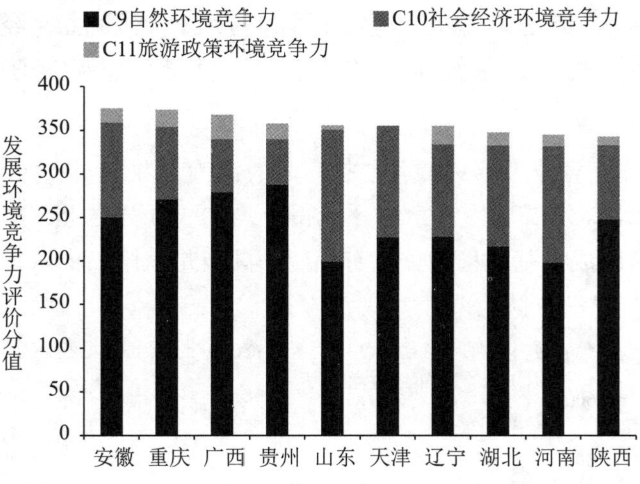

图 2–68　2015 年旅游发展环境竞争力第二梯队省域及要素组成示意图

竞争力排名分别为第 1 和第 6，但其社会经济、旅游政策环境竞争力排名均一般，尤其社会经济环境竞争力排名较为靠后，分别为第 23 和第 17；广西属自然、政策环境双优型，这两个方面的竞争力排名分别为第 4 和第 7，较为靠前，但其社会经济环境竞争力排名第 20，短板突出；山东、天津、河南、湖北为社会经济环境单优型，其社会经济环境竞争力排名分别为第 5、第 8、第 6 和 10，较强，但其自然、旅游政策环境竞争力得分排名多在 20 名左右，因此，需要加强对旅游业的重视程度，并提高自然环境的保护与治理；辽宁省属旅游政策环境单优型，其政策环境竞争力排名第 10，但其自然、社会经济环境竞争力排名分别为第 16 和第 13，相较弱。

3. 发展环境竞争力第三梯队：成员基本稳定，多西北、东北部省域；内蒙古自然单优，黑甘青藏政策单优

如表 2–17、图 2–66 所示，发展环境竞争力第三梯队包括内蒙古、四川、河北、吉林、黑龙江、宁夏、甘肃、青海、新疆、山西、西藏，发展环境竞争力评价分值都低于 350，全为西北、东北部省域。与 2014 年相比，梯队成员基本稳定，只有四川、西藏是从第二梯队掉入的新成员。

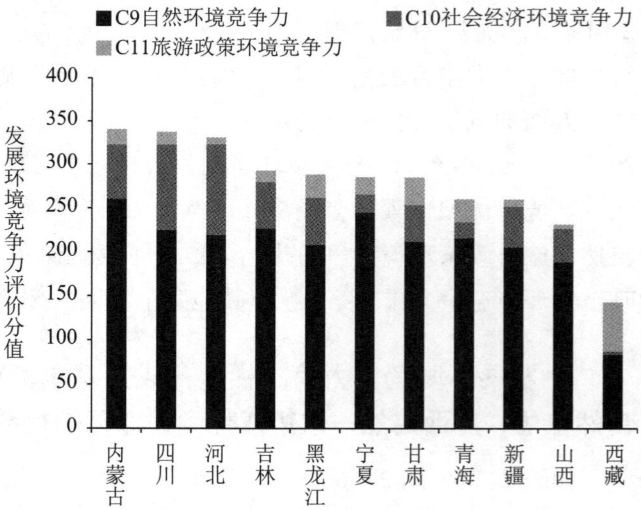

图 2–69　2015 年旅游发展环境竞争力第三梯队省域及要素组成示意图

从发展环境竞争力第三梯队省域各方面的表现来看，如图 2–69 所示，它们整体表现较弱，但也有许多省域有相对较优的领域：内蒙古属自然环境单优型，其自然环境竞争力排名第 9，进入第一阶梯，表现突出；黑龙江、甘肃、青海、西藏属政策环境单优型，其政策环境竞争力排名分别为第 8、第 6、第 8 和第 5，优势明显，但其自然、社会经济环境竞争力排名均为 20~31 名，有待改善与提高。

第三章　重点城市旅游业发展评价

本章将与前文的全国旅游业发展盘点、省域旅游业发展评价一样，从支撑环境、核心产业、旅游需求三大方面七大块对中国 15 个副省级城市的旅游业发展状况进行全方位评价。评价同样分三个层面进行：首先，对各块指标进行单因子分析和评价；其次，分别将各块指标汇总，对各大块的发展状况进行综合评价；最后，将所有指标汇总，分综合竞争力、现实竞争力、潜在竞争力和发展环境竞争力，对 15 个副省级城市旅游业发展状况进行全面的综合评价。该评价力求全方位、多层面、多角度，既关注年际间的动态变化，也关注城际间的横向比较；让各个城市不仅把握各自的整体状况，而且了解各个方面评价的具体情况；不仅清楚自身的发展脉络，而且了解各自在 15 个副省级城市中的相对位置；从而能够总揽全局、有的放矢地进行城市旅游发展决策。

一、支撑环境评价

与第二章一样，《报告》从自然环境、社会经济环境和旅游政策环境三方面评价副省级城市旅游业发展的支撑环境状况。选取全年空气质量优良天数、污水集中处理率、生活垃圾无害化处理率三个指标评价副省级城市旅游业发展的自然环境水平，选用经济发展水平（综合 GDP 和人均 GDP）、年客运总量[①]、互联网普及率和万人专利授权数四个指标来评价副省级城市旅游业发展的社会经济环境水平，选用旅游管理机构设置情况和政府工作报告提及“旅游”次数这两个指标来评价副省级城市旅游业发展的政策环境水平。这些评价指标及其基本描述统计如表 3–1 所示。

表 3–1　2015 年中国 15 个副省级城市旅游发展的支撑环境评价指标及其基本描述统计

类型	评价指标	平均值	最大值	最小值	标准差	变异系数
自然环境	空气质量优良天数（天）	251.80	362.00	124.00	60.41	0.24
	污水集中处理率（%）	90.66	96.63	64.49	8.69	0.10
	生活垃圾无害化处理率（%）	99.00	100.00	91.63	2.41	0.02

① 由于城市空间范围有限，交通道路里程十分有限，因此，不采用反映平均运距的年客运周转量，而采用只反映旅客运送数量的年客运量作为副省级城市交通状况的评价指标。

续表

类型	评价指标	平均值	最大值	最小值	标准差	变异系数
社会经济环境	GDP（亿元）	9071.05	18100.41	3466.01	4148.89	0.46
	人均GDP（万元/人）	14.67	53.01	5.98	11.33	0.77
	年客运总量（万人）	22449.80	106094.76	8700.00	23907.17	1.06
	互联网普及率（%）	48.45	203.20	14.06	45.29	0.93
	万人专利授权数（件/万人）	36.66	218.41	3.94	51.18	1.40
政策环境	旅游管理机构设置[a]	1.47	2.00	1.00	0.50	0.34
	政府工作报告提及“旅游”次数（次）[b]	11.73	38.00	4.00	8.12	0.69

（注：[a] 使用的是截至 2017 年 7 月的数据；[b] 使用的是 2016 年的数据）

（一）自然环境

1. 自然环境单因子分析

（1）空气质量优良天数：平均为 252 天，小幅增加，四成城市达到平均值，厦门和深圳较优；七成城市增加，平均增幅近 30%，长春表现最突出；城际间差异不大且持续缩小，沿海优于内陆

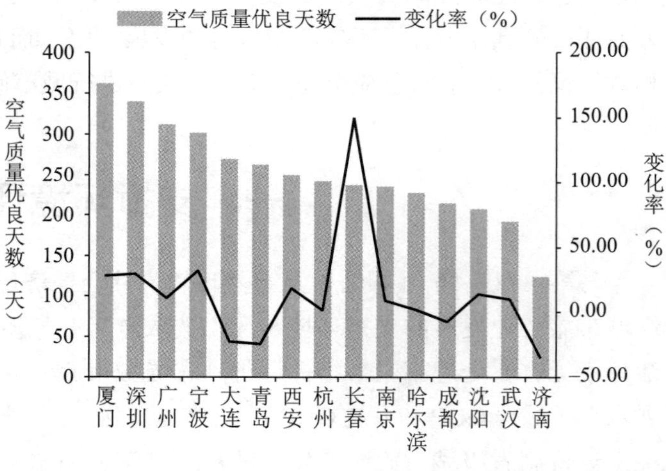

图 3-1　2015 年中国 15 个副省级城市空气质量优良天数及其年变化率

（数据来源：中国统计年鉴 2016，2016 年国民经济和社会发展统计公报）

如表 3-1、图 3-1 所示，2015 年全国 15 个副省级城市空气质量优良天数的平均值为 251.80 天，较 2014 年增加了 18 天，增幅为 3.42%，6 个城市达到或超过平均水平。其中，厦门和深圳的空气质量优良天数最多，都达到 340 天，优势明显；其次，广州、宁波、大连、青岛和西安空气质量优良天数也都在 250 天以上；而武汉和济南的空气质量优良天数较少，分别只有 192 天和 124 天，大气环境亟待改善。

如图 3-1 所示，与 2014 年相比较，11 个城市空气质量优良天数有所增加，平均增幅为 27.44%，其中，长春的增幅最高，达到 146.88%；而成都、大连、青岛和济南的空气质量优良天数有所减少，平均降幅为 22.32%，其中，济南降幅最大，达到 35.08%。因此，总体来看，2015 年副省级城市空气质量有所改善。

如表 3-1 所示，2015 年全国 15 个副省级城市空气质量优良天数的变异系数为 0.24，虽然在反映自然环境的 3 个指标中较高（表 3-1），但与其他指标相比很低，而且比 2014

年减小了 0.04，表明空气质量优良天数的城际差异较小，且持续缩小。另外，空气质量较好的城市大多为位于东南沿海的海滨型城市，而空气质量较差的城市多分布于中西部及北部地区。

（2）污水集中处理率：平均为 91%，同比基本持平，近七成城市达平均，深圳最优；七成城市有提高；城际间差异很小且稳定，无明显空间分异

如表 3–1、图 3–2 所示，2015 年 14[①] 个副省级城市污水集中处理率的均值为 90.66%，与 2014 年基本持平，10 个城市达到或超过平均水平。其中，深圳污水集中处理率最高，达到 96.63%；其次，济南、青岛、沈阳、大连、武汉也较高，达到或超过 95%；而宁波和南京污水集中处理率较低，都不足 80%。

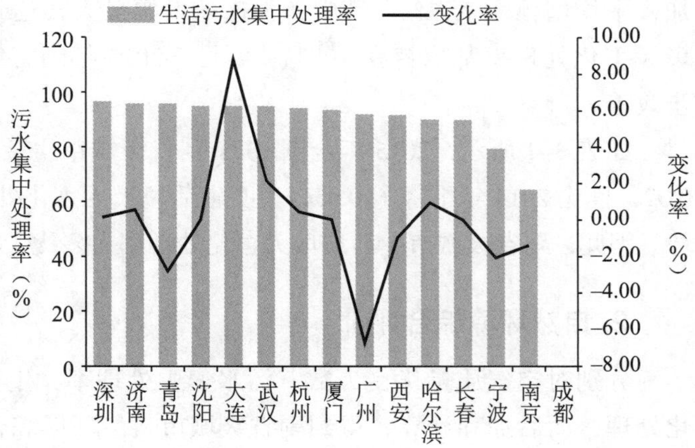

图 3–2　2015 年中国 15 个副省级城市污水集中处理率及其年变化率

（数据来源：中国统计年鉴 2016，中国环境统计年鉴 2016）

如图 3–2 所示，与 2014 年相比较，2015 年 7 个副省级城市的污水集中处理率有所增加，平均增幅为 1.86%，尤其大连增幅最大，达到 8.80%；而广州、青岛、宁波、南京和西安 2015 年的污水集中处理率出现下降，但降幅都不大，只有广州降幅为 6.72%，超计 3%。可见，2015 年副省级城市污水集中处理率整体有所提高。

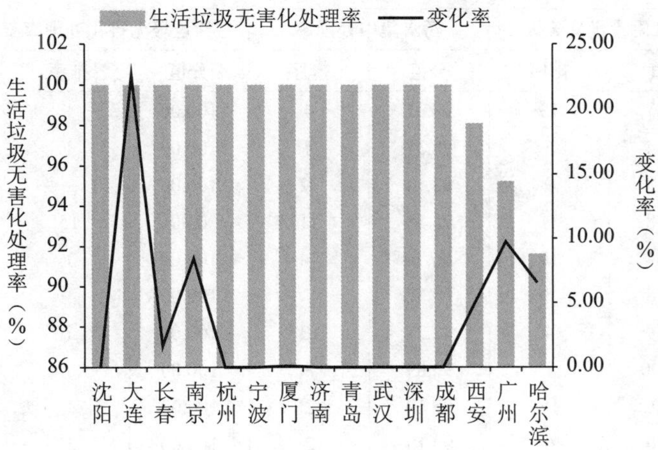

图 3–3　2015 年中国 15 个副省级城市生活垃圾无害化处理率及其年变化率

（数据来源：中国统计年鉴 2016，中国环境统计年鉴 2016）

如表 3–1 所示，2015 年全国 14 个副省级城市污水集中处理率的变异系数为 0.10，很小，且只比 2014 年增加了 0.01，表明污水集中处理率的城际差异很小且稳定，因此，没有明显的空间分异。

（3）生活垃圾无害化处理率：平均高达 99%，八成城市达此水平，多数城市达百分之百；三成以上城市有所增大，且处理率越低增幅越大；城际差异很小，无明显空间分异

如表 3–1、图 3–3 所示，2015

① 成都数据缺失，不参与计算。

年 15 个副省级城市生活垃圾无害化处理率的平均值为 99.00%，较 2014 年提高了 3.11 个百分点，12 个城市达到或超过均值。其中沈阳、大连、长春、南京、杭州、宁波、厦门、济南、青岛、武汉、深圳和成都的生活垃圾无害化处理率都达到 100%；只有西安、广州、哈尔滨的处理率没有达到 100%，存在一定改进空间。

如图 3-3 所示，与 2014 年相比较，2015 年 7 个城市的生活垃圾无害化处理率有所增加，平均增幅为 7.71%，其中，大连的增幅最大，达到 22.61%；其他 8 个城市的生活垃圾无害化处理率都保持在 100%。可见，2015 年副省级城市的生活垃圾无害化处理进一步改善。

如表 3-1 所示，2015 年全国 15 个副省级城市生活垃圾无害化处理率的变异系数只有 0.02，且比 2014 年下降了 0.05，表明生活垃圾无害化处理率的城际差异很小，且呈缩小态势。因此，副省级城市生活垃圾无害化处理率大多优于其所在省份，且不存在空间分异。

2. 自然环境综合评价

分别对空气质量优良天数、污水集中处理率、生活垃圾无害化处理率数据进行归一化处理，而后加和计算，得到副省级城市自然环境综合评价结果（表 3-2、图 3-4）。依据综合评价得分高低，将 15 个城市分为三个梯队，分别从梯队成员、空间分布、各指标的相对状况等角度对各个梯队进行分析。由于各指标得分都是归一化处理后的得分，得分值只反映所处的相对位置，因此，在分析各城市各指标的相对状况时，通过比较各城市各指标的排名来反映各城市的相对优势领域和不足之处（以下同）。

表 3-2　2015 年中国 15 个副省级城市旅游发展的自然环境综合评价结果

城市	自然环境综合评价		空气质量优良天数		污水集中处理率		生活垃圾无害化处理率	
	分值	排序	分值	排序	分值	排序	分值	排序
沈阳	233.19	8	34.87	13	98.31	4	100.00	1
大连	259.66	3	61.34	5	98.31	4	100.00	1
长春	240.62	7	47.48	9	93.14	12	100.00	1
哈尔滨	136.56	15	43.28	11	93.28	11	0.00	15
南京	213.38	12	46.64	10	66.74	14	100.00	1
杭州	247.15	6	49.58	8	97.57	7	100.00	1
宁波	257.00	5	74.79	4	82.21	13	100.00	1
厦门	296.89	1	100.00	1	96.89	8	100.00	1
济南	199.19	13	0.00	15	99.19	2	100.00	1
青岛	257.60	4	58.40	6	99.19	2	100.00	1
武汉	226.88	9	28.57	14	98.31	4	100.00	1
广州	217.42	11	78.99	3	95.30	9	43.13	14
深圳	290.76	2	90.76	2	100.00	1	100.00	1
成都	137.82	14	37.82	12	0.00	15	100.00	1
西安	225.14	10	52.94	7	95.02	10	77.18	13

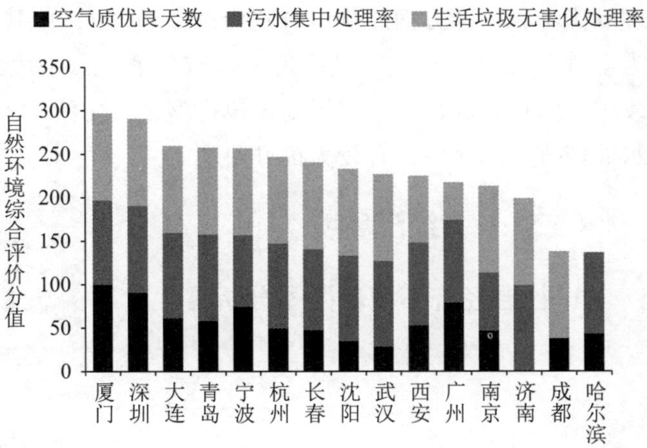

图 3-4 2015 年中国 15 个副省级城市旅游发展的自然环境综合评价结果及要素组成

（1）自然环境第一梯队：成员较稳定，均为沿海城市；深圳、大连、青岛均衡，厦门、宁波空气质量—垃圾处理双优

如表 3-2 和图 3-4 所示，自然环境第一梯队（即综合评价分值排名前 5 位的副省级城市，以下同）包括厦门、深圳、大连、青岛和宁波，综合评价分值几乎都高于 250，全部沿海分布。与 2014 年相比，梯队成员较稳定，成都和杭州被大连和宁波挤出第一梯队。

从这些副省级城市的要素组成状况来看，如图 3-4、表 3-2 所示，自然环境第二梯队城市有两种类型：深圳、大连和青岛属于均衡型，三个方面的排名几乎都处于第一梯队，没有明显的短板；厦门和宁波属于空气—垃圾处理双优型，它们的空气质量排名分别为第 1 和第 4，垃圾处理排名均为第 1，但其污水集中处理排名分别为第 8 和第 13，比较落后，有待加强。

（2）自然环境第二梯队：成员变化较大，分散分布；杭州、长春垃圾处理单优，沈阳和武汉污水—垃圾处理双优

如表 3-2 和图 3-4 所示，自然环境第二梯队（即综合评价分值排名第 6 至 10 位的副省级城市，以下同）包括杭州、长春、沈阳、武汉和西安，综合分值为 225~250，分布于各个区域。与 2014 年相比，梯队成员变化较大，杭州从第一梯队掉入进来，长春和西安则由第三梯队晋升而来。

从这些副省级城市的要素组成状况来看，如图 3-4、表 3-2 所示，自然环境第二梯队城市虽然整体表现一般，但各有优势突出的领域：杭州和长春属于垃圾处理单优型，生活垃圾无害化处理排名均第 1，表现十分突出，但其他两个方面都表现一般；沈阳和武汉属于水环境、垃圾处理双优型，这两方面的排名均分别为第 4 和第 1，但其空气质量分别排在第 13 和第 14 名，亟待改善。

（3）自然环境第三梯队：成员变化较大，分散分布；济南污水—垃圾处理双优，广州空气质量单优，南京、成都垃圾处理单优

如表 3-2 和图 3-4 所示，自然环境第三梯队（即综合评价分值排名第 11 至 15 位的副省级城市，以下同）包括广州、南京、济南、成都和哈尔滨，综合评价分值都低于 220 分，分散分布于各地。与 2014 年相比，梯队成员有较大变化，成都、济南和广州分别由第一或第二梯队掉落到第三梯队。

从这些副省级城市的要素组成状况来看，如图 3-4、表 3-2 所示，自然环境方面该梯队城市虽然整体表现最弱，但各个城市也有表现突出的方面：济南属于污水、垃圾处

理双优型，这两方面的排位分别为第 2 和第 1，但其空气质量排名最后，亟待改进；广州为空气单优型，空气质量优良天数排名第 3，但生活垃圾无害化处理率排名第 14，亟待改进；南京和成都属于垃圾处理单优型，其生活垃圾处理排位均为第 1，但空气质量和污水处理排名均靠后，有较大提升空间。

（二）社会经济环境

1. 社会经济环境单因子分析

（1）经济发展水平：

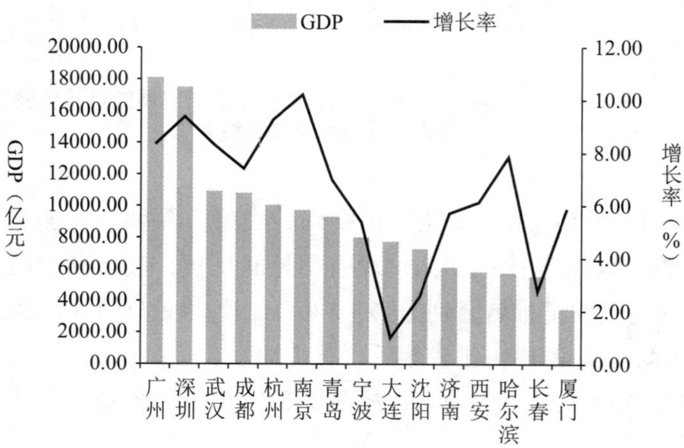

图 3-5　2015 年中国 15 个副省级城市的 GDP 及其年增长率

（数据来源：2016 年中国城市统计年鉴）

① GDP 总量：平均为 9000 亿元，小幅增长，广州和深圳独占鳌头；全部增长，平均增幅约 7%，且总量越大城市的增幅较大；城际差异很小但略有扩大，南北分异明显

如表 3-1、图 3-5 所示，2015 年全国 15 个副省级城市 GDP 的平均值为 9071.05 亿元，较 2014 年增长了 7.02%，只有 7 个城市超过均值。其中，广州、深圳的 GDP 较高，都超过 1.75 万亿元；其次，武汉、成都和杭州也很强，GDP 都超过 1 万亿元；而西安、哈尔滨、长春、厦门的 GDP 都在 6000 亿元以下，尤其厦门，GDP 最低，不到 4000 亿元。

如图 3-5 所示，与 2014 年相比，所有副省级城市 2015 年的 GDP 都有所增加，平均增长率为 6.48%，其中，南京的增长率最高，为 10.20%。从与 GDP 的关系来看，表现为 GDP 排名靠前的城市其 GDP 增长率也较高的整体趋势。

2015 年 15 个副省级城市 GDP 的变异系数为 0.46，在社会经济环境的 5 个评价指标中最小（表 3-1），但比 2014 年增加了 0.02，表明 GDP 的城际差异较小，但有扩大趋势。另外，副省级城市 GDP 的空间分布呈现出明显的南北差异，GDP 达到万亿元以上的副省级城市几乎都分布在东南部地区，北部城市总体偏弱。

② 人均 GDP：平均为 15 万元 / 人，大幅增长，仅四市达平均，深圳遥遥领先；所有城市都有增长，平均增幅高达 45%，且人均 GDP 越大的城市增幅越大；城际差异不大，但呈扩大态势，东南—西北分异明显

如表 3-1、图 3-6 所示，2015 年全国 15 个副省级城市人均 GDP 的平均值为 14.67 万元 / 人，较 2014 年增长了 56.56%，但仅 4 个城市达到或超过均值。其中，深圳的人均

GDP 最高，达到 53.01 万元 / 人，遥遥领先与其他城市；广州次之，达到 21.19 万元 / 人；其次，厦门、南京、杭州、宁波、武汉、大连和青岛的人均 GDP 也较高，都超过 10 万元 / 人；而长春、西安和哈尔滨的人均 GDP 都较低，均在 8 万元 / 人以下。

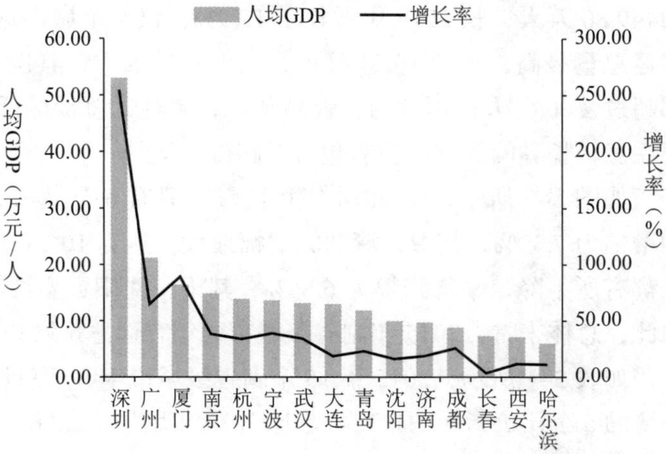

图 3-6　2015 年中国 15 个副省级城市的人均 GDP 及其年增长率

（数据来源：中国城市统计年鉴 2016）

如图 3-6 所示，与 2014 年相比，2015 年所有副省级城市的人均 GDP 都有所增加，平均增长率为 45.47%，其中，深圳人均 GDP 的增长率最大，达到 254.56%。从与 GDP 的关系来看，表现出人均 GDP 越大的城市其人均 GDP 增长率也越大的特征，GDP 排名前五位、中间五位和后五位城市人均 GDP 的平均增长率分别为 96.14%、26.14% 和 14.12%。

2015 年 15 个副省级城市人均 GDP 的变异系数为 0.77（表 3-1），较小，但比 2014 年增加了 0.50，表明人均 GDP 的城际差异较小，但呈扩大趋势。另外，2015 年副省级城市人均 GDP 的空间分布也表现出明显的南北差异，人均 GDP 超过 13 万元 / 人的城市几乎都分布在东南部地区，西部、北部城市的人均 GDP 都较小。

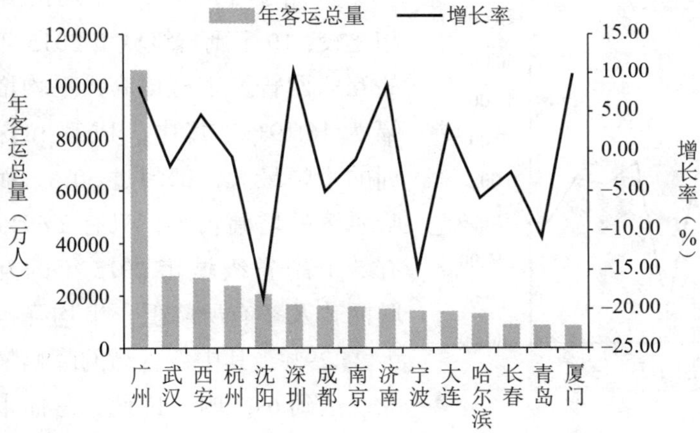

图 3-7　2015 年中国 15 个副省级城市的年客运总量及其年变化率

（数据来源：长春市、成都市的数据来源 2016 年中国城市统计年鉴，因其中没有统计铁路旅客运量，因此，2014 年数据也不包含铁路旅客运量；大连市数据于大连市统计局网站的“2015 年大连运输邮电业稳步运行”，http://www.stats.dl.gov.cn/index.php?m=content&c=index&a=show&catid=48&id=11241；青岛市的公路、水运、民航客运量数据来源于 2016 年中国城市统计年鉴，铁路客运量数据根据“青岛：交通运输业增值超 700 亿 成第二大支柱产业”，http://www.chinahighway.com/news/2017/1085499.php 中给出的 2016 年数据（全年完成铁路客运量 2700.9 万人次，同比增长 17.4%）计算获得；其他各城市的数据来源于 2015 年国民经济和社会发展统计公报）

（2）年客运总量：平均 2 亿多人，略有增加，仅四市达平均；广州仍一枝独秀；六市有所增加，平均增幅约 7%；城际差异较大且呈扩大态势，但无明显空间分异特征

如表 3-1、图 3-7 所示，2015 年全国 15 个副省级城市年客运总量的均值为

22449.80 万人，较 2014 年增长了 1.19%，仅 4 个城市达到或超过均值。其中，广州的年客运总量最高，达到 10.61 亿人，仍然一枝独秀；其次，武汉、西安、杭州、沈阳较高，都超过 2.00 亿人；而厦门、青岛和长春年客运总量最低，均在 1.00 亿人以下，但这里需要注意，长春的数据中没有包含铁路旅客运量。

如图 3–7 所示，与 2014 年相比较，只有 6 个城市 2015 年的客运总量有所增加，平均增幅为 7.39%，其中，深圳的增幅最大，达到 10.18%；而有 9 个城市 2015 年的客运总量都有所下降，平均降幅为 6.88%，其中，沈阳、宁波和青岛的降幅较大，都超过 10%。因此，总体来看，2015 年副省级城市的年客运总量增长不力。

如表 3–1 所示，2015 年 15 个副省级城市年客运总量的变异系数为 1.06，在社会经济环境的 5 个评价指标中较高，且比 2014 年增加了 0.06，表明年客运总量的城际差异较大，且有所扩大。但是，年客运总量的空间分布没有特定规律。

（3）互联网普及率：平均为 50%，小幅提高，仅三成城市达平均值，深圳一枝独秀；七成城市有增幅；城际差异中等但呈扩大态势；南北空间分异明显

如表 3–1、图 3–8 所示，2015 年全国 15 个副省级城市互联网普及率的均值为 48.58%，较 2014 年提高了 2.77%，5 个城市达到或超过平均水平。其中，深圳的互联网普及率最高，达到 203.20%；其次，厦门、武汉、宁波和广州的普及率也较高，均达到或超过均值 50%；而沈阳、大连、哈尔滨和长春的普及率最低，都不到 30%。

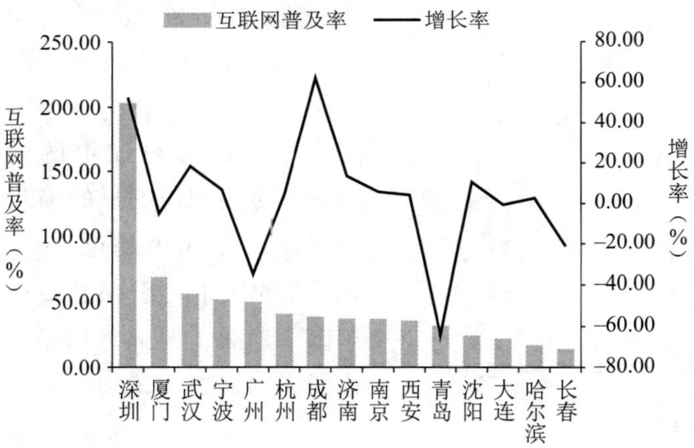

图 3–8　2015 年中国 15 个副省级城市的互联网普及率及其年增长率

（数据来源：利用 2016 年中国城市统计年鉴中的各城市的互联网宽带接入用户数（万人）去除其年末总人口数获得）

如图 3–8 所示，与 2014 年相比较，10 个副省级城市 2015 年的互联网普及率有提高，平均增幅为 18.19%，其中，成都和深圳的增幅最大，都超过 50%，而哈尔滨的增幅较小，只有 2.69%；有 5 个副省级城市 2015 年的互联网普及率有所降低，平均降幅为 25.29%，其中，青岛的降幅最大，达到 64.39%。因此，总体来看，副省级城市的互联网普及率有所提高，但幅度不大。

如表 3–1 所示，2015 年 15 个副省级城市互联网普及率的变异系数为 0.93，在社会经济环境的 5 个评价指标中属于中等，但比 2014 年增加了 0.24，表明互联普及率的城际差异中等但呈扩大趋势。同时，从空间分布来看，互联网普及率较高的城市基本上都位于南部地区，而北部城市的互联网普及率较低。

（4）万人专利授权数：平均为 37 件，小幅增长，四市达平均；深圳继续领跑；七成城市有增加，平均增幅约 40%；城际差异大，且呈扩大趋势，具有西南—东北分异特征。

如表 3–1、图 3–9 所示，2015 年全国 15 个副省级城市万人专利授权数的均值为 36.66 件，较 2014 年增加了 2.89%，有 4 个城市达到或超过平均水平。其中，深圳的万人专利授权数最高，达到 218.41 件，继续领跑；其次，厦门、广州、南京和成都的万人专利授权数也较高，均在 36 件以上；而宁波、长春、青岛、大连的万人专利授权数都较低，均在 10 件以下。

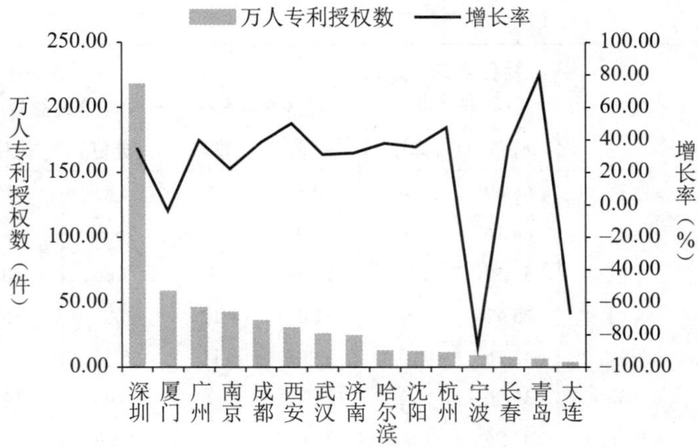

图 3–9　2015 年中国 15 个副省级城市万人专利授权数及其年增长率

［数据来源：利用各城市 2015 年国民经济与社会发展统计公报中的专利授权数去除其年末总人口数获得，长春市的专利授权数是利用 2016 年的数据（全年专利授权量 7062 件，比上年增长 18.1%）计算得来］

如图 3–9 所示，与 2014 年相比较，12 个副省级城市 2015 年的万人专利授权数有所增加，平均增幅为 40.45%，青岛表现突出，增幅达到 80.01%；3 个副省级城市 2015 年的万人专利授权数有所下降，平均降幅为 52.88%，其中，宁波的降幅最大，达到 87.56%。因此，总体来看，2015 年副省级城市的万人专利授权数有所增加，但整体增幅不大。

如表 3–1 所示，2015 年 15 个副省级城市万人专利授权数的变异系数为 1.40，在社会经济环境的 5 个评价指标中最高，而且比 2014 年增加了 0.29，表明万人专利授权数的城际差异较大，且呈扩大趋势。同时，从空间分布来看，万人专利授权数较高的城市大多位于以济南—青岛一线为界的西南部地区，而此线东北的城市的万人专利授权数都较少。

2. 社会经济环境综合评价

将前述四个指标的数据进行归一化处理（其中经济发展水平取 GDP 和人均 GDP 归一化处理后的平均值）后，加和计算，得到全国副省级城市社会经济环境综合评价结果（表 3–3、图 3–10）。依据综合评价得分高低，将 15 个城市分为三个梯队，分别从梯队成员、空间分布、各指标的相对状况等角度对各个梯队进行分析。

表 3–3　2015 年中国 15 个副省级城市旅游发展的社会经济环境综合评价结果

城市	社会经济环境综合评价		经济发展水平		年客运总量		互联网普及率		万人专利授权数	
	分值	排序	分值	排序	分值	排序	分值	排序	分值	排序
沈阳	38.91	11	17.27	10	12.26	5	5.45	12	3.93	10
大连	31.74	13	22.06	9	5.44	11	4.23	13	0.00	15
长春	10.72	15	8.49	14	0.37	13	0.00	15	1.86	13
哈尔滨	18.12	14	7.81	15	4.58	12	1.53	14	4.21	9

续表

城市	社会经济环境综合评价		经济发展水平		年客运总量		互联网普及率		万人专利授权数	
	分值	排序	分值	排序	分值	排序	分值	排序	分值	排序
南京	68.62	4	30.83	5	7.42	8	12.15	9	18.22	4
杭州	64.16	6	30.92	4	15.61	4	14.12	6	3.51	11
宁波	51.59	9	23.69	8	5.65	10	19.79	4	2.47	12
厦门	65.41	5	11.09	12	0.00	15	28.62	2	25.69	2
济南	41.26	10	13.01	11	6.34	9	12.17	8	9.74	8
青岛	36.90	12	26.20	7	0.08	14	9.38	11	1.24	14
武汉	84.95	3	33.04	3	19.44	2	22.08	3	10.39	7
广州	204.95	2	66.17	2	100.00	1	18.87	5	19.91	3
深圳	306.12	1	97.96	1	8.16	6	100.00	1	100.00	1
成都	63.95	7	28.05	6	7.73	7	12.97	7	15.19	5
西安	51.79	8	9.22	13	18.69	3	11.36	10	12.51	6

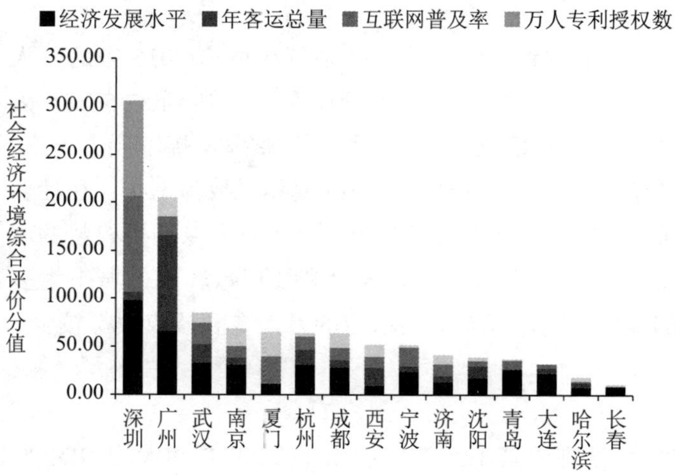

图 3-10　2015 年中国 15 个副省级城市旅游发展的社会经济环境综合评价结果

（1）社会经济环境第一梯队：成员变化较大，都为南部城市；广州均衡，深圳经济—信息—创新三优，武汉经济—交通—信息三优，南京经济—创新双优，厦门信息—创新双优

如图 3-10 所示，社会经济环境第一梯队包括深圳、广州、武汉、南京和厦门，综合评价分值都高于 65，从空间分布来看，都为南部城市。与 2014 年相比，梯队成员变化较大，武汉、南京和厦门都为新晋升成员。

从这些副省级城市的组成要素状况来看，如图 3-10、表 3-3 所示，社会经济环境第一梯队城市的表现各异：广州属于均衡型，其四个方面的排名都居于前五，没有明显的短板；深圳属于经济发展水平、信息化、创新能力三优型，其经济发展水平、互联网普及率和万人专利授权数的排名都为第 1，优势十分突出，但其年客运总量仅排名第 6，处于第二梯队；武汉属于经济发展水平、交通、信息化三优型，其经济发展水平、年客运总量和互联网普及率排名均为第 3 或第 2，优势明显，但其万人专利授权数仅排第 7，有一定提升空间；南京属于经济发展水平、创新能力双优型，这两方面的排名分别为第 5 和第 4，但其年客运总量和互联网普及率的排名分别为第 8 和第 9，有较大提升空间；厦门属于信息化、创新能力双优型，这两个方面均排名第 2，表现突出，但其经济发展水平和年客运总量的排名分别为第 12 和第 15，有较大提升空间。

（2）社会经济环境第二梯队：成员变化大，都位于南北之间；杭州经济—交通双优，成都均衡，宁波信息单优，西安交通单优

如图 3–10 所示，社会经济环境第二梯队包括杭州、成都、西安、宁波和济南，综合评价分值为 40~65，都位于南北之间。与 2014 年相比较，梯队成员变化大，只有成都为老成员，杭州和宁波从第一梯队掉入，济南和西安从第三梯队晋升而来。

从这些副省级城市的组成要素状况来看，如图 3–10、表 3–3 所示，社会经济环境第二梯队城市虽然整体表现一般，但也有城市有表现突出的方面：杭州经济发展水平、交通双优，这两个方面均排第 4，表现突出，但其互联网普及率和万人专利授权数分别排第 6 和第 11，相对较弱；成都属于均衡型，四个方面的排名都在第 5 至第 7，没有很突出的地方，但也没有明显的短板；西安和宁波分别属于交通和信息化单优型，西安的年客运总量排第 3，宁波的互联网普及率排第 4，十分突出，但它们的其他方面都表现一般甚至落后，有改进空间。

（3）社会经济环境第三梯队：成员较稳定，均为东北城市；沈阳交通单优

如图 3–10 所示，社会经济环境第三梯队包括沈阳、青岛、大连、哈尔滨和长春，综合评价分值低于 40，均为东北部城市。与 2014 年相比，梯队成员较稳定，青岛和大连分别从第一和第二梯队掉下来。

从这些副省级城市的组成要素状况来看，如图 3–10、表 3–3 所示，社会经济环境第三梯队城市在各方面表现都较弱，得分较低，排位靠后，只有沈阳的年客运总量排第 5，进入第一梯队，属于交通单优型。

（三）旅游政策环境

1. 旅游政策环境单因子分析

（1）旅游管理机构设置：近半城市设置了旅游发展委员会，增加了 2.5 倍；城际差异较小且呈缩小态势，具有东西空间分异特征

与省域旅游政策环境一样，通过各副省级城市政府官网查找了其旅游管理机构的设置情况，并给设置了市级旅游发展委员会的城市赋值 2，而给设置了市旅游局的城市赋值 1，给无以上机构设置城市赋值 0，以此为依据分析副省级城市旅游管理机构设置状况。

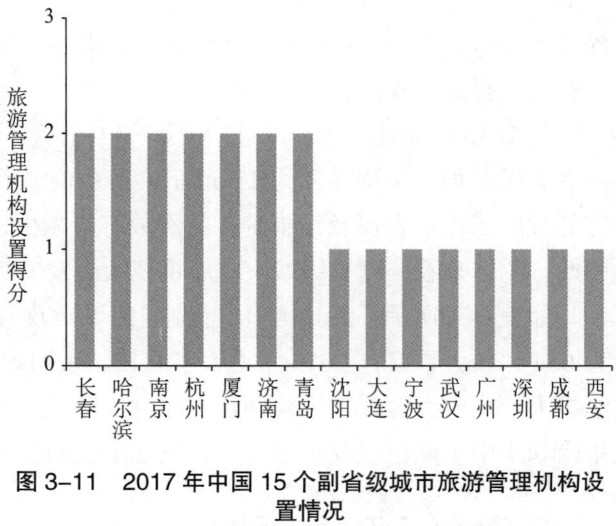

图 3–11 2017 年中国 15 个副省级城市旅游管理机构设置情况

（数据来源：各副省级城市相关政府官网。1= 设置了旅游局，2= 设置了旅游发展委员会）

如表 3–1、图 3–11 所示，截至 2017 年 7 月，全国 15 副省级城市中，南京、杭州、长春、哈尔滨、厦门、济南和青岛 7 市设置了旅游发展委员会，2016 年仅南京、杭州和济南 3 个城市设置相比，增幅达到 133%；其他副省级城市也在酝酿设置旅游发展委员会。

如表 3–1 所示，2015 年 15 个副省级城市旅游管理机构设置情况的变异系数为 0.34，很小，而且与 2014 年基本持平，表明旅游管理机构设置的城际差异较小，且较稳定。另外，设置了旅游发展委员会的均为东部、东北城市，表现为较明显的东西空间分异特征。

（2）政府工作报告提及“旅游”次数：平均为 12 次，小幅增加，三成城市达平均；西安继续一枝独秀；两市增加，一市减少，其他不变；城际差异明显，且持续扩大，具有西北—东南空间分异特征

《报告》搜集各副省级城市 2016 年的政府工作报告，统计其提及“旅游”的次数，以此反映政府对旅游业的重视程度。如表 3–1、图 3–12 所示，2016 年全国 15 个副省级城市工作报告提及“旅游”次数的平均值为 11.73，较 2015 年增加了 1 次，增幅为 9.09%，5 个城市达到或超过均值。其中，西安政府工作报告提及“旅游”的次数最多，达到 38 次，继续一枝独秀，其次是济南、青岛、成都和哈尔滨，都提及了 13 次以上，沈阳、南京和厦门也提及了 10 次以上；而其他城市政府工作报告提及“旅游”的次数都小于 10 次，尤其是长春，只提及了 4 次。

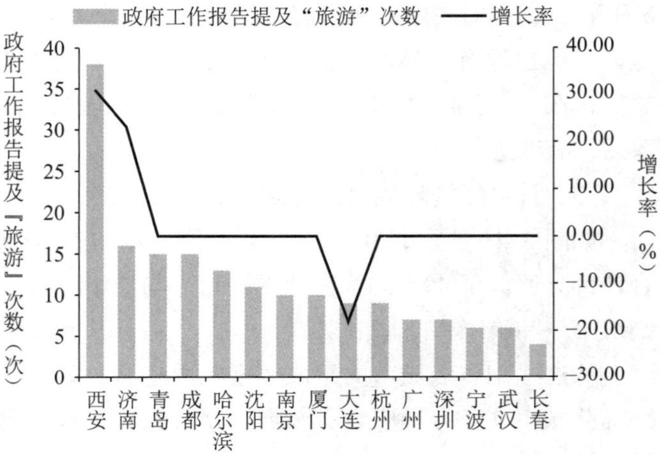

图 3–12　2016 年中国 15 个副省级城市政府工作报告提及“旅游”的次数及其年增长率

（数据来源：各副省级城市政府官网）

与 2015 年相比，如图 3–12 所示，2016 年 2 个副省级城市政府工作报告提及“旅游”次数有所增加，平均增幅为 27.06%，西安和济南的增幅分别为 31.03 % 和 23.08%；而大连的政府工作报告提及“旅游”的次数有所减少，降幅为 18.18%；其他城市都没有变化；因此，总体来看，副省级城市政府重视旅游发展的程度有所提升。

如表 3–1 所示，2016 年 15 个副省级城市政府工作报告提及“旅游”次数的变异系数为 0.69，较大，且比 2014 年增大了 0.15，表明政府重视旅游程度的城际差异较大，且持续扩大。同时，西北部（含西部、东北、华北）城市提及次数较多，而东南部（含华东、华南和华中）城市提及次数较少，呈现出较明显的西北—东南空间分异特征。

2. 旅游政策环境综合评价

对各个副省级城市 2015 年旅游管理机构设置情况和政府工作报告提及“旅游”次数

进行归一化处理后[①]，加和计算，得到15个副省级城市的旅游政策环境综合评价结果（表3–4、图3–13）。依据综合评价得分高低，将15个城市分为三个梯队，分别从梯队成员、空间分布、各指标的相对状况等角度对各个梯队进行分析。

表3–4　2015年中国15个副省级城市旅游政策环境综合评价结果

城市	旅游政策环境综合评价		旅游管理机构设置情况		政府工作报告提及“旅游”次数	
	分值	排序	分值	排序	分值	排序
沈阳	78.00	8	50.00	3	28.00	6
大连	78.00	8	50.00	3	28.00	6
长春	50.00	14	50.00	3	0.00	15
哈尔滨	86.00	6	50.00	3	36.00	4
南京	124.00	2	100.00	1	24.00	8
杭州	120.00	3	100.00	1	20.00	10
宁波	58.00	12	50.00	3	8.00	13
厦门	74.00	10	50.00	3	24.00	8
济南	86.00	6	50.00	3	36.00	4
青岛	94.00	4	50.00	3	44.00	2
武汉	58.00	12	50.00	3	8.00	13
广州	62.00	11	50.00	3	12.00	11
深圳	12.00	15	0.00	15	12.00	11
成都	94.00	4	50.00	3	44.00	2
西安	150.00	1	50.00	3	100.00	1

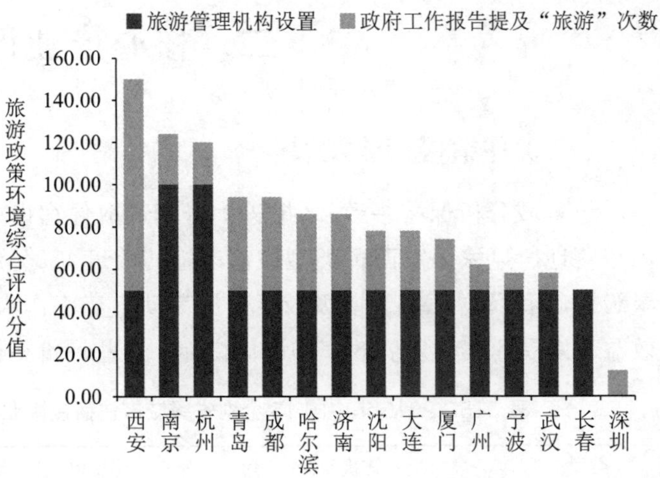

图3–13　2015年中国15个副省级城市旅游政策环境综合评价结果

（1）旅游政策环境第一梯队：成员较稳定，均为东、西部城市；西安、青岛和成都均衡，南京和杭州机构设置单优

如表3–4、图3–13所示，旅游政策环境第一梯队包括西安、南京、杭州、青岛和成都，综合评价分值都大于90，均为东、西部城市。与2014年相比，梯队成员较稳定，杭州和成都分别从第三、第二梯队晋升而来。

从这些副省级城市的组成要素状况来看，如图3–13、表3–4所示，旅游政策环境第一梯队城市的表现各异：西安、青岛和成都属于均衡型，其政府

① 为了与其他方面以及最后的综合评价保持一致，这里的综合评价也采用2015年的数据。

管理机构设置和政府工作报告提及"旅游"次数的排名都居前 3，都表现很突出，没有短板；南京和杭州属于机构设置单优型，它们在旅游机构设置方面都排第 1 名，优势突出，但其政府工作报告提及"旅游"次数的排名分别为第 8 和第 10，比较落后，还需加强。

（2）旅游政策环境第二梯队：成员较稳定，多北部城市；哈尔滨、济南政府重视旅游

如表 3–4、图 3–13 所示，旅游政策环境第二梯队包括哈尔滨、济南、沈阳、大连和厦门，综合评价分值介于 70~90，多为北部城市。与 2014 年相比，梯队成员较稳定，济南和大连由第一梯队掉下来。

从这些副省级城市的组成要素状况来看，如图 3–13、表 3–4 所示，旅游政策环境第二梯队城市均设置了旅游局；而在政府工作报告提及"旅游"次数方面，哈尔滨和济南均排第 4 名，比较突出。

（3）旅游政策环境第三梯队：成员基本稳定，多为东南部城市；表现都较弱

如表 3–4、图 3–13 所示，旅游政策环境第三梯队包括广州、宁波、武汉、长春和深圳，综合评价分值小于 70，多东南部城市。与 2014 年相比，梯队成员基本稳定，只有宁波由第二梯队掉下来

从这些副省级城市的组成要素状况来看，如图 3–13、表 3–4 所示，旅游政策环境第三梯队城市的政府工作报告提及"旅游"次数排名都很靠后，广州、宁波、武汉和长春设置了旅游局，而深圳当时还没有设置专门的旅游管理机构，表明政府还很不重视旅游。

二、核心产业评价

（一）住宿接待业发展

与省域分析保持一致，《报告》分别选取住宿设施总数（包含星级饭店、精品酒店、汽车营地、途家公寓四种类型住宿设施的数量）、星级饭店利润、星级饭店数量增长率、星级饭店利润增长率、星级饭店全员劳动生产率作为市域住宿接待业的数量规模、经营效益、发展速度和发展效率的评价指标。这些评价指标及其基本描述统计如表 3–5 所示。

表 3–5　2015 年中国 15 个副省级城市住宿接待业的评价指标及其基本描述统计

类型	评价指标	平均值	最大值	最小值	标准差	变异系数
数量规模	住宿设施总数（家）*	7304.67	17112.00	1060.00	5637.15	0.77
	其中：星级饭店数量*	95.67	198.00	47.00	43.52	0.45
	精品酒店数量*	6.47	19.00	0.00	5.84	0.90
	汽车营地数量*	2.53	9.00	0.00	2.50	0.99
	途家公寓数量*	7200.00	17000.00	1000.00	5608.67	0.78
经营效益	星级饭店利润（亿元）	0.10	5.02	–2.60	2.18	20.88

续表

类型	评价指标	平均值	最大值	最小值	标准差	变异系数
发展速度	星级饭店数量增长率（%）*	−6.86	24.14	−29.85	12.45	−1.82
	星级饭店利润增长率（%）	826.63	12276.99	−179.41	3168.74	3.83
发展效率	星级饭店全员劳动生产率（万元/人）	18.97	24.34	12.86	3.42	0.18

（数据来源：2016 年第四季度全国星级饭店统计公报，国家旅游局官网，2017 年 4 月，http://www.cnta.gov.cn/zwgk/lysj/201704/t20170418_822726.shtml；2015 年全国星级饭店统计公报，国家旅游局官网，2016 年 9 月，http://www.cnta.gov.cn/zwgk/lysj/201609/t20160902_782543.shtml；2015 年各城市精品酒店统计，携程网，2017 年 2 月，http://hotels.ctrip.com/hotel/beijing1#ctm_ref=ctr_hp_sb_lst；2016 年各城市途家公寓统计，携程网，2017 年 2 月，http://hotels.ctrip.com/tujia/；2017 中国露营地产业发展报告，中国露营网，2017 年 3 月，http://www.51luying.com/portal.php?mod=view&aid=8587；2016 中国露营地数量分布图，中国露营网，2017 年 3 月，http://www.51luying.com/serach.html；* 这些指标为 2016 年数据）

1. 发展现状

（1）数量规模：设施总数平均为 7300 家，略有增加；一半城市超平均，成都赶超广州，位居第 1；城际差异较小，但呈扩大态势，呈西多东少的空间分异；规模较小城市较多依赖星级饭店

基于数据可得性原则，住宿接待业总体规模由星级饭店数量、精品酒店数量、汽车营地数量、途家公寓数量四部分组成（以下合称住宿设施总数）。如表 3–5 所示，2016 年全国 15 个副省级城市的住宿设施总数平均约 7304 家，较 2015 年增加了 504 家，增幅为 7.41%；7 个城市超过平均水平。如图 3–14 所示，排名前 5 位的是成都、广州、青岛、深圳和杭州，住宿设施总数均超过 1 万家，尤其成都住宿设施总数达到 17112 家，遥遥领先；排名后 5 位的是沈阳、哈尔滨、宁波、厦门和长春，住宿设施总数都不足 3100 家，尤其宁波、厦门和长春住宿设施总数都不足 2000 家。

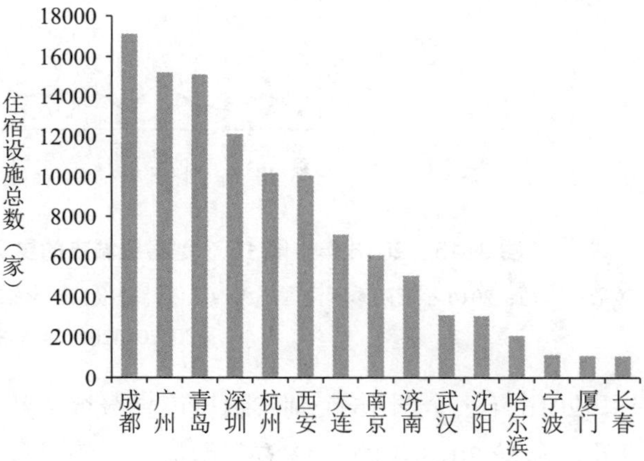

图 3–14 2016 年中国 15 个副省级城市住宿接待业规模

（数据来源：同表 3–5）

从住宿设施总数的城际差异来看，2016 年全国 15 个副省级城市住宿设施总数的变异系数为 0.77，较小，但比 2015 年增大了 0.04，表明住宿设施总数的城际差异较小，但呈扩大态势。同时，住宿设施总数呈现出一定的西部城市多、东部城市较少的空间分异格局。

①星级饭店数量：平均为 96 家，有所减少；近半城市超平均，广州、杭州较多；住宿设施总数越少的城市星级饭店占比越大；城际差异不大，但持续扩大，呈沿海—内陆空间分异

2016 年，全国 15 个副省级城市星级饭店数量的平均值为 95.67 家（表 3–5），较 2015 年减少了 8 家，降幅为 7.77%；7 个副省级城市超过平均水平，其中，广州和杭州

星级饭店数量较多，分别有198家和180家，其次，宁波、青岛、大连、深圳和成都也较多，均超过100家；而哈尔滨、济南、长春和沈阳较少，都不到65家（图3–15）。

从星级饭店数量占住宿设施总数的比例来看，如图3–15所示，除宁波以外，所有副省级城市星级饭店数量占比都不足10%，宁波、厦门和长春占比较高，都超过5%。另外，从星级饭店数量占比与住宿设施总数的关系来看，住宿设施总数越大的城市，星级饭店所占比例较低，住宿设施总数排名前5位的城市，其星级饭店占比都不到3%；而住宿设施总数排名后5位的城市，除沈阳外，其星级饭店占比都超过3%；可见，住宿接待业数量规模小的城市较依赖星级饭店，与省域情况基本一致。

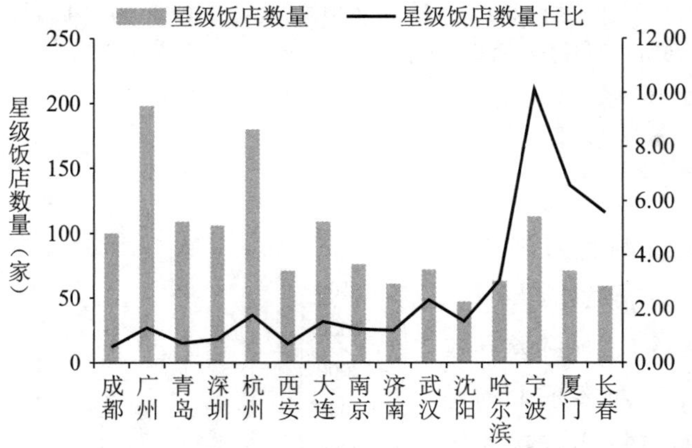

图3–15　2016年中国15个副省级城市的星级饭店数量及其占住宿设施总数的比例

（数据来源：2016年第四季度全国星级饭店统计公报，国家旅游局官网，2017年4月，http://www.cnta.gov.cn/zwgk/lysj/201704/t20170418_822726.shtml）

2016年，全国15个副省级城市星级饭店数量的变异系数为0.45，在四类住宿设施中最小，但较2015年的0.43有所增加，表明星级饭店数量的城际差异很小，但呈持续扩大趋势。同时，从空间分布来看，副省级城市星级饭店数量总体表现为沿海城市较多，7个沿海城市的平均星级饭店数量为126家，而8个内陆城市的星级饭店数量平均只有68家，沿海—内陆空间分异格局明显。

②精品酒店数量：平均为6家，有较大幅减少；仅四成城市达平均，武汉一枝独秀；占总数的比例都很小，且总数较少城市的占比较大；城际差异较大，但呈缩小态势，仍呈东南—西北空间分异

2016年全国15个副省级城市精品酒店数量的平均值为6.47家（表3–5），较2015年减少了2家，降幅为25%；6个副省级城市达到或超过平均水平，其中，武汉一枝独秀，达到19家，其次，广州、深圳、南京和杭州也较多，都达到或超过10家；而长春、哈尔滨、宁波仅有1家，沈阳一家都没有（图3–16）。

从精品酒店数量占住宿设施总数的比例来看，如图3–16所示，各副省级城市精品酒店数量的占比都很小，不足0.70%，其中，武汉和厦门较高，分别为0.61%和0.37%，而其他城市精品酒店数量的占比都不足0.20%。另外，从精品酒店数量占比与住宿设施总

数的关系来看，住宿设施总数排名前5位、中间5位和后5位的城市的精品酒店数量占比的平均值分别为0.08%、0.19%和0.12%；总体上仍表现为住宿设施总数较少的城市，其精品酒店数量占比较大。

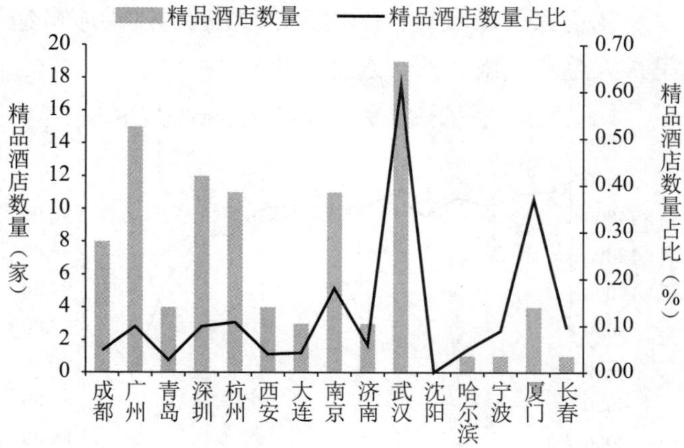

图3-16 2016年中国15个副省级城市的精品酒店数量及其占住宿设施总数的比例

（数据来源：2016年各城市精品酒店统计，携程网，2017年2月，http://hotels.ctrip.com/hotel/beijing1#ctm_ref=ctr_hp_sb_ls）

2016年全国15个副省级城市精品酒店数量的变异系数为0.90，在四类住宿设施中较高，但较2015年降低了0.35，表明精品酒店数量的城际差异较大，但呈缩小态势。同时，精品酒店较多的城市多分布于东南部，西部、东北城市的精品酒店都较少，表现出较明显的东南—西北分异格局。

③汽车营地数量：平均仅2家，大幅减少，过半城市达平均，杭州最多；城际差异较大，且呈扩大趋势，呈南北分异

2016年全国15个副省级城市汽车营地数量的平均值为2.53（表3–5），较2015年减少了2家，降幅为50%；9个副省级城市达到或超过平均水平，其中，杭州最多，有9家；其次，南京、厦门也有5家；而沈阳和广州都仅有1家汽车营地，长春、哈尔滨、武汉和西安均无汽车营地（图3–17）。

2016年全国15个副省级城市汽车营地的变异系数为0.99，在四类住宿设施中较大，而且较2015年增大了0.22，表明汽车营地数量的城际差异较大，且呈扩大趋势。同时，除武汉以外的南部城市汽车营地较多，北部城市较少。

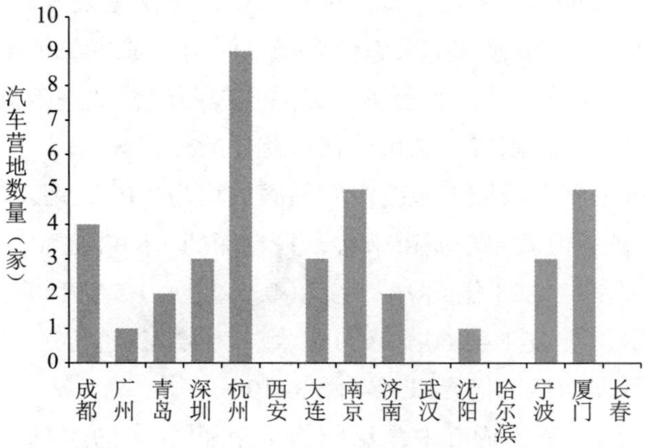

图3–17 2016年中国15个副省级城市的汽车营地数量

（数据来源：2016中国露营地数量分布图，中国露营网，2017年3月，http://www.51luying.com/serach.html）

④途家公寓数量：平均为7200家，过半城市达平均，杭州最多；城际差异较大，且呈扩大趋势，南、西、东部城市较多

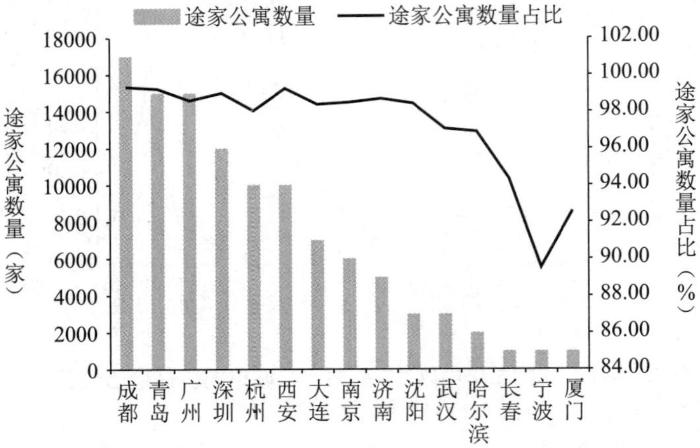

图3–18　2016年中国15个副省级城市的途家公寓数量及其占住宿设施总数的比例

（数据来源：2016年各城市途家公寓统计，携程网，2017年2月，http://hotels.ctrip.com/tujia/）

2016年全国15个副省级城市途家公寓数量的平均值为7200家（表3–5），较2015年增加了533家，增幅为7.80%；6个副省级城市达到或超过平均水平，其中，成都后来居上，超过广州，达到17000家，其次，青岛、广州、深圳、杭州和西安也较多，都达到或超过10000家；而长春、宁波、厦门最少，都只有1000家（图3–18）。

从途家公寓数量占住宿设施总数的比例来看，如图3–18所示，除宁波以外，各副省级城市途家公寓数量的占比都超过90%，其中，成都、西安、青岛和深圳较高，都达到或超过99%。另外，从途家公寓数量占比与住宿设施总数的关系来看，住宿设施总数排名前5位、中间5位和后5位的城市的途家公寓数量占比的平均值分别为98.84%、98.65%和94.08%；总体上仍表现为住宿设施总数越多的城市，其途家公寓数量占比越大。

2016年全国15个副省级城市途家公寓的变异系数为0.78，在四类住宿设施中较小，但较2015年增大了0.04，表明途家公寓数量的城际差异较小，但有扩大态势。同时，途家公寓较多的城市主要分布在华南和西部地区，华东经济发达城市次之，东北和华中地区城市的途家公寓分布较少。

（2）经营效益：平均0.10亿元，总体扭亏为盈，但仅三成城市盈利，深圳、广州表现突出；城际差异很大，且呈显著扩大态势，仍呈西南—东北空间分异

由于精品酒店、汽车营地、途家公寓均未系统披露经营效益数据，因此，《报告》选择2015年星级饭店利润评价副省级城市住宿接待业的经营效益。

2015年，全国15个副省级城市星级饭店利润平均为0.10亿元，较2014年增加了0.53亿元，总体上扭亏为盈；但就单个城市来看，只有深圳（5.02亿元）、广州（4.07亿元）、厦门（1.79亿元）、成都（1.24亿元）、南京（0.66亿元）5市利润为正；而其他城市都处于亏损状态，其中，宁波（–2.60亿元）、大连（–2.42亿元）、杭州（–1.75亿元）、青岛（–1.06亿元）亏损均达1亿元以上（图3–19）。

2015年全国15个副省级城市中，星级饭店利润最多的达到5.02亿元，最少的仅有–2.60亿元，变异系数高达20.88，而且比2014年增加了26.05，可见，星级饭店利润的城际差异很大，且呈显著扩大态势。同时，15个副省级城市星级饭店利润的空间分布

表现为华南和西部地区城市较高，浙江及东北地区部分城市较差，呈现明显的西南—东北空间分异。

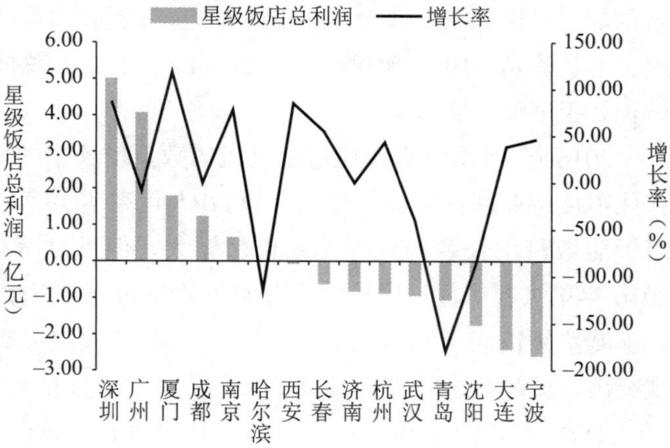

图 3-19　2015 年中国 15 个副省级城市的星级饭店利润

（数据来源：2015 年全国星级饭店统计公报，国家旅游局官网，2016 年 9 月，http://www.cnta.gov.cn/zwgk/lysj/201609/t20160902_782543.shtml；注：成都星级饭店总利润的增长率为 12276.99%，属于特异值，图中以 0 替代）

2. 发展潜力

（1）发展速度：数量继续负增长，且幅度加大，而利润反降为增；城际差异都较大，但数量的城际差异显著缩小，而利润的却呈扩大态势；空间分异不明显

为了保持住宿业发展评价的延续性，并基于数据的可获得性，《报告》选择 2016 年星级饭店数量增长率和 2015 年星级饭店利润增长率评价副省级城市住宿接待业的发展速度，但在综合评价中，为了保持与其他数据一致，都使用 2015 年的增长率数据。

①星级饭店数量增长率：继续负增长，且幅度加大，八成城市负增长；武汉反降为增，表现突出；较前四年增速整体放缓；城际差异很大，但呈显著缩小态势，空间分异不明显

如表 3–5、图 3–20 所示，2016 年 15 个副省级城市星级饭店数量的平均增长率为 –6.86%，降幅较 2015 年增加了 6.72 个百分点。仅武汉和长春 2 个副省级城市星级饭店数量实现增长，增幅分别为 24.14% 和 1.72%；而沈阳、西安、大连等 12 个城市的星级饭店数量都呈下降态势，且平均降幅超过 10%，其中，沈阳的降幅最大，达到 29.85%。另外，哈尔滨的星级饭店数量保持不变，增长率为 0。

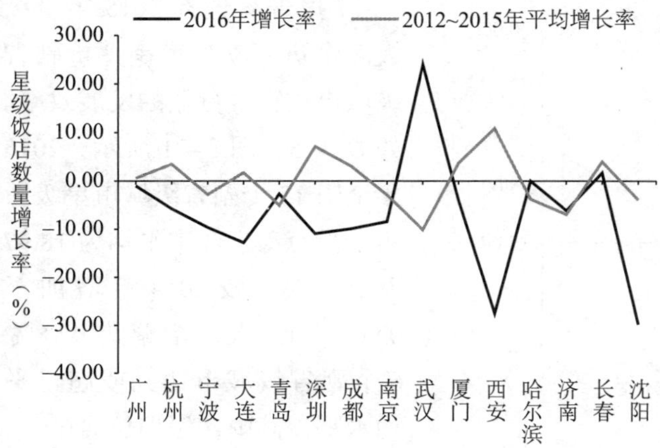

图 3–20　2016 年中国 15 个副省级城市星级饭店数量增长率

（数据来源：2016 年第四季度全国星级饭店统计公报，国家旅游局官网，2017 年 4 月，http://www.cnta.gov.cn/zwgk/lysj/201704/t20170418_822726.shtml。注：济南由于缺失 2011、2012 年数据，其 2012~2015 年平均增长率为 2014~2015 年的平均增长率）

与 2012~2015 年的平均增长率相比较，如图 3–20 所示，2016 年 11 个城市星级饭店数量的增长率都有所降低，沈阳、西安、深圳和大连的降低幅度都较大；只有武汉、

哈尔滨、济南和青岛 4 个城市 2016 年星级饭店数量的增长率有所提高，武汉表现最为突出，增长率从 –10.10% 提高到了 24.14%。因此，总体来看，副省级城市星级饭店数量的增长处于继续减缓状态。

2016 年 15 个副省级城市星级饭店数量增长率的变异系数的绝对值为 1.82（表 3–5），在住宿接待业评价指标中较大，较 2015 年高达 133.44 的变异系数有显著减小，可见，星级饭店数量增长率的城际差异仍然较大，但呈显著缩小趋势。同时，从空间分布来看，2016 年星级饭店数量增长率没有明显的空间分异规律。

②星级饭店利润增长率：平均 8.75%①，大幅提高；六成城市超平均，成都、厦门表现突出；城际差异较大，且呈扩大态势，空间分布无规律

如表 3–5、图 3–19 所示，2015 年 15 个副省级城市星级饭店利润增长率的均值为 8.75%，比 2014 年提高了 43.03 个百分点；9 个城市超过平均水平，除成都以外，厦门、深圳、西安、南京、长春、宁波、杭州、大连 8 个城市 2015 年星级饭店利润增长，而且增长幅度较大，都超过 30%；而广州、武汉、沈阳、哈尔滨和青岛 5 个城市星级饭店利润呈负增长，尤其青岛和哈尔滨降幅都较大，分别为 179.41% 和 114.81%。可见，副省级城市星级饭店的经营效益总体较 2014 年有所好转，但仍有部分城市经营效益恶化。

2015 年 15 个副省级城市星级饭店利润增长率的变异系数为 3.83，在住宿接待业评价指标中较大，且较 2014 年绝对值增大了 1.77，表明星级饭店利润增长率的城际差异较大，且呈扩大态势。但是，2015 年 15 个副省级城市星级饭店利润增长率的空间分布没有明显规律。

（2）发展效率：平均为 19 万元 / 人，略有提高；四成城市达平均，深圳最佳；效率较高的利润也较高；城际差异很小，但持续扩大，呈东南—西北分异

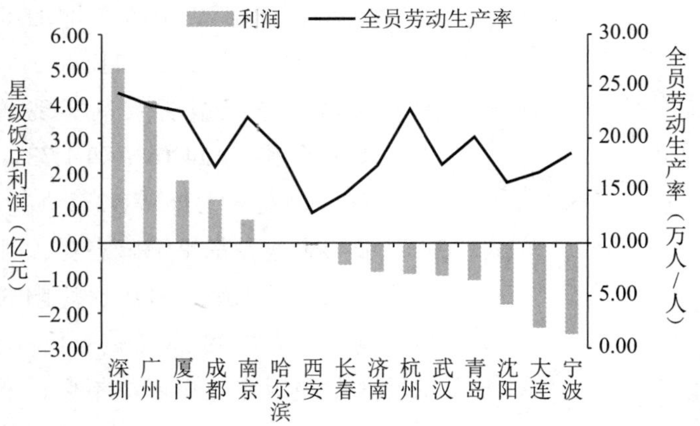

图 3–21 2015 年中国 15 个副省级城市星级饭店全员劳动生产率

（数据来源：2015 年全国星级饭店统计公报，国家旅游局官网，2016 年 9 月，http://www.cnta.gov.cn/zwgk/lysj/201609/t20160902_782543.shtml）

《报告》选择 2015 年星级饭店全员劳动生产率评价副省级城市住宿接待业的发展效率。如表 3–5、图 3–21 所示，2015 年全国 15 个副省级城市星级饭店全员劳动生产率平均为 18.97 万元 / 人，较 2014 年增加了 0.90 万元 / 人，增幅为 4.98%；6 个副省级城市达到或超过平均水平，其中，深圳位居第一，达到 24.34 万元 / 人；其次，广州、杭州、厦门、南京和青岛也比较高，都超过 20 万元 / 人；

① 由于成都 2015 年星级饭店利润增长率高达 12276.99%，异常，所以不纳入本分析之中。

而西安和长春都较低，均不到 15 万元 / 人。

从与星级饭店利润的关系来看，如图 3–21 所示，总体上星级饭店全员劳动生产率较高的城市，其星级饭店利润也较高，星级饭店全员劳动生产率排名前 5 位城市星级饭店的平均利润为 2.13 亿元，而排名中间 5 位和后 5 位的城市，其星级饭店的平均利润分别只有 –1.09 亿元和 –0.72 亿元，总体呈现出全员劳动生产率较高的城市利润也较高的关系。但是，杭州、青岛，虽然全员劳动生产率都超过 20 万元 / 人，较高，但利润却为负，很低；表明其在成本控制等方面还有很大提升空间。

2015 年 15 个副省级城市星级饭店全员劳动生产率的变异系数为 0.18，在住宿接待业的评价指标中最小，但是比 2014 年增大了 0.03，表明星级饭店全员劳动生产率的城际差异很小，但持续扩大。同时，东部沿海和中部城市较高，西部和东北城市较低，表现为东南—西北分异特征。

3. 发展评价

分别对住宿设施总数（星级饭店数量、精品酒店数量、汽车营地数量、途家公寓数量之和）、星级饭店利润、星级饭店发展速度（星级饭店数量增长率和利润增长率的均值）、星级饭店全员劳动生产率进行归一化处理后，加总计算，得到 15 个副省级城市的住宿接待业综合评价结果（表 3–6、图 3–22）。依据综合评价得分高低将其分为三个梯队，然后分别从梯队成员及其空间分布、各指标的相对状况等角度进行分析。

（1）住宿接待业第一梯队：成员较稳定，多东部沿海城市；成都规模—效益—速度三优，深圳均衡，广州规模—效益—效率三优，青岛规模单优，杭州规模—效率双优

住宿接待业第一梯队副省级城市包括成都、深圳、广州、青岛和杭州（图 3–22），综合评价得分都高于 160，主要分布在东部沿海地区。与 2014 年相比，梯队成员较稳定，成都和杭州为新晋升成员。

从第一梯队副省级城市各要素的组成情况来看：成都属于规模、效益、速度三优型，其数量规模和发展速度都排第 1，经营效益也有不俗表现，排名第 4，也在第一方阵，但是其发展效率表现一般，排名第 11，相对较弱，需大力提升；深圳属于均衡型，四个方面的排名都在第一梯队，尤其经营效益和发展效率都排名第 1，没有明显的短板；广州属于规模、效益、效率三优型，其规模数量、经营效益和发展效率都排名第 2，高于其整体排名，而其发展速度排名第 10，有较大提升空间；青岛属于规模单优型，其数量规模排第 3，高于其整体排名，但其他三个方面都比较弱；杭州属于规模、效率双优型，其数量规模和发展效率较强，分别排第 5 和第 3，而经营效益和发展速度有待进一步提升。

表 3-6 2015 年中国 15 个副省级城市住宿接待业综合评价分值及排序

副省级城市	住宿接待业综合评价		发展现状				发展潜力			
			数量规模		经营效益		发展速度		发展效率	
	分值	排序	分值	排序	分值	排序	分值	排序	分值	排序
沈阳	49.41	14	12.38	11	11.13	13	0.72	13	25.17	13
大连	75.52	12	37.72	7	2.38	14	1.70	9	33.71	12
长春	43.27	15	0.00	15	25.85	8	1.92	6	15.51	14
哈尔滨	93.08	8	6.25	12	33.78	6	0.43	14	52.61	7
南京	155.84	6	31.35	8	42.78	5	2.01	5	79.70	5
杭州	167.75	5	56.94	5	22.51	10	1.88	7	86.41	3
宁波	51.88	13	0.36	13	0.00	15	1.78	8	49.74	8
厦门	144.62	7	0.12	14	57.65	3	2.44	2	84.41	4
青岛	170.99	4	87.56	3	20.19	12	0.00	15	63.24	6
武汉	75.61	11	12.65	10	21.81	11	0.99	12	40.16	9
广州	267.16	3	88.18	2	87.61	2	1.49	10	89.90	2
深圳	271.12	2	68.91	4	100.00	1	2.21	3	100.00	1
成都	288.63	1	100.00	1	50.39	4	100.00	1	38.24	11
西安	91.57	9	56.16	6	33.23	7	2.18	4	0.00	15
济南	88.77	10	24.96	9	23.24	9	1.29	11	39.29	10

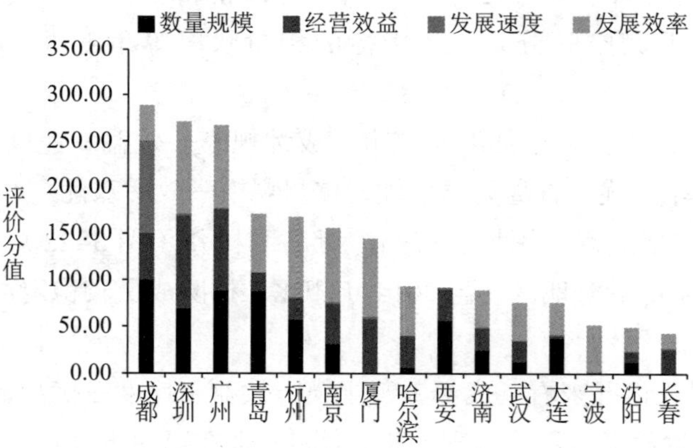

图 3-22 2015 年中国 15 个副省级城市住宿接待业综合评价结果示意图

（2）住宿接待业第二梯队：成员较稳定，多内陆城市；南京、厦门效益—速度—效率三优，哈尔滨效益—效率较优，西安规模—效益—速度较优，济南均衡

住宿接待业第二梯队副省级城市包括南京、厦门、哈尔滨、西安和济南（图 3-22），综合评价得分 89~156，多西部、华东城市。与 2014 年相比，梯队成员较稳定，南京和厦门都从第一梯队掉入。

从第二梯队副省级城市住宿接待业的各组成要素来看，它们虽然整体表现一般，但也有表现很突出的方面，如：南京、厦门属于效益、速度、效率三优型，经营效益、发展速度和发展效率的排名都在第一梯队，而其数量规模排名分别为第 8 和第 14，有较大发展空间；哈尔滨属于效益、效率较优型，其经营效益和发展效率的排名分别为第 6 和第 7，较优，但其规模数量和发展速度分别排第 12 和第 14，有待改进；西安属于规模、效益、速度较优型，其数量规模、经营效益和发展速度分别排第 6、第 7 和第 4，较优甚至优秀，但是其发展效率得分最低，位列副省级城市最后，需大力改进；济南属于均衡型，其四个方面的排名都在 9~11 位，没有明显的优势，也没有明显的短板。

（3）住宿接待业第三梯队：梯队成员稳定，多东北、中部城市；整体很弱，但武汉规模—效率较优，大连规模—速度较强，宁波速度—效率较优，长春效益—速度较优

住宿接待业第三梯队副省级城市包括武汉、大连、宁波、沈阳和长春（图 3-22），综合评价得分都低于 76，主要为东北、中部城市。与 2014 年相比，梯队成员没变，只是排序有变。

第三梯队副省级城市虽然整体表现较弱，但部分城市也有相对较强的方面：武汉属于规模、效率较优型，其数量规模和发展效率较好，排名分别为第 10 和第 9，高于其整体排名；大连属于规模、速度较强型，其数量规模和发展速度排名分别为第 7 和第 9，而发展效益和发展效率排名靠后；宁波属于速度、效率较优型，其发展速度和发展效率都排名第 8，高于其整体排名，但其数量规模和发展效益是其短板；长春属于效益、速度较优型，其经营效益和发展速度分别排名第 8 和第 6，处于第二梯队，但其数量规模和发展效率表现较差，分别排第 15 和第 14 名，亟待改进。

（二）旅游目的地发展

《报告》分别选取景区旅游企业的数量、利润、数量增长率、利润增长率、全员劳动生产率作为我国副省级城市旅游目的地的数量规模、经营效益、发展速度和发展效率的评价指标。这些评价指标及其基本描述统计如表 3-7 所示。

表 3-7　2015 年中国 15 个副省级城市旅游目的地发展的评价指标及其描述统计

类型	评价指标	平均值	最大值	最小值	标准差	变异系数
数量规模	景区旅游企业数量（家）	16.71	38.00	1.00	12.03	0.72
经营效益	景区旅游企业利润（亿元）	1.72	9.07	-0.69	2.68	1.56
发展速度	景区旅游企业数量增长率（%）	37.21	400.00	-83.33	122.12	3.28
	景区旅游企业利润增长率（%）	122.99	1048.35	-130.98	324.52	2.64
发展效率	景区全员劳动生产率（万元/人）	26.15	47.15	4.45	11.61	0.44

（数据来源：中国旅游统计年鉴副本 2015、2016 年）

1. 发展现状

（1）数量规模：平均为 16 家，同比持平；四成城市达平均，杭州独占鳌头；城际差异不大，且呈缩小趋势，华东城市数量多，东北城市数量少

如表 3-7 和图 3-23 所示，2015 年，全国 15 个副省级城市景区旅游企业数量平均值为 16.71 家[①]，基本上与 2014 年持平，杭州、西安、广州、宁波、青岛和南京 6 个副省级城市达到或超过平均水平，其中，杭州的景区旅游企业数量最多，达 38 家；哈尔滨、沈

① 因副省级城市景区数量统计发布口径不一，在本报告中与《中国旅游统计年鉴》相关指标保持一致，采用其中景区旅游企业数量规模反映各个城市旅游景区发展规模。

阳和长春的景区旅游企业数量较少，分别只有 1 家、1 家、3 家。

如表 3-7 所示，2015 年全国 15 个副省级城市景区旅游企业数量的变异系数为 0.72，较小，而且比 2014 年下降了 0.07，表明景区旅游企业数量的城际差异不大，且呈缩小趋势。同时，从空间分布来看，景区旅游企业较多的城市多为华东城市。

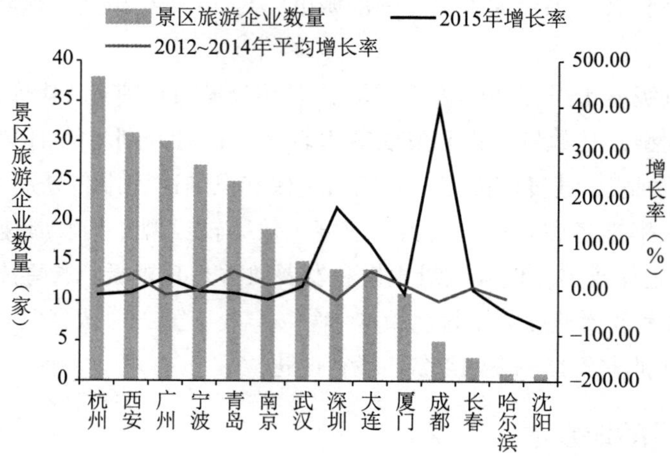

图 3-23 2015 年中国副省级城市景区旅游企业数量及其增长率

（数据来源：中国旅游统计年鉴副本 2013~2016 年。注：沈阳缺失 2012、2013 年数据，济南缺失 2012、2013、2014 年数据）

（2）经营效益：平均 1.72 亿元，成倍增长；不足三成城市达平均，广州独领风骚；城际差异较大，但呈缩小态势，空间分异特征不明显

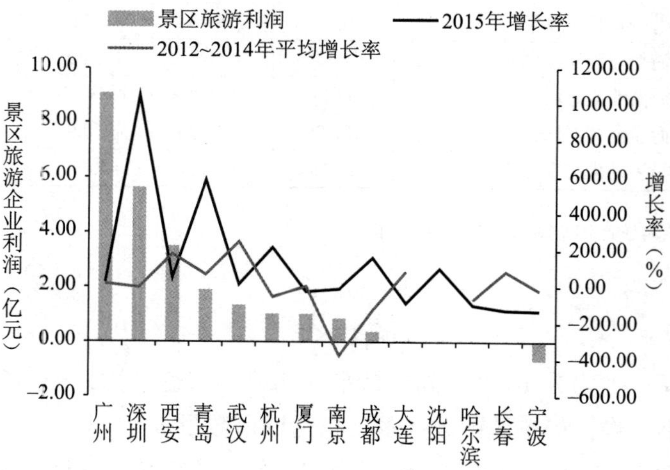

图 3-24 2015 年中国副省级城市的景区旅游企业利润及其增长率

（数据来源：中国旅游统计年鉴副本 2013~2016 年。注：济南缺失 2011、2012、2013、2014、2015 年数据，沈阳缺失 2011、2012、2013 年数据）

如表 3–7 所示，2015 年，全国 14 个[①]副省级城市的旅游景区利润平均为 1.72 亿元，较 2014 年增加了 0.89 亿元，增幅高达 107.23%；只有 4 个城市达到或超过平均水平，其中，如图 3–24 所示，广州景区旅游企业利润达到 9.07 亿元，独领风骚，其次，深圳、西安、青岛的景区利润较高，均超过平均水平；而宁波、长春和哈尔滨，不仅排名靠后，而且均出现一定程度的亏损，尤其宁波亏损高达 0.69 亿元。

2015 年副省级城市景区利润的变异系数为 1.56（表 3–7），较大，但比 2014 年减小了 0.85，表明景区旅游企业利润的城际差异较大，但呈缩小态势。同时，从空间角度分析，15 个副省级城市景区旅游企业利润的空间分布没有明显的分异特征。

2. 发展潜力

（1）发展速度：数量和利润增幅均大幅提高，且利润增速提高幅度更大；城际差异都较大，但都呈缩小态势

①景区旅游企业数量增长率：平均为 37%，大幅提高；仅三市超平均，成都独领风骚，近六成城市负增长；较前三年总体增幅提高；城际差异大，但大幅缩小；西部城市高，东部城市低

如表 3–7 所示，2015 年 14 个副省级城市景区旅游企业数量的增长率平均为 37.21%，较 2014 年提高了 36.47 个百分点。如图 3–23 所示，仅成都、大连和深圳这 3 个城市达到或超过平均水平，其中，成都增幅最大，达到了 400%；深圳和大连增幅也超过 100%；而沈阳、西安、青岛、厦门、杭州、南京、哈尔滨和宁波的景区旅游企业数量都有所减少，尤其哈尔滨降幅最大，达到了 83.33%。

与 2012~2014 年平均增长率相比较，如图 3–23 所示，仅有广州、深圳、大连、成都这 4 个城市 2015 年景区旅游企业数量的增长率高于其前三年的平均增长率，平均提高了 180.73 个百分点，尤其是成都高出 424.76 个百分点，表现十分突出；而其他 9 个城市 2015 年景区旅游企业数量的增长率都有所降低，平均降低了为 23.07 个百分点；因此，总体来看，副省级城市景区旅游企业数量处于加速增长态势。

2015 年副省级城市景区旅游企业数量增长率的变异系数为 3.28（表 3–7），相对较大，但比 2014 年减小了 65.10，表明景区旅游企业数量增长率的城际差异大，但呈大幅缩小趋势。同时，从空间分布来看，2015 年景区旅游企业数量增长率呈现出西部城市高、东部城市低的格局。

②景区旅游企业利润增长率：平均为 123%，大幅提高；但仅三成城市达到平均值，深圳增幅最大；较前三年总体增幅提高；城际差异显著，但呈缩小态势，空间分异不明显

如表 3–7 所示，2015 年 14 个副省级城市景区旅游企业利润的增长率平均为 122.99%，较 2014 年提高了 72.45 个百分点；4 个城市达到或超过平均水平，其中，如图 3–24 所示，深圳、青岛和杭州不仅都扭亏为盈，而且增幅较大，都超过 200%，尤其深

① 济南数据缺失，不纳入计算。下同。

圳呈爆发式增长，增幅达 1048.35%；其次，成都和沈阳的增幅也都超过 100%；而南京、厦门、大连、哈尔滨、长春和宁波景区旅游企业利润都呈负增长，其中宁波和长春降幅较大，分别达到 130.98% 和 127.07%。

与 2012~2014 年的平均增长率相比较，如图 3–24 所示，南京、深圳、杭州、广州、青岛和成都 6 个城市 2015 年景区旅游企业利润的增长率有所提高，平均提高了 417.08 个百分点；其他 7 城市景区旅游企业利润的增长率都有所降低，平均降低了 131.30 个百分点。因此，总体来看，与前三年的平均水平相比较，副省级城市景区旅游企业利润的增速有大幅提高。

2015 年副省级城市景区旅游企业利润增长率的变异系数为 2.64（表 3–7），较大，但比 2014 年降低了 0.26，表明景区旅游企业利润增长率的城际差异较大，但呈缩小态势。从空间分布来看，2015 年副省级城市景区旅游企业利润增长率的分布无明显特征。

（2）发展效率：平均为 26 万元 / 人，与上年持平；一半城市达平均，青岛高居榜首；生产率越高的城市利润也越高；较前四年总体继续提升；省际差异很小，但呈扩大态势，空间分异特征不明显

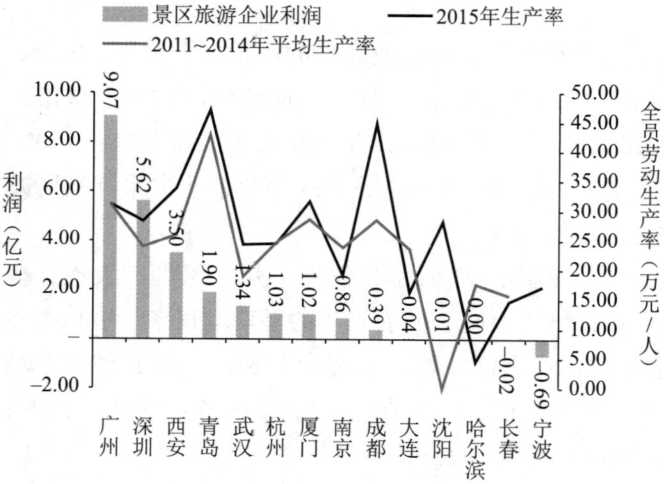

图 3–25　2015 年中国副省级城市的景区全员劳动生产率

（数据来源：中国旅游统计年鉴（副本）2012~2016。注：沈阳、济南数据缺失）

如表 3–7 所示，2015 年，全国 14 个副省级城市景区全员劳动生产率的平均值为 26.15 万元 / 人，与 2014 年基本持平；高于省域的平均水平（22.60 万元 / 人），7 个城市达到或超过平均水平，其中，如图 3–25 所示，景区全员劳动生产率排名前五的副省级城市是青岛、成都、西安、厦门和广州，均超过 31 万元 / 人，其中，青岛高居榜首，达到 47.15 万元 / 人；排名后四位的是宁波、大连、长春和哈尔滨，均未超过 20 万元 / 人。

从与景区旅游企业利润的关系来看，景区全员劳动生产率排名前 5 位、中间 5 位和后 4 位的城市的平均利润分别为 3.18 亿元、1.77 亿元、−0.17 亿元，表明景区全员劳动生产率高的城市利润也高，反之则低（图 3–25），但是，全员劳动生产率很高的成都、沈阳和大连，利润却较低，因此，这些城市的景区应加强成本控制，提高其利润。

与各城市 2011~2014 年的平均全员劳动生产率相比较，如图 3–25 所示，有 6 个城市 2015 年的景区全员劳动生产率有所提升，增幅平均为 25.90%，其中，成都、西安和武汉的增幅较大，分别达到 57.09%、30.13% 和 29.33%；有 7 个城市 2015 年的景区全员劳动

生产率有所下降，降幅平均为 19.08%，其中，哈尔滨、大连的降幅较大，分别为 74.72% 和 34.14%。因此，总体来看，与前四年的平均水平相比较，2015 年副省级城市的景区全员劳动生产率呈继续提升态势。

2015 年副省级城市景区全员劳动生产率的变异系数仅为 0.44（表 3-7），很小，但比 2014 年增加了 0.19，表明景区全员劳动生产率的城际差异很小，但呈扩大趋势。同时，从空间分布来看，副省级城市全员劳动生产率高的城市在华北、西部、华南、东北都有分布，没有明显的集聚特征。

3. 发展评价

分别对前述衡量副省级城市旅游目的地发展状况的数量规模、经营效益、发展速度（景区旅游企业数量增长率与利润增长率的均值）、发展效率的四个指标进行归一化处理后，加和计算，得到全国 15 个[①]副省级城市旅游目的地综合评价结果（表 3-8、图 3-26）。依据综合评价得分高低将其分为三个梯队，然后分别从梯队成员及其空间分布、各指标的相对状况等角度进行分析。

表 3-8　2015 年中国 15 个副省级城市旅游目的地综合评价分值及排序

城市	旅游目的地综合评价		发展现状				发展潜力			
			数量规模		经营效益		发展速度		发展效率	
	分值	排序	分值	排序	分值	排序	分值	排序	分值	排序
沈阳	149.79	11	0.00	13	7.17	11	55.81	7	55.81	7
大连	127.90	12	35.14	8	7.50	10	27.63	12	27.63	12
长春	98.31	13	5.41	12	6.85	13	24.03	13	24.03	13
哈尔滨	46.07	14	0.00	13	7.07	12	0.00	14	0.00	14
南京	157.29	9	48.65	6	15.92	8	34.36	10	34.36	10
杭州	226.67	5	100.00	1	17.62	6	47.03	8	47.03	8
宁波	158.99	10	70.27	4	0.00	14	29.86	11	29.86	11
厦门	192.99	7	27.03	10	17.56	7	63.70	4	63.70	4
青岛	301.42	2	64.86	5	26.55	4	100.00	1	100.00	1
武汉	172.92	8	37.84	7	20.83	5	46.63	9	46.63	9
广州	313.00	1	78.38	3	100.00	1	62.81	5	62.81	5
深圳	227.76	4	35.14	8	64.64	2	56.00	6	56.00	6
成都	233.23	6	10.81	11	11.05	9	94.68	2	94.68	2
西安	269.60	3	81.08	2	42.91	3	68.81	3	68.81	3
济南	数据缺失									

（1）旅游目的地第一梯队：成员变化较大，多沿海城市；广州、青岛和西安均衡，深圳效益单优，杭州规模单优

如表 3-8、图 3-26 所示，副省级城市旅游目的地第一梯队包括广州、青岛、西安、

① 虽然济南部分数据缺失，不能参与综合评价，但《报告》仍将其纳入梯队之中。

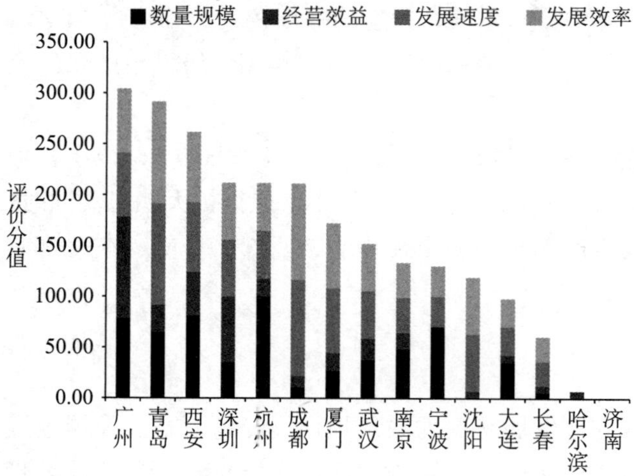

图 3–26 2015 年中国 15 个副省级城市旅游目的地综合评价结果示意图

深圳和杭州，都为旅游快速发展的城市，为全国城市的领跑者，综合评价得分 226~313 分，多沿海城市。与 2014 年相比，梯队成员变化较大，青岛、深圳和杭州都为新入城市，而原来的南京、厦门和大连则被挤出第一梯队。

从旅游目的地第一梯队城市各要素的组成情况来看，如表 3–8 和图 3–26 所示：广州、青岛和西安属于均衡型，其四个方面的排名都在第一梯队，各要素表现较为均衡，没有明显的短板；深圳属于效益单优型，其经营效益排名第 2，但其他三个方面表现一般，数量规模排第 8 名，发展速度和效率都排第 6 名，因此要加强这方面的建设；杭州属于规模单优型，其数量规模得分 100，排名第 1，但其他三个方面都排在第二梯队，有较大的提升空间。

（2）旅游目的地第二梯队：成员变化大，分布于南部；成都和厦门速度、效率双优，武汉效益单优，宁波规模单优

如表 3–8、图 3–26 所示，副省级城市旅游目的地第二梯队包括成都、厦门、武汉、南京和宁波，综合评价得分 158~234 分，全为南部城市。与 2014 年相比，梯队成员也有较大变化，厦门和南京从第一梯队落下，成都则从第三梯队升入。

从旅游目的地第二梯队城市各要素的组成情况来看，成都和厦门属于速度—效率双优型，发展速度和发展效率分别都排名第 2 和第 4，但其数量规模和经营效益表现一般；武汉属于效益单优型，其经营效益排名第 5，进入第一梯队，而其他方面都表现一般；宁波属于规模单优型，其数量规模排名第 4，而其他三方面都排名较靠后，尤其是经营效益表现最弱，排名第 14，有较大发展空间。

（3）旅游目的地第三梯队：成员有变，全为东北城市；各方面都很弱，只有沈阳速度—效率较优，大连规模—效益较优

如表 3–8、图 3–26 所示，副省级城市旅游目的地第三梯队包括沈阳、大连、长春和哈尔滨，综合评价得分 46~150 分，全部分布在东北地区。与 2014 年相比，大连和长春分别从第一、第二梯队掉入。

从旅游目的地第三梯队城市各要素的组成情况来看，整体都很弱，只有沈阳的速度、效率较优，其发展速度和发展效率都排名第 7，大连的规模、效益较优，其数量规模和经营效益分别排第 8 和第 10，其他方面有待提升发展。

（三）旅行社业发展

《报告》分别选取旅行社数量、利润、数量增长率、利润增长率、全员劳动生产率作为衡量 2015 年中国 14 个副省级城市[①] 旅行社业的数量规模、经营效益、发展速度和发展效率的评价指标。这些评价指标及其基本描述统计如表 3–9 所示。

表 3–9　2015 年中国 14 个副省级城市旅行社业发展评价指标及其基本描述统计

类型	评价指标	平均值	最大值	最小值	标准差	变异系数
数量规模	旅行社数量（家）	353.07	659.00	95.00	164.39	0.47
经营效益	旅行社利润（亿元）	0.55	1.92	–0.46	0.68	1.24
发展速度	旅行社数量增长率（%）	8.10	61.02	–4.49	16.24	2.01
	旅行社利润增长率（%）	–83.68	–33.55	–114.47	21.65	–0.26
发展效率	旅行社全员劳动生产率（万元/人）	121.16	230.49	46.14	53.14	0.44

（数据来源：中国旅游统计年鉴副本 2015, 2016。济南数据缺失）

1. 发展现状

（1）数量规模：平均为 353 家，小幅增加；四成城市达平均，杭州最多；城际差异较小，但呈扩大态势，沿海城市较多

如表 3–9 和图 3–27 所示，2015 年 14 个副省级城市旅行社数量的均值约为 353 家，较 2014 年增加了 18 家，增幅为 5.37%；6 个城市达到或高于平均水平，其中，杭州最多，有 659 家，其次为深圳和南京，都超过 500 家，分别有 594 和 538 家；而成都最少，只有 95 家。

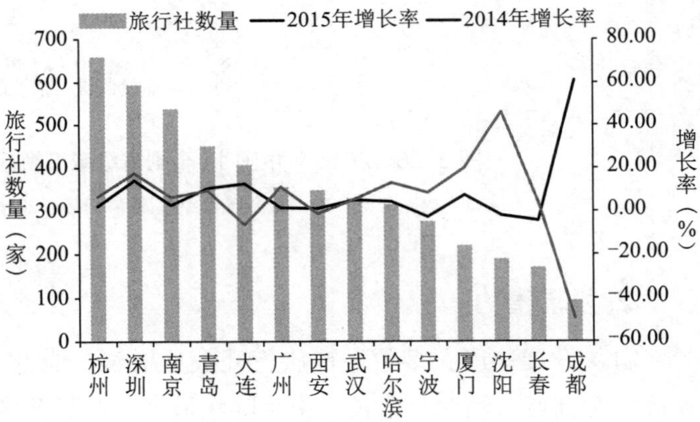

图 3–27　2015 年中国 14 个副省级城市旅行社数量及其增长率

（数据来源：中国旅游统计年鉴副本 2015、2016 年。济南数据缺失）

2015 年全国 14 个副省级城市旅行社数量的变异系数为 0.47，在旅行社业的 5 个评价指标中较小（表 3–9），但比 2014 年增加了 0.02，表明旅行社数量的城际差异较小，但呈扩大态势。从副省级城市旅行社数量的空间分布来看，旅行社数量较多的城市多分布于沿海地区，中西部、东北地区副省级城市旅行社数量较少。

（2）经营效益：利润平均仅 0.55 亿元，大幅减少；仅四成城市达平均，青岛最强；城际差异较大，且有扩大趋势，空间分异不明显

① 由于济南市数据缺失，故仅对 14 个副省级城市进行统计分析。

如表 3–9 和图 3–28 所示，2015 年 14 个副省级城市旅行社利润的均值为 0.55 亿元，较2014年减少了3.56亿元，降幅高达86.62%；仅有6个城市达到或高于平均水平，其中，青岛盈利能力最强，实现了 1.92 亿元的利润；而长春、西安和南京的旅行社则出现了亏损现象，其中南京亏损最为严重，利润只有 –0.46 亿元。

2015 年全国 14 个副省级城市旅行社利润的变异系数为 1.24，在旅行社业的 5 个评价指标中较高，而且较 2014 年上升了 0.30，表明旅行社利润的城际差异较大，且呈扩大趋势。从副省级城市旅行社利润的空间分布来看，没有明显的空间分异特征。

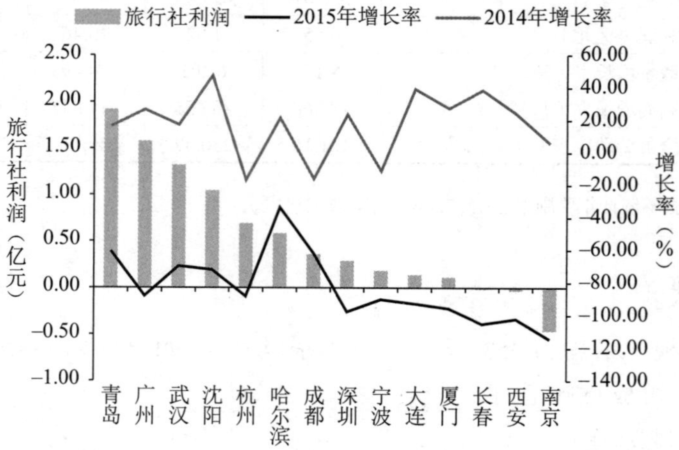

图 3–28　2015 年中国 14 个副省级城市旅行社的利润及其增长率

（数据来源：中国旅游统计年鉴副本 2015、2016 年。济南数据缺失）

2. 发展潜力

（1）发展速度：多数城市旅行社数量增长，成都增幅最大；城际差异大，沿海城市稍高；全部城市利润负增长，南京降幅最大，城际差异较小，空间分异不明显

①旅行社数量增长率：平均为 8%，略有提高；仅三成城市达平均，成都增幅最大；城际差异大，但呈缩小态势，沿海城市稍高

如表 3–9 和图 3–27 所示，2015 年全国 14 个副省级城市旅行社数量增长率的平均值为 8.10%，较 2014 年提高了 1.58 个百分点；仅成都、深圳、大连和青岛 4 个城市达到平均水平，其中：成都增幅最大，达到 61.02%，遥遥领先；而沈阳、宁波和长春呈负增长，其中长春降幅最大，为 4.49%。

与 2014 年相比较，虽然仅成都、大连、西安和青岛 4 个城市 2015 年的旅行社数量增长率有所提高，但平均提高了 33.28 个百分点，其中成都提高幅度最大，达到 110.15 个百分点；而其他 10 个城市 2015 年的增长率都有所降低，平均降幅为 11.10 个百分点，其中沈阳的降幅最大，达到 48.28 个百分点。因此，总体来看，2015 年副省级城市旅行社数量的增长率较 2014 年有所提高。

2015 年全国 14 个副省级城市旅行社数量增长率的变异系数为 2.01（表 3–9），在旅行社业的 5 个评价指标中最大，但较 2014 年下降了 0.97，表明旅行社数量增长率的城际差异大，但呈缩小趋势。在空间分布上，大体上呈现出沿海城市增长率高、内陆城市增长率低的特点。

②旅行社利润增长率：平均为 –84%，所有城市都呈现负增长，南京降幅最大；城际差异较小，且呈缩小态势，空间分异不明显

如表 3–9 和图 3–28 所示，2015 年全国 14 个副省级城市旅行社利润增长率的平均值为 –83.68%，较 2014 年降低了 101.17 个百分点；全部城市负增长，其中，哈尔滨（–33.55%）、青岛（–60.46%）、成都（–61.98%）、武汉（–69.78%）和沈阳（–71.95%）的降幅相对较小，而西安、长春和南京降幅较大，均超过 100%，宁波、大连、厦门和深圳降幅也较高，均超过 90%。同时，与 2014 年相比较，所有城市 2015 年的增长率都下降了，长春、大连、西安等 8 个城市的降幅超过 100 个百分点。

2015 年全国 14 个副省级城市旅行社利润增长率的变异系数的绝对值为 0.26（表 3–9），在旅行社业的 5 个评价指标中最小，且比 2014 年下降了 0.86，表明旅行社利润增长率的城际差异较小，且呈缩小态势。在空间分布上，没有明显的分异规律。

（2）旅行社全员劳动生产率：平均为 121 万元 / 人，有所提高；四成城市达平均，沈阳表现突出；生产率较高的城市利润较高；城际差异较小且略有缩小，空间分布无明显规律

如表 3–9 和图 3–29 所示，2015 年全国 14 个副省级城市的全员劳动生产率平均为 121.16 万元 / 人，较 2014 年提高了 10.51 万元 / 人，增幅为 9.50%；沈阳、南京、广州、深圳、杭州和青岛 6 个城市达到平均水平，其中，沈阳的全员劳动生产率最大，达到 230.49 万元 / 人，是唯一超过 200 万元 / 人的城市；而武汉、宁波、哈尔滨、大连、西安和长春全员劳动生产率较小，都不足 100 万元 / 人，其中，长春的全员劳动生产率最小，只有 46.140 万元 / 人。

从与各副省级城市旅行社利润的关系来看，旅行社全员劳动生产率排名前 5 位、中间 5 位和后 4 位的城市的平均利润分别为 0.63 亿元、0.78 亿元和 0.13 亿元，可见，旅行社全员劳动生产率较高的城市，其旅行社利润也相对较高。但是，南京虽然旅行社全员劳动生产率表现突出，但利润相对一般，因此，需在保证人员管理优势的基础上，加强其他成本控制。

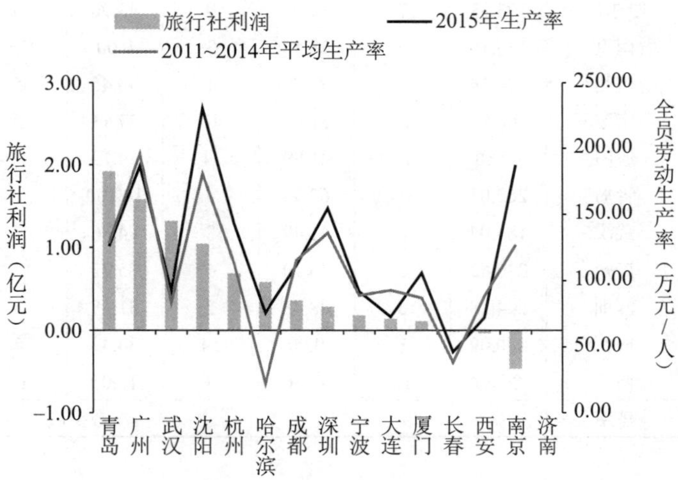

图 3–29 2015 年中国 14 个副省级城市旅行社的全员劳动生产率

（数据来源：中国旅游统计年鉴副本 2012~2016）

与各城市 2011~2014 年的

平均全员劳动生产率相比较[①]，有 9 个城市 2015 年的旅行社全员劳动生产率有所提升，增幅平均为 46.05%，其中，哈尔滨的增幅最大，达到 242.30%；有 5 个城市 2015 年的旅行社全员劳动生产率有所下降，降幅平均为 9.92%，其中，大连和西安的降幅较大，分别为 21.76 % 和 18.26%。因此，总体来看，与前四年的平均水平相比较，2015 年副省级城市的旅行社全员劳动生产率总体呈继续提升态势。

2015 年全国 14 个副省级城市旅行社全员劳动生产率的变异系数为 0. 44（表 3–9），较小，而且比 2014 年降低了 0.03，表明旅行社全员劳动生产率的城际差异较小，且略有缩小。同时，从空间分布来看，副省级城市旅行社全员劳动生产率的空间分布没有呈现出明显的区域集中性。

3. 发展评价

分别对旅行社数量、利润、发展速度（旅行社数量增长率和利润增长率的均值）、全员劳动生产率进行归一化处理，然后加总求和，得到全国 14 个副省级城市旅行社业的综合评价结果（表 3–10、图 3–30）。依据综合评价得分高低，将 14 个副省级城市分为三个梯队，分别从梯队成员、空间分布、各指标的相对状况等角度对各个梯队进行分析。

表 3–10　2015 年中国 15 个副省级城市旅行社业发展综合评价分值及排序

副省级城市	旅行社业发展综合评价		发展现状				发展潜力			
			数量规模		经营效益		发展速度		发展效率	
	分值	排序	分值	排序	分值	排序	分值	排序	分值	排序
沈阳	214.12	4	16.67	12	63.37	4	34.08	5	100.00	1
大连	123.68	10	55.32	5	25.26	10	28.74	6	14.35	12
长春	34.11	14	13.30	13	18.80	12	2.02	13	0.00	14
哈尔滨	173.38	7	39.01	9	43.96	6	74.48	2	15.93	11
南京	155.16	9	78.55	3	0.00	14	0.00	14	76.61	2
杭州	224.34	3	100.00	1	48.45	5	23.19	8	52.70	5
宁波	100.89	11	31.91	10	27.11	9	17.08	11	24.78	10
厦门	99.80	12	21.99	11	24.13	11	21.24	10	32.44	8
青岛	262.03	1	62.94	4	100.00	1	55.85	3	43.24	6
武汉	184.04	6	41.49	8	74.86	3	42.53	4	25.16	9
广州	230.62	2	46.10	6	85.72	2	22.68	9	76.12	3
深圳	204.28	5	88.48	2	31.48	8	25.60	7	58.73	4
成都	170.09	8	0.00	14	34.49	7	100.00	1	35.61	7
西安	86.85	13	44.86	7	18.05	13	9.91	12	14.03	13
济南	数据缺失									

① 由于2012年旅行社全员劳动生产率的数据缺失，因此这里实际上是各城市2011年、2013年和2014年的平均全员劳动生产率。

（1）旅行社业第一梯队：成员稳定，多沿海城市；青岛规模—效益—速度三优，广州效益—效率双优，杭州规模—效益—效率三优，沈阳效益—速度—效率三优，深圳规模—效率双优

如表 3–10、图 3–30 所示，旅行社业第一梯队成员包括青岛、广州、杭州、沈阳和深圳，综合评价分值均在 200 分以上，多为沿海城市。与 2014 年相比，梯队成员没有变化，只是排序有所变化。

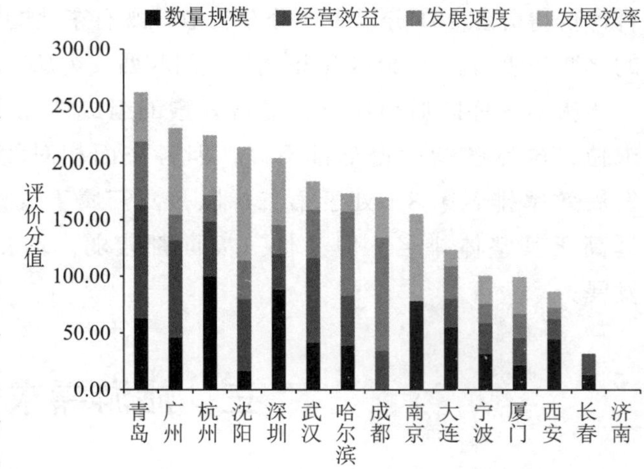

图 3–30 2015 年中国 15 个副省级城市旅行社业发展综合评价结果示意图

从第一梯队城市旅行社业各要素的组成情况来看，五个城市的优势各不相同。青岛为规模、效益、速度三优型，其经营效益排名第 1，表现抢眼，且其数量规模、发展速度分别排名第 4 和第 3，都很强，而其发展效率排名第 6，表现相对较弱；广州属于效益—效率双优型，其经营效益和发展效率较强，分别排名第 2 和第 3，然而其数量规模和发展速度相对较弱，分别排名第 6 和第 9，需要在注重现状调整、扩大旅行社数量规模、有效地进行成本管理、增加利润的同时，提高发展速度；杭州为规模、效益、效率三优型，其数量规模排名第 1，遥遥领先，而且其经营效益和发展效率也有表现较好，都排名第 5，都处于第一梯队，而其发展速度排名第 8，相对较慢；沈阳为效益、速度、效率三优型，其发展效率表现尤为突出，排名第 1，且其发展速度和发展效益表现也很好，排名分别为第 5 和第 4，但其数量规模是短板，排名第 12，有待进一步加强；深圳属于规模、效率双优型，其数量规模和发展效率分别排名第 2 和第 4，但其经营效益和发展速度排名靠后，有待进一步改善。

（2）旅行社业第二梯队：成员较稳定，分散分布；武汉效益—速度双优，哈尔滨、成都速度单优，南京规模—效率双优，大连规模单优

如表 3–10 和图 3–30 所示，旅行社业第二梯队包括武汉、哈尔滨、成都、南京和大连，综合评价得分 120~185 分，分布较散。与 2014 年相比，哈尔滨和成都为新进成员。

从第二梯队城市旅行社业各要素的组成情况来看，武汉属于效益、速度双优型，其经营效益和发展速度分别排名第 3 和第 4，进入第一梯队，而其数量规模和发展效率分别排名第 8 和第 9，表现一般；哈尔滨和成都属于速度单优型，其发展速度分别排名第 2 和第 1，表现十分突出，但哈尔滨的发展效率排名第 11，成都的数量规模排名第 14，成为明显的短板；南京属于规模、效率双优型，其数量规模和发展效率分别排名第 3 和第 2，表现抢眼，而其发展效益和速度都排名第 14，有很大改进空间；大连属于规模单优型，其数量规模排名第 5，表现较好，但其发展效率排名第 12，相对靠后。

（3）旅行社业第三梯队：成员较稳定，分布分散；宁波、长春较均衡，厦门效率较优，西安规模较优

如表 3–10、图 3–30 所示，旅行社业第三梯队成员包括宁波、厦门、西安和长春，综合评价得分在 101 分以下，分布较散，既有东北的长春，也有西北的西安，还有东南部的宁波和厦门。与 2014 年相比，厦门和西安为从第二梯队掉入的新成员。

从第三梯队城市旅行社业各要素的组成情况来看，宁波和长春位于第三梯队的首末位，虽然各指标得分都不高，但各方面相对较为均衡；厦门属于效率较优型，其发展效率排名第 8，处于第二梯队；西安属于规模较优型，其数量规模排名第 7，也远高于其整体排名，但其他三方面都较弱，均排名在第 12 位和第 13，有待进一步发展。

三、旅游需求分析

与省域旅游需求分析一样，《报告》从旅游需求现状和潜力两方面分析副省级城市的旅游需求，并分别选用旅游接待总人次、旅游总收入从规模和效益角度反映旅游需求现状，分别选取旅游接待总人次增长率和旅游总收入增长率、入境游客人均花费从速度和效率角度反映旅游需求潜力。这些评价指标及其基本描述统计如表 3–11 所示。

表 3–11　2015 年中国 15 个副省级城市旅游需求评价指标及其基本描述统计

类型	评价指标	平均值	最大值	最小值	标准差	变异系数
旅游需求现状	旅游接待总人次（万人次）	9617.46	21235.34	5375.21	5013.81	0.52
	旅游总收入（亿元）	1416.61	2807.04	682.48	604.94	0.43
旅游需求潜力	旅游接待总人次增长率（%）	12.49	38.86	2.58	8.77	0.70
	旅游总收入增长率（%）	14.84	26.59	1.44	6.07	0.41
	入境游客人均花费（美元/人）	640.58	1002.96	241.76	178.23	0.28

（数据来源：中国旅游统计年鉴 2016。注：入境旅游收入以 1∶6.5 的美元兑人民币汇率换算）

（一）旅游需求现状

1. 旅游接待总人次：平均仍不足 1 亿人次，且有小幅减少；五城达平均，武汉、成都表现抢眼；入境游客占比仍很低，但略有提高；城际差异中等且稳定，中西部城市多，沿海、北部城市少

如表 3–11 和图 3–31 所示，2015 年，我国 15 个副省级城市旅游接待总人次的平均值为 9617.46 万人次，较 2014 年减少了 156.34 万人次，降幅为 1.60%；5 个城市达到或超过平均水平，分别是武汉、成都、西安、杭州和南京，其中，武汉、成都旅游接待总人次均突破了 1.5 亿人次，领跑全国；西安、杭州、南京紧随其后，接待总人次 1 亿 ~1.5

亿人次；而沈阳、宁波、青岛、大连等 10 个城市旅游接待总人次都不足 1 亿人次，尤其深圳最少，只有 5375.21 万人次。

如图 3-31 所示，2015 年我国 15 个副省级城市仍以国内旅游接待为主，国内旅游接待人次远高于入境旅游接待人次，显示出强劲的国内旅游需求。15 个副省级城市的入境旅游接待人次的占比平均只有 3.30%，仍很低，但较 2014 年提高了 1.40 个百分点，其中，深圳和广州表现突出，占比分别达到 22.67% 和 14.20%，而哈尔滨、济南、南京等 8 个城市的占比低于 1%。另外，从入境旅游接待人次占比与旅游接待总人次的关系来看，如图 3-31 所示，旅游接待总人次越少的城市，入境旅游接待人次占比越高，实际上，旅游接待总人次排名前 5 位、中间 5 位和后 5 位的城市的平均占比分别为 0.94%、0.97% 和 7.98%，也反映出同样的规律；同时，入境旅游接待人次占比较高的城市在空间上表现出明显的沿海分布的规律。

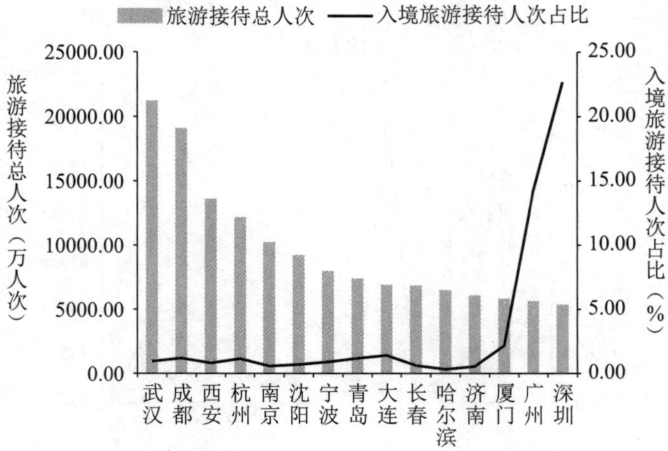

图 3-31 2015 年中国 15 个副省级城市的旅游接待总人次及入境旅游接待人次的占比

（数据来源：中国旅游统计年鉴 2016）

2015 年全国 15 个副省级城市旅游接待总人次的变异系数为 0.52，在旅游需求的 5 个评价指标中属于中等（表 3-11），且较 2014 年略有上升，表明旅游接待总人次的城际差异中等，且稳定。同时，从空间分布来看，中西部城市多，沿海、北部城市少。

2. 旅游总收入：平均 1417 亿元，较大幅提高；仅五城达平均，广州仍一枝独秀；入境旅游收入占比仍很低且略有降低，深圳仍独占鳌头；城际差异小且稳定，南部城市高、北部城市低的空间格局保持

如表 3-11 所示，2015 年全国 15 个副省级城市的旅游总收入平均为 1416.61 亿元，较 2014 年增加了 166.71 亿元，增幅为 13.34%；但只有 5 个城市达到或超过平均水平，其中，如图 3-32 所示，广州一枝独秀，旅游总收入达到 2807.04 亿元，其次，武汉、成都、杭州和南京也较高，均超过了 1500 亿元，五市之和占到 15 城市总和的 51%；而哈尔滨、厦门和济南较为落后，旅游总收入都不到 1000 亿元。

从副省级城市旅游总收入的构成来看，2015 年副省级城市旅游总收入的绝大多数都来自于国内旅游收入，入境旅游收入占比平均只有 5.62%，比较低，而且较 2014 年降低了 0.81 个百分点，但较入境旅游接待人次占比高出 2.32 个百分点；其中，深圳表现十分突出，占比达到 30.97%，其次广州占比也较高，为 11.67%。从入境旅游收入占比与旅游总收入的关系来看，旅游总收入排名前 5 位、中间 5 位和后 5 位的城市的平均占比分别

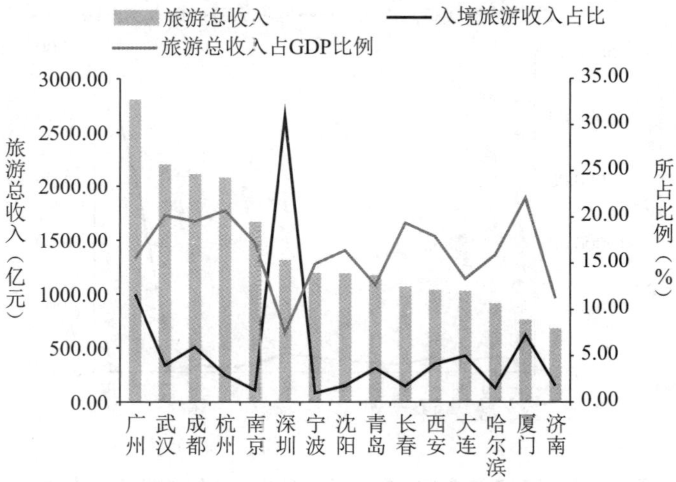

图 3-32　2015 年 15 个副省级城市的旅游总收入、入境旅游收入占比以及旅游总收入占 GDP 的比例

（数据来源：中国旅游统计年鉴 2016，中国统计年鉴 2016）

为 5.14%、7.81% 和 3.92%，表现为旅游总收入较高的城市入境旅游收入占比也较高，与入境旅游接待人次的占比表现不同，但在空间分布上与入境旅游接待人次占比具有同样的特征：沿海城市较高，内陆城市较低。

从各副省级城市旅游总收入占其 GDP 的比例来看，如图 3-32 所示，2015 年副省级城市旅游总收入占 GDP 的比例平均为 16.28%，较 2014 年提高了 0.91 个百分点，绝大多数城市此比例都为 10%~20%，其中，厦门和杭州最为突出，占比都超过 20%，分别为 22.04% 和 20.69%，而深圳此比例低于 10%，仅为 7.51%。从旅游总收入占 GDP 比例与旅游总收入的关系来看，旅游总收入排名前 5 位、中间 5 位和后 5 位的城市的平均比例分别为 18.62%、14.16% 和 16.07%，仍呈现出“两头高，中间低”的特征。

2015 年全国 15 个副省级城市旅游总收入的变异系数为 0.43，在旅游需求的 5 个评价指标中较小（表 3-11），而且与 2014 年相等，表明旅游总收入的城际差异较小，且稳定。同时，旅游总收入的空间分布仍然表现为明显的南北分异：南部城市旅游总收入都较高，北部城市都较低。

（二）旅游需求潜力

1. 旅游接待总人次增长率：平均为 12%，大幅降低；四成城市达平均，长春突出；旅游接待总人次中等的城市增长率更高；9 年来增长持续趋缓；城际差异大但呈缩小态势，东北部城市高，西南部城市低

2015 年，全国 15 个副省级城市旅游接待总人次增长率平均为 12.49%（表 3-11），较 2014 年降低了 22.01 个百分点；长春、大连、宁波、杭州、西安和厦门 6 城达到或超过均值，其中，长春、大连和宁波的增长率都高于 15%，长春最高，达到 38.86%（图 3-33）。

从与旅游接待总人次的关系来看，旅游接待总人次排名前 5 位、中间 5 位和后 5 位的城市的平均增长率分别为 9.55%、19.07% 和 8.84%，表现为“中间高、两头低”的特征。

与 2007~2014 年各副省级城市旅游接待总人次的平均增长率相比较，如图 3-33 所示，只有长春、大连、宁波、沈阳、杭州 5 个城市 2015 年的增长率有所提高，平均增幅为

7.28 个百分点，而其他 10 个城市 2015 年的增长率都一定程度降低，平均降幅为 33.75 个百分点，但除广州、深圳外，降幅都不大；可见，副省级城市旅游接待总人次的增长持续趋缓。

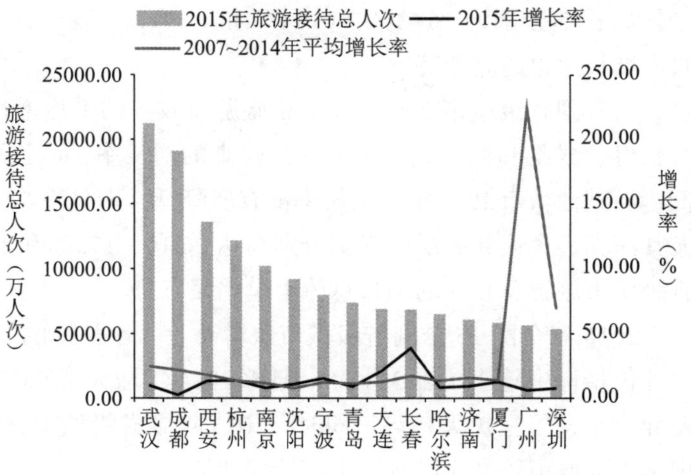

图 3-33　2015 年中国 15 个副省级城市旅游接待总人次及其增长率

（数据来源：中国旅游统计年鉴 2007~2016 年）

2015 年全国 15 个副省级城市旅游接待总人次增长率的变异系数为 0.70，在旅游需求的 5 个评价指标中最高（表 3-11），但较 2014 年降低了 1.01，表明旅游接待总人次增长率的城际差异较大，但呈缩小趋势。同时，2015 年副省级城市旅游接待总人次增长率在空间上呈现出东北部城市高、西南部城市低的格局。

2. 旅游总收入增长率：平均为 15%，小幅降低；八城达平均，长春、成都表现突出；旅游总收入越高的城市增长率越高；较前 8 年增长趋缓；城际差异较小，但有所扩大，保持内陆城市较高、沿海城市较低的空间格局

2015 年全国 15 个副省级城市旅游总收入增长率的平均值为 14.84%，较 2014 年降低了 1.96 个百分点；8 个城市达到或超过平均水平，其中，如图 3-34 所示，除大连旅游总收入增长率只有 1.44% 以外，其他所有城市旅游收入都呈两位数增长，长春和成都的增长率最高，都超过 20%，分别为 26.59% 和 24.76%，杭州、西安、广州、哈尔滨和宁波的增长率也都超过 15%。同时，旅游总收入的平均增长率（14.84%）高于旅游接待总人次的平均增长率（12.49%），表明副省级城市旅游业发展呈现出内涵式增长态势。

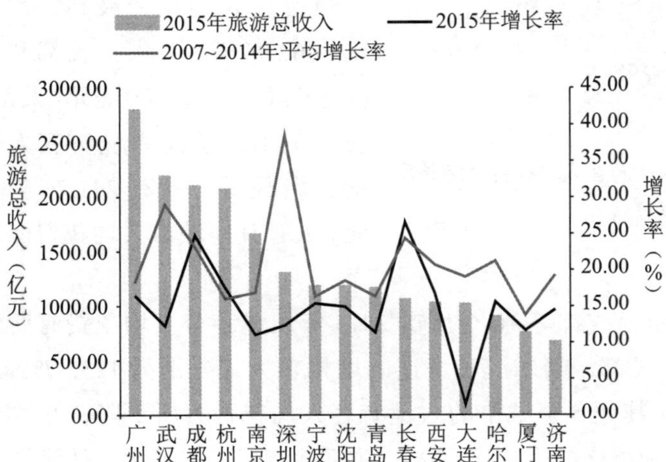

图 3-34　中国 15 个副省级城市旅游总收入 2015 年及 2007~2014 年平均增长率

（数据来源：中国旅游统计年鉴 2007~2016）

从与旅游总收入的关系来看，旅游总收入排名前 5 位、中间 5 位和后 5 位的城市旅游总收入的

平均增长率分别为16.41%、16.11%和11.99%，表现为旅游总收入越高的城市其旅游总收入增长率也越高的特征。

与各副省级城市2007~2014年旅游总收入的平均增长率相比较，如图3-34所示，只有长春、成都和杭州延续了前8年较高的增长率，而且平均增幅只有1.80个百分点，很低；而其他城市2015年的增长率都有所降低，而且平均降低幅度为7.84个百分点，较大，尤其深圳、大连和武汉的降幅分别高达26.16、17.58和16.77个百分点。因此，可以说副省级城市旅游总收入的增长总体上呈趋缓态势。

2015年全国15个副省级城市旅游总收入增长率的变异系数为0.41，在旅游需求的5个评价指标中较小（表3-11），但比2014年增大了0.05，表明旅游总收入增长率的城际差异较小，但呈扩大趋势。同时，2015年副省级城市旅游总收入增长率在空间上仍然呈现出内陆城市较高而沿海城市较低的特征。

3. 入境游客人均花费：平均为641美元/人，较大幅增加；八城达平均，哈尔滨遥遥领先；5个城市降低，南京和宁波降幅较大；城际差异很小且稳定，北、西部城市较高，东南部城市较低

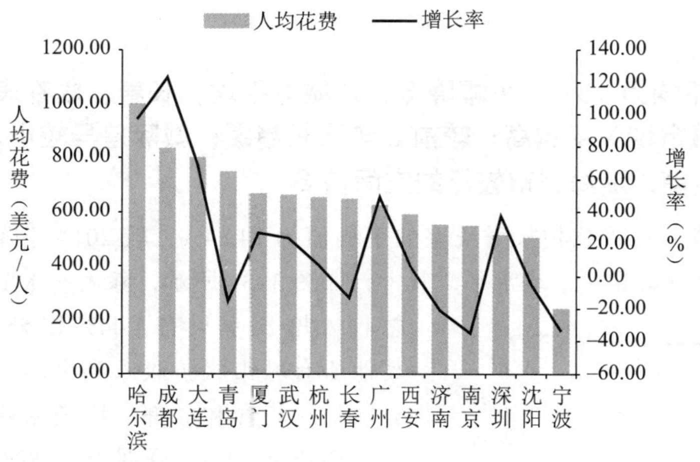

图3-35 2015年中国15个副省级城市入境游客人均花费及增长率

（数据来源：旅游抽样调查资料2016）

2015年全国15个副省级城市入境游客人均花费的平均值为640.58美元/人，较2014年增加了77.11美元/人，增幅为13.69%；8个城市达到或超过平均水平，其中，如图3-35所示，哈尔滨入境游客人均花费最高，达到1002.96美元/人，成都和大连也都突破了800美元/人，表现突出；宁波入境游客人均花费最低，只有241.76美元/人；其他城市人均花费保持在500~800美元/人。

与2014年相比，如图3-35所示，成都等10个城市2015年入境游客人均花费有所增加，平均增幅为48.96%，其中，成都、哈尔滨和大连的增幅较大，分别为123.37%、97.03%和68.55%，表现十分突出；其他5个城市的入境游客人均花费有所下降，平均降幅为20.51%，其中，南京、宁波和济南的降幅度较大，都超过20%，尤其南京达到了35.1%。

2015年全国15个副省级城市入境游客人均花费的变异系数为0.28，在旅游需求的五个评价指标中最低（表3-11），而且与2014年相比，几乎没有变化，表明入境游客人均

花费的城际差异很小，而且很稳定。同时，从空间分布来看，15 个副省级城市 2015 年入境游客人均花费呈现出北部、西部城市较高、东南部城市较低的分异格局。

（三）旅游需求综合评价

将前述旅游接待总人次、旅游总收入、旅游接待总人次增长率、旅游总收入增长率以及入境游客人均花费 5 个指标分别进行归一化处理后，加和计算，得到全国 15 个副省级城市旅游需求的综合评价结果（表 3–12、图 3–36）。依据综合评价得分高低，将 15 个副省级城市分为三个梯队，分别从梯队成员、空间分布、各指标的相对状况等角度对各个梯队进行分析。

1. 旅游需求第一梯队：成员基本稳定，多中南部城市；成都、杭州均衡，武汉、广州现状优，长春潜力大

如表 3–12、图 3–36 所示，旅游需求第一梯队为成都、武汉、长春、杭州、广州，多为中南部城市。与 2014 年相比，成员基本稳定，只有长春为新晋成员，而南京被挤出第一梯队。

表 3–12 2015 年中国 15 个副省级城市旅游需求综合评价结果

城市	综合评价		旅游需求现状		旅游需求潜力	
	得分	排名	得分	排名	得分	排名
沈阳	159.34	10	48.25	7	111.09	12
大连	150.93	11	26.07	12	124.86	6
长春	281.32	3	27.71	11	253.62	1
哈尔滨	190.59	7	18.13	13	172.47	2
南京	170.47	8	77.09	5	93.38	13
杭州	258.10	4	108.71	3	149.40	4
宁波	131.31	13	40.64	8	90.67	15
厦门	131.55	12	6.81	14	124.74	7
青岛	159.80	9	36.03	9	123.77	8
武汉	290.62	2	171.55	1	119.07	10
广州	221.94	5	101.78	4	120.15	9
深圳	122.91	14	29.73	10	93.18	14
成都	324.39	1	153.81	2	170.58	3
西安	205.06	6	68.70	6	136.36	5
济南	115.83	15	4.53	15	111.29	11

从旅游需求第一梯队城市各要素的组成情况来看，如图 3–36 所示，可以将第一梯队城市分为三种类型：成都和杭州属于均衡型，旅游需求现状和潜力排名都在第 2~4 名，相对均衡，没有明显的短板；武汉和广州属于现状优胜型，旅游需求现状分别排第 1 和第 4，优势明显，但其旅游需求潜力却分别排第 10 和第 9，成为明显的短板，因此，需

要在保持旅游接待规模和收入的基础上，进一步挖掘旅游需求潜力；长春属于潜力优胜型，其旅游需求潜力排名第 1，十分突出，但其旅游需求现状排在第 11，还很落后，因此，长春需要进一步增加接待规模和收入。

2. 旅游需求第二梯队：成员较稳定，多北方城市；西安、哈尔滨潜力大，南京现状优

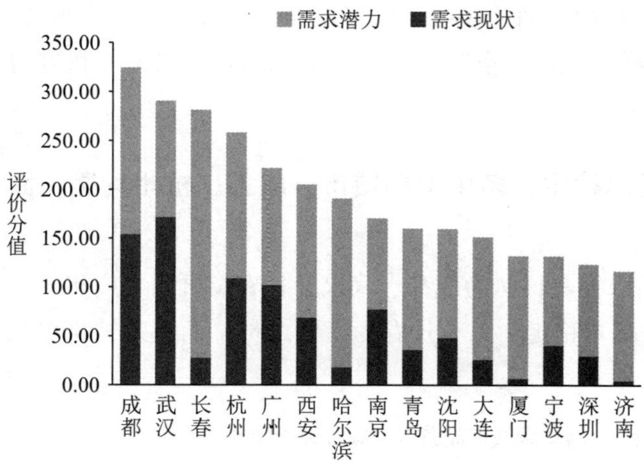

图 3-36　2015 年中国 15 个副省级城市旅游需求综合评价

如表 3-12、图 3-36 所示，旅游需求第二梯队包括西安、哈尔滨、南京、青岛和沈阳，多为北部城市。与 2014 年相比，梯队成员基本稳定，南京从第一梯队掉入，哈尔滨则从第三梯队晋升。

从旅游需求第二梯队城市各要素的组成情况来看，如图 3-36 所示，第二梯队城市虽然整体表现一般，但也有城市有表现突出的方面：西安和哈尔滨属于潜力优胜型，其旅游需求潜力分别排名第 5 和第 2，进入第一梯队，但哈尔滨的旅游需求现状排第 13，还很落后，需要大力提升；南京属于现状优胜型，其旅游需求现状排名第 5，优势明显，但其旅游需求潜力却排名第 13，有很大差距，发展速度和入境游客人均花费都有较大提升空间。

3. 旅游需求第三梯队：成员基本稳定，多东南沿海城市；大连、厦门潜力较大，宁波、深圳现状较强

如表 3-12、图 3-36 所示，旅游需求第三梯队包括大连、厦门、宁波、深圳、济南，得分都不足 151，相对落后，多为东南沿海城市。与 2014 年相比，只有深圳是从第二梯队掉入的新成员。

从旅游需求第三梯队城市各要素的组成情况来看，如图 3-36 所示，第三梯队城市整体表现都很弱，部分城市有表现较强的方面：大连和厦门潜力较大，其旅游需求潜力分别排第 6 和第 7，进入第二梯队；宁波和深圳现状较强，其旅游需求现状分别排第 8 和第 10，有一定优势。

四、副省级城市旅游业发展综合评价

将本章前述副省级城市旅游业发展评价的各项指标按现实竞争力、潜在竞争力和发展环境竞争力进行汇总，全面评价副省级城市的旅游竞争力。其中，现实竞争力和潜在竞争力分别由旅游需求、住宿接待业、旅游目的地和旅行社业四个方面的现实竞争力和潜在竞争力合并构成，环境竞争力由自然环境竞争力、社会经济环境竞争力和旅游政策环境竞争力合并构成。评价指标详见表 3–13。

表 3–13 2015 年副省级城市旅游业发展综合评价指标体系

A层	B层	C层	D层	数据来源	备注
综合竞争力	B1现实竞争力	C1旅游需求现实竞争力	D1旅游接待总人次（万人）	《中国旅游统计年鉴2016》	
			D2旅游总收入（亿元）	《中国旅游统计年鉴2016》	
		C2住宿接待业现实竞争力	D3住宿设施总数（家）	详见表3–5	包含各类型饭店
			D4星级饭店利润（亿元）	《中国旅游统计年鉴（副本）2016》	
		C3旅游目的地现实竞争力	D5景区旅游企业数量（家）	《中国旅游统计年鉴（副本）2016》	
			D6景区旅游企业利润（亿元）	《中国旅游统计年鉴（副本）2016》	
		C4旅行社业现实竞争力	D7旅行社数量（个）	《中国旅游统计年鉴（副本）2016》	
			D8旅行社利润（亿元）	《中国旅游统计年鉴（副本）2016》	
	B2潜在竞争力	C5旅游需求潜在竞争力	D9旅游接待总人次增长率（%）	《中国旅游统计年鉴2016》	
			D10旅游总收入增长率（%）	《中国旅游统计年鉴2016》	
			D11入境游客人均花费（美元/人）	《中国旅游统计年鉴2016》	入境游客人均停留天数与人均天花费的乘积
		C6住宿接待业潜在竞争力	D12星级饭店发展速度（%）	据《中国旅游统计年鉴（副本）》（2015、2016）数据计算	2015年星级饭店数量和利润增长率的均值
			D13星级饭店全员劳动生产率（万元/人）	2015年全国星级饭店统计公报	
		C7旅游目的地潜在竞争力	D14 A级旅游景区发展速度（%）	根据《中国旅游统计年鉴（副本）》（2015、2016）数据计算	2015年A级旅游景区数量和利润增长率的均值
			D15 景区全员劳动生产率（万元/人）	《中国旅游统计年鉴（副本）2016》	
		C8旅行社业潜在竞争力	D16旅行社业发展速度（%）	据《中国旅游统计年鉴（副本）》（2015、2016）数据计算	2015年旅行社数量和利润增长率的均值
			D17旅行社全员劳动生产率（万元/人）	《中国旅游统计年鉴（副本）2016》	

续表

A层	B层	C层	D层	数据来源	备注
综合竞争力	B3发展环境竞争力	C9自然环境竞争力	D18空气质量优良天数（天）	《中国统计年鉴2016》《2016年国民经济和社会发展公报》	
			D19污水集中处理率（%）	《中国统计年鉴2016》《2016年中国环境统计年鉴》	
			D20生活垃圾无害化处理率（%）	《中国统计年鉴2016》《2016年中国环境统计年鉴》	
		C10社会经济环境竞争力	D21经济发展水平	《中国统计年鉴2016》	2015年GDP和人均GDP归一化后的平均值
			D22年客运总量（万人）	《中国统计年鉴2016》	
			D23 互联网普及率（%）	《2016年中国城市统计年鉴》	
			D24万人专利授权数（件）	《中国统计年鉴2016》	
		C11旅游政策环境竞争力	D25旅游管理机构设置	各城市相关政府官网	
			D26政府工作报告提及“旅游”次数（次）	各城市政府官网	

（一）综合竞争力评价结果

将反映全国15个副省级城市2015年现实竞争力、潜在竞争力和发展环境竞争力的各项指标分别进行归一化处理后加和计算，得到全国15个副省级城市旅游综合竞争力的评价结果（表3–14、图3–37）。依据综合评价得分高低，将15个副省级城市分为三个梯队，分别从梯队成员、空间分布、各方面竞争力的相对状况等角度对各个梯队进行分析。

表3–14　2015年中国15个副省级城市旅游综合竞争力评价结果

城市	综合竞争力		现实竞争力		潜在竞争力		发展环境竞争力	
	得分	排名	得分	排名	得分	排名	得分	排名
沈阳	848.06	10	158.97	11	338.98	6	350.10	11
大连	801.48	11	189.39	9	242.70	13	369.40	9
长春	697.93	14	97.91	14	298.68	9	301.34	13
哈尔滨	704.81	13	148.20	13	315.92	8	240.69	15
南京	994.92	8	294.34	8	294.59	10	405.99	6
杭州	1271.91	3	454.22	2	386.38	5	431.31	4
宁波	751.85	12	170.29	10	214.96	14	366.59	10
厦门	929.00	9	155.29	12	337.42	7	436.29	3
青岛	1225.56	5	398.14	4	438.92	2	388.50	7
武汉	1037.68	6	381.03	5	286.82	11	369.83	8
广州	1459.66	2	587.76	1	387.53	4	484.37	2
深圳	1462.96	1	418.36	3	435.72	3	608.88	1
成都	1246.99	4	360.54	6	590.69	1	295.76	14
西安	1017.25	7	344.98	7	245.34	12	426.93	5
济南	–	15	–	15	–	15	326.45	12

1. 综合竞争力第一梯队：成员较稳定，多沿海城市；深圳、广州、杭州均衡，成都潜力单优，青岛现实—潜力双优

如表 3–14、图 3–37 所示，综合竞争力第一梯队包括深圳、广州、杭州、成都、青岛，综合评价分值都高于 1200 分，主要为沿海城市。与 2014 年相比，梯队成员较稳定，杭州、成都为从第二梯队晋升的新成员，而南京、西安则被挤出第一梯队。

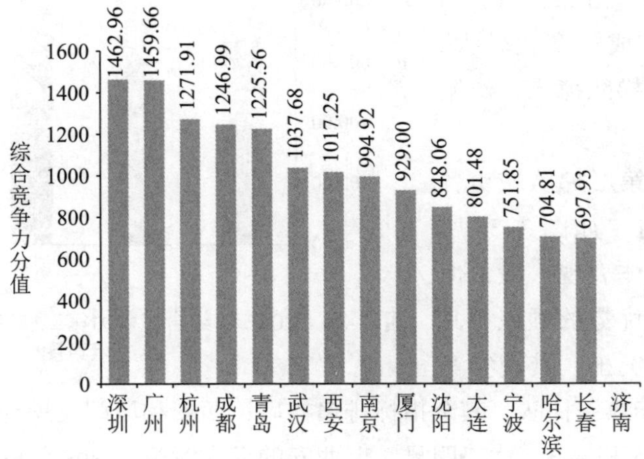

图 3–37　2015 年中国 15 个副省级城市旅游综合竞争力评价结果示意图

从综合竞争力第一梯队城市各项指标的表现来看，如图 3–38 所示，它们整体表现最强，但不同城市的优势不同：深圳、广州和杭州属均衡型，其现实竞争力、潜在竞争力及发展环境竞争力排名均在第一梯队，且均有指标排名前三，深圳的发展环境竞争力、广州的现实竞争力均排名第 1，杭州的现实竞争力排名第 2，没有明显的短板；成都为潜在竞争力单优型，其潜在竞争力排名第 1，优势突出，但其现实竞争力和发展环境竞争力分别排第 6 和第 14，并不乐观；青岛为现实、潜力双优型，这两项指标的排名分别为第 4 和第 2，但其发展环境竞争力排第 7，有提升空间。

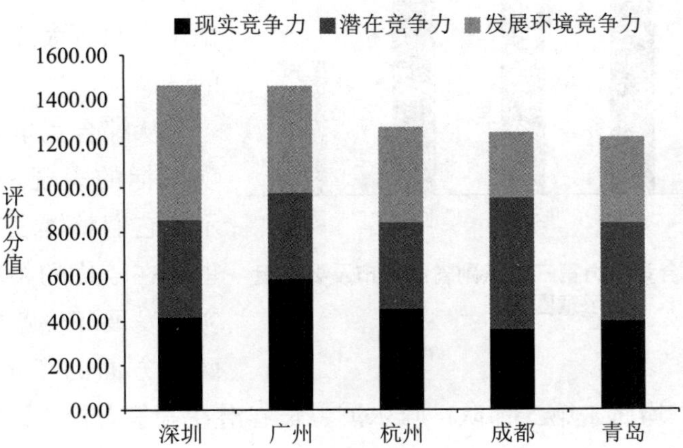

图 3–38　2015 年综合竞争力第一梯队副省级城市及要素组成示意图

2. 综合竞争力第二梯队：成员变化较大，分布较散；武汉现实单优，西安、厦门发展环境单优

如表 3–14、图 3–37 所示，综合竞争力第二梯队包括武汉、西安、南京、厦门、沈阳，综合评价分值为 810~1100 分，分布较散。与 2014 年相比，梯队成员变化较大，西安和南京从第一梯队掉入，沈阳由第三梯队晋升。

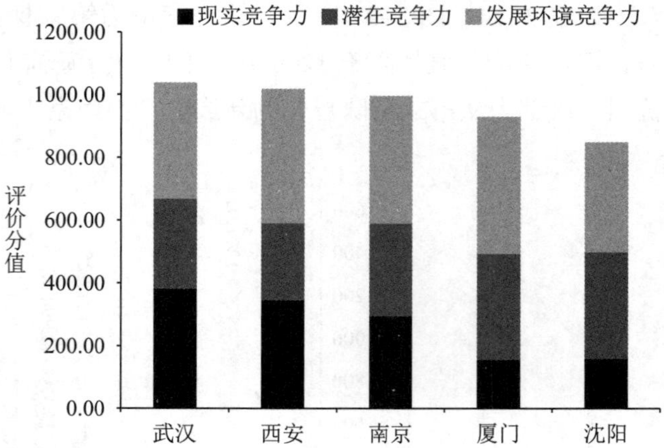

图 3–39　2015 年综合竞争力第二梯队副省级城市及要素组成示意图

从综合竞争力第二梯队城市各项指标的表现来看，如图 3–39 所示，虽然它们的整体表现一般，但各城市也存在相对优势的领域：武汉现实竞争力优势突出，其现实竞争力排名第 5，属于第一梯队，其余指标排名靠后；西安和厦门发展环境竞争力单优，该指标排名分别为第 5 和第 3，优势明显，但西安的潜在竞争力和厦门的现实竞争力均排名第 12，短板明显。

3. 综合竞争力第三梯队：成员基本稳定，多东北城市；大连、宁波现实—发展环境较优，哈尔滨、长春潜力较优

如表 3–14、图 3–37 所示，综合竞争力第三梯队包括大连、宁波、哈尔滨、长春和济南，综合评价分值在 810 分以下，多为东北城市。与 2014 年相比，梯队成员基本稳定，只有大连是由第二梯队掉入的。

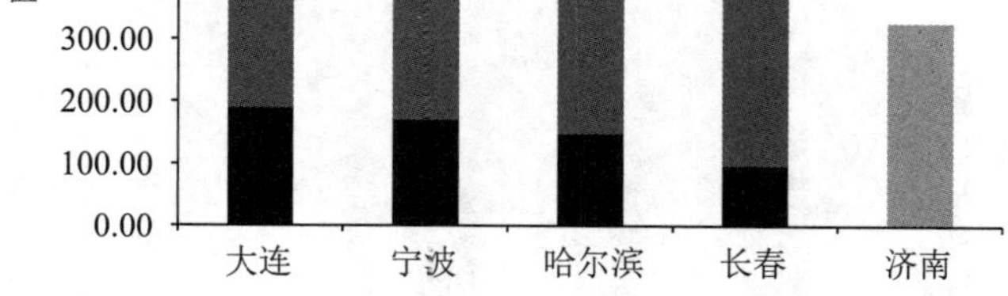

图 3–40　2015 年综合竞争力第三梯队副省级城市及要素组成示意图

从综合竞争力第三梯队城市各项指标的表现来看，如图 3–40 所示，它们整体表现较差，但各城市也存在较优的领域：大连、宁波现实、发展环境竞争力较优，大连这两个方面的竞争力排名均为第 9，宁波均排名第 10，均属于第二梯队；哈尔滨、长春潜在竞争力较优，排名分别为第 8 和第 9，而其余两项指标排名都处于末尾。

（二）现实竞争力评价结果

将全国15个副省级城市2015年旅游需求、住宿接待业、旅游目的地和旅行社业发展现状的评价指标进行归一化处理，而后加和计算，得到全国15个副省级城市现实竞争力的评价结果（表3–15、图3–41）。依据评价得分高低，将15个副省级城市分为三个梯队，分别从梯队成员、空间分布、各方面竞争力的相对状况等角度对各个梯队进行分析。

1. 现实竞争力第一梯队：成员较稳定，多沿海城市；广州、杭州均衡，深圳、青岛住宿—目的地—旅行社现状三优，武汉需求—旅行社现状双优

如表3–15、图3–41所示，现实竞争力第一梯包括广州、杭州、深圳、青岛、武汉，得分为380~590，多为沿海城市。与2014年相比，梯队成员较稳定，广州、杭州、深圳仍保持前三位，青岛、武汉由2014年的第二梯队晋升至第一梯队，而西安、南京则被挤出第一梯队。

表3–15 2015年中国15个副省级城市旅游现实竞争力评价结果

城市	B1现实竞争力		C1旅游需求现实竞争力		C2住宿接待业现实竞争力		C3旅游目的地现实竞争力		C4旅行社业现实竞争力	
	得分	排名	得分	排名	得分	排名	得分	排名	得分	排名
沈阳	158.97	11	48.25	7	23.52	14	7.17	13	80.03	8
大连	189.39	9	26.07	12	40.10	10	42.63	10	80.58	7
长春	97.91	14	27.71	11	25.85	13	12.26	12	32.10	14
哈尔滨	148.20	13	18.13	13	40.04	11	7.07	14	82.97	6
南京	294.34	8	77.09	5	74.13	7	64.57	7	78.55	9
杭州	454.22	2	108.71	3	79.45	6	117.62	3	148.45	2
宁波	170.29	10	40.64	8	0.36	15	70.27	6	59.03	11
厦门	155.29	12	6.81	14	57.78	8	44.59	9	46.12	12
青岛	398.14	4	36.03	9	107.75	4	91.42	5	162.94	1
武汉	381.03	5	171.55	1	34.46	12	58.67	8	116.35	5
广州	587.76	1	101.78	4	175.78	1	178.38	1	131.82	3
深圳	418.36	3	29.73	10	168.91	2	99.77	4	119.95	4
成都	360.54	6	153.81	2	150.39	3	21.86	11	34.49	13
西安	344.98	7	68.70	6	89.39	5	123.99	2	62.91	10
济南	—	—	4.53	15	48.19	9	—	—	—	—

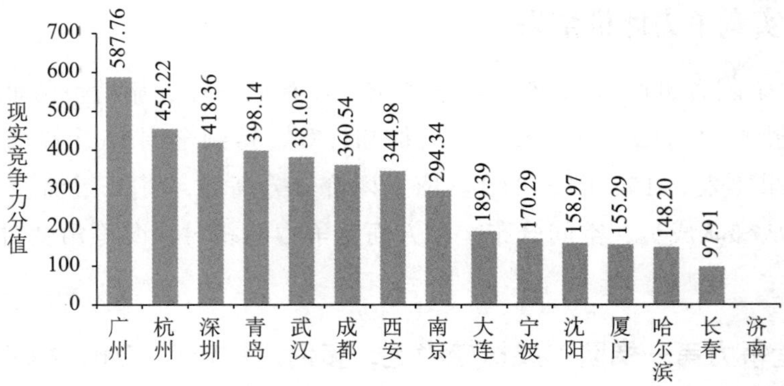

图 3-41　2015 年中国 15 个副省级城市旅游现实竞争力评价结果示意图

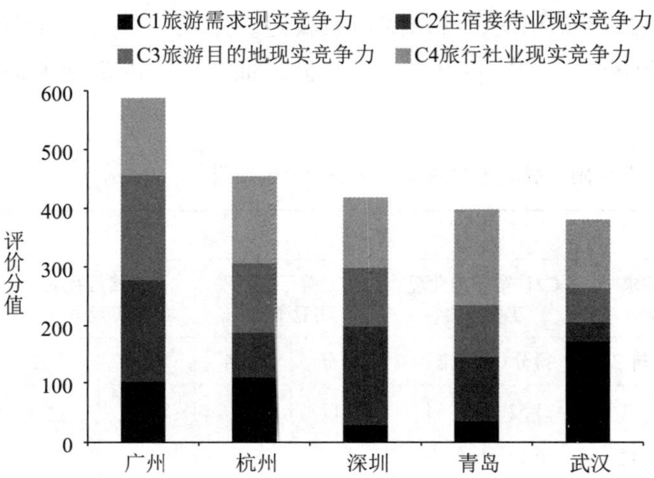

图 3-42　2015 年现实竞争力第一梯队副省级城市及要素组成示意图

从现实竞争力第一梯队城市各项指标的表现来看，如图 3-42 所示，它们整体表现最强，但不同城市各有优势，各有短板：广州和杭州为均衡型，各项指标排名基本都属于第一梯队，无明显的短板；深圳、青岛属住宿、目的地、旅行社三优型，其三大核心产业现实竞争力排名均属第一梯队，尤其青岛市旅行社现实竞争力排名第 1，优势明显，但两者的旅游需求现实竞争力排名分别为第 10 和第 9，比较弱；武汉属需求、旅行社现状双优型，这两项指标的排名分别为第 1 和第 5，优势突出，但其旅游目的地和住宿接待业现实竞争力排名分别为第 8 和第 12，成为明显的短板。

2. 现实竞争力第二梯队：成员变化较大，多内陆城市；成都需求—住宿现状双优，西安目的地—住宿现状双优，南京需求现状单优

如表 3-15、图 3-41 所示，现实竞争力第二梯队包括成都、西安、南京、大连、宁波，分值为 170~370 分，多内陆城市。与 2014 年相比，梯队成员变化较大，西安从第一梯队掉入，大连由第三梯队晋升，厦门则掉入第三梯队。

从现实竞争力第二梯队城市各项指标的表现来看，如图 3-43 所示，它们虽然整体表现一般，但部分城市也有优势的方面：成都属于需求、住宿双优型，旅游需求和住宿接待业现实竞争力分别排第 2 名和第 3，属于第一梯队，高于其整体排名，但其旅游目的地及旅行社现实竞争力排名分别为第 11 位和第 13，属于第三梯队，有上升空间；西安属目的地、住宿双优型，这两个方面的现实竞争力分别排名第 2 和第 5，属于第一梯队，高于

其整体排名，优势突出；南京属需求优胜型，其旅游需求现实竞争力排名为第 5，属于第一梯队。

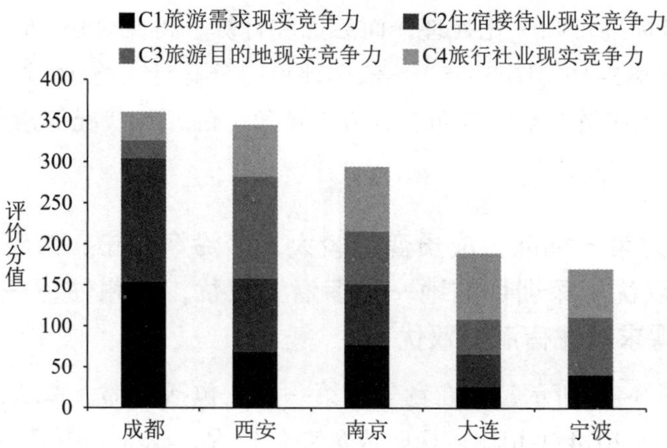

图 3-43 2015 年现实竞争力第二梯队副省级城市及要素组成示意图

3. 现实竞争力第三梯队：成员基本稳定，多东北城市；沈阳需求—旅行社现状较优，厦门住宿—目的地现状较优，哈尔滨旅行社现状较优

如表 3-15、图 3-41 所示，现实竞争力第三梯队包括沈阳、厦门、哈尔滨、长春和济南，现实竞争力分值 200 分以下，多为东北地区。与 2014 年排名相比，梯队成员基本稳定，厦门是从第二梯队掉入，原来的大连进入第二梯队。

从现实竞争力第一梯队城市各项指标的表现来看，如图 3-44 所示，它们整体表现都很弱，但部分城市有相对较优的领域：沈阳需求、旅行社现状较优，其旅游需求和旅行社现实竞争力排名分别为第 7 和第 8，属于第二梯队，高于整体排名；厦门属住宿、目的地现状较优型，这两方面的现实竞争力排名分别为第 8 和第 9，属于第二梯队；哈尔滨属于旅行社较优型，旅行社现实竞争力排名第 6，高于整体排名；济南则属于住宿现状较优型，其住宿接待业现实竞争力排第 9 名。

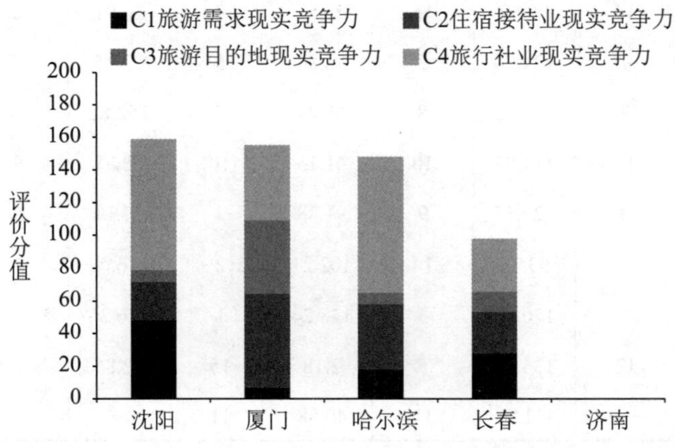

图 3-44 2015 年现实竞争力第三梯队副省级城市及要素组成示意图

（三）潜在竞争力评价结果

将全国15个副省级城市2015年在旅游需求、住宿接待业、旅游目的地和旅行社业发展潜力的评价指标进行归一化处理，而后加和计算，得到全国15个副省级城市潜在争力的评价结果（表3–16、图3–45）。依据评价得分高低，将15个副省级城市分为三个梯队，分别从梯队成员、空间分布、各方面竞争力的相对状况等角度对各个梯队进行分析。

1. 潜在竞争力第一梯队：成员变化较大，多沿海城市；成都均衡，青岛目的地—旅行社潜力双优，深圳目的地—住宿潜力双优，广州住宿—旅行社—目的地潜力三优，杭州需求—住宿潜力双优

如表3–16、图3–45所示，潜在竞争力第一梯队包括成都、青岛、深圳、广州、杭州，多沿海城市。与2014年相比，梯队成员变化较大，成都由最后一名上升为第1名，深圳、杭州由第二梯队晋升到第一梯队，而南京、厦门和西安则被挤出。

表3–16　2015年中国15个副省级城市旅游潜在竞争力评价结果

城市	B2潜在竞争力		C5旅游需求潜在竞争力		C6住宿接待业潜在竞争力		C7旅游目的地潜在竞争力		C8旅行社业潜在竞争力	
	得分	排名	得分	排名	得分	排名	得分	排名	得分	排名
沈阳	338.98	6	111.09	12	25.90	13	67.92	8	134.08	2
大连	242.70	13	124.86	6	35.42	12	39.33	11	43.10	11
长春	298.68	9	253.62	1	17.43	14	25.62	13	2.02	14
哈尔滨	315.92	8	172.47	2	53.04	8	0.00	14	90.41	5
南京	294.59	10	93.38	13	81.72	6	42.88	10	76.61	7
杭州	386.38	5	149.40	4	88.29	4	72.80	6	75.89	8
宁波	214.96	14	90.67	15	51.52	9	30.91	12	41.86	12
厦门	337.42	7	124.74	7	86.84	5	72.15	7	53.68	10
青岛	438.92	2	123.77	8	63.24	7	152.82	2	99.09	3
武汉	286.82	11	119.07	10	41.15	10	58.91	9	67.69	9
广州	387.53	4	120.15	9	91.38	3	77.19	5	98.81	4
深圳	435.72	3	93.18	14	102.21	2	156.00	1	84.33	6
成都	590.69	1	170.58	3	138.24	1	146.26	3	135.61	1
西安	245.34	12	136.36	5	2.18	15	82.85	4	23.95	13
济南	——	——	111.29	11	40.58	11	——	——	——	——

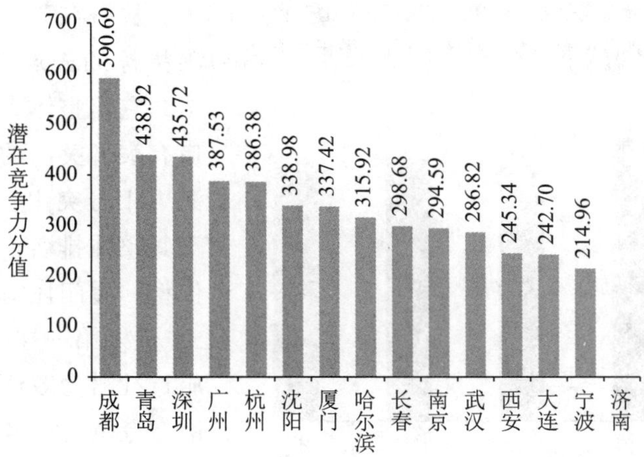

图 3–45　2015 年中国 15 个副省级城市旅游潜在竞争力评价结果示意图

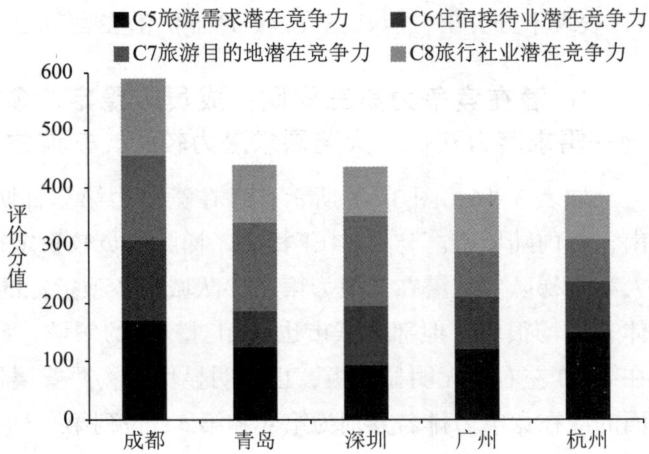

图 3–46　2015 年潜在竞争力第一梯队副省级城市及要素组成示意图

从潜在竞争力第一梯队城市各项指标的表现来看，如图 3–46 所示，它们整体表现最强，但优势各异：成都属均衡型，四个方面的潜在竞争力均排名前三，没有明显短板；青岛为目的地、旅行社潜力双优型，其旅游目的地和旅行社潜在竞争力分别排名第 2 和第 3，而旅游需求和住宿接待业潜在竞争力的排名靠后，是其在发展中的短板；深圳属于目的地、住宿潜力双优型，其旅游目的地和住宿接待业潜在竞争力排名分别第 1 和第 2，优势突出，但其旅游需求和旅行社潜在竞争力排名靠后，分列第 14 和第 6，短板明显，有很大的提升空间；广州为住宿、旅行社、目的地潜力三优型，这三个方面的潜在竞争力分别排名第 3、第 4 和第 5，但其旅游需求潜在竞争力排名第 9，属第二梯队，成为短板；杭州为需求、住宿潜力双优型，这两方面的潜在竞争力均排第 4，但其旅游目的地和旅行社潜在竞争力的排名较后，有待进一步提高。

2. 潜在竞争力第二梯队：成员变化较大，多东北城市；沈阳旅行社潜力单优，厦门住宿潜力单优，哈尔滨需求—旅行社潜力双优，长春需求潜力突出

如表 3–16、图 3–45 所示，潜在竞争力第二梯队包括沈阳、厦门、哈尔滨、长春、南京，多为东北城市。与2014年相比，梯队成员变化较大，厦门和南京从第一梯队掉入，哈尔滨从第三梯队晋升，如前所述，深圳和杭州晋升入第一梯队，而大连掉入第三梯队。

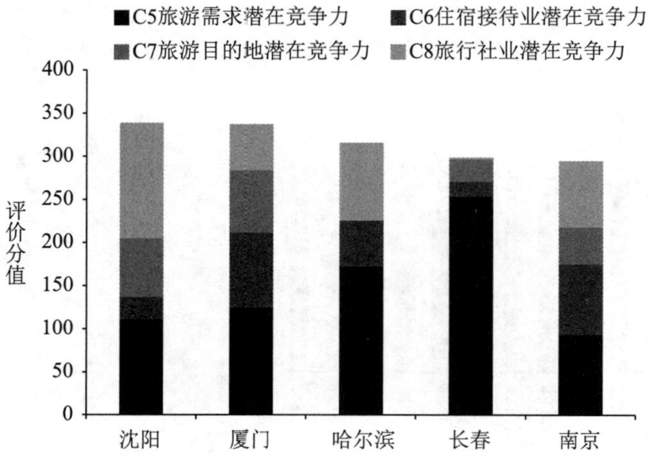

图 3–47 2015 年潜在竞争力第二梯队副省级城市及要素组成示意图

从潜在竞争力第二梯队城市各项指标的表现来看，如图 3–47 所示，它们整体表现一般，但部分城市有表现突出的领域：沈阳旅行社潜力十分突出，排名第 2，远远高于其整体排名，属于旅行社潜力单优型；厦门住宿潜力突出，排名第 5，进入第一梯队；哈尔滨为需求、旅行社潜力双优型，这两个方面的潜在竞争力排名分别为第 2 和第 5，优势明显；长春为需求潜力单优型，其旅游需求潜在竞争力排名第 1，表现十分突出，但其三大核心产业的潜在竞争力都排倒数，亟待提高。

3. 潜在竞争力第三梯队：成员较稳定，多内陆城市；武汉均衡，西安目的地—需求潜力双优，大连需求潜力较大，宁波住宿潜力较优

如表 3–16、图 3–45 所示，潜在竞争力第三梯队包括武汉、西安、大连、宁波和济南，多内陆城市。与 2014 年相比，梯队成员较稳定，西安和大连分别由第一、二梯队掉入第三梯队。从潜在竞争力第二梯队城市各项指标的表现来看，如图 3–48 所示，它们整体表现均很弱，但部分城市也有相对较强的领域：武汉属于均衡型，其各项指标排名均在第 10 左右，无明显短板，也无明显优势；西安属目的地、需求潜力双优型，这两个方面的潜在竞争力排名分别为第 4 和第 5，位列第一梯队，但其住宿接待业和旅行社的潜在竞争力分别排第 15 和第 13 名，亟待加强；大连旅游需求潜力较突出，其旅游需求潜在竞争力排名第 6；宁波住宿潜力较突出，其住宿接待业潜在竞争力排名第 9，位列第二梯队，其余三个方面的排名均靠后，提升空间较大。

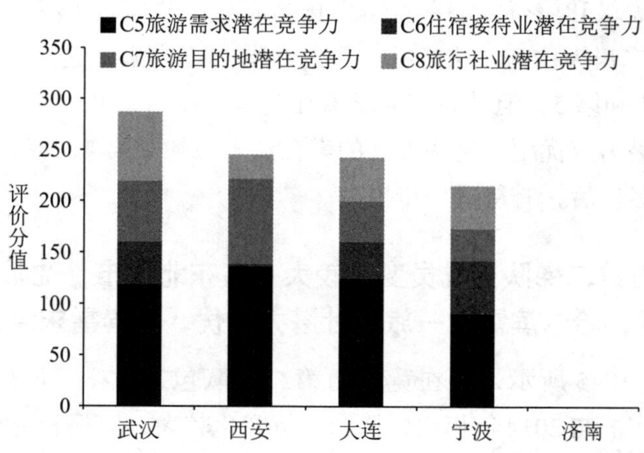

图 3–48 2015 年潜在竞争力第三梯队副省级城市及要素组成示意图

（四）发展环境竞争力评价结果

分别对反映2015年全国15个副省级城市自然环境、社会经济环境和旅游政策环境的各项指标（表3-13）数据进行归一化处理，然后加总求和，得到全国15个副省级城市的发展环境竞争力评价结果（表3-17、图3-49）。依据综合评价得分高低，将15个副省级城市分为三个梯队，分别从梯队成员、空间分布、各方面的相对状况等角度对各个梯队进行分析。

1. 发展环境竞争力第一梯队：成员较稳定，多东南沿海城市；深圳和厦门自然—社会经济双优，杭州均衡，广州社会经济单优，西安旅游政策优势突出

如表3-17、图3-49所示，发展环境竞争力第一梯队包括深圳、广州、厦门、杭州、西安，综合评价分值都高于420，除西安以外，都为东南沿海城市。与2014年相比，梯队成员较稳定，杭州和西安由第二梯队晋升进入，而青岛、成都则被挤出第一梯队。

表3-17 2015年中国15个副省级城市旅游发展环境竞争力评价结果

城市	B3发展环境竞争力		C9自然环境竞争力		C10社会经济环境竞争力		C11政策环境竞争力	
	得分	排名	得分	排名	得分	排名	得分	排名
沈阳	350.10	11	233.19	8	38.91	11	78.00	8
大连	369.40	9	259.66	3	31.74	13	78.00	8
长春	301.34	13	240.62	7	10.72	15	50.00	14
哈尔滨	240.69	15	136.56	15	18.12	14	86.00	6
南京	405.99	6	213.38	12	68.62	4	124.00	2
杭州	431.31	4	247.15	6	64.16	6	120.00	3
宁波	366.59	10	257.00	5	51.59	9	58.00	12
厦门	436.29	3	296.89	1	65.41	5	74.00	10
青岛	388.50	7	257.60	4	36.90	12	94.00	4
武汉	369.83	8	226.88	9	84.95	3	58.00	12
广州	484.37	2	217.42	11	204.95	2	62.00	11
深圳	608.88	1	290.76	2	306.12	1	12.00	15
成都	295.76	14	137.82	14	63.95	7	94.00	4
西安	426.93	5	225.14	10	51.79	8	150.00	1
济南	326.45	12	199.19	13	41.26	10	86.00	6

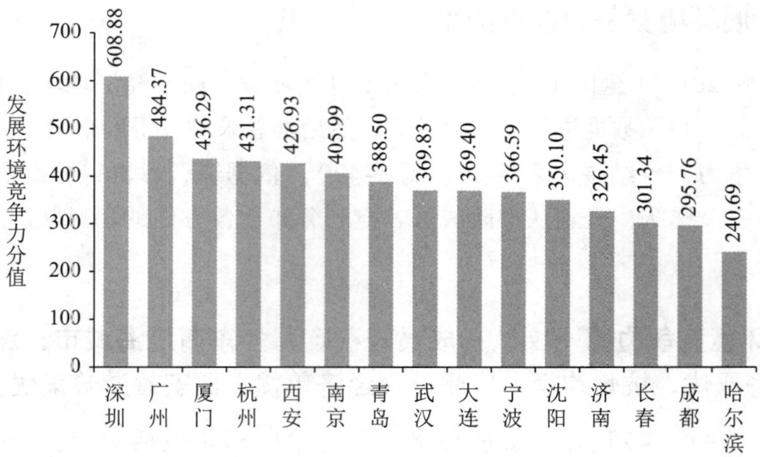

图 3-49　2015 年中国 15 个副省级城市旅游发展环境竞争力评价结果示意图

从发展环境竞争力第一梯队城市各项指标的表现来看，如图 3-50 所示，它们整体最强，但优势各异，有的有明显短板：深圳和厦门属于自然、社会经济环境双优型，深圳这两个方面的竞争力排名分别为第 2 和第 1，厦门这两个方面的竞争力排名分别为第 1 和第 5，优势突出，但其旅游政策环境竞争力排名分别为第 15 和第 10，改进空间很大；杭州为均衡型，自然、社会经济、旅游政策环境三个方面的竞争力排名分别为第 6、第 6 和第 3，都表现不错，没有明显的短板；广州为社会经济环境单优型，其社会经济环境竞争力排名第 2，但其自然和旅游政策环境竞争力均排名第 11，有待改进；西安为旅游政策环境单优型，其旅游政策环境竞争力排名第 1，而其自然和社会经济环境竞争力排名分别为第 10 和第 8，表现一般。

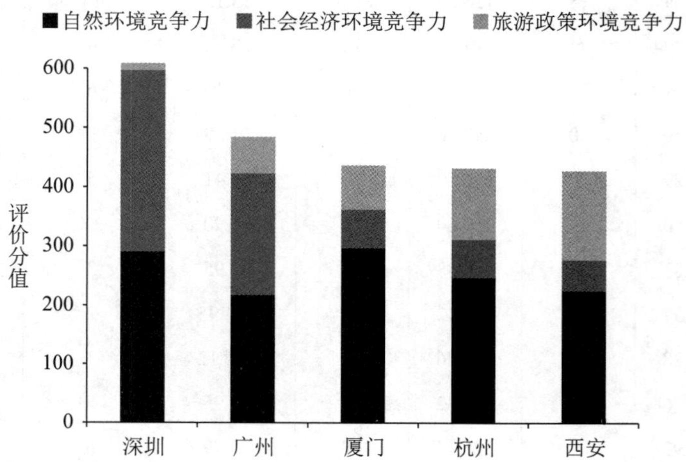

图 3-50　2015 年旅游发展环境竞争力第一梯队副省级城市及要素组成示意图

2. 发展环境竞争力第二梯队：成员变化较大，多东部沿海城市；南京旅游政策—社会经济双优，青岛自然—旅游政策双优，宁波、大连自然单优，武汉社会经济单优

如表 3-17、图 3-49 所示，发展环境竞争力第二梯队包括南京、青岛、武汉、大连、宁波，综合评价得分 360~410，多为东部沿海城市。与 2014 年相比，梯队成员变化较大，南京和大连由第三梯队晋升至第二梯队，青岛由第一梯队掉入第二梯队。

从发展环境竞争力第二梯队城市各项指标的表现来看，如图 3-51 所示，它们虽然整体表现一般，但也各有相对优势：南京为旅游政策、社会经济环境双优，这两个方面的竞争力排名分别第 2 和第 4，表现十分突出，但其自然环境竞争力排名第 12，有很大改进空间；青岛自然、旅游政策环境双优，其自然和旅游政策环境竞争力均排名第 4，属第一梯队，优势明显，但其社会经济环境竞争力排名第 12，较靠后；宁波、大连属自然环境单优型，其自然环境竞争力排名分别为第 5 和第 3，属于第一阶梯，优势明显，但宁波的旅游政策环境竞争力排名第 12，大连的社会经济环境竞争力排名第 13，都十分靠后，成为明显的短板；武汉为社会经济环境单优型，其社会经济环境竞争力排名第 3，很突出，但其旅游政策环境竞争力排名第 12，提升空间大。

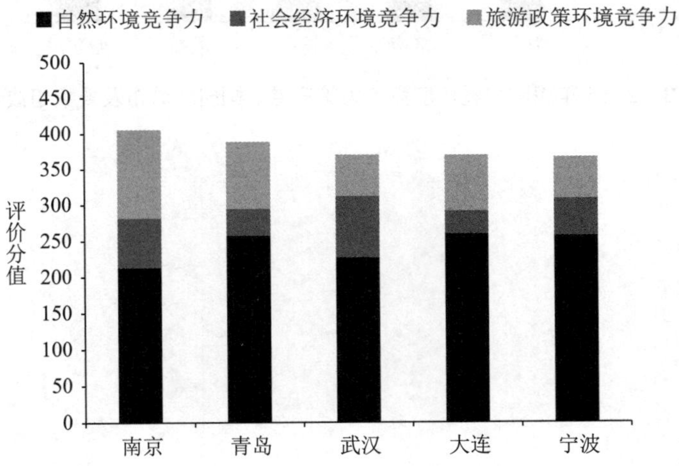

图 3-51 2015 年旅游发展环境竞争力第二梯队副省级城市及要素组成示意图

3. 发展环境竞争力第三梯队：成员较稳定，多东北城市；沈阳自然—旅游政策较优，济南社会经济—旅游政策较优，长春自然较优，成都旅游政策单优，哈尔滨旅游政策较优

如表 3-17、图 3-49 所示，发展环境竞争力第三梯队成员包括沈阳、济南、长春、成都、哈尔滨，综合评价得分在 360 分以下，多东北城市。与 2014 年相比，梯队成员较稳定，成都和济南分别由第一、第二梯队掉入第三梯队。

从发展环境竞争力第三梯队城市各项指标的表现来看，如图 3-52 所示，它们整体

表现较弱，但各有相对较强的领域：沈阳自然、旅游政策环境较优，这两方面的竞争力排名均为第 8，属于第二梯队，但其社会经济环境排名第 11，靠后，有待提高；济南社会经济、旅游政策环境较优，这两方面的竞争力排名分别为第 10 和第 6，进入第二阶梯；长春为自然环境较优型，其自然环境竞争力排名第 7，属于第二梯队，但其他两个方面的竞争力排名都属于倒数，短板明显；成都旅游政策环境竞争力排名第 4，进入第一梯队，优势突出，但其自然环境竞争力排名第 14，亟待改进；哈尔滨属政策环境较优型，旅游政策环境竞争力排名第 6，其他两个方面的竞争力排名都几乎最后，亟待发展。

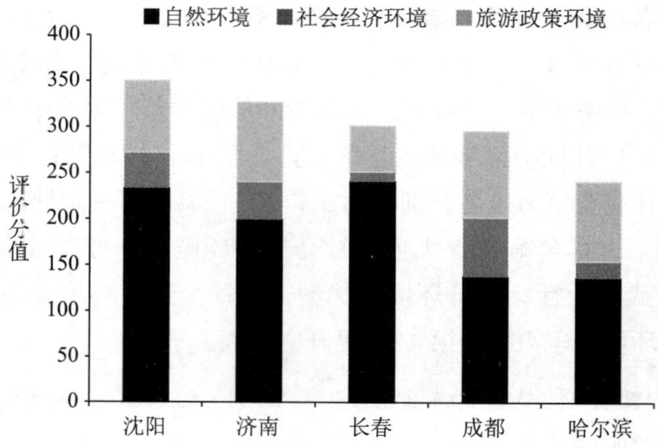

图 3–52　2015 年旅游发展环境竞争力第三梯队副省级城市及要素组成示意图

第四章　中国旅游业发展对策

一、宏观调控策略

（一）全面提升旅游业开放合作水平

虽然我国已连续多年保持世界第一大出境旅游客源国和第四大入境旅游接待国地位，但中国旅游业目前在世界综合排名仅为第 17 名[①]。从全国旅游接待总人次和旅游总收入来看，国内旅游仍占绝对主导，入境旅游还很薄弱。缺乏世界一流的跨国旅游集团和目的地。旅游的发展速度和取得的成就堪称史无前例，但国际话语权还没有与之比肩同步，如何将经济上的实力转变成国际话语权，参与国际旅游事务，参与全球旅游业的发展规则制定和格局构建，都有待加强。加快从旅游大国向旅游强国转变，全面提升中国旅游业的国际竞争力是今后一个时期的重要任务。

1. 加快提升旅游企业的国际竞争力

（1）推进“一带一路”沿线旅游投资合作

发挥旅游业的催化剂和润滑剂作用，将旅游投资作为与“一带一路”沿线国家各类合作协议和合作机制下的优先和重点发展领域。积极搭建各类旅游合作平台，通过与沿线国家广泛建立多级别、多类型的旅游发展联盟，举办旅行商洽谈会、联谊会、旅游投资论坛、旅游企业座谈会等，为中国旅游企业开展投资搭建平台，创造机遇。出台灵活的投融资政策、建立中国对外旅游投资发展基金，提高亚洲基础设施开发银行（亚投行）、丝路基金等保障海外旅游投资的能力，为各类型旅游企业海外投资降低融资成本，提供资金支持保障。重点围绕打造具有“一带一路”特色的国际精品旅游线路和旅游产品，进行旅游策划、规划、设计、投资、建设和运营。最终，通过对沿线发展中国家的投资和与发达国家的合作，拓展旅游企业的市场空间，提升旅游企业的综合竞争力和影响力。

（2）加快培育世界级旅游目的地和企业

一方面，加快培育具有世界影响力的旅游目的地。发挥中国拥有众多各具特色的世

---

① World Economic Forum (WEF). The Travel & Tourism Competitiveness Report 2017.WEF, 5 April 2017(http://www3.weforum.org/docs/WEF_TTCR_2017_web_0401.pdf, 2017-8-18).

界级文化资源和自然景观的优势，选择一批基础条件好的城市和景区，进一步在国际开放度、信息通信就绪程度、环境可持续发展水平、旅游基础设施水平和游客服务水平等方面下大力气，建设国际标准的旅游基础设施与服务设施，加强对旅游从业人员和居民的国际意识、国际知识和国际礼节的培养，建成一批区域特色鲜明、主题突出、具有较强知名度、美誉度和国际吸引力的世界级旅游目的地。另一方面，加快培育世界级的跨国旅游企业。加快旅游企业的跨国经营步伐，鼓励旅游企业在境外设立分支机构；经营范围从旅行社、饭店等狭窄领域逐步扩展至旅游业六要素及旅游延伸业态；鼓励优势旅游业态和优势旅游企业通过海外投资、资产并购、上市融资、业务拓展等一系列举措进行模式输出、品牌输出，形成一批具有国际竞争力和影响力的跨国旅游企业。

2. 大力提振入境旅游的市场吸引力

从政策和体制机制、产品与服务、市场与品牌建设、营销推广等层面入手，以“一带一路”旅游协议和各国“旅游年”活动为重要契机，大力提振入境旅游。

（1）统筹优化入境旅游政策

推进入境旅游签证、通关便利化、智能化；大力实施入境旅游奖励政策；依法扩大符合条件的口岸开展外国人签证业务范围，逐步推动 72 小时过境免签、离境退税等政策便利化、人性化；研究制定外国人来华邮轮旅游、自驾游便利化政策；推动自由贸易试验区增加与入境旅游相关的试验和试点工作。

（2）提高入境旅游服务品质

实施入境旅游品牌战略，培育一批入境旅游服务商，推出一批入境旅游品牌和线路；积极开发过境配套旅游产品；提升购物退税网络服务水平；各地因地制宜地开发特色形象和主打旅游产品，完善入境旅游公共服务和商业接待体系，提升入境旅游服务品质。

（3）建立多层次联合推广体系

完善中央和地方、政府和企业以及部门之间多层次的联合旅游推广体系，塑造“美丽中国”形象，大力实施中国旅游网络营销工程、海外公众旅游宣传推广工程；邀请主要入境旅游客源地旅行商、政府官员、记者来华考察旅游资源、旅游产品、旅游线路；在当地主流媒体和门户网站播放旅游宣传片和专题广告，举办图片展；聘请外国知名人士担任中国旅游年宣传大使，为中国旅游代言。

3. 努力提高中国旅游业的国际地位

抓住世界旅游格局重构机遇，由旅游业规则、格局遵守者转变为方案制定者、主导者。主动提供“中国旅游方案”。利用好重大旅游外交活动平台，在一系列多双边旅游合作机制下建立良好的旅游合作关系，积极阐述中国旅游发展理念、积极介绍中国旅游人对解决世界旅游发展难题的破解之道，使国际社会广泛知晓、充分了解“中国旅游方案”，加强国际传播和营销，进而在推进全球旅游治理体系变革中掌握主动。加强与联合国世界旅游组织、世界旅游业理事会、亚太旅游协会等国际组织的合作，主动参加政府部门、行业协会举办的旅游会议。积极承办、筹建各类大型国际旅游合作活动和旅游组织，办好联合国世界旅游组织第 22 届全体大会和世界旅游业理事会年会，不断创新和丰富中国旅游国际合作的内容和形式，积极参与全球旅游业的发展规则制定和格局构建，主动承担起促进全球旅游业可持续发展的责任。

（二）大力促进旅游业全面协调发展

改革开放以来，旅游业实现了跨越式发展，主要表现在战略性支柱产业基本形成，对国民经济的综合贡献度和带动功能显著提高，已经成为社会投资热点，以及已经发展成为综合性大产业等方面。但发展过程中也存在不少严峻的问题和挑战，突出表现在旅游业发展的不协调，如东中西区域旅游业发展差距显著，旅游业传统行业利润下滑和新兴产业的爆发式成长等。与此同时，旅游业发展逐渐呈现出发展全域化、产业现代化的重要趋势。为此，需要促进旅游业全面协调发展。

1. 促进区域旅游业协调发展

（1）努力缩小东、中、西区域旅游业差距

针对东、中、西区域旅游业发展存在显著差距的现实问题，本着构建特色鲜明、优势互补、充满活力的区域旅游发展新格局的理念，采取差别化的发展对策。东部地区要优化旅游业发展政策环境，加大旅游业鼓励支持政策出台力度，促使旅游业发展从旅游局单一部门推动向旅游发展委员会主管的部门综合联动转变，巩固客源地与目的地的双重功能，加快提升旅游业的国际化、信息化水平，满足旅游者多样化的需求，促进旅游业发展水平全面提升。中西部地区加快经济发展，改善旅游业发展的社会经济环境，提升旅游经营效益，加快旅游业规模化、产业化建设，逐步提高旅游接待人次和旅游收入，加快旅游业发展速度。

（2）加快培育跨区域新型旅游功能区

全面推进跨区域资源要素整合，加快旅游产业集聚发展，构筑新型旅游功能区。依托跨区域的自然山水和完整的地域文化单元，培育一批跨区域特色旅游功能区，构建特色鲜明、品牌突出的区域旅游业发展增长极；遵循景观延续性、文化完整性、市场品牌性和产业集聚性原则，依托线性的江、河、山等自然文化廊道和交通通道，串联重点旅游城市和特色旅游功能区，形成一批国家级精品旅游带；以国家等级交通线网为基础，加强沿线生态资源环境保护和风情小镇、特色村寨、汽车营地、绿道系统等新型旅游功能区的规划建设，完善游憩与交通服务设施，实施国家旅游风景道示范工程，形成一批品牌化旅游廊道。

2. 促进旅游产业的协调发展

（1）促进“门票经济”向“产业经济”模式转变

一方面，不断深挖游客的多元化需求，在游客的食、住、行、游、购、娱等要素上下功夫，提高旅游业核心产业的综合效益，打造旅游业全产业链；另一方面，通过跨界融合，积极发展旅游+城镇化、旅游+新型工业化、旅游+农业现代化、旅游+教育、旅游+健康医疗、旅游+商务会展等形式的大旅游产业，培育新的旅游业态，通过创新旅游产品供给和优质服务提供，实现多元化产品供给和综合收益提高。

（2）促进传统旅游业与在线旅游业协调发展

积极推动以星级饭店、旅行社和景区为代表的传统旅游行业将现代信息技术充分融合于转型发展过程中，渗透于旅游产业链的各个环节，促进部门内部和各部门间资源整合与共享，提高劳动生产率，积极推出自己的在线旅游服务，丰富产品类型和创新服务提供方式，改善传统旅游行业的经营状况，提高利润水平和发展效率，逐渐实现从劳动密集型的传统行业向资金密集型、创新密集型的产业转变。发挥在线旅游业的信息查询、产品预订、资源调配、服务评价等环节优势，积极借助传统旅游业的品牌和面对面服务的地面网络优势，打造平台，进一步整合游客、供应商、旅游推广商，提供在线生产标准、服务准则，形成线上与线下的良性互动。通过整合在旅游产业链条中处于不同位置的传统旅游业和在线旅游业，通过双向融合、线上线下互动发展，为旅游者提供更加丰富的旅游产品、更加周到的服务和更加广泛的选择，做到互利共赢。

3. 促进目的地全域统筹发展

加快实现全域旅游资源联合开发。整合区域内各具特色的旅游资源，串点成线，连线成网，提升区域旅游形象，共同打造区域特色鲜明的旅游品牌，形成区域旅游业开放发展的大格局。形成区域旅游合作机制。采取政府部门牵头、行业协会搭台等形式，促进旅游景区、旅行社、旅游饭店等旅游企业打破地域分割、行政分割，共建共享区域旅游数据中心、捆绑营销、互送客源等合作机制。

（三）营造健康有序的旅游市场格局

随着我国旅游业进入“大众旅游”时代，旅游业发展呈现爆发式增长，而与之相伴的是强迫购物、游客不文明行为、出游安全、不合理低价等问题频发，表明现行的法律法规、行业规范、行业从业者经营行为、消费者自身素质和消费理念尚未适应经济社会的不断发展和旅游形势的变化，迫切需要政府、企业、消费者高度重视、密切配合，加快法律法规、行业规范和制度的出台落实，进一步规范从业者经营行为，为消费者提供优质服务，大力推广文明旅游，营造健康有序的旅游市场格局。

1. 完善旅游法律体系和制度

（1）完善旅游法律体系

以《中华人民共和国旅游法》为统领，加强约束和引导，尽快修订完善以《旅行社条例》《中国旅游饭店行业规范》《风景名胜区管理条例》《导游人员管理条例》《游客不文明行为记录管理暂行办法》等旅游行政法规、部门规章、行业规范中重叠、冲突的部分，支持地方政府结合自身实际出台地方性旅游法规和管理条例，加强与《中华人民共和国消费者权益保护法》《中华人民共和国合同法》等相关法律协调，逐步形成从中央到地方，法律法规、部门规章条例、行业规范密切衔接的多层次的旅游法律体系，切实从法律制度上加强旅游者和旅游经营者的行为约束，保障其合法权益，规范旅游市场秩序，促进旅游业持续健康发展。

（2）完善旅游配套制度

加强旅游安全制度建设。建立健全旅游安全预警机制、旅游紧急救援体系，完善旅游突发事件信息报送和应急值守制度和应急预案体系，深化旅游保险合作机制，构筑旅游安全保障网，全力保障旅游者生命财产安全。建立健全旅游从业者、经营者和消费者的信用体系，引导旅游企业诚实守信、合法经营，引导游客理性消费，确保安心舒心出游。完善旅游不文明行为记录制度，建立信息通报机制，加大惩戒力度。推进旅游志愿服务制度体系建设，完善旅游志愿者管理激励制度。

2. 提升旅游服务质量和水平

（1）发挥旅游企业和从业者的主体作用

抓好星级饭店、旅行社、景区等行业的等级评定和复核工作，提高对服务质量的重视程度，完善服务质量评价细则，逐步建立完善淘汰退出机制，倒逼服务质量提升。倡导旅游企业树立“质量是旅游企业的生命”的理念，实施“以质取胜”的经营战略，将诚实守信、持续改进、创新发展、追求卓越的质量精神转化为旅游行业、旅游企业及广大员工的行为准则，自觉抵制违法旅游经营行为。建立“优质旅游服务商目录”，推出优质旅游服务品牌。发挥优秀旅游企业的引领作用，将服务质量提升的成功经验和先进方法向全行业延伸推广，参与国家标准、行业标准和地方标准的制定或修订，带动中小旅游企业实施管理与服务创新，带动全行业旅游企业服务质量水平的整体提升。充分利用各种形式的在岗培训，不断提高导游服务技能水平，加强社会监督、社会评价对导游人员的约束，大力宣传导游先进人物和典型事迹，综合提升导游队伍整体素质，不断提高导游服务水平。

（2）实施旅游服务质量提升的重点工程

标准化试点示范工程。深入实施旅游标准化试点工作，进一步扩大旅游标准化试点范围和覆盖领域，发挥旅游标准化示范效应，强化旅游业标准的实施效果，完善旅游标准化运行机制，产生一批旅游标准化示范基地和示范单位，以标准化、规范化来为提升旅游服务质量奠定基础，提供示范。旅游品牌建设工程。大力实施旅游名牌发展战略，制定并实施培育旅游品牌发展的制度措施，开展旅游品牌创建工作，发挥品牌引领作用，把旅游品牌建设作为提升旅游服务质量和旅游核心竞争力的关键，着力塑造“美丽中国”的国家旅游品牌形象。鼓励各地和旅游企业开展品牌宣传推广活动，支持旅游企业实施品牌经营和市场多元化战略，提升旅游品牌效应。

3. 落实文明旅游宣传和监督

（1）大力开展文明旅游宣传

各地要在文明办的支持指导下，通过新闻报道、言论评论、访谈节目、专题节目等，大力宣传普及《中华人民共和国旅游法》对文明旅游的相关要求，选树旅游行业文明单位、青年文明号，评选文明旅游公益大使，培养一批能够讲好中国故事的导游人员，宣传一批讲文明守公德的游客，推广一批典型经验和好的做法。继续开展“为中国加分”文明旅游“进社区、进农村、进校园、进企业、进广场”活动，选树“中国文明游客”“中国文明旅游公益大使”，征集“中国旅游好故事”影视作品，构建中国文明旅游形象标识体系。向社会广泛征集文明旅游提醒语，积极开展文明旅游“提个醒”活动。

（2）全面落实文明旅游监督

抓好重点人群。各地应督促旅行社将文明旅游宣传引导工作落实到每一位团队游客身上，特别是出境游团队游客。对于具有一定数量和规模的旅游团队，要推行文明旅游督导员制度，推选综合素质好的游客作为文明旅游督导员，协助导游领队做好文明旅游督导。抓好重点区域。针对港澳台、东南亚、日韩等主要出境目的地国家和地区以及广东、上海、北京、广西、云南、浙江等出入境人员较多地区，主动编印和拍摄一批文明旅游宣传资料、公益宣传片，使广大游客成为我国与周边国家交流的民间大使、形象大使。抓好重点环节。督促旅行社切实履行签约组团环节的宣传引导责任，要求旅行社将文明服务、文明引导纳入对导游领队的业绩考核，要求领队做好与目的地导游的对接，把好文明旅游的“组团关”“落地关”“行程关”等旅游团队文明旅游关键环节。抓好重点时段。各地要抓住元旦、春节、“五一”、寒暑假、“十一”等游客出游高峰时段，积极开展文明告知、文明提醒、文明规劝，引导游客文明旅游、安全旅游。

（四）全面优化区域旅游发展的环境

本着补齐发展短板、增强发展动力、提升发展活力、创造区域吸引力和打造旅游业竞争力的原则，采取差别化的策略，全面优化区域旅游发展的自然环境、社会经济环境和政策环境。

1. 以增强吸引力为宗旨，优化自然环境

天蓝水碧、空气清新、健康宜居的生态环境，是增强区域旅游吸引力的重要基础，通过优化自然环境可以营造旅游休闲的整体环境，提升旅游休闲功能。

（1）加强华北等区域空气治理，提升区域竞争力

深入推进能源革命，着力推动能源生产利用方式变革，优化能源供给结构，提高能源利用效率，建设清洁低碳、安全高效的现代能源体系。以生产设备技术改造升级为重点，推进工业生产设备除尘升级改造和生产烟尘处理技术改造，严格控制工业污染；加快淘汰黄标车及老旧车、规范在用车环保治理、加快推广节能与新能源汽车、实施国家

清洁柴油行动计划、合理调控机动车保有总量、降低交通车辆使用强度、发展智能交通等，严格控制交通污染；加强建设项目封闭、降尘管理，规范环境卫生清扫，控制扬尘污染；整治餐饮油烟，制定餐饮业油烟治理方案，控制生活污染。

（2）加强重点水域的环境治理，增强区域吸引力

城市要落实截污纳管、疏浚清淤、生态修复和日常养护等综合措施，重点清理黑臭水体，努力改善河道水环境，增强河道的自净能力，提升城市河流的游憩体验功能；改善重点流域水环境，使长江、珠江总体水质达到优良，松花江、黄河、淮河、辽河在轻度污染基础上进一步改善，海河污染程度得到缓解，使其成为带动沿线区域旅游发展的功能轴线；在环境容量较小、生态环境脆弱的三峡库区、太湖、巢湖、滇池、白洋淀、呼伦湖、艾比湖等水域审慎开展旅游活动，确保水生态系统功能不退化；加强近岸海域环境保护，严格控制环境激素类化学品污染，加强船舶港口污染控制，推进生态健康养殖，打造魅力海岸旅游带。

此外还要进一步提高区域森林覆盖率，增加辖区绿化面积，提高生活垃圾无害化处理率，加强应对突发环境事件的能力，营造优美的自然生态环境和令人愉悦的生活环境。

2. 以提高接待能力为目标，优化社会经济环境

（1）完善重点区域旅游交通设施

改善旅游资源丰富、发展潜力较大但可进入性较差地区的交通条件。提高西部地区中心城市和重点城市的游客集散能力。以港口机场、公路铁路、城市中心站场等重要节点为重点，加强各种运输方式及其内部各环节的紧密融合，建立与主体交通设施能力相适应的旅客集散和中转系统，实现多种交通方式合理接驳、换乘或转运。加强区域旅游交通衔接，推进区域旅游一体化发展。深入研究政府、景区和相关方的内在需求与合作意愿，树立互利共赢的发展理念，实行交通基础设施设计、建设、运营共担、共建、共享，加快消除省际、市际和县际“断头路”，彻底打通旅游交通“最后几公里”。提高景区对外交通连接水平。在保证高速公路快速顺畅的前提下，综合考虑高速公路沿线旅游资源等级、密集程度及社会、经济、自然条件等因素，开展高速公路在重点景区增设出入口的技术性和安全性论证协商工作，争取实现5A级景区以高速公路连通，4A级以上景区通达二级及以上公路，其他景区通达等级以上公路，努力为乡村旅游、偏远旅游景区争取项目，建设更多与之相衔接的旅游专线公路。

（2）补齐区域旅游公共服务设施

缩小东部与中西部之间、城市与乡村之间、景区与非景区之间以及景区之间的旅游公共服务差距，提高当地旅游综合推广与接待能力。促进中西部城市和景区加快游客服务中心、停车场、通信网络、电动汽车充电桩及无线网络等基础设施的建设，为游客提供更多的一站式服务，不断完善观光游览、参与体验、旅游购物、餐饮娱乐等服务功能，持续提升游客体验。加快物联网基础设施建设，重点推进游客集中区、环境敏感区、旅游危险区等设立信息自动感知采集设备，对人流、车辆等进行数量和特征识别，实现旅

游热点区的动态监测。继续推进厕所革命建设行动。推进旅游景区、旅游度假区、旅游线路、商业步行街区、乡村旅游点等游客集中区域的厕所建设，加大厕所建设资金投入力度，积极向中西部地区捐建援建旅游厕所，开展第三卫生间建设，推进厕所无障碍化。

3. 以增强活力和动力为主线，优化政策环境

（1）加快形成促进全域旅游发展的体制机制

改革创新各类规划。将旅游理念融入区域经济和社会发展规划、城乡规划、土地规划中，创新旅游专项规划，探索实行多规合一，系统全面规划景点（区）内外，统筹考虑旅游和其他社会经济活动内容，实现基础设施、公共服务等建设资源全域统筹配置。提升对旅游业的重视程度。从过去旅游主管部门主抓提升到党政统筹推进，各级政府尝试建立旅游工作部（厅局）级联席会议制度，鼓励各级政府加快设立旅游发展委员会，实现旅游、公安、工商、物价、交通、水利、农业等部门各司其职、齐抓共管的全新发展模式。

（2）多措并举做好旅游业发展的保障工作

积极保障旅游业发展用地。支持使用未利用地、废弃地、边远海岛等土地建设旅游项目；对旅游项目中永久性设施建设涉及的用地和属于自然景观用地及农牧渔业种植、养殖用地的旅游业用地实行分类管理制度；鼓励以长期租赁、先租后让、租让结合等方式供应旅游项目建设用地，以降低旅游项目开发初期用地成本。采取灵活的金融政策支持旅游业发展。明确政策支持旅游业的重点产业领域，对于具有公共服务性质的旅游基础设施、旅游信息服务体系、旅游交通服务体系、旅游安全保障服务体系、旅游人才建设等领域，财政投入要给予长期的重点支持；对还处于市场培育阶段的小微企业，要放宽市场准入门槛，积极引导各类社会资金投资旅游业，通过市场化的机制形成旅游业发展的稳定资金来源，待市场逐步成熟后政策要及时退出，让市场来支持相关产业的发展。

二、部门管理策略

（一）提升旅游国际合作水平

2016 年中国入境旅游人数达 1.38 亿人次，增长 3.45%，连续两年实现正增长；出境旅游人数达 1.35 亿人次，同比增长 5.63%，入境游人数超过出境游 290 万人次。国际旅游收入 1200 亿美元，增长 5.58%，中国入境旅游已经走出了金融危机后的萧条期，正在从全面恢复转向持续增长的新阶段，出境旅游从高速增长步入稳定增长期，国际旅游顺差呈扩大趋势。但是，入境旅游市场中，中国港澳台地区游客人数占 4/5，外国游客只占 1/5，入境旅游市场的国际化程度很低，国际入境旅游市场的世界竞争力不高，从经济效益、旅游品牌方面来看，中国旅游的综合实力跟世界强国差距较大。缺乏世界级的品牌、

目的地和国际一流的跨国旅游集团等，都是中国旅游业进一步发展需要面对的挑战。

1. 创新出入境旅游合作机制

出境游与入境旅游均衡发展是中国实现旅游强国的必经之路，而出境游带动入境游，是旅游国际化的必由之路，因此，旅游管理部门应以中国出境市场规模扩张为基础，改善旅游人才培养体系，储备更多高层国际性旅游管理人才，加强国际旅游市场的中国治理，建立新型国际性旅游组织，提高在现有国际性旅游组织中的主导权，构建与中国国际旅游市场地位相适应的国际旅游发展协调与管制能力体系。加强旅游资源差别化管理，平衡高附加值的旅游产品出口和资源型旅游产品的进口，促进可持续发展。从全面建设小康社会目标实现的角度，评估中国境内现有资源的旅游接待能力；从全球资源配置的角度，评估出境旅游市场发展对中国入境旅游市场质量提升和中国国内旅游需求能力满足的积极作用。与国家统计局等相关部门合作，构建科学客观的旅游统计体系（包括总量统计、投资统计以及增加值统计等），以便摸清家底，有效决策，为出境旅游者提供更好的目的地服务，并与有关目的地国家（地区）开展高效旅游协商。

2. 提高出入境旅游服务水平

当前，中国继续保持世界第一大出境旅游客源国和第四大入境旅游接待国的地位。中国旅游业国际化进程不断加快，开始呈现更加平衡、良性的“出入境互推”趋势，应顺应形势，集各方合力，提高出入境旅游服务水平。

政策整备方面，在保证安全高效的前提下，系统性地扩大免签证、落地签证、免税购物、购物退税、航权开放等政策落地范围。进一步加强部门之间和地方政府之间的政策协调，最大限度地避免“政策孤岛”现象。免签与离境退税政策做到所有执行地区能“任一口岸进，任一口岸出；任一口岸买，任一口岸退”。加强与航空口岸的对接和协调，简化办理手续，提高邮轮旅游的通关效率；加强与公安、交通和边检部门合作，建立自驾游的国际驾驶证互认体制，在双边和多边协调的基础上推进边境旅游、跨境旅游自驾游线路的多样性和便利化；加强自贸区与边境旅游试验区、跨境旅游合作区等政策落地实施，扩大旅游业对外开放，调动企业经营旅游业务的积极性。

营销方式方面，探索建立专业性的“美丽中国”推广中心，将行政、市场和专业工作分开。首先，在国家旅游形象引领下，各级旅游部门可根据自身的旅游资源优势，推出分级联动的地方旅游形象和旅游宣传口号，逐步构建起能够高度概括目的地特征、阐释目的地旅游内涵的旅游目的地形象体系。其次，在营销效果评价方面，依托知名度调研等方式，对传统媒体和新媒体的效果开展跟踪性的综合评价，以提高营销的精准性，力争将基于传统媒体的粗放型、静态化的单项营销发展为基于新媒体的集约型、动态化的双向营销。最后，在系统谋划的基础上，系统推进驻外办事机构的专业化转型，建立以绩效导向、关键指标为基准的考核机制。投资方式方面，引导市场围绕战略能力重构式和战略能力渐进式这两种不同的对外旅游投资模式，建立中国对外旅游投资服务体系，完善吸引旅游外资的清单和评估引导机制；在边境地区建立旅游经济特区体系，在内地评估旅游综合改革试验区，借鉴自贸区经验，探索建立若干个国家级的旅游服务贸易特区；进一步开发各具特色的边境旅游产品和旅游线路，加快改善旅游配套设施（交通、住宿、餐饮等）建设；加快面向国内民众的免税店体系建设。在关键领域先行先试，加快完善边境口岸城市的旅游服务功能。

3. 深化港澳台旅游互联互动

充分发挥旅游在促进内地与港澳、大陆与台湾经济发展，加深民众相互理解方面的作用，高度重视港澳台基础市场的作用，做好港澳台市场的梯度开发，巩固中老年传统客源市场，开发年轻上班族新兴客源市场，培育青少年潜在客源市场。深化内地与港澳台的旅游合作，推动澳门和香港特别行政区在"海上丝绸之路"国家旅游战略中发挥旅游支点和枢纽作用，支持澳门特别行政区建设世界旅游休闲中心。

在旅游产品开发上，深度推进粤港澳大珠江三角洲旅游区，在更新原有的休闲美食游、寻根访祖游、地质公园——世界遗产游、文化历史游的基础上，增加滨海风光游线路，推广邮轮旅游合作，丰富"一程多站"线路产品类型和层次。在旅游监管保障上，加强与港澳台旅游部门合作，完善旅游安全保障和预警机制，提升突发事件应急处理能力，共同打击以不合理低价组织的团队游和其他违法违规的不正当竞争行为；建立健全大陆居民赴台游保险机制，扩大大陆居民赴台旅游保险覆盖面。此外，继续推进港资旅行社经营中国内地居民出境游业务；推进香港居民报考全国导游资格考试工作，加强访港旅客消费权益保障合作；加强与港澳台青少年的游学交流，定期组织港澳台青少年赴内地（大陆）开展游学活动。2017 年 8 月，国家旅游局与香港特别行政区商务及经济发展局签署《关于进一步深化内地与香港旅游合作协议》，为内地与港澳台旅游合作增添新范本。

4. 加强"一带一路"旅游合作

2017 年端午节期间，中国出境游最大的变化是"一带一路"沿线国家和地区成为中国游客的首选，超过60%的出国跟团游、自由行游客选择"一带一路"沿线国家①。据统计，在"一带一路"参与国中，已经有超过 20 个国家对中国实现了免签和落地签，近 10 个国家出台了有条件免签、电子签证等优惠政策。根据预测，中国在"十三五"期间将为"一带一路"沿线国家和地区输送 1.5 亿人次的游客、2000 亿美元的旅游消费，同时将吸引沿线国家和地区 8500 万人次的游客来华旅游，拉动旅游消费约 1100 亿美元。在国家战略的带动下，"一带一路"将成为世界上最具活力和潜力的黄金旅游之路。

推动"一带"旅游向特色旅游转型，大力发展文化体验、探险旅游、商务旅游等旅游新业态；推动"一路"旅游向休闲度假升级，稳步推进邮轮母港、游艇码头和海洋主题公园建设。倡导成立"一带一路"国家和地区旅游合作共同体，联合打造丝绸之路旅

① 中国旅游研究院，携程旅游大数据联合实验室 . 2017"端午"小长假旅游市场报告与人气排行榜 . 新浪旅游，2017 年 5 月 2 日（http://travel.sina.com.cn/trade/news/2017-05-02/detail-ifyetwtf9510616-p3.shtml，2017-8-19）。

游品牌，开发一程多站旅游产品，丰富丝路旅游产品供给；加强市场合作，推动市场互换和客源互送；实现信息共享，加大旅游统计领域合作；为我国"一带一路"沿线对外投资奠定良好的社会环境基础。2017年7月6日，以国家旅游局和国家体育总局发布《"一带一路"体育旅游发展行动方案》为契机，推广"体育+旅游"发展新模式。

（二）增强旅游协调发展能力

2016年旅游总收入达到4.72万亿元，同比增长了13.48%，旅游业对国民经济综合贡献达11%①；世界经济论坛发布的《2017年旅游业竞争力报告》中指出中国的文化资源和自然景观分别位列第一位、第五位②，但是，区域旅游、城乡旅游发展不平衡、旅游资源潜力未得到充分发挥、世界级品牌缺乏、目的地和国际一流的跨国旅游集团缺位等问题仍然存在。因此，各区域、各级旅游管理部门应加强旅游合作，进行跨行政区旅游大规划，优化创新旅游产品体系，为旅游注入新活力。

1. 加强地区间的旅游合作

区域旅游合作，核心是旅游要素的合作，相关产业的合作，关键在整合与互补，形成五指并拢、抱团发展的格局。旅游管理部门应构建区域旅游合作联盟交流平台，寻求联盟地区和城市之间的利益契合点和最大公约数，展现各方智慧，把旅游业打造成联盟区域间沟通的桥梁，协作发展，提高区域知名度，形成区域新的经济增长点。

突出抓好重点区域规划，统筹编制一系列跨行政区划的大区域、次区域旅游经济带规划，建设一批跨行政区的重点旅游目的地。创新区域旅游合作机制。做强跨区域旅游城市群，包括京津冀旅游城市群、长三角旅游城市群、珠三角旅游城市群、成渝旅游城市群和长江中游旅游城市群，构建城市旅游分工协同体系。依托跨区域的自然山水和完整的地域文化单元，培育一批跨区域特色旅游功能区，构建特色鲜明、品牌突出的区域旅游业发展增长极，如香格里拉民族文化旅游区、太行山生态文化旅游区、武陵山生态文化旅游区、长江三峡山水人文旅游区、大别山红色旅游区、秦巴山区生态文化旅游区、中原文化旅游区、南海海洋文化旅游区、塔里木河沙漠文化旅游区和浙皖闽赣生态旅游协作区等。

2. 优化创新旅游产品体系

（1）推动精品旅游景区建设

全面提升以A级景区为代表的观光旅游产品，着力加强3A级以上景区建设，优化

① 数据来源：World Travel & Tourism Council. Travel & Tourism Economic Impact 2017 CHINA. World Travel & Tourism Counci（https://www.wttc.org/-/media/files/reports/economic-impact-research/countries-2017/unitedkingdom2017.pdf, 2017-10-11））。

② 数据来源：World Economic Forum (WEF). The Travel & Tourism Competitiveness Report 2017.WEF, 5 April 2017(http://www3.weforum.org/docs/WEF_TTCR_2017_web_0401.pdf, 2017-8-18).

5A 级景区布局。重点支持中西部地区观光旅游产品精品化发展。强化 A 级景区复核和退出机制，实现高等级景区退出机制常态化。

（2）加快休闲度假产品开发

目前全国县级以上景区 2 万多个，大部分均为观光型（回头率低），休闲度假景区不足 10%[①]。因此，需推动旅游产品结构由观光为主,向观光、休闲、度假复合发展转变,推动三大市场全面发展。大力开发温泉、冰雪、滨海、海岛、山地、森林、养生等休闲度假旅游产品，建设一批旅游度假区和国民度假地。支持东部地区加快发展休闲度假旅游，加快推进环城市休闲度假带建设。鼓励中西部地区发挥资源优势开发特色休闲度假产品。

（3）提升红色旅游发展水平

完善全国红色旅游经典景区体系，深挖红色内涵，完善道路交通和服务设施条件；开展“红色旅游进校园”等形式多样的课外实践活动，深化其在青少年社会主义核心价值观教育中的作用；加强红色旅游国际交流合作，推广红色旅游产品线路；引导革命老区群众因地制宜发展适合老区的种养业和特色手工业，开发特色旅游商品，培育富有红色文化内涵的旅游品牌。

（4）构建房车旅游产业体系

根据国家旅游局等 2016 年 11 月 28 日出台的《关于促进自驾车旅居车旅游发展的若干意见》[②]，自驾车旅居车（又称房车，下同）旅游是发展速度快、消费潜力大的领域。为了满足国内自驾车旅居车旅游快速发展的需要，需要建设一批公共服务完善的自驾车旅居车旅游目的地，推出一批精品自驾车旅居车旅游线路，培育一批自驾游和营地连锁品牌企业，增强旅居车产品设计制造与技术保障能力，形成网络化的营地服务体系和比较完整的自驾车旅居车旅游产业链，明显优化相关政策环境，快速壮大产业规模，大幅提升发展质量和综合效益，初步构建起自驾车旅居车旅游产业体系，促进我国自驾车旅居车旅游持续健康发展，增加新供给，释放新需求，发挥其引领旅游消费和投资的积极作用。

（5）发展邮轮旅游产品体系

加快海南国际旅游岛、平潭国际旅游岛建设，推进横琴岛等旅游开发。制定邮轮旅游发展规划，有序推进邮轮旅游基础设施建设，改善和提升港口、船舶及配套设施的技术水平。推动国际邮轮访问港建设，扩大国际邮轮入境外国旅游团 15 天免签政策适用区域，有序扩大试点港口城市范围。支持天津、上海、广州、深圳、厦门、青岛等地开展邮轮旅游。制定游艇旅游发展指导意见，发展适合大众消费的中小型游艇。支持长江流域等有条件的江河、湖泊有序发展内河游轮旅游。

---

① 国家旅游局. 县级以上景区景点两万多可满足百姓休闲度假的不足10%. 中国政府网，2013年5月22日（http://www.gov.cn/zxft/ft235/content_2408598.htm，2013-5-22）。

② 国家旅游局，国家发展和改革委员会，工业和信息化部等. 关于促进自驾车旅居车旅游发展的若干意见（旅发〔2016〕148 号）. 国家旅游局，2016 年 11 月 9 日（http://www.cnta.gov.cn/zwgk/tzggnew/gztz/201611/t20161109_788686.shtml，2017-8-20）。

（6）完善乡村旅游产品体系

打破单一景区经营模式，以特色小镇为核心，延长产业链条，根据各地不同的田园景观、自然生态、民俗文化、地形地貌特点等资源发展“一村一品”，实现“一园多用”，提高旅游附加值，提升知名度。深度挖掘乡土民情、民俗民风、戏曲文化等，充分利用互联网信息平台，拓宽宣传渠道，开展各类旅游文艺活动，提高知名度，推动做大做强乡村旅游品牌。鼓励特色小镇与旅行社搭建良好的合作桥梁，打造具有特色的乡村旅游精品线路，推动乡村旅游发展，发挥其在扶贫中的作用。

（三）构建全域旅游发展体系

在 2017 年全国两会上，“全域旅游”首次被写入政府工作报告，体现了全域旅游大时代的到来。所谓“全域旅游”，就是把旅游业发展融入地方发展的总体规划，与交通、工业、服务业、科技、居民生活等领域的发展规划相协调，改变过去“景点旅游”常常与其他领域互相掣肘的局面。发展全域旅游，最关键的是要推进旅游治理机制、治理理念转变，推动由部门抓旅游向党政统筹抓旅游转变，实现共治、共荣、共建、共赢、共享。加快研究起草《关于促进全域旅游发展的若干意见》，建立完善支持全域旅游发展的政策体系

1. 建立完善高效的旅游安全体系

2016 年 12 月 1 日起，《旅游安全管理办法》正式施行，2017 年 1 月发布《关于进一步加强旅游安全工作的通知》。但是，2016 年 7 月“八达岭猛虎事件”，2017 年 1 月载有中国游客的快艇在沙巴遇险，2017 年 7 月浙江游客赴台游玩大巴车起火，2017 年 8 月九寨沟发生 7 级地震……一连串旅游全球事故的发生再次为旅游安全敲响警钟。随着旅游业快速发展和旅游进入大众化时代，旅游安全工作的重要性日益凸显，各类旅游安全风险和隐患进一步增多、显现，使安全保障工作面临严峻挑战。

因此，旅游管理部门应尽快建立完善的旅游安全体系。一是建立旅游安全的预防预备机制，主要内容包括各相关单位加强应急预案编制工作、加强应急能力建设、加快推进风险转移工作以及落实风险防范措施；二是建立监测预警机制，即构建多部门协作的监测网络，全方位、全天候、全要素监测旅游风险，加强风险预警，实行旅游风险提示制度以及落实预警成效，核查预警信息接收情况和防范措施落实情况；三是建立控制响应机制，即快速启动应急预案，实现分级响应、加强现场安全控制、成立救援指挥系统，确定救援方案以及形成公益、民间与商业救援三位一体的救援体系；四是建立恢复提升机制，即加强事故损失评估、游客心理评估、旅游风险评估等，加快旅游形象恢复、游客心理恢复、旅游市场恢复、旅游产品提升等工作，全面系统地进行事故经验总结，并及时落实相关防范措施以及建立旅游突发事件数据库，实现事故建库归档；五是创新旅游安全巡查机制，与第三方安全专业服务机构合作，依托其专业人才和技术，指导区（市）县旅游行政管理部门建立健全旅游安全管理机制，优化旅游安全隐患检查方式，指

导旅游企业建立健全全员岗位安全责任制度，开展安全风险辨识评估，制定安全风险预防控制措施；以专业技术为支撑，全面、系统、科学地开展涉旅安全生产的巡检和隐患排查工作，有效推进旅游安全监管的专业性、针对性、实效性，形成整体联动的旅游安全应急管理工作格局。六是开展各类形式的安全意识宣传，引导加强旅游者安全意识，掌握基本的自救知识和技能，以应对突发情况。

2. 继续推进现代旅游的治理机制

目前，旅游规模的急速扩大，自助游、自驾游爆发式增长，旅游产业日益呈现面宽、点多、分散等特点，加上低价游、强迫购物、黑导游等市场乱象屡禁不止，使现有的、对应于旅游市场主体和产品的准入退出、竞争、交易、仲裁等各个环节的法律、法规、规章、标准都不能满足市场治理的需要；这需要旅游市场监管应从单一部门、单一行业、单一执法迈向与公安、工商、质监等多部门的联合监管、共同执法。因此，旅游市场综合监管的“1+3+N”模式应运而生，“1”是指旅游局“升格”为旅游发展委员会；“3”是指旅游警察、旅游巡回法庭和工商局旅游分局；“N”代表物价、交通运输、人力资源社会保障、文化、质监、食品药品监管、民族宗教、商务、地税、国税、通信等涉旅部门，“+”不是简单地叠加，而是把这些专属职能因地制宜地融入旅游市场秩序整治中。截至2017年8月，全国已经有23个省（区、市）、160多个地（市）成立了旅游发展委员会，一大批地区成立了旅游警察、旅游巡回法庭、工商旅游分局。

在“1+3+N”的旅游综合管理体制中，“1”大势已成，“3”在逐步推开，“N”还有待突破。第一，旅游发展委员会要有效履行旅游资源整合与统筹协调、旅游规划与产业促进、旅游监督管理与综合执法、旅游营销推广与形象提升、旅游公共服务与专项资金管理、旅游数据统计与综合考核等职能。第二，积极推动公安、工商、司法等部门构建管理内容覆盖旅游领域的新机制，加强旅游警察、旅游市场监督、旅游法庭、旅游质监执法等工作和队伍建设。第三，鼓励建立旅游联席会议、旅游项目联审、旅游规划公众参与、旅游投融资、旅游标准化、文明旅游共创、旅游志愿者组织、旅游人才培养、旅游工作考核激励等机制。

3. 完善旅游公共服务体系的建设

根据《“十三五”全国旅游公共服务规划》完善旅游公共服务体系，重点实施“快进慢游”旅游交通网、“便捷乐享”旅游设施网、“智慧智能”旅游互联网、乡村旅游公共服务设施和旅游公共环境建设。优化提升“12301”国家智慧旅游公共服务平台；构建中国特色旅游服务中心体系，实现游客集中区域的旅游服务中心全覆盖；完善旅游景区主要交通连接线，构建旅游“快进”交通网络，推进旅游“最后一公里”建设，实现旅游目的地内部交通无缝衔接；深入推进“厕所革命”，超额完成厕所革命三年计划；全面取消手机长途和漫游费，营造更好的旅游消费环境；实施国家旅游风景道公共服务示范工程、自驾车旅居车营地公共服务示范工程、旅游景区道路交通标识体系优化工程、旅游安全与应急救援示范工程、旅游志愿者服务管理工程、旅游公共服务标准化工程、旅游公共服务质量评价工程等，为广大游客提供体系完备、门类齐全，规范标准、优质高效，便利惠民、安全舒适的旅游公共服务。

4. 推动“互联网 + 旅游”发展战略

2016 年全国在线旅游投资超过 1000 亿元，呈现高度集中特点。但与国外比较，中国旅游互联网基础仍相对比较薄弱，目前处于信息化、电商化、数字化齐头并进的特殊发展时期。需大力推动旅游科技创新，打造旅游发展科技引擎，促使旅游与其他产业的融合加深，进一步深化市场和消费场景细分。推进旅游互联网基础设施建设，加快机场、车站、码头、宾馆饭店、景区景点、乡村旅游点等重点涉旅区域无线网络建设。建设旅游产业大数据平台。构建全国旅游产业运行监测平台，建立旅游与公安、交通、统计等部门数据共享机制，形成旅游产业大数据平台；实施“互联网 + 旅游”创新创业行动计划，建设一批国家智慧旅游城市、智慧旅游景区、智慧旅游企业、智慧旅游乡村；建立全国旅游的大数据集成及应用平台、发行“中国旅游卡”、加强自媒体智能终端的 APP 开发及推广等多种措施，主动融入信息化变革、积极运用信息化手段，全面革新管理方式，提高管理水平；建立面向游客和企业的旅游公共服务平台，完善旅游公共信息发布及资讯平台、旅游产业运行监管平台、景区门票预约与客流预警平台、旅游大数据集成平台。

三、行业经营策略

（一）住宿接待业

1. 改进酒店经营策略，助力酒店扭亏为盈

从全国来看，我国高档酒店数量占比较大，而且呈不断上升的趋势，与此不同的是，高档酒店整体经营业绩呈下滑态势，很多高档酒店利润出现负增长。东、中、西部区域都表现出高档酒店持续增加、中档酒店和低档酒店持续减少，但酒店利润呈负增长的发展态势。因此，需要通过经营的策略的调整来助力酒店扭亏为盈。

（1）提高品牌认知度

品牌认知度的提高是提升酒店企业商誉的一个途径。客户在进行酒店选择时，首先会选择自己熟悉的品牌，其次才会考虑价格要求，因此，酒店在发展自身经济的同时，要具有强烈的品牌意识，通过加强与客户群体中关键人物的联系，宣传和提高企业的品牌认知度，强化这种基于品牌信任的合作关系，提高客户的忠诚度。

（2）实施市场细分策略

需要针对客户的不同需求进行市场细分，发现市场的空白点，从而针对不同细分市场推出更多针对性强的产品和服务。首先，针对高端市场，需要高端酒店为客户提供更

好的服务。其次，针对商务休闲市场，可以"新生"酒店作为商务的品牌提供轻松的服务，以吸引成功人士。再者，针对低端市场，推出公平套房，以丰富自己的酒店产品线。最后，根据高端以及低端之间的差异推出"庭院""居民客栈"等多种形式。这样，通过对市场进行不断细分，提供针对性产品和服务，满足不同类型游客的需求，提升酒店的商业价值，提升酒店利润。

（3）全面改进价格策略

需要从多方面、采取多种形式，对旗下产品进行准确定位和定价，使其价格优于竞争对手，同时，又符合酒店自身的发展需要。通过考虑地域因素进行不同酒店的价格定位，实现不分区域的价格差异。根据酒店内部的实际情况以及财务数据进行相关论证，运用成本加成定价法以及通行价格定价法两种最主要的方法制订出可行的价格方案。实施多重会员卡形式，给会员顾客提供更多的优惠，提高整个酒店的入住率。采取统一的采购系统，共享一致的物资材料以及信息资源，与原材料供应商保持良好的关系，降低物资采购价格。

2. 加强露营地建设，促进住宿多样化发展

随着我国旅游个性化需求的增长，自驾车、房车等旅居生活方式激发出巨大的市场消费需求。2016 年，我国建立约 500 个自驾车房车营地，带动投资约 350 亿元①。从世界旅游业发展的一般规律来看，大众旅游时代，自驾车房车旅游将成为旅游市场的主体，国内自驾车及营地市场还有巨大的发展潜力。在汽车露营地的建设中应该注意以下几个方面：

（1）增强露营形式的组合性

露营地规划应充分利用其不同于宾馆酒店的住宿特点，丰富露营地的露营设施，满足不同露营者和旅游者的需求，规划旅居车（房车）营地、非旅居车（自驾车）营地、木屋营地、纯帐篷营地四种不同风格的营地形式，将它们有机地结合起来，丰富露营形式。

（2）提高游憩活动的多样性

露营地建设应该注重露营旅游的质量，在营地内设置体育运动场（网球场、篮球场、排球场等）、户外体验场（卡丁车、攀岩、骑马、烧烤等）、娱乐活动场（儿童活动区、篝火广场、游船、垂钓区等）等，布置符合安全规范的游憩设施，采用环保材质，就地取材，营造凸显当地风情风貌的游憩环境。

（3）保障服务设施的全面性

露营地不同于宾馆，可以采用灵活多变的服务方式。可以由主入口处的接待中心统一控制管理，露营者在此了解营区情况，选择露营形式，办理登记入"营"的手续，这

---

① 人民网，国家旅游局：2016年建500个自驾车房车营地 带动约350亿投资．2016年7月5日（http://travel.people.com.cn/n1/2016/0705/c41570-28526920.html，2017-8-22）。

里提供房车、帐篷、手提灯等租赁服务，另外可以建设小型服务站，兼顾管理、商店等功能，并配有营地主管和专职服务人员，营地的中心位置建设能辐射整个营区的旅行者餐馆、酒吧等。同时，这里还可以是一个交流场所——露营沙龙，提供与户外运动、周边旅游相关的杂志、书籍，也可作为紧急状况下的避难所使用，提供天气、交通等适时信息；建设医疗救护站，以应对一些紧急情况。服务设施的全面性、灵活性能够更加凸显露营旅游的特点，让露营者体验与酒店住宿截然不同的旅行方式，丰富住宿业新形态。

3. 创新度假租赁模式，优化新型住宿体验

近年来，随着自助游和家庭度假需求的迅猛发展，度假租赁业因其契合市场需求而得到快速发展，蚂蚁短租、游天下、途家等一批度假租赁公司应运而生，对传统住宿业形成了有益的补充，为住宿业的发展注入了“创新”元素。但在迅速发展的过程中要发挥自身优势，补充传统住宿业的不足，通过整合资源，创新模式来促进行业整体发展。大体可通过以下四种模式来运营：

（1）住宿业类“淘宝”模式

通过为房源发布者以及租房者提供一个信息发布和交易的平台，鼓励个人将闲置房源上传并出租，向房东和房客收取交易佣金。与“淘宝”模式有很大的相似性，这种模式的优势是房源分布广，价格相对便宜，注重社交和文化，但需要加强诚信管理、风险预警与管理等。

（2）在线 C2C 管理模式

通过在线平台连接房东和游客，同时整合第三方平台资源为房东、房客提供全方位服务，使多方获益，通过房屋信息展示收费（主体）+ 广告费 + 第三方合作分成盈利。住房类型以酒店式公寓为主，多是公寓或私人度假屋。这种模式的优点是网络信息量大、全方位服务、房源分布广、价格相对便宜，注重家庭度假。这种模式需要加强对平台的监管，以防止个别平台商利用手中的资源造成市场混乱。

（3）互联网酒店管理模式

一方面，帮房东打理房子，按比例分享房租收入；另一方面，代客户管理物业，通过提供增值服务来获利；房源由公司亲自控制，统一装修、统一管理，通过房租分享和托管增值的方式盈利；这种模式的特点是优质房源保障，线下高标准服务，性价比高，注重居家体验。这种模式需要加强营销推广，通过不同的营销手段来最大限度地使优质房源的价值得到充分实现。

（4）非标准住宿服务平台

这种模式以平台方式运作，不从事自营业务，不直接涉足房源运营和管理；无搜索功能，通过个性化筛选，让用户挑选房间；由个人业主、房源承租者或商业机构提供个性化住宿选择；向个人业主收取平台交易佣金、智能门锁管理费等费用；这种模式的特点是产品多样化，服务智能化。这种模式需要注重个性化的细分，凸显其价格优势，满足客户多样化的需求。

另外，随着度假租赁市场规模的扩展及竞争的加剧，只有通过不断创新产品、优化体验，用专业化、多样化、标准化、细分化、差异化的产品和服务才能主导将来度假租赁业未来发展的方向。抓住当前产业结构调整和大数据蓬勃发展的契机，挖掘、跟随和引领消费者日益增长而多元的消费需求，做好市场细分，不断创新产品和服务，为游客提供标准化、高性价比的新型旅游度假住宿体验，满足游客个性化深度旅游的需要，才能使度假租赁业在住宿业激烈的竞争中占有一席之地。

（二）旅游目的地

1. 加强跨境景区建设，培育新型旅游目的地

近年来，我国经济快速发展，沿边跨境游客领略异国风情的愿望也日益强烈。2015 年 12 月，《国务院关于支持沿边重点地区开发开放若干政策措施的意见》（国发〔2015〕72 号）明确提出研究发展跨境旅游合作区和探索建设边境旅游试验区的两大政策构想，也为跨境旅游的发展提供了政策保障。地缘优势、独特的民情风俗资源以及完善的口岸设施，是沿边地区开辟跨境游线路的前提条件，有利于打造便利、直接、低成本的边境旅游项目。培育新型旅游目的地也可以从发展跨境旅游、打造跨境线路产品开始。首先，要打造精品跨境旅游线路，提升产品的核心竞争力。旅游产品开发是支撑旅游业发展的支柱，旅游线路是重中之重，因此，应该打造边境地区的精品线路，提升旅游产品的吸引力和竞争力。应充分利用边境优势，积极拓展边境旅游腹地，开通跨境黄金旅游线路，常态化跨国自驾游。自驾游是未来边境旅游重要的发展趋势和方向，双方政府应加强沟通和协商，简化车辆和人员边境旅游的通关手续，不断制定和完善跨境自驾游线路，使跨国自驾游日益平民化、常态化。其次，应提高边境旅游开发投入，加强基础设施建设。双方政府应该在对边境旅游开发投入的基础上，积极引进市场资金，让企业参与边境旅游的开发；要进一步提升沿边地区的开发开放水平，降低外资进入边境旅游开发的门槛，拓展外资进行边境旅游开发建设的范围，进而促进边境旅游基础设施的完善和功能的发挥。再次，建立和完善边境旅游制度。行政管辖分割客观地存在于国家之间，因此，发展边境旅游需要加强政府间的对话，建立和完善边境旅游的相关制度，以清除政策障碍，营造良好的边境旅游环境。最后，应加强边境旅游安全管理。近年来，伴随着跨境经贸合作的不断深化，一些边境地区的不稳定因素也逐渐增多，传统安全因素，如饮食、住宿、购物、娱乐、游览等对边境旅游的影响正在下降，而非传统安全因素，如恐怖主义、犯罪、社会危机等影响越来越大，因此应加强边境地区的安全管理。

2. 加强智慧旅游产品创新，推动景区智慧化

大数据时代的到来使智慧旅游的发展既赢得机遇又面临挑战，智慧旅游产品创新是智慧旅游建设的核心。智慧型旅游产品要针对旅游者在景区内的旅游体验，深化其闲适感、新奇感、愉悦感等正向体验，淡化拥挤感、疲劳感、无聊感等负向体验。智慧旅游

产品创新可以从以下几个方面进行：

（1）创新过程体验

从旅游者进入景区到结束旅游，通过移动互联网客户端与游客保持网络联系，通过全球定位系统的地理位置感知，为游客提供即时的、个性化的信息，解决旅途中的不适感，掌握游客地理位置，通过智慧服务系统及时为游客推送路过景点的提醒和文化背景，帮助游客减少疲劳感，增强愉悦感。

（2）增添内容体验

在游览过程中适当地增加主题游戏类的产品，以自然资源和人文资源为背景，建立一种游戏体验环境，既可以充实景区的游览内容、激发旅游者的参与热情，又能够增加景区的科技文化内涵，提升景区的软实力。

（3）精准信息传递

游客进入景区游览即成为景区服务的对象，面对众多旅游者，既要有服务大众的信息频道，又要有满足旅游者个性化的定制信息服务，智慧景区的信息内容和信息传播是促使旅游者形成全面的、动态体验印象的基础。景区信息的内容应注重简短性、准确性、即时性和关联性，为游客提供轻松愉悦的信息服务体验。

（4）注重细节实现

创新型的智慧旅游产品和服务应该贴近最终消费群，关注游客对细节的体验，这将深刻地影响旅游产品和服务的成败。应在设计、展示、操作、流程、运营、反馈、沟通等需要细节体验的地方多加留意，牢记展示不清、速度过慢、操作不便、流程繁杂等都会引起旅游者的负向体验，损毁旅游者对景区的印象。由此，以高新技术为基础的创新产品必须注重细节的体验。

3. 塑造特色小镇品牌，丰富旅游目的地类型

2016 年 7 月 18 日，住房和城乡建设部、国家发改委、财政部公布《关于开展特色小镇培育工作的通知》。国家公布的首批 126 个特色小镇名单中以“休闲旅游”为特色的小镇占据很大比重，开创了新的旅游目的地模式。打造特色旅游小镇的品牌特色，最直接的意义在于提高小镇的核心竞争力，吸引更多游客。首先，要突出特色小镇的品牌形象。中国是四大文明古国之一，五千年的历史造就了丰富的特色旅游资源，各地在特色旅游小镇的建设中，要注意保持这些特色，突出特点，塑造品牌形象，在不破坏当地原有风格的基础上，发展特色旅游。其次，小镇建设要突出特色和创意。特色小镇的旅游开发模式在中国蓬勃发展，各地的小镇建设要突出特色，避免千篇一律的尴尬局面，在契合小镇原有风格的基础上进行大胆创新，增强竞争力。最后，创新品牌宣传方式，注重软宣传。在旅游行业里，做好宣传工作是非常重要的。在信息技术发达的今天，人们接收的信息中充斥着大量的垃圾信息，这就导致相关宣传不能很好地引起人们的关注，因此，需要加强宣传工作的创新。

大多数特色小镇都可以作为新的旅游目的地，历史文化、城郊休闲、资源禀赋、生

态旅游型的特色小镇通过发展文化交流、景点观赏、休闲娱乐为主的旅游业，直接创造经济效益；特色产业、新兴产业、金融创新等可通过旅游，直接或间接创造经济效益；时尚创意型特色小镇可创造综合效益。除经济效益外，全域旅游发展还有助于特色小镇创造品牌效益，传承传统文化，让特色小镇的地方文化、民俗风情、商业价值、传统手工艺传承下去，推进特色小镇的文化创新，丰富旅游目的地类型。

（三）旅行社业

1. 改变经营理念，打造企业品牌

国内旅行社必须认识互联网将会改变旅行社的营运模式，这是不可逆转的潮流，只有主动适应而不是排斥它或对它视而不见，切实改变营运模式，才能减少在线旅游业的冲击。这对于旅行社来说虽然是一种挑战，但同时也是一次机遇。通过网络，任何旅行社都可以让全世界现实的和潜在的旅游者都知道，只要旅游者愿意，都可以享受到你的服务。互联网把旅行社的经营范围扩展到了全世界，这是传统的运营模式所无法做到的。因此，在经营理念上，旅行社要充分挖掘网络特性，在信息的搜集、分析和产品销售等多方面为自己所用。另外，要打造品牌树立企业形象。品牌竞争是传统旅行社摆脱价格竞争这一不良循环的最佳方式，传统旅行社要随时对自身的优势和存在的问题进行分析，把品牌理念融入员工培训及工作中，把品牌的树立提升到战略发展的层面。

2. 细分旅游市场，提供个性服务

只有深入挖掘、发现、提供更容易在网上销售的商品和服务，建立新的商业营运模式，才是现行旅行社的生存之道。首先，要采取特色化、个性化经营模式。旅行社尤其是中小旅行社由于条件限制，要想在大旅游商和在线旅游经营商的夹缝中生存下来，唯一的出路就是特色化、个性化经营，做到“人无我有，人有我精，小而强、小而专”。我国的绝大部分旅行社都有自己的依托资源，或紧邻景点，以地接为主；或有丰富的客源资源，以组团为主。而在当前背景下，必须重新分析自己所依托的资源，找出那些具有唯一性、垄断性或者强烈排他性、独创性的因素，以此来建立自己的竞争优势，确定自己的市场定位，以发现增值地带，去瞄准目标市场。其次，要提供精细化的旅游产品。近年来游客需求越来越个性化，传统的全包价旅游模式已经不能满足游客差异化的需求，传统旅行社应加快转变经营思路，针对不同人群提供精细化的旅游产品和服务。针对对互联网旅游终端较陌生的、出游过程中需要全面照顾的老人和儿童市场，旅行社需提供“高品质＋全包价”产品；对于中青年客源，旅行社可以在网站上直接提供旅游产品，根据其爱自由、敢冒险的特点提供创新和休闲于一体的“自由型＋组合式＋网络互动式”产品；对一些特殊旅游群体，如蜜月、结婚纪念旅行和高端商务客人等，旅行社可提供“私人定制”产品，提供旅游愿景的制定、旅游景点的选取、其他服务比例设计以及旅游投诉处理等“管家式”服务。

3. 转变经营模式，实现转型发展

随着互联网的迅速普及，旅游电商已成为旅游产业中的主力军，传统旅行社正面临巨大的生存压力，转型发展势在必行。传统旅行社在旅游电商的冲击下亟须改变传统经营模式，来应对旅游大环境的变化，以求谋取长足的发展。首先，要拓展网络平台。网络营销采用交互式沟通，其竞争优势不受地域和时间限制，旅游消费者可以及时地将需求告知旅行社，旅行社可以及时制定能够满足游客的旅游产品，让消费者主动参与到营销中来，提高满意度；互联网拥有海量信息，旅行社可以充分调动营销人员的主动性和创造性，将产品进行全方位、多角度展示，提升产品和服务的感知度；旅行社可以利用互联网将不同的营销活动进行统一规划设计及协调，以统一的传播咨询方式向消费者传达产品信息，从而避免信息传达不一致造成的负面影响。在实施中将旅游目的地、酒店、线路、娱乐在内的多种资源进行整合，统一营销手段和营销方法，达到旅行社有形和无形资产交叉运作的整合效果。无形资产在营销实践中的整合能力和增值效应，也是对传统市场营销理念的突破和发展。其次，要注重科技与文化创意，提高产品附加值。在赢利模式上，票务折扣或者佣金带来的利润将会越来越少，旅行社必须依靠自己独有的、高附加值的其他服务方式和咨询服务来获利。从理论上分析，产品的价值可分为两部分：一是产品的使用价值或功用价值；二是观念价值。功用价值是由科技创新来促成的，观念价值则由人的感受和观念决定。要提高旅游产品附加值，必须通过科技和文化创意来进行。所以，旅行社要围绕目标客户群体的关键行为模式和心理需求来设计、开发产品。

（四）在线旅游业

1. 创新经营模式，提高技术水平

首先是经营模式的创新，应考虑旅游企业资源配置的现状，突出重点进行整合。可将线上企业方便快捷的优势与线下真实可触摸的特点相结合，以点成链，在此基础上横向开发更多的服务功能，如天气预报、景点人口密集度报告、在线维权等，联链成面。其次，旅游市场的扩大，需要更加广泛地运用现代技术，将市场从传统的“老客户”中打开，吸引更多的潜在消费者，这就需要有更多的创新思路。再次，在线旅游业是一个有极大发展空间的新领域，市场需要更多有针对性、个性化的产品。企业可以通过做好差异化市场定位，并进行产品深耕，针对不同需求的消费者，提供不一样的服务，如景区专车服务、义工旅行服务、拼车服务、验证景区门票真伪服务、电子票务服务等。在线旅游通过不断创新给消费者带来持续不断的惊喜，以此推动自身跟紧时代步伐。最后，通过提升网络技术水平来应对国外先进技术（如动态报价技术等）的竞争挑战。我国在线旅游企业应加强研发投资，不断创新技术，同时，还应善于资本经营，即能够科学利用社会资源，不断改进自身产品和用户体验，这是在线旅游业发展的当务之急。

2. 创新网络营销，提高营销质量

首先，在线营销方案的制订应该以客户需求为导向，做到以下三点。第一，为顾客量体裁衣，给人所需。在线网络营销可以通过网络平台与潜在客户进行有效的沟通，从而了解当下旅游消费者关注的热点，尤其时下的主流旅游客户是年轻一代，这一代人的成长历程决定了其对个性的追求。所以，在旅游营销方案中要凸显出特色和个性。第二，旅游方案的制订要兼顾产品定价和目标客户的消费能力，不同消费阶层的客户对旅游的性价比有不同的要求，很多优秀的网络营销方案在价格上就被一些消费者过滤掉了。所以，在旅游营销方案制订之前，要充分利用网络把握客户的消费水平，然后根据不同消费水平的客户制订不同的旅游方案。在方案中可以对消费者注重的方面进行标记，从而能够更好地进行方案的搭配。用量体裁衣的方式，能够让旅游方案与顾客的需求进行最大限度的匹配。在整个营销方案的制订过程中，营销团队的主要工作是进行短时高效的信息整合与信息匹配。

其次，在线旅游业在网络营销方面应该充分利用社交媒体来销售公司的旅游商品。时下微信、QQ、微博已成为大家关注社会热点问题的主要软件，利用这些社交媒体来进行广告宣传，不仅受众面远比互联网网页大得多，而且能够让交流信息及时被人分享，获得更快的传播速度和更有效的传播效果。此外，由于社交媒体中的成员都是现实生活中的熟人，彼此的信赖度更大一些，因此，应用社交媒体进行在线旅游网络营销方案的意见反馈和评价，能够提高大众对这些反馈信息的信用度，从而能够为旅游产品进行高质量的推广和宣传。

3. 广建线下门店，线上线下融合

当前在线旅游企业在旅游市场上已经占据主导地位，但在服务质量提升上却遭遇瓶颈，客户投诉率逐渐升高，出现老年市场盲区等。通过建立线下门店可以弥补线上服务的不足，增强在线旅游企业发展的可持续性。可以建立以下几种不同类型的线下门店：

（1）在目的地景区内开设驿站

驿站的功能定位主要在于解决游客在目的地游玩过程中的一些“痛点”，如手机充电、没有 Wi-Fi、找不到短时休息的场所、紧急医疗服务不足等。通过建立舒适休闲的环境，提供全面贴心的服务，驿站可以成为目的地服务平台和营销平台。

（2）在出发地搭建线下体验店

在加速布局目的地驿站的同时，在核心城市开设旅游主题体验店，主要是考虑到在旅游人群中，有一些群体，如老年人，并不会在线上选购旅游产品，线下体验店可满足这部分用户的需求。体验店能为休闲旅游游客提供一个全方位闭环式服务，比如：因出境旅游的特殊性，体验店能够当面签订正规的出境游合同，保证游客权益；帮助游客整理审核相关国家签证材料，提高签证效率；为不会使用线上支付的客户提供线下付款途径等。相对于线上产品资源及平台，旅游体验店更具备品牌形象塑造、企业文化展示、

旅游知识普及、互动沟通、顾问式服务等功能，可以改进线上用户体验，适应新时代的旅游消费需求趋势，提升企业市场竞争力。

（3）搭建开放平台

充分利用在线旅游企业的资源优势，搭建开放平台体验店与在线旅游业的网站、手机 APP、电话配合，形成线上、线下、无线融合的立体服务网络。可以在店内设置互动体验区，可在场体验在线预订及手机端内容，通过触屏电视能自主浏览、点播旅游风光片。相比旅行社门店，这种体验店既能提供在线旅游业的自营产品，也能提供网站上代理的合作旅行社的线路，成为展示销售各家精选产品的平台。搭建开放平台，能够让一家店集中各家旅行社的优质产品，既能为旅游供应商服务，又能实现游客在一家店就可以满足各种需求的目的。游客可以体验网上的各类旅游产品，在价格和服务上也有保障。

总之，线上旅游企业建立线下门店的优势突出，是线上旅行企业的重要完善，能与线上业务形成较好的协同效用，能扩大线上旅游企业的盈利空间，还能让游客获得质量更高、便捷度更大的服务。

第二篇　专题报告

专题一　基于在线旅游评论的区域旅游发展研究

一、研究背景及意义

（一）互联网和在线旅游的快速发展

在 2015 年 3 月 5 日召开的十二届全国人大三次会议上，李克强总理在政府工作报告中首次提出，“制定‘互联网＋’行动计划，推动移动互联网、云计算、大数据、物联网等与现代制造业结合，促进电子商务、工业互联网和互联网金融健康发展，引导互联网企业拓展国际市场”。中国互联网络信息中心（CNNIC）发布的第 40 次《中国互联网络发展状况统计报告》显示：截至 2017 年 6 月，我国网民的数量已经达到 7.51 亿人，半年共计新增网民 1992 万人，互联网普及率为 54.3%，较 2016 年年底提升了 1.1 个百分点。从图专 1–1 可以看出，近十年来，中国网民的数量不断快速增加，网民的规模日益壮大，互联网的普及率也在持续上升。

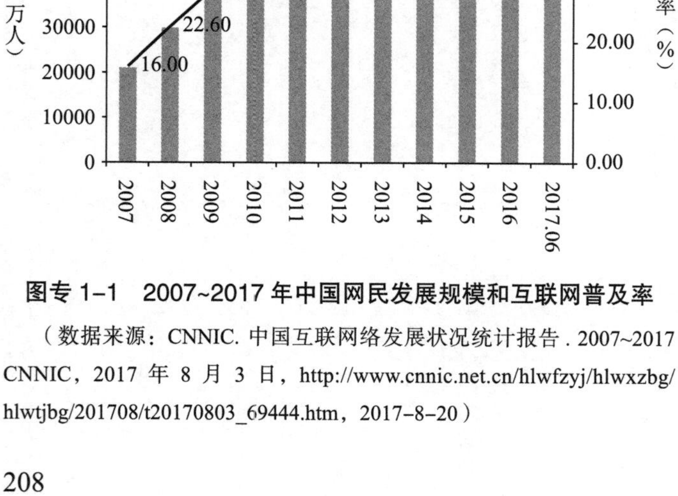

图专 1–1　2007~2017 年中国网民发展规模和互联网普及率

（数据来源：CNNIC. 中国互联网络发展状况统计报告 . 2007~2017 CNNIC，2017 年 8 月 3 日，http://www.cnnic.net.cn/hlwfzyj/hlwxzbg/hlwtjbg/201708/t20170803_69444.htm，2017–8–20）

随着互联网的快速发展，旅游业内新的商业模式——基于互联网所具有的高度传播性、匿名性、分享互动性、便利性和个性化特征的旅游电子商务市场也迅速发展。从 1996 年中国第一个旅游电子商务网站——华夏旅游网成立，至今具有一定旅游资讯能力的网站已有5000多家。其中专业旅游网站300余家。旅游电子商务网站具有为旅游者提供旅游信息的查询和交流、旅游预订以及其他个性化服务等功能，因而深受旅游者的青睐。据艾瑞咨询的最新统计数据，如图专1–2所示，2016年中国在线旅游市场交易规模达5934.6亿元，增长率为34.01%，较2015年提升了1.4个百分点，预计到2019年中国在线旅游市场交易规模将达10475.0亿元。专业的旅游电子商务网站不仅可以为旅游者提供信息查询和预订等功能，还可以为其提供目的地点评和旅游记录的功能，这些点评和记录已经成为旅游者制定出行决策时的重要参考信息，吸引更多的旅游者由依赖线下服务转为信任线上服务。据预测，通过互联网预订旅游未来将占旅游预订总量的半数以上。可见，在线旅游市场正在日益壮大。

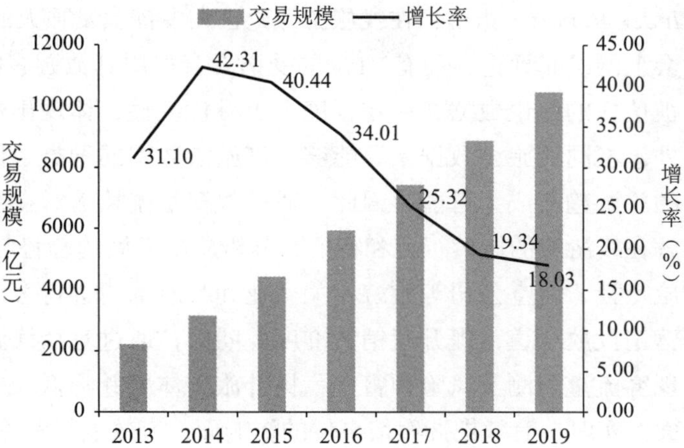

图专1–2　2013~2019年中国在线旅游市场交易规模及增长率

（数据来源：艾瑞咨询．2017年中国在线旅游行业年度监测报告．艾瑞咨询，2017年7月18日，http://wreport.iresearch.cn/uploadfiles/reports/636360604865737558.pdf，2017–8–22；其中，2017~2019年数据为估测值）

（二）在线旅游评论正发挥强大作用

在互联网和在线旅游不断发展的背景下，越来越多的游客通过旅游网站来制订旅行计划，原因之一是旅游网站可以为他们提供旅游产品点评和目的地游记攻略，即在线旅游评论。根据艾瑞咨询的统计数据，如图专1–3所示，在线旅游用户中有57.60%的消费者表示在线购买的原因是可以提供产品点评，61.20%的用户表示在线购买的原因是可以提供目的地游记或攻略。可见，在线旅游评论对旅游者制定旅游决策发挥着重大作用。

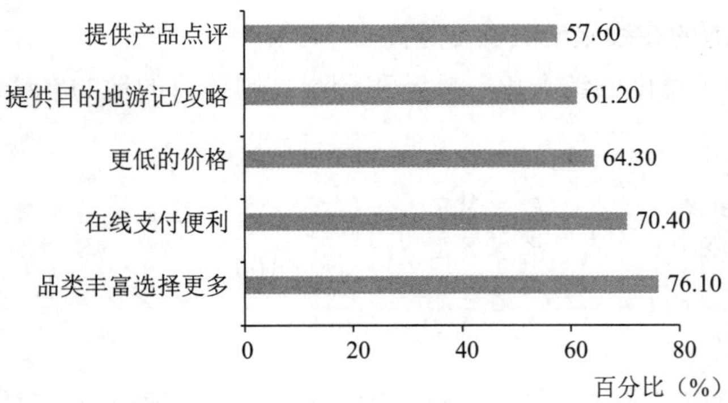

图专1–3　2016年中国在线旅游度假用户在线购买的原因

（数据来源：艾瑞咨询．2016年中国在线旅游度假用户研究报告．艾瑞咨询，2016年9月26日，http://wreport.iresearch.cn/uploadfiles/reports/636104727825397629.pdf，2017–8–29）

与此同时，这些游客在旅途结束后还将继续在各网络平台留下他们对旅游目的地的评价，在这个过程中，更多的在线旅游评论产生，并不断被后来的游客获取、阅读和分析，再次用于旅游过程中。《旅游信任指数报告》（*Travel Trust*

Index Report）指出：在线旅游评论正在发挥愈发强大的作用；1/6 的受访者表示在度假后会上网发布评论，而有 71% 的受访者会采用其他游客的评论作为参考。可以说，越来越被信任的评论数据在一定程度上更具代表性，体现出这些评论数据的价值与解释力。另外，不同的旅游数据来源能够丰富旅游数据的种类，使从多个不同角度去把握日新月异的旅游趋势成为可能，因此，通过数据挖掘技术对在线旅游评论进行分析可以更好地了解在线游客的旅游行为和特征，分析旅游发展的趋势与区域分布特征，帮助景区、酒店、旅行社、航空公司等旅游相关企业和政府部门进行客源市场细分及潜在市场挖掘，优化营销投放渠道，提升营销精准度。同时，通过对在线游客评论信息的实时监测，可以实现客流量预测及风险预警等，提升旅游体验并降低安全风险，辅助目的地、旅游景区全面、实时、有效把握舆情事件的影响面，有效进行舆论控制。

二、研究方法与数据来源

（一）研究方法

本研究以旅游消费者行为理论为指导，通过大数据挖掘，严格控制信息计量标准，对 2016~2017 年度旅游景区、城市和省域的关注度、满意度和推荐积分进行综合打分、排名，得到在线旅游评论 TOP200 的景区、TOP50 的城市以及 31 个省域的推荐积分排名。具体评价指标及方法为：

关注度：通过有效评论数进行测定和计算，与目的地相关的有效评论信息总量越多，则该目的地的在线旅游关注度越高。

满意度：通过自然语言处理对评论信息进行情感分析，满意度为目的地评论中正面印象数占总印象数的百分比，即：

满意度 = 正面印象数 /（正面印象数 + 负面印象数）× 100

正面印象数占比越高，则该目的地的在线旅游满意度越高。

推荐积分：推荐积分为关注度和满意度的综合值，推荐积分越高则该目的地的在线旅游竞争力越强，其计算公式如下：

$$I_i = \left[\begin{array}{c} 80\% \times \dfrac{\log R_i}{\log(\Sigma R_i)} \times \left(1 + \dfrac{E_i}{R_i} - \dfrac{\Sigma E_i}{\Sigma R_i}\right) \\ +20\% \times \dfrac{\log R_i}{\log(\Sigma R_i)} \times (1 + \dfrac{P_i}{P_i + N_i} - \dfrac{\Sigma P_i}{\Sigma(P_i + N_i)}) \end{array} \right] \times 100$$

公式中，I_i：景点、城市或省域 i 的推荐积分；R_i：景点、城市或省域 i 的评论数据量；E_i：景点、城市或省域 i 的有效评论数据量；P_i：景点、城市或省域 i 的正面印象数据量；N_i：景点、城市或省域 i 的负面印象数据量。

（二）数据来源

本研究在武汉酷犬数据科技有限公司的技术支持下，利用大数据挖掘技术获取携程、同程、百度旅游、去哪儿、驴妈妈、蚂蜂窝、大众点评和途牛这八大主要在线旅游平台的用户评论信息数据，并进行定量分析。共获取了2016年7月1日~2017年6月30日上述八大平台上的用户评论信息3488259条，其中，有效评论数2890607条，各在线旅游平台的分布见图专1-4。

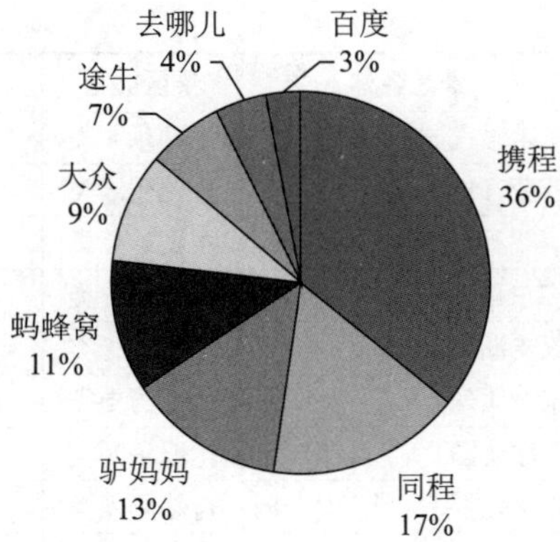

图专1-4 2016~2017年度有效用户在线评论数据来源的百分比构成

（数据支持：武汉酷犬数据科技有限公司）

三、研究结果与分析

（一）推荐积分TOP200景区

收集国家旅游局发布的34500多个景区的用户评论信息，提取出评论数据量排名靠前的1000个景区。而后，根据上述公式计算这1000个景区的推荐积分和满意度，并按照推荐积分从高到低进行排序（当推荐积分相同时，则按满意度分值排序），得到2016~2017年度“推荐积分TOP200”的景区排行榜（表专1-1）。

表专1-1 2016~2017年度推荐积分TOP200的景区及其推荐积分和满意度

序号	景区名称	景区类型	所在城市	所在省份	推荐积分	满意度
1	上海迪士尼乐园	主题乐园类	上海市	上海市	90.25	78.57
2	珠海长隆海洋王国	主题乐园类	珠海市	广东省	89.39	87.37
3	中华恐龙园	主题乐园类	常州市	江苏省	88.37	86.80
4	上海野生动物园	主题乐园类	上海市	上海市	88.28	87.73
5	长隆野生动物世界	主题乐园类	广州市	广东省	88.27	89.03
6	南沙百万葵园	主题乐园类	广州市	广东省	85.48	93.53
7	长隆欢乐世界	主题乐园类	广州市	广东省	83.70	89.16
8	杭州烂苹果乐园	主题乐园类	杭州市	浙江省	83.59	90.94
9	苏迪糖果乐园	主题乐园类	苏州市	江苏省	82.87	86.38
10	长隆水上乐园	主题乐园类	广州市	广东省	82.33	89.50
11	北京欢乐谷	主题乐园类	北京市	北京市	81.83	83.70
12	香港迪士尼乐园	主题乐园类	香港特别行政区	香港特别行政区	81.83	87.45
13	欢乐谷	主题乐园类	上海市	上海市	80.40	88.05
14	苏州乐园四季悦温泉	休闲度假类	苏州市	江苏省	80.30	88.63
15	厦门科技馆	人文历史类	厦门市	福建省	79.75	94.79

续表

序号	景区名称	景区类型	所在城市	所在省份	推荐积分	满意度
16	凯蒂猫家园	主题乐园类	湖州市	浙江省	79.55	83.67
17	罗蒙环球乐园	主题乐园类	宁波市	浙江省	79.16	87.80
18	嬉戏谷	主题乐园类	常州市	江苏省	79.10	86.48
19	广东科学中心	人文历史类	广州市	广东省	78.74	91.71
20	蜈支洲岛	自然风光类	三亚市	海南省	78.70	79.87
21	东方明珠	人文历史类	上海市	上海市	78.59	81.98
22	海洋公园	主题乐园类	香港特别行政区	香港特别行政区	78.42	89.96
23	亚龙湾热带天堂森林公园	自然风光类	三亚市	海南省	77.89	84.30
24	上海科技馆	人文历史类	上海市	上海市	77.81	89.99
25	青岛海昌极地海洋世界	主题乐园类	青岛市	山东省	77.19	77.03
26	锦江乐园	主题乐园类	上海市	上海市	77.19	88.68
27	南京海底世界	主题乐园类	南京市	江苏省	77.08	85.51
28	上海动物园	主题乐园类	上海市	上海市	76.96	89.86
29	亚龙湾	自然风光类	三亚市	海南省	76.78	89.15
30	上海自然博物馆	人文历史类	上海市	上海市	76.63	90.73
31	武汉海昌极地海洋世界	主题乐园类	武汉市	湖北省	76.58	83.61
32	长鹿旅游休博园	休闲度假类	佛山市	广东省	76.49	90.09
33	北京野生动物园	主题乐园类	北京市	北京市	76.47	90.77
34	宋城	人文历史类	杭州市	浙江省	76.09	83.86
35	淹城春秋乐园	人文历史类	常州市	江苏省	75.86	87.52
36	淹城野生动物园	主题乐园类	常州市	江苏省	75.76	86.94
37	上海海洋水族馆	主题乐园类	上海市	上海市	75.56	76.79
38	长风海洋世界	主题乐园类	上海市	上海市	75.55	80.91
39	西溪湿地公园（东区）	自然风光类	杭州市	浙江省	75.54	89.13
40	天津海昌极地海洋世界	主题乐园类	天津市	天津市	75.38	83.09
41	鼓浪屿景区	自然风光类	厦门市	福建省	75.26	83.88
42	欢乐谷	主题乐园类	深圳市	广东省	75.11	83.60
43	南山竹海	自然风光类	常州市	江苏省	75.06	87.77
44	颐和园	人文历史类	北京市	北京市	74.92	89.05
45	东部华侨城	休闲度假类	深圳市	广东省	74.90	87.06
46	欢乐谷	主题乐园类	天津市	天津市	74.86	87.41
47	鼋头渚	自然风光类	无锡市	江苏省	74.70	83.35
48	苏州乐园	主题乐园类	苏州市	江苏省	74.64	80.81
49	浪石金滩	自然风光类	杭州市	浙江省	74.63	92.12
50	瘦西湖	自然风光类	扬州市	江苏省	74.13	83.32
51	南京红山森林动物园	自然风光类	南京市	江苏省	73.99	91.68
52	拙政园	人文历史类	苏州市	江苏省	73.96	77.91
53	无锡动物园	主题乐园类	无锡市	江苏省	73.88	90.07
54	万州大瀑布群	自然风光类	重庆市	重庆市	73.85	90.50
55	药王山	自然风光类	衢州市	浙江省	73.85	91.05
56	北京汽车博物馆	主题乐园类	北京市	北京市	73.63	92.59

续表

序号	景区名称	景区类型	所在城市	所在省份	推荐积分	满意度
57	东方绿舟	休闲度假类	上海市	上海市	73.20	92.12
58	岭南印象园	人文历史类	广州市	广东省	73.16	87.45
59	星期8小镇	主题乐园类	上海市	上海市	72.95	88.26
60	第一市场	休闲度假类	三亚市	海南省	72.72	86.52
61	宝墨园	人文历史类	广州市	广东省	72.58	90.72
62	杭州野生动物世界	主题乐园类	杭州市	浙江省	72.48	87.37
63	圣亚海洋世界	主题乐园类	大连市	辽宁省	72.42	78.52
64	欢乐谷	主题乐园类	成都市	四川省	72.35	86.16
65	垂云通天河景区	自然风光类	杭州市	浙江省	72.35	90.65
66	虎丘	自然风光类	苏州市	江苏省	72.26	86.13
67	天涯海角	自然风光类	三亚市	海南省	72.24	82.00
68	青青世界	休闲度假类	深圳市	广东省	72.06	92.35
69	宜兴竹海	自然风光类	无锡市	江苏省	71.97	90.45
70	天脊龙门	自然风光类	衢州市	浙江省	71.97	90.80
71	老虎滩海洋公园	主题乐园类	大连市	辽宁省	71.92	81.77
72	上海大自然野生昆虫馆	主题乐园类	上海市	上海市	71.82	85.59
73	方特东方神画	主题乐园类	济南市	山东省	71.75	88.57
74	长隆国际马戏大剧院	主题乐园类	广州市	广东省	71.73	88.78
75	呀诺达雨林文化旅游区	自然风光类	三亚市	海南省	71.62	88.28
76	东平国家森林公园	自然风光类	上海市	上海市	71.50	86.11
77	青岛海底世界	主题乐园类	青岛市	山东省	71.47	84.59
78	深圳野生动物园	主题乐园类	深圳市	广东省	71.33	89.67
79	摩天轮乐园	主题乐园类	苏州市	江苏省	71.19	81.92
80	中国航海博物馆	人文历史类	上海市	上海市	71.16	93.68
81	成都海昌极地海洋世界	主题乐园类	成都市	四川省	71.15	89.03
82	武汉欢乐谷	主题乐园类	武汉市	湖北省	71.15	87.12
83	古北水镇	休闲度假类	北京市	北京市	70.89	81.15
84	顾村公园	自然风光类	上海市	上海市	70.70	83.37
85	湍口众安氡温泉	休闲度假类	杭州市	浙江省	70.67	89.56
86	陕西历史博物馆	人文历史类	西安市	陕西省	70.62	73.61
87	方特梦幻王国	主题乐园类	芜湖市	安徽省	70.46	89.50
88	秦兵马俑	人文历史类	西安市	陕西省	70.43	76.32
89	银杏湖乐园	休闲度假类	南京市	江苏省	70.41	88.10
90	发现王国主题公园	主题乐园类	大连市	辽宁省	70.26	83.95
91	世界之窗	人文历史类	深圳市	广东省	70.11	82.94
92	慕田峪长城	人文历史类	北京市	北京市	70.10	91.43
93	宏村景区	人文历史类	黄山市	安徽省	70.03	80.43
94	成都大熊猫繁育基地	自然风光类	成都市	四川省	69.88	87.38
95	总统府景区	人文历史类	南京市	江苏省	69.82	83.70
96	青秀山	自然风光类	南宁市	广西壮族自治区	69.78	95.82
97	灵山大佛	人文历史类	无锡市	江苏省	69.62	85.83

续表

序号	景区名称	景区类型	所在城市	所在省份	推荐积分	满意度
98	杜甫草堂	人文历史类	成都市	四川省	69.56	88.22
99	厦门大学	人文历史类	厦门市	福建省	69.52	91.10
100	外滩	自然风光类	上海市	上海市	69.49	82.95
101	西塘风景区	自然风光类	嘉兴市	浙江省	69.40	83.59
102	中国科学院华南植物园	自然风光类	广州市	广东省	69.29	92.52
103	鹿回头山顶公园	主题乐园类	三亚市	海南省	69.27	85.42
104	云曼温泉	休闲度假类	杭州市	浙江省	69.09	88.50
105	广州鳄鱼公园	主题乐园类	广州市	广东省	69.04	88.85
106	沙面	人文历史类	广州市	广东省	68.94	92.88
107	天目湖山水园	休闲度假类	常州市	江苏省	68.91	85.87
108	宽窄巷子	人文历史类	成都市	四川省	68.89	77.42
109	凤凰岭公园	自然风光类	三亚市	海南省	68.78	90.35
110	藏龙百瀑	自然风光类	湖州市	浙江省	68.69	87.30
111	白水寨风景名胜区	自然风光类	广州市	广东省	68.51	87.24
112	广州塔	人文历史类	广州市	广东省	68.50	81.85
113	方特梦幻王国	主题乐园类	郑州市	河南省	68.35	92.46
114	曾厝垵	休闲度假类	厦门市	福建省	68.05	82.86
115	刘公岛	自然风光类	威海市	山东省	67.99	88.31
116	天目湖涵田半山温泉	休闲度假类	常州市	江苏省	67.99	93.38
117	杭州乐园	主题乐园类	杭州市	浙江省	67.99	88.08
118	善卷洞	自然风光类	无锡市	江苏省	67.96	85.82
119	狮子林	人文历史类	苏州市	江苏省	67.81	85.53
120	上海汽车博物馆	主题乐园类	上海市	上海市	67.79	91.46
121	绍兴柯岩风景区	自然风光类	绍兴市	浙江省	67.77	85.47
122	顺景温泉	休闲度假类	北京市	北京市	67.76	82.89
123	黄鹤楼	人文历史类	武汉市	湖北省	67.76	69.18
124	南山文化旅游区	人文历史类	三亚市	海南省	67.76	85.36
125	世纪公园	自然风光类	上海市	上海市	67.72	88.60
126	方特梦幻王国	主题乐园类	青岛市	山东省	67.70	84.57
127	海泉湾	自然风光类	珠海市	广东省	67.69	88.42
128	龙达温泉生态城	休闲度假类	天津市	天津市	67.66	85.53
129	磁器口古镇	人文历史类	重庆市	重庆市	67.65	74.05
130	情侣路	自然风光类	珠海市	广东省	67.63	94.12
131	巧克力开心乐园	主题乐园类	上海市	上海市	67.62	83.27
132	沙坡头	自然风光类	中卫市	宁夏回族自治区	67.57	86.31
133	龙凤山庄影视度假村	休闲度假类	东莞市	广东省	67.47	89.74
134	溱湖国家湿地公园	自然风光类	泰州市	江苏省	67.29	89.90
135	荔波小七孔景区	自然风光类	黔南布依族苗族自治州	贵州省	67.27	84.86
136	世界花卉大观园	自然风光类	北京市	北京市	67.24	92.99
137	大奇山国家森林公园	自然风光类	杭州市	浙江省	67.24	90.82
138	同里古镇	人文历史类	苏州市	江苏省	67.13	81.42

续表

序号	景区名称	景区类型	所在城市	所在省份	推荐积分	满意度
139	西湖	自然风光类	杭州市	浙江省	67.12	84.36
140	台儿庄古城	人文历史类	枣庄市	山东省	67.08	84.06
141	中山陵风景区	自然风光类	南京市	江苏省	67.07	86.08
142	玄武湖景区	自然风光类	南京市	江苏省	66.90	92.63
143	方特东方神画	主题乐园类	芜湖市	安徽省	66.85	89.32
144	颐尚温泉	休闲度假类	南京市	江苏省	66.82	89.92
145	千岛湖森林氧吧	休闲度假类	杭州市	浙江省	66.79	85.41
146	大明山风景区	自然风光类	杭州市	浙江省	66.71	91.11
147	冰雪大世界	主题乐园类	哈尔滨市	黑龙江省	66.69	81.32
148	丽江古城	人文历史类	丽江市	云南省	66.64	82.96
149	锦里	人文历史类	成都市	四川省	66.53	77.14
150	九寨沟风景区	自然风光类	阿坝藏族羌族自治州	四川省	66.45	84.50
151	杭州浪浪浪水公园	主题乐园类	杭州市	浙江省	66.44	83.38
152	横店影视城	主题乐园类	金华市	浙江省	66.36	84.25
153	苏州海洋馆	主题乐园类	苏州市	江苏省	66.35	85.25
154	崂山	自然风光类	青岛市	山东省	66.27	86.66
155	北京海洋馆	主题乐园类	北京市	北京市	66.26	82.66
156	杭州极地海洋公园	主题乐园类	杭州市	浙江省	66.25	77.90
157	上海辰山植物园	自然风光类	上海市	上海市	66.22	88.05
158	呀路古热带植物园	自然风光类	北京市	北京市	66.19	85.33
159	南湖梦幻岛	主题乐园类	成都市	四川省	66.17	93.27
160	御温泉	休闲度假类	珠海市	广东省	66.12	86.63
161	南浔古镇	人文历史类	湖州市	浙江省	66.09	84.16
162	凤凰古城	人文历史类	湘西土家族苗族自治州	湖南省	65.99	87.68
163	海湾国家森林公园	自然风光类	上海市	上海市	65.97	82.23
164	蓬莱阁	人文历史类	烟台市	山东省	65.97	76.55
165	趵突泉景区	自然风光类	济南市	山东省	65.92	83.94
166	日照海滨国家森林公园	自然风光类	日照市	山东省	65.90	86.66
167	方特欢乐世界	主题乐园类	郑州市	河南省	65.86	87.93
168	雅戈尔动物园	主题乐园类	宁波市	浙江省	65.85	90.53
169	玛雅海滩水公园	主题乐园类	上海市	上海市	65.79	77.33
170	大连森林动物园	主题乐园类	大连市	辽宁省	65.76	89.96
171	北海公园	人文历史类	北京市	北京市	65.72	91.36
172	明孝陵	人文历史类	南京市	江苏省	65.72	87.68
173	牛首山唐明文化旅游区	人文历史类	南京市	江苏省	65.68	89.53
174	乌镇	自然风光类	嘉兴市	浙江省	65.67	82.73
175	星海广场	人文历史类	大连市	辽宁省	65.66	90.33
176	张家界国家森林公园	自然风光类	张家界市	湖南省	65.63	84.61
177	泉城海洋极地世界	主题乐园类	德州市	山东省	65.61	89.63
178	天堂岛海洋乐园	主题乐园类	成都市	四川省	65.60	86.54
179	泉城欧乐堡梦幻世界	主题乐园类	德州市	山东省	65.59	89.93

续表

序号	景区名称	景区类型	所在城市	所在省份	推荐积分	满意度
180	星期8小镇	主题乐园类	广州市	广东省	65.57	89.17
181	大唐芙蓉园	人文历史类	西安市	陕西省	65.39	79.42
182	遇龙河	自然风光类	桂林市	广西壮族自治区	65.39	89.78
183	汤山紫清湖旅游区	自然风光类	南京市	江苏省	65.35	88.99
184	天山海世界米立方	主题乐园类	天津市	天津市	65.29	86.14
185	中视无锡影视基地	主题乐园类	无锡市	江苏省	65.22	86.36
186	圆明园遗址	人文历史类	北京市	北京市	65.14	92.01
187	武侯祠	人文历史类	成都市	四川省	65.04	81.61
188	中国科学技术馆	人文历史类	北京市	北京市	65.03	88.70
189	北京动物园	主题乐园类	北京市	北京市	65.01	87.82
190	沙家浜	人文历史类	苏州市	江苏省	65.01	88.84
191	张公洞	自然风光类	无锡市	江苏省	64.94	88.94
192	龙王山峡谷漂流	自然风光类	湖州市	浙江省	64.89	89.34
193	胡里山炮台	人文历史类	厦门市	福建省	64.88	86.83
194	千岛湖景区	自然风光类	杭州市	浙江省	64.84	87.82
195	冒险岛水世界	主题乐园类	丽水市	浙江省	64.76	89.45
196	青岛啤酒博物馆	主题乐园类	青岛市	山东省	64.75	93.13
197	小梅沙海洋世界	主题乐园类	深圳市	广东省	64.70	81.77
198	大理古城	人文历史类	大理白族自治州	云南省	64.65	84.69
199	大理崇圣寺三塔	人文历史类	大理白族自治州	云南省	64.60	88.36
200	锦绣中华民俗村	人文历史类	深圳市	广东省	64.58	89.02

（数据支持：武汉酷犬数据科技有限公司）

1. 主题乐园类景区持续火热，休闲度假类热度倍增，人文历史类降温

从景区类型看，2016~2017 年度推荐积分 TOP200 的景区中，主题乐园类景区 76 个，自然风光类景区 57 个，人文历史类景区 48 个，休闲度假类景区 19 个，分别占 38.00%、28.50%、24.00%、9.50%。与上一年度相比，主题乐园类景区仍然持续火热，进入 TOP200 的数量增加了 6 个，增幅为 8.57%；人文历史类景区数则从 75 个减少到了 48 个，减少了 36.00%；而休闲度假类景区数从 7 个增加到 19 个，增加了 171.43%，增加很快。

2. 东南—西北分异明显；集中于长三角、京津和珠三角以及苏浙粤沪

从地域分布看，推荐积分 TOP200 景区的地域分异十分显著。首先，表现为明显的东南—西北分异特征，即所有的 TOP200 景区都分布在大致以胡焕庸线为界的东南半壁，而西北部的内蒙古、甘肃、青海、西藏和新疆没有一个热点景区分布。其次，表现为明显的集中分布特征，即在东南半壁，TOP200 景区集中分布在长三角、京津、珠三角三个区域，形成三个明显的聚集区，而其他省市都只有零星分布；最后，表现为省域分布差异明显，即热点景区集中分布于江苏、浙江、广东和上海，拥有的 TOP200 景区数分

别为 36、29、27 和 23 个，分别占 18.00%、14.50%、13.50% 和 11.50%，合计占比达到 57.50%，集中度较高。

（二）推荐积分 TOP50 城市

对前述提取出的 1000 个旅游景区以其所在的城市为单位进行归总，得到分布有景点的 365 个城市，而后以各个城市为单元，根据前文公式计算这 365 个城市的推荐积分和满意度，并按照推荐积分从高到低对城市进行排序（当推荐积分相同时，则按满意度分值排序），得到 2016~2017 年度“推荐积分 TOP50”的城市排行榜（表专 1–2）。

表专 1–2 2016~2017 年度推荐积分 TOP50 的城市及其推荐积分和满意度

序号	城市名称	所在省份	推荐积分	满意度
1	上海市	上海市	94.98	84.13
2	广州市	广东省	92.98	89.43
3	常州市	江苏省	88.67	87.17
4	苏州市	江苏省	88.47	84.40
5	北京市	北京市	88.11	86.02
6	杭州市	浙江省	87.13	86.94
7	三亚市	海南省	86.40	84.83
8	珠海市	广东省	83.99	87.62
9	南京市	江苏省	83.29	86.76
10	无锡市	江苏省	82.56	85.81
11	成都市	四川省	81.73	85.46
12	深圳市	广东省	81.06	85.63
13	厦门市	福建省	80.50	87.14
14	湖州市	浙江省	79.90	84.72
15	青岛市	山东省	79.77	83.32
16	宁波市	浙江省	79.45	87.83
17	大连市	辽宁省	77.88	83.99
18	天津市	天津市	76.87	84.11
19	香港特别行政区	香港特别行政区	76.23	86.61
20	武汉市	湖北省	76.13	81.87
21	重庆市	重庆市	75.94	83.31
22	西安市	陕西省	75.45	78.54
23	桂林市	广西壮族自治区	74.15	83.45
24	济南市	山东省	74.06	87.26
25	扬州市	江苏省	73.99	84.80
26	佛山市	广东省	72.77	89.15
27	嘉兴市	浙江省	71.99	83.61
28	芜湖市	安徽省	71.12	89.59
29	丽水市	浙江省	70.87	86.13
30	大理白族自治州	云南省	70.00	84.27
31	金华市	浙江省	69.94	83.60

续表

序号	城市名称	所在省份	推荐积分	满意度
32	烟台市	山东省	69.61	83.03
33	哈尔滨市	黑龙江省	69.44	85.76
34	镇江市	江苏省	69.31	87.30
35	衢州市	浙江省	69.20	90.29
36	黄山市	安徽省	69.00	82.48
37	丽江市	云南省	68.70	85.45
38	秦皇岛市	河北省	68.07	83.65
39	长沙市	湖南省	67.84	87.56
40	绍兴市	浙江省	67.83	84.59
41	北海市	广西壮族自治区	67.62	82.57
42	惠州市	广东省	67.48	86.77
43	昆明市	云南省	67.41	87.03
44	黔西南布依族苗族自治州	贵州省	67.07	81.61
45	郑州市	河南省	67.00	87.98
46	威海市	山东省	66.89	87.12
47	漳州市	福建省	66.37	88.51
48	连云港市	江苏省	66.30	83.31
49	德州市	山东省	66.26	89.77
50	南宁市	广西壮族自治区	65.94	95.46

（数据支持：武汉酷犬数据科技有限公司）

1. 半数省会城市入选；几乎所有副省级城市入选；九成半为优秀旅游城市

从上榜城市的所在省域来看，2016~2017 年度推荐积分 TOP50 城市来自 23 个省域，其中：17 个城市为省会城市，占 TOP50 城市的比例为 34%，占全国 34 个省会城市的 50%；而其他 33 个城市均为非省会城市，其中，大连市、青岛市、厦门市和深圳市为副省级城市；15 个副省级城市，除沈阳以外，都进入 TOP50 城市；另外，除丽水市、黔西南布依族苗族自治州、香港特别行政区外，TOP50 城市都是中国优秀旅游城市，占 TOP50 城市的比例为 94%。

2. 约八成城市持续入选，两成城市新入选，七市大幅进步，六市大幅退步

与 2015~2016 年度相比较，2016~2017 年度推荐积分 TOP50 城市有 39 个为老成员，占 78%，有 11 个为新入选成员，分别是香港、佛山、芜湖、大理、衢州、丽江、北海、黔西南、漳州、连云港、德州，占 22%；被挤出 TOP50 的城市分别是临沂、温州、开封、台州、保定、泰州、沈阳、洛阳、东莞、上饶、南通，TOP50 城市的变化率为 22%。39 个稳定成员中，常州、珠海、南京、湖州、桂林、济南、丽水的名次都提高了 10 名以上，而重庆、金华、黄山、长沙、绍兴、郑州的名次都下降了 10 名以上，其他城市的名次相

对稳定。

3. 分布具有明显的东南—西北分异特征；集中分布于长三角以及浙苏粤鲁

从地域分布来看，推荐积分 TOP50 城市的分布也存在明显的地域分异。首先，呈现出明显的东南—西北分异特征，即 TOP50 城市全部分布在以胡焕庸线为界的东南半壁，而广大的西北地区没有 1 个城市分布；其次，具有明显的集中分布区，即在东南部地区 TOP50 城市较集中地分布于长三角地区，仅上海、浙江和江苏三省市就拥有 16 个 TOP50 城市，占 32%；最后，省域分布不平衡，浙江省和江苏省分别有 8 个、7 个 TOP50 城市，是热点城市较为集中的省域，其次广东省和山东省分别拥有 5 个 TOP50 城市，广西和云南各拥有 3 个 TOP50 城市，而其他 17 个省域都只有 1~2 个 TOP50 城市，还有 11 个省域 1 个 TOP50 城市都没有。

4. 上海、广州、常州、苏州和北京推荐积分排前五，南宁、衢州、德州、芜湖和广州满意度排前 5

2016~2017 年度推荐积分排名前五位的城市分别为上海、广州、常州、苏州和北京，推荐积分都在 88 分以上，但是，除了广州以外，它们的满意度得分都小于 88 分，排名分别为 35、14、33 和 23；可见，这些城市的游客满意度还有较大提升空间。而满意度排名前五位的南宁、衢州、德州、芜湖和广州，除了广州以外，推荐积分得分都在 70 分左右或以下，排名分别为 50、35、49 和 28，表明它们的游客关注度还很低，有待提高。

（三）省域推荐积分排名

同样，对前述提取出的 1000 个旅游景区以其所在的省域为单位进行归总，而后以各个省域为单元，根据上文公式分别计算各个省域四个季度的在线旅游推荐积分和满意度，最后求出各个省域四个季度的推荐积分、满意度积分的平均值，从而得到其全年的推荐积分均值、满意度均值（表专 1–3）。根据各省域的推荐积分高低将其分成三个梯队，分别从梯队成员、空间分布、要素组成对各梯队进行分析。

表专 1–3　2016~2017 年度全国 34 个省域推荐积分、满意度评价结果

序号	省域	推荐积分					核心吸引物		满意度
		均值	2016年第三季度	2016年第四季度	2017年第一季度	2017年第二季度	TOP50城市	TOP200景区	均值
1	广东省	92.28	93.15	92.42	93.35	90.20	5	27	88.05
2	江苏省	92.09	92.88	90.53	93.13	91.84	7	36	86.31
3	上海市	89.32	89.26	88.33	90.48	89.20	1	23	85.03
4	浙江省	88.28	89.58	88.70	87.00	87.84	8	29	86.61
5	北京市	84.30	84.81	83.32	83.71	85.37	1	14	86.47
6	山东省	82.55	85.65	84.16	77.92	82.49	5	13	87.43

续表

序号	省域	推荐积分					核心吸引物		满意度
		均值	2016年第三季度	2016年第四季度	2017年第一季度	2017年第二季度	TOP50城市	TOP200景区	均值
7	海南省	80.48	77.96	82.52	82.50	78.94	1	9	85.53
8	福建省	78.75	79.09	79.06	79.07	77.79	2	10	88.11
9	四川省	78.59	79.01	78.72	78.74	77.87	1	10	86.12
10	湖北省	76.43	76.53	78.35	74.34	76.49	1	3	85.27
11	辽宁省	75.72	77.93	76.61	71.17	77.16	1	5	86.91
12	广西壮族自治区	75.59	75.15	78.24	75.86	73.13	3	2	85.80
13	云南省	75.03	73.34	76.24	76.75	73.80	3	3	86.30
14	安徽省	74.70	75.96	76.10	72.26	74.48	2	3	86.97
15	河南省	73.99	74.73	73.98	72.77	74.49	1	2	87.59
16	陕西省	73.35	73.13	73.84	72.79	73.65	1	3	83.12
17	天津市	73.20	74.27	71.88	72.40	74.27	1	4	85.53
18	河北省	72.47	76.58	73.04	68.28	71.99	1	0	86.96
19	重庆市	72.19	69.70	73.57	72.47	73.02	1	2	84.86
20	湖南省	71.76	70.84	72.56	71.09	72.54	1	2	87.07
21	香港特别行政区	70.64	72.16	69.04	71.40	69.95	1	2	87.31
22	贵州省	69.13	71.34	69.70	66.32	69.15	1	1	85.82
23	江西省	67.81	66.50	69.79	66.82	68.13	0	0	87.76
24	山西省	67.22	67.11	70.79	64.98	66.01	0	0	87.98
25	黑龙江省	67.19	66.94	67.40	69.85	64.59	1	1	87.59
26	台湾省	65.77	62.64	67.38	67.12	65.92	0	0	88.74
27	甘肃省	63.34	65.15	64.77	60.74	62.72	0	0	88.92
28	吉林省	62.67	62.88	62.58	61.06	64.16	0	0	90.09
29	内蒙古自治区	62.05	63.24	64.13	60.03	60.81	0	0	88.09
30	宁夏回族自治区	59.66	65.87	63.28	52.94	56.54	0	1	87.06
31	澳门特别行政区	59.58	55.90	60.09	60.34	62.00	0	0	84.64
32	新疆维吾尔自治区	58.39	59.12	60.59	56.77	57.08	0	0	86.78
33	青海省	56.25	58.92	56.79	53.56	55.72	0	0	85.40
34	西藏自治区	53.97	52.74	56.03	52.93	54.18	0	0	86.13

（数据支持：武汉酷犬数据科技有限公司）

1. 推荐积分第一梯队：成员基本稳定；多为东部沿海省市；广东和福建均衡，其他省域满意度有待提高

如表专 1–3 所示，2016~2017 年度推荐积分第一梯队（推荐积分排名前 10 位）省域包括：广东省、江苏省、上海市、浙江省、北京市、山东省、海南省、福建省、四川省、湖北省，推荐积分都在75分以上；与前一年度相比较，梯队成员基本稳定，只有海南为新晋成员，而河南被挤出第一梯队。从空间分布来看，第一梯队大多为东部沿海省域（图专1–7），只有湖北和四川为中西部省域。从第一梯队各省域的要素组成来看，虽然推荐积分都很高，但除广东和福建以外，其他省域的满意度都不高，得分都在87分以下，排名更是在19名以外，有很大的发展空间。

2. 推荐积分第二梯队：成员基本稳定；多为中西部省市区；河南满意度较高，桂滇陕津渝满意度提升空间较大

如表专1–3所示，2016~2017年度推荐积分第二梯队（排名第11~20位）省市区包括：辽宁省、广西壮族自治区、云南省、安徽省、河南省、陕西省、天津市、河北省、重庆市、湖南省，推荐积分都高于70；与前一年度相比较，梯队成员基本稳定，只有河南和天津分别从前一年度的第一梯队掉入和第三梯队晋升，而原来第二梯队的海南省晋升到第一梯队，江西省则掉入到第三梯队。从空间分布来看，第二梯队多为中西部省市区，只有河北、天津和辽宁为华北、东北沿海省市。从第二梯队各省市区的组成要素来看，第二梯省市区的推荐积分都较高，处于中等水平，其满意度也都表现一般，只有河南省的满意度排名第9，进入第一梯队，而广西、云南、陕西、天津、重庆的满意度都处于第三梯队，有较大提升空间。

3. 推荐积分第三梯队：成员基本稳定；多为西部省域；7省域满意度较高，但关注度有待提升

第三梯队（排名20位外）的省市区包括：香港特别行政区、贵州省、江西省、山西省、黑龙江省、台湾省、甘肃省、吉林省、内蒙古自治区、宁夏回族自治区、澳门特别行政区、新疆维吾尔自治区、青海省、西藏自治区，推荐积分都小于70；与前一年度相比，梯队成员基本稳定，只有江西省为从第二梯队掉入的新成员，而台湾、香港和澳门为新参评成员。从空间分布来看，第三梯队除了台湾、香港和澳门以及山西和江西外，都为西部省域。从第三梯队各省市区的组成要素来看，第三梯队省市区虽然推荐积分都很低，但吉林、甘肃、台湾、内蒙古、山西、江西和黑龙江的满意度都很高，排在第一梯队，因此，应在保持满意度的基础上，提高关注度。

四、存在问题与思考

（一）东部发展势头强劲，中西部需加快步伐

如前所述，无论是推荐积分TOP200景区排行榜、TOP50城市排行榜还是省域推荐积分排行榜，都是东部沿海地区明显优于中西部地区，表现出明显的东南—西北分异以及东部沿海集聚特征。这主要是因为，一方面东部沿海地区人口密度大，消费需求大，

因而主题乐园类的综合旅游产品供给较多，更能吸引游客；另一方面，东部沿海地区经济发展水平更高，交通条件更为便利，智慧旅游景区的建设也更为完善，因此无论是在景区建设还是营销方式和理念上都更符合千禧一代的旅游需求。

与此同时，中西部区域拥有更为稀有和独特的自然旅游资源与人文旅游资源，而这是其他其区域无法替代的。因此，中西部区域应当加快旅游交通设施建设和旅游基础设施建设，全力促进智慧旅游的发展。经济水平可能影响当地旅游的发展，而旅游也同样可以带动当地的经济发展，在全域旅游的大背景下，中西部地区应当加快旅游发展步伐，以旅游促经济，再以经济促旅游，进而实现旅游发展与经济发展的良性循环。

（二）主题乐园最受欢迎，休闲度假热度攀升

2016~2017 年度推荐积分 TOP200 景区中，主题乐园类景区高达 76 个，是在线旅游评论用户最受欢迎的景区类型。究其原因，一是在线旅游社区用户主要为 18~36 岁的中青年，尤其以青年学生和年轻父母为“主干力量”，这两类消费群体都非常注重参与性，崇尚个性化，且爱好多样化，因此在选择目的地时更偏好有主题、有参与的乐园类景区；二是在时间和费用有限的情况下，性价比和便利性决定了旅游目的地的选择，同时，旅游的本质就是异质化体验，在线旅游用户也同样希望体验异质化的自然景观和人文环境，对于没有收入的学生而言出游花费有限，对于年轻的上班族而言闲暇时间有限，因此，这两类群体多选择周边性价比和便利性都较高的主题乐园类景区。

此外，在 2016~2017 年度 TOP200 景区中，休闲度假类景区数跃升至 19 个，同比增加了 171.43%，使休闲度假类景区在在线旅游评论热点景区中所占比重大幅提升；这表明休闲度假热度攀升。尤其近两年，以休闲度假为核心的特色小镇和度假庄园悄然兴起，备受追捧，这是大众休闲新时代到来的必然产物，也将会是在线旅游评论的新热点。

（三）在线旅游的季节波动减缓，北方大、南方小

旅游活动通常因受各种自然社会因素的影响，呈现出明显的季节性特征，在线旅游也同样如此。借鉴如下公式所示的旅游需求的季节分布强度指数模型，分别计算 2015 年 6 月至 2016 年 7 月（以下称“2016 年度”）、2016 年 6 月至 2017 年 7 月（以下称“2017 年度”）各省域[①]的有效评论数的季节分布强度指数，得到如图专 1–8 所示的结果，而后以此为依据比较分析在线旅游评论的季节波动情况。

在线旅游评论的季节分布强度指数计算公式：

$$R = \frac{\sqrt{\Sigma_{i=1}^{4}(x_i - 25)^2}}{2}$$

① 台湾、澳门和香港由于数据缺失，没有纳入在线旅游评论的季节分布强度指数计算中。

公式中，R 为各省域的在线旅游评论的季节分布强度指数；x_i 为各省域第 i 季度的有效评论数占全年的比重。R 值越接近于零，表明在线旅游评论的时间分布越均匀，R 值越大，表明在线旅游评论的季节波动越大，旅游淡旺季差异越大。

从时间维度来看，2017 年度，28 个省域的在线旅游评论的季节分布强度指数低于 2016 年度，说明在线旅游评论的季节波动有减缓趋势，这有助于促进全区域在线旅游的发展和壮大。从空间分布看，2017 年度不同地域的在线旅游评论的季节分布强度指数差异较明显：分布于西北地区的宁夏、新疆、青海、甘肃在线旅游评论的季节波动最大，尽管该地区拥有珍贵而稀有的旅游资源，但受到自然气候条件的影响，在线旅游的淡旺季差异较大；其次，分布于东北地区的黑龙江、辽宁、吉林以及内蒙古的在线旅游评论的季节波动较大，该区域的旅游资源类型较为单一，最佳旅游季节主要为冬季和夏季；而其他地区旅游资源较为丰富且适游时间较长，在线旅游评论的季节波动相对较小，尤其是旅游知名度较高的云南、江苏、海南、江西和上海，在线旅游评论的季节分布强度指数小于 5，季节波动很小。

旅游淡旺季的大幅波动会给旅游行业和旅游地经济社会发展带来诸多不利影响。旅游季节性的应对策略应从平衡淡、旺季的差异入手，通过多样性来均衡季节波动性。季节性问题的应对策略主要有：开发淡季和无季节性旅游产品，做好旺季分流和淡季营销，合理安排旅游节庆活动时间，加强区域旅游合作等。

（四）黄金周游客满意度下降，管理工作有待加强

与全年游客平均满意度 86.72 相比较，2016~2017 年度黄金周期间（即 2016 年国庆黄金周和 2017 年春节黄金周期间）游客的平均满意度为 84.89，较低。而且，如图专 1–5 所示，31 个省市区中有 27 个省市区的黄金周游客平均满意度低于其全年平均满意度，尤其福建、云南和天津，黄金周期间的游客平均满意度跌至低谷，这对其旅游形象的塑造、旅游口碑的形成以及旅游业的可持续发展造成了严重的威胁。可见，我国“黄金周”旅游还存在很多问题，应采取措施加强管理，提高黄金周旅游的游客满意度。

目前，黄金周已成为我国时间最为集中、单位时间内创造旅游经济价值最高的“政策经济”形式。与此对应，黄金周期间区域性的旅游热潮也曾导致交通拥挤、住宿紧张、景区超载、服务质量下降、安全隐患增多等一系列旅游质量问题。旅游“黄金周”所暴露的问题，并不是黄金周制度本身的问题，而是旅游产业发展不可避免的问题。应对这些问题可以从三个方面入手。首先，政府要全面落实带薪休假制度，加快蜂拥式的节假日休闲向休憩型的全年候休闲度假转型；同时，要加强行政监督，对旅游服务实行刚性化管理。其次，旅游企业要积极开拓新的旅游产品，实现从单一的观光旅游向观光、度假和专项主题旅游的转型；建立旅游预警系统，旅游景区景点根据有关预警信息对客流量进行正确估计和判断。最后，旅游者要积极树立旅游休闲方式多样化、理性化的理念，树立旅游预订意识，在旅行开始前通过各种渠道了解旅游目的地信息，并

为旅游出行制订计划，尽量避免盲目地跟风旅游。此外，还要提高自身素质，做到文明旅游。

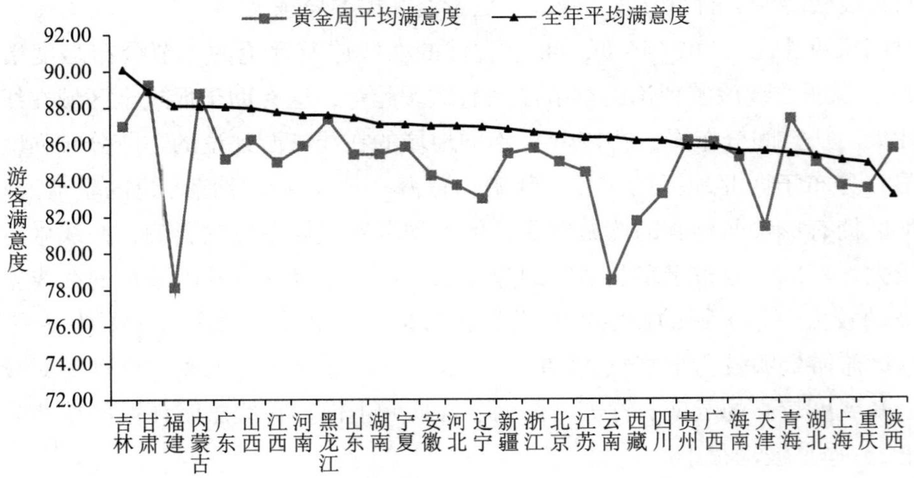

图专 1-5　2016~2017 年度中国 31 个省域黄金周与全年游客平均满意度对比图

（数据来源：武汉酷犬数据科技有限公司）

专题二　长江经济带旅游发展的现状、问题与对策

一、长江经济带旅游发展的背景

（一）空间范围大，东西向展布

“长江经济带”的概念源于20世纪80年代，是兼顾自然地理、人文脉络、经济区整体功能和行政区完整性等诸多因素的经济区形式，“长江经济带”承东启西，是我国国土开发和经济布局“T”形空间结构战略中极其重要的一级发展轴。2013年之前理论界和学术界将长江经济带范围界定为四川省、重庆市、湖北省、湖南省、江西省、安徽省、江苏省、浙江省、上海市七省二市。2013年7月21日，习近平总书记考察湖北时提出建设长江经济带后，2013年12月，国家发展与改革委员会正式将“长江经济带”范围确定为上海、江苏、浙江、安徽、江西、湖北、湖南、重庆、四川、云南和贵州的九省二市，总面积约205万平方公里，占全国陆地面积的21.35%。2014年4月28日，国务院总理李克强在重庆召开座谈会，与长江沿线11省市的主要负责人讨论长江经济带建设。由此，长江经济带范围得到国家层面的确定。

（二）经济水平高，内部差异大

长江经济带是中国资源富集、经济集聚、城市密集的巨型经济带，在国家经济格局中占据重要地位，2015年，长江经济带以21.35%的土地面积和42.87%的常住人口，实现了42.23%的地方生产总值，经济总量和人口总量几乎占据全国半壁江山。同年，其对外贸易占到全国的42.22%，地方财政一般预算收入占到全国的44.96%。长江经济带是横跨东西的巨型经济带，但同时也是发展差异巨大的起伏带。长江经济带区内各省市发展水平整体呈现东高西低的态势。2015年，东部省份城镇化率达到69.47%，远高于中、西部地区的52.43%和47.65%，东部地区人均GDP约为89811.67元，分别是中部和西部的2.16倍和2.43倍。虽然近年来中西部地区经济增速明显加快，但总体上，长江经济带内

经济发展水平差距仍然存在而且巨大，总体上呈现出自东向西发展水平不断减弱的经济格局。

（三）战略机遇好，利好政策多

长江经济带是近年来国家促进区域经济发展的重大战略。2013 年 7 月 21 日，习近平总书记考察湖北时指出，“长江流域要加强合作，发挥内河航运作用，把全流域打造成黄金水道”。2013 年 9 月 21 日，李克强总理在国家发改委呈报件上批示，“沿海、沿江先行开发，再向内陆地区梯次推进，这是区域经济发展的重要规律。请有关方面抓紧落实，深入调研形成指导意见，依托长江这条横贯东西的黄金水道，带动中上游腹地发展，促进中西部地区有序承接沿海产业转移，打造中国经济新的支撑带。”2014 年 3 月 5 日，李克强总理在《2014 政府工作报告》中首次提出“要依托黄金水道，建设长江经济带”。2014 年 4 月 25 日，习近平总书记主持中央政治局会议，提出推动京津冀协同发展和长江经济带发展。2014 年 4 月 28 日，国务院总理李克强在重庆召开座谈会与长江沿线 11 省市的主要负责人讨论长江经济带建设。2014 年 9 月 25 日，国务院发布《关于依托黄金水道推动长江经济带发展的指导意见》（国发〔2014〕39 号）。同年 12 月中央经济工作会议指出，未来几年要重点实施“一带一路”、京津冀协同发展、长江经济带三大战略。

近年来，国家和地方各级政府为了促进长江经济带发展，颁布了一系列政策方针，为长江经济带旅游发展营造了良好的政策环境，指明了发展方向。《关于依托黄金水道推动长江经济带发展的指导意见》明确提出要充分发挥长江沿线各地独具特色的历史文化、自然山水和民俗风情等优势，打造旅游城市、精品线路、旅游景区、旅游度假休闲区和生态旅游目的地，大力发展特色旅游业，把长江沿线培育成为国际黄金旅游带。国务院发布的《“十三五”旅游业发展规划》也提出要重点打造长江国际黄金旅游带。

（四）资源类型多，互补程度高

长江经济带区域自然旅游资源与人文旅游景观丰富多样，既具有共性，又各具特色，互补性强。共性在于长江经济带 11 省市都有丰富的水域风光旅游资源，个性在于上海以都市景观为主，江苏以园林、古镇等旅游资源为主，浙江、江西以吴越文化、自然山水资源为主，安徽以徽州文化及名山景观为主，湖北、湖南以荆楚文化、三国文化及其秀丽的湖山景观为主，四川、重庆以古蜀文化及热辣美食为主，云南、贵州以奇山秀水及其民族风情为主。区域内的各个城市都形成了独特的旅游资源优势，树立起了独具特色的旅游形象。同时，长江经济带区域旅游资源类型数量和等级在全国也处于前列，拥有世界遗产、国家 A 级旅游景区、国家级重点风景名胜区、国家旅游度假区、国家水利风景区、国家自然保护区、国家森林公园、国家历史文化名城等各类型的旅游资源，为区域旅游产品开发奠定了坚实的基础。

（五）交通体系全，发展基础好

长江经济带业已形成辐射全国的立体交通运输网络，提升了区内旅游目的地的通达性，加强了城市间的旅游联系，加速了省际游客的流动，为长江经济带区域旅游发展奠定了良好的交通基础。

在长江沿江公路大通道建设方面，先后建成了苏南地区沿江高速公路、苏中沿江高等级公路、安徽沿江高速公路，江西正在建设赣北沿江高速公路，另外重庆正在建设沿江高速公路通道，四川即将开工建设攀宜沿江高速。沪渝高速（G50）的全线贯通打通了长江干流沿江高速公路通道；重庆巫山至湖北宜昌的高速公路通车标志着沪蓉高速（G42）全线贯通。

在沿江铁路大通道建设方面，合宁（合肥—南京）高速铁路的通车加速了我国中部地区与长三角地区人流、物流、信息流、资金流的流动。合武（合肥—武汉）高速铁路的通车不仅缩短了武汉与华东城市的距离，更为我国中西部地区与东部沿海地区增加了一条快速通道。宜万（宜昌—万州）铁路的通车打通了沿长江铁路通道，结束了长江流域沿江没有铁路贯通的历史。另外，近年来长江沿江地区的高铁建设快速推进。汉宜（武汉—宜昌）高速铁路的通车与合武铁路、宜万铁路共同组成东连南京、上海，西达重庆、成都的沿江快速铁路大通道。沪汉蓉高铁全线开通标志着横跨长江经济带上的动车大通道开始形成；目前长江沿线的分段高铁也正在建设中，未来还将加大长江经济带上的交通网络覆盖面。

在水路方面，2015 年长江水系内河航道通航里程为 64852 公里，占年末全国内河航道通航里程 12.70 万公里[①]的 51.07%。同时，当前国家正在大力振兴长江黄金水道，长江经济带沿长江黄金水道布局，也有利于发挥长江航运的优势。

长江经济带区域不仅沿江公路、铁路、水路交通建设正在加速，网络基本形成，而且区域内也形成了全线覆盖、四通八达的铁路和公路交通网络（表专 2–1），2015 年，全区域铁路里程为 32855.80 公里，铁路网密度为 159.46 公里 / 万平方公里，远高于全国铁路网密度（约为 126.0 公里 / 万平方公里）；公路里程 193.68 万公里，公路网密度为 9400.09 公里 / 万平方公里，也远高于全国公路网密度（4768 公里 / 万平方公里），年客运量达到 111.16 亿人次，占全国全社会完成客运量 194.32 亿人次的 57.21%。

表专 2–1　2015 年长江经济带铁路、公路交通发展情况

地区	铁路里程（公里）	铁路网密度（公里/万平方公里）	公路里程（公里）	公路网密度（公里/万平方公里）	客运量（万人次）	面积（万平方公里）
江苏省	2678	249.81	157521	14694.12	155207	10.72
浙江省	2347.2	225.39	116367	11173.99	130144	10.41
安徽省	3548.4	254.18	174373	12490.90	139553	13.96
江西省	3602	215.82	155515	9317.86	67795	16.69
湖南省	4532	213.98	236250	11154.39	162540	21.18
湖北省	4926	264.98	236932	12745.13	100730	18.59

① 交通运输部. 2015年交通运输行业发展统计公报. 中国公路网，2016年5月5日（http://www.chinahighway.com/news/2016/1017727.php，2017-11-2）。

续表

地区	铁路里程(公里)	铁路网密度(公里/万平方公里)	公路里程(公里)	公路网密度(公里/万平方公里)	客运量(万人次)	面积(万平方公里)
四川省	3976	81.81	310000	6378.60	138274	48.60
重庆市	1781.2	216.16	127392	15459.63	68399	8.24
贵州省	2400	136.23	179100	10166.49	86571	17.62
云南省	2600	65.99	230400	5847.72	49080	39.40
上海市	465	733.44	12945	20417.98	13317	0.63
合计	32855.80	159.46	1936795.00	9400.09	1111610.00	206.04

（数据来源：2015 年各省市统计年鉴）

二、长江经济带旅游发展的意义

（一）是促进长江经济带区域经济协调发展的引擎

长江经济带东部沿海地区人口稠密、集中，经济发达，现代大都市比较集中，是旅游客源的主要发生地，也是重要的旅游目的地；中部地区人口、经济呈快速崛起态势，是中国重要的现代原材料、能源和制造业生产基地，自然、人文旅游资源富集，既是重要的客源地，也是重要的旅游目的地；西部地区少数民族集聚，经济发展水平落后于东部和中部地区，但自然旅游资源独特，民族风情浓郁，是我国东部、中部居民出游的重要旅游目的地。旅游业开放性、包容性强，合作空间大，互补互促特征明显，协同发展相对容易操作。长江经济带旅游市场具有极强的互利性，通过发展旅游业，能有效促进区域旅游资源的合理共享、联动开发、协调发展，促进长江经济带人流、物流、信息流、资金流在东、中、西部之间的流动与合理调配，降低东西部经济发展差距，促进区域经济协调发展。

（二）是促进长江经济带历史文化传承发展的动力

长江经济带各省市拥有多姿多彩、独具特色的历史文化，然而，在快速城市化、过度商业化的侵蚀下，传统的历史、民族、民俗等文化面临着变质、消失的风险。文化是旅游业的灵魂，原真文化是旅游者内心的不懈追求。旅游业的吸引力来自于文化的原真性、独特性，失去了历史文化的嵌入，旅游业也就失去了生命之泉。旅游业的发展可为历史文化注入新的时代因子，为历史文化的保护、传承、创新提供社会关注与资金支持，旅游业的发展将历史文化的保护方式由传统的被动变为主动，增强了文化保护、传承、创新的动力与活力。旅游业的可持续发展有赖于历史文化的保护、传承和发扬。因此，发展旅游业是促进长江经济带历史文化传承发展的最佳途径。

（三）是促进长江经济带生态环境保护优化的支撑

长江经济带是我国重要的生态通道，承载着重要的生态功能，但由于长江两岸环境资源的不合理利用，导致长江水质退化，长江流域生态功能减退。旅游业是“两型”产业，具有资源消耗少，环境污染小的产业特征。同时，环境是旅游业发展的重要基础，旅游者希望在优美的环境中放松身心，旅游业的发展客观上需求优美的环境。保持、营造良好的生态环境既能起到塑造旅游景观的效果，又能起到生态恢复的作用。因此，发展旅游业一方面能将经济发展对生态环境的影响降到最低限度，另一方面也能促进环境的保护与优化。

三、长江经济带旅游发展的现状

（一）旅游产业规模大且支撑强

长江经济带内集中了东、中、西部地区旅游业最为发达的省（市），是中国旅游强国建设的核心支撑区。2015 年，长江经济带旅游总人数为 49.29 亿人次，占全国的比重为 46.50%；旅游总收入 50625.97 亿元，占全国的 44.21%。其中，无论是国际旅游收入还是国内旅游收入，长江经济带 11 省市在全国的排名都相对比较靠前。从国际旅游收入来看，长江经济带 11 省市中有 5 个排在全国前 10 名，有 7 个省市排在全国 31 个省市的前 15 名；从国内旅游收入来看，长江经济带 11 省市中也有 5 个排在全国前 10 名，共有 8 个省市排在全国 31 个省市的前 15 名（表专 2–2）。总体而言，长江经济带旅游经济发展相对较好，旅游产业规模较大，在全国旅游经济格局中占有重要的地位。

表专 2–2　2015 年长江经济带各省市旅游收入及其全国排名

地区	国际旅游外汇收入（百万美元）	全国排名	国内旅游收入（亿元）	全国排名
上海	5860.44	3	3004.73	19
江苏	3527.29	6	8769.3	2
浙江	6788.47	2	6720.04	3
安徽	2262.87	10	3980.5	10
江西	567	21	3600.5	13
湖北	1671.9	13	4206.02	9
湖南	857.72	18	3659.96	11
重庆	1468.57	15	2156.15	24
四川	1180.87	16	6137.6	6
贵州	231.33	27	3512.82	14
云南	2875.5	9	3104.37	18

（数据来源：2016 中国旅游统计年鉴及各省市 2015 年国民经济与社会发展统计公报）。

（二）旅游产品种类多且引力强

长江经济带11省市旅游业发展过程中，形成了丰富多彩的旅游产品。首先，每个省市都有主打旅游产品（表专2-3）；其次，各个省市在旅游业发展规划中，也都对下辖的地级市主打的旅游产品进行了规划。因此，从数量和种类上来说，长江经济带旅游产品种类繁多。

旅游吸引物体系是旅游产品的基础，长江经济带种类繁多的旅游产品正是依托着大量高品质的旅游吸引物才得以实现其价值。旅游景区是目的地旅游吸引物体系的核心，是旅游产品最重要的依托。而A级旅游景区又是旅游景区的代表，可以反映区域旅游吸引物体系状况。截至2015年年底，长江经济带11省市共有A级旅游景区3602家，占全国A级旅游景区总数的40.23%。长江经济带5A、4A、3A、2A、A级景区的数量分别为98家、1230家、1347家、902家、25家，占全国的比例分别为46.23%、42.98%、38.61%、39.75%、20.49%（表专2-4）。可见，在A级旅游景区中，长江经济带在全国占有非常重要的地位，尤其是高等级旅游景区，长江经济带在全国占有主要地位。

表专2-3　2015年长江经济带11省市主要旅游产品一览表

省市	主要旅游产品
上海	都市旅游、海派民俗风情旅游、滨水娱乐旅游、乡村旅游
江苏	古镇之旅、扬子江名城之旅、大运河文化之旅、东黄海生态之旅
浙江	海洋海岛旅游、水乡古镇旅游、宗教朝觐旅游、运河古韵旅游
安徽	两山一湖旅游、山岳观光旅游、徽州文化体验旅游、宗教文化体验旅游、生态养生旅游
江西	红色旅游、乡村旅游、温泉度假旅游、山岳观光旅游、宗教文化体验旅游
湖北	三峡观光旅游、三国文化体验旅游、荆楚文化体验旅游、红色旅游、民族风情体验旅游、都市休闲旅游
湖南	都市观光休闲旅游、生态旅游、民俗旅游、湖泊度假旅游、红色旅游
重庆	都市观光旅游、购物美食旅游、休闲度假旅游、红色旅游、生态民俗体验旅游
四川	古蜀文明体验旅游、三国文化体验旅游、都市休闲旅游、生态度假旅游、民族文化体验旅游、乡村旅游
贵州	山地旅游、生态旅游、避暑度假旅游、民族民俗旅游、山水观光旅游、红色旅游
云南	生态旅游、休闲度假旅游、民族文化体验旅游、红色旅游、边境跨境旅游、健康养生旅游

表专2-4　2015年全国各省域A级旅游景区数

省份	5A级景区	4A级景区	3A级景区	2A级景区	1A级景区	旅游景区总数
全国	212	2862	3489	2269	122	8954
北京	7	73	103	45	6	234
天津	2	33	51	26	0	112
河北	6	121	77	134	1	339
山西	6	86	31	18	2	143
内蒙古	2	80	100	133	2	317
辽宁	4	80	128	50	11	273
吉林	5	60	101	57	15	238
黑龙江	5	102	144	154	25	430

续表

省份	5A级景区	4A级景区	3A级景区	2A级景区	1A级景区	旅游景区总数
上海	3	51	46	0	0	100
江苏	20	173	207	224	0	624
浙江	14	178	168	123	5	488
安徽	9	172	220	156	3	560
福建	9	84	87	18	0	198
江西	8	91	126	58	0	283
山东	9	199	411	299	3	921
河南	11	124	133	94	0	362
湖北	10	117	156	61	3	347
湖南	7	92	156	34	2	291
广东	11	158	111	13	0	293
广西	4	124	148	23	0	299
海南	5	16	29	5	0	55
重庆	7	68	77	44	2	198
四川	10	157	80	100	0	347
贵州	4	60	55	13	0	132
云南	6	71	56	89	10	232
西藏	2	15	33	39	15	104
陕西	7	83	178	42	2	312
甘肃	4	81	67	77	2	231
青海	2	20	60	11	0	93
宁夏	4	16	21	15	0	56
新疆	9	77	129	114	13	342

（数据来源：2016 中国旅游统计年鉴）

（三）旅游服务企业多且实力强

旅游活动的开展需要依托旅行社、酒店等旅游企业提供相应的服务，以旅行社和酒店为代表的长江经济带旅游企业不仅数量多，而且品牌声誉、企业实力在全国处于领先地位。

1. 拥有 1 万多家旅行社，近 40 家百强社

截至 2015 年年底，长江经济带共有 11199 家纳入国家旅游局统计的旅行社，占全国总量的 40.55%（表专 2–5）。其中，进入百强社的有 37 家大型企业（表专 2–6）。除云南、贵州省暂缺外，长江经济带各省市均有大型旅游集团企业，有的已经发展成为长江经济带地区具有战略投资意识的旅游企业集团。可见，长江经济带旅行社无论是从数量上还是质量上，在全国都处于重要地位。

表专 2-5　2015 年长江经济带拥有的旅行社概况

省市	数量（家）	占全国比重（%）
上海	1225	4.44
浙江	2028	7.34
江苏	2160	7.82
安徽	1068	3.87
江西	750	2.72
湖南	835	3.02
湖北	1037	3.75
云南	766	2.77
贵州	306	1.11
四川	502	1.82
重庆	522	1.89
合计	11199	40.55
全国	27621	100

（数据来源：2016 中国旅游统计年鉴）

表专 2-6　2015 年长江经济带拥有的中国百强旅行社一览表

省市	数量（家）	集团或公司名称
上海	7	上海春秋国际旅行社(集团）有限公司、上海携程国际旅行社有限公司、上海中旅国际旅行社有限公司、中国旅行社总社（上海）有限公司、上海锦江旅游有限公司、上海中国青年旅行社有限公司、上海恒顺国际旅行社有限公司
浙江	5	浙江万达旅游集团有限公司、浙江飞扬国际旅游集团有限公司、浙江光大国际旅游有限公司、浙江省中青国际旅游有限公司、杭州长运旅游有限公司
江苏	6	江苏水乡周庄旅游股份有限公司、中国国旅（江苏）国际旅行社有限公司、无锡中旅信程旅游股份公司、江苏东方航空国际旅行社实业有限公司、江苏康辉国际旅行社有限责任公司、常州春秋国际旅行社有限公司
安徽	3	安徽中国青年旅行社有限责任公司、黄山市中国旅行社、安徽万达环球国际旅行社有限责任公司
江西	1	江西光大国际旅行社有限公司
湖南	3	湖南省万达亲和力旅游国际旅行社有限公司、湖南海外旅游有限公司、湖南新康辉国际旅行社有限责任公司
湖北	8	湖北康辉国际旅行社有限责任公司、湖北万达新航线国际旅行社有限责任公司、湖北峡州国际旅行社有限公司、长江轮船海外旅游总公司、中国国旅（宜昌）国际旅行社有限公司、湖北省中国旅行社有限责任公司、中南国际旅游湖北有限责任公司、武汉大唐国际旅行社有限责任公司
云南	0	无
贵州	0	无
四川	1	四川康辉国际旅行社有限公司
重庆	3	重庆海外旅业（旅行社）集团有限公司、重庆市中国旅行社（集团）有限公司、重庆新干线国际旅行社有限公司

（数据来源：国家旅游局官网）

2. 拥有 4000 多家星级酒店，且出租率较高

截至 2015 年年底，长江经济带拥有星级酒店 4651 家，占全国星级酒店总数的 42.45%，接近一半（表专 2–7），可见长江经济带酒店业在全国具有突出地位，这是支持长江经济带旅游发展的主要产业基础之一。

从平均出租率来看，长江经济带星级酒店平均出租率的均值达到了 58.06%，高于全国的平均水平（55.59%），可见，长江经济带星级酒店的业绩优于全国平均水平，体现出其酒店业具有一定的优势。

表专 2–7　2015 年长江经济带拥有的星级饭店概况

省市	数量（家）	占全国比重（%）	平均出租率（%）
上海	232	2.12	67.6
浙江	765	6.98	56.18
江苏	615	5.61	60.8
安徽	341	3.11	52.44
江西	309	2.82	54.11
湖南	437	3.99	67.04
湖北	411	3.75	56.67
云南	577	5.27	55.3
贵州	316	2.88	54.19
四川	427	3.9	57.74
重庆	221	2.02	56.63
合计	4651	42.45	58.06
全国	10956	100	55.59

（数据来源：国家旅游局官网）

四、长江经济带旅游发展存在的问题

（一）行政壁垒干扰，市场隐性分割

长江经济带旅游合作实际上是跨区域的合作，旅游合作开发的产品也必然是跨区域的旅游产品。“行政区经济”壁垒和地方保护主义的存在，使地方政府天然地有重视本地范围内旅游产品开发的积极性，而会忽略甚至阻碍邻近竞争性旅游产品的开发，这对区域旅游合作形成了干扰。例如，邻近地方政府对区域性旅游资源进行分割使用，造成资源的不合理配置和功能性、结构性、低水平的重复建设，使区域旅游产品缺乏整体的特色、区域旅游经济难以形成竞争的合力。大别山的旅游开发利用便体现出这一问题。大别山位于湖北、安徽、河南三省交界处，是长江经济带上重要的旅游支撑点，但大别山部分知名旅游景区至今仍未得到统筹开发，如大别山天堂寨景区位于湖北罗田县和安徽

金寨县交界处，两地都对自己属地内的部分进行了开发、经营、管理，由于属地管理的问题，至今仍是一块牌子两个景区，资源的分割开发制约了其整体提升和优化。安徽旅游集团公司曾计划跨界收购湖北天堂寨景区，尽管这对整个天堂寨旅游做大做强有利，但最终不了了之，其原因便在于隐性的边界屏蔽效应和地方保护主义。位于湖北英山县和安徽霍山县交界处的大别山主峰景区也存在类似的问题，同一个名称，游客其实看到的是两个不同的景区，影响了大别山主峰景区的市场美誉度。

同时，地方政府对于 GDP 的偏爱使其过于强调旅游的经济效益，过于关注旅游企业的商业利润，导致旅游服务价值链条中的细分市场的隐性分割与无序竞争。例如，一些地方的“旅游包机或旅游专列奖励、团队回扣、旅游收益企业返还、旅游用地零批租或变相批租、零团费或负团费、必须地接地陪”等相关措施或规定，诱发区域间围绕旅游者规模市场、旅游招商及项目建设领域的恶性竞争，使得显性的统一市场演变成各具特色的区域性地方隐性市场。市场的隐性分割与保护有时还不易为旅游者觉察，当旅游者觉察后发现其权益明显受损时所形成的旅游消费投诉，有时还很难及时得到关注和保护。

（二）空间跨度广，区域发展不平衡

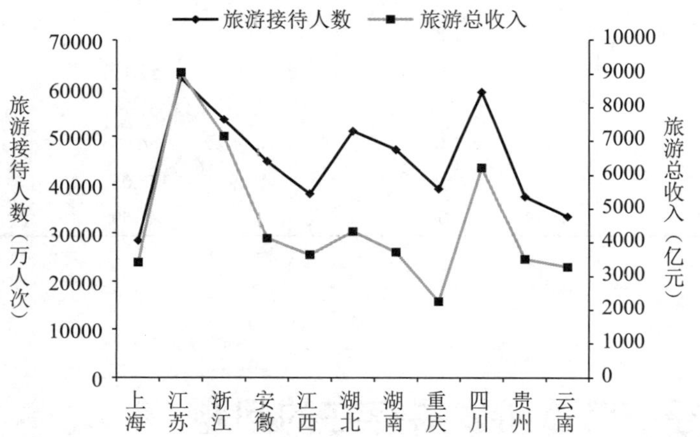

图专 2–1 2015 年长江经济带 11 省市旅游接待人数和旅游收入比较

长江经济带覆盖我国东中西部 11 省市，横跨我国三大地理阶梯，受旅游资源禀赋、整体社会经济发展环境和基础等因素影响，长江经济带内部旅游发展差异较大，流域旅游产业发展不平衡。2015 年，江苏省的旅游总收入最高，为 9050.10 亿元，是重庆市旅游总收入 2251.31 亿元的 4 倍（图专 2–1）；浙江省旅游外汇收入高达 67.88 亿美元，而上游的贵州省的旅游外汇收入仅为 2.31 亿美元，仅为浙江的 3.40%，差距显著。长江经济带上、中、下游的旅游总收入也呈现出明显差距，2015 年上、中、下游地区的旅游总收入分别为 15265.51 亿元、11672.79 亿元、23728.13 亿元，下游地区是中游地区的 2 倍。

同时，下游地区整体基础设施建设水平已走在全国前列，但中游和上游地区明显落后，基础设施体现的旅游功能不够，基础设施为旅游服务的力度不足。特别是旅游景区与交通干线之间的旅游连接线和景区内部道路体系建设还难以满足旅游业快速发展的需要。

（三）旅游开发未统筹，合作不深入

目前长江经济带区域缺乏合理有效的旅游合作管理协调机制，各地方政府各自为政，推进长江经济带旅游合作的意识和积极性不足。在旅游项目和产品开发的过程中，往往过多地强调当地特色，而忽视了区域旅游资源和产品整合，导致已开发的旅游项目较分散，不同景点之间难以串联成线路。比如，2016 年，湖北省举办了“灵秀湖北·绿色长江”系列活动和“让灵秀湖北扮靓绿色长江”高峰对话会，并发布了 8 条长江沿线特色旅游推荐线路（表专 2–8），但是这些长江主题旅游线路仅涉及湖北省域范围，而且主要突出了湖北省荆楚文化、三国文化、山水风光等地域特色，对长江经济带内其他省市的资源整合和产品联合开发力度不足。

表专 2–8　2016 年“灵秀湖北·绿色长江”特色旅游线路

长江主题旅游产品名称	长江主题旅游线路
绿色长江·都市风采之旅	宜昌、荆州、武汉
绿色长江·神农足迹之旅	随州、长江三峡、神农架
绿色长江·汉江探源之旅	襄阳古城、老河口、武当山
绿色长江·三国故事之旅	荆州古城、鄂州吴王古都、赤壁古战场、当阳关陵、襄樊古隆中
绿色长江·荆楚文化之旅	荆州
绿色长江·清江风情之旅	恩施大峡谷、腾龙洞、土司城、钟离山、柴埠溪
绿色长江·禅修悟道之旅	黄梅、黄石、鄂州
绿色长江·希望田野之旅	恩施、罗田、宜昌、荆门、安陆

（四）营销各自为战，统一品牌缺位

目前，长江经济带各省市旅游市场营销和客源市场开拓均各自为战，缺乏对流域统一品牌的一体化营销和跨流域目的地品牌的整合营销。长江经济带内部各省市旅游品牌逐步成形，各区段也初步进行了区域品牌整合和推广，但缺乏整体概念的长江旅游品牌，从流域和国家层面对长江旅游品牌的打造和推广不够，尤其是尚未形成完整而有效的一体化国家营销体系，同饮一江水的长江经济带，旅游品牌零碎而分散。

现有的长江经济带旅游专项产品主要是长江三峡结合九寨沟、神农架、张家界、武汉、上海、南京、苏州、杭州等游线（表专 2–9），覆盖范围涵盖四川、重庆、湖南、湖北、上海、江苏、浙江等省市，而云南、贵州、安徽、江西等省还未充分融入长江经济带旅游产品的联合开发。目前长江经济带专项旅游产品开发的覆盖范围还不够广泛，而且长江三峡旅游品牌已在国内外具有较高知名度、享有广泛盛誉，但是长江经济带全线统一的旅游品牌仍然未能形成。

表专 2-9　2016 年长江主题特色旅游线路

旅游产品名称	旅游线路
长江三峡+华东五市	重庆—三峡—丰都鬼城—张飞庙—白帝城—小三峡—九畹溪—三峡大坝—宜昌—南京—无锡—苏州—杭州—上海—重庆
长江三峡经典游	重庆—丰都雪玉洞—巫峡—神农溪—瞿塘峡—西陵峡—三峡大坝—宜昌—武汉—重庆
长江三峡+神农架	重庆—丰都雪玉洞—巫峡—神农溪—瞿塘峡—西陵峡—三峡大坝—宜昌—神农架—怀化—重庆
九寨沟+长江三峡	重庆—九寨沟—丰都雪玉洞—巫峡—神农溪—瞿塘峡—西陵峡—三峡大坝—宜昌
长江三峡+张家界	重庆—三峡—宜昌—张家界—怀化—重庆

（五）环境污染存在，绿色发展压力大

目前，受区域整体产业结构和综合环境的影响，长江经济带内部整体江河水体污染严重，部分河段水土流失现象普遍，沿江大中城市大气污染环境问题加剧，生态环境形势严峻，严重影响着长江经济带旅游产业宏观发展环境。近年来的调查研究表明，长江已形成近 600 公里的岸边污染带，其中包括 300 余种有毒污染物。我国《环境统计年报》显示，长江接纳的废水量连年位居全国七大流域首位。

同时，在长江经济带内部，不少地区旅游资源开发过程中环境保护意识不强，旅游项目建设的环境影响评价工作大量欠缺，旅游资源破坏现象较为普遍。由于不合理的规划和开发造成的建设性破坏同样使旅游资源保护面临巨大压力，尤其是在对历史古城和传统村落旅游开发的过程中，不科学的开发利用方式对传统文化的建设性破坏现象仍然存在，传统历史文化的传承和保护面临严峻挑战。

五、长江经济带旅游发展的对策

（一）建立高效的区域旅游发展合作机制

长江经济带旅游发展目前存在一系列问题，要促进长江经济带旅游业发展，关键是破除阻碍长江经济带区域旅游发展的障碍，这些障碍既有制度性障碍，也有非制度性障碍，制度性障碍是根本，非制度性障碍是表现。而最根本的制度性障碍便是由于“行政区经济”所形成的区域壁垒。

当然，这里并非要批判行政区体制的弊端，实际上，正是由于行政区的稳定和主动作为，国家才能长治久安，才能实现经济发展和社会进步，行政区是国家管治的有力手段。本文的初衷是在“行政区经济”的既有体制下，在旅游及相关领域进行一定的权益让渡，凝聚共识，实现整体效益最优。而要规避不同区域行政壁垒的影响，实现这一初衷，就必然需要行政区之间的合作。就旅游业而言，就要进行充分的区域旅游合作。

在推进长江经济带区域旅游合作过程中，关键是要建立“政府主导、企业主动、非

政府组织主谋”的旅游合作机制。其中，政府应起到最核心的主导作用。各省市旅游局（旅游委）作为地方旅游主管部门，代表政府主导区域旅游合作进程，这就要求旅游主管部门必须具备足够的综合协调能力。

长江经济带各省市应深入推进旅游行政管理体制改革，提升旅游主管部门的综合协调能力。长江经济带各省市应统筹整合涉旅部门的旅游管理职能，成立相应旅游发展委员会（简称旅游委），并明确旅游委作为政府组成部门，负责各省市旅游发展统筹协调、产业促进、区域旅游形象推广和监督管理。充实、调整旅游委组成人员，新增旅游委人员编制，在发改委和财政部门设置旅游委独立“户头”，强化旅游委的协调力度和权威性。只有这样，旅游部门才有能力统筹协调长江经济带区域旅游发展中出现的一系列问题。

政府在长江经济带区域旅游合作中起到的主导作用主要体现在为旅游合作提供公共服务供给，营造良好的市场秩序和产业环境。企业是商务经济运行层面上的合作主体，通过资金、技术、人才、品牌等资源要素的区域性互动与组合，实现旅游经济利益的最大化。非政府组织则发挥其非强制力、非营利性方式，沟通政府与企业发展的利益诉求，为区域旅游合作发展提供战略性决策及相关方案，进一步推进旅游合作发展的理论集成和实践模式创新。政府、企业及其联盟、非政府组织均置于旅游合作网络之中，以交易、援助及互惠关系、共同利益、共同价值追求与行为模式，通过相互依赖及共享项目联结在一起，形成具有共同利益导向和目标诉求的相互依存的网络。

（二）建立共享的区域旅游发展参与机制

合作开发省际共享旅游资源。长江经济带地区山水相连、人文相通，省际共享旅游资源较多。通过建立合作开发共享旅游资源的旅游收益分配模式，将共享旅游资源优势更好地转化为区域经济效益，避免对共享旅游资源进行掠夺式的开发。长江经济带各省市需通过一系列旅游合作机制，达成一系列合作开发协议，使旅游开发主体之间能够合理分工并公正地进行利益分配，共享旅游资源就能得到合理开发，从而实现旅游收益多方共赢。

合作开发具有特色的旅游产品。长江经济带旅游资源丰富，特色鲜明，各省市政府间应积极合作，发挥政府宏观引导职能，注重从政策和资金投入等方面扶持旅游产品开发项目。各省市旅游部门应合作设立专门的旅游产品协调管理机构，负责制定长江经济带旅游资源开发规划、特色旅游产品开发规划以及旅游产品市场布局规划，并对旅游产品市场进行统一监督管理，维护市场交易秩序。同时，各省市合作成立长江经济带旅游商品开发公司，建立集研发、生产、销售一体化的旅游商品生产贸易基地。

通过旅游信息平台的建设促进区域信息共享。在此过程中，一方面要进一步完善各级旅游官方网站和旅游景区、旅行社、酒店网站的建设。通过官网提供长江经济带旅游市场、旅游企业、旅游政策与制度、旅游资讯等方面的信息，有效链接长江经济带各旅游城市官网以及旅游企业网站。在旅游企业网站的建设上，要提高水准、提高信息更新速度，快速将旅游企业最新信息发布到网上，方便游客浏览。另一方面，要在官方旅游网站和企业网站成熟的基础上，充分利用现有的网络基础和信息资源，吸收各个基层企业参与，加强旅游企业信息整合，促进互联互通和信息资源共享，减少因各省市旅行社、饭店、景区各自为政而形成的信息沟通不便、交易费用增加的问题。

（三）建立有序的区域旅游市场一体化机制

要规避长江经济带地方旅游市场的隐性分割与恶性竞争，必须建立一体化人才、物流、产权、金融等市场要素的信息和交易平台，充分发挥地区的竞争机制，形成分工有序、合作充分和竞争公平的市场机制环境。具体可从以下三个方面展开：

1. 共同培育长江经济带内部旅游市场

一方面，通过地方政府间的高层会晤，在各省市内达成一系列的合作协议，目的是取消市场壁垒，建立健全统一的市场制度。另一方面，各省市应通过缜密的联合市场调研，制定一系列互惠政策，创造良好的旅游氛围，启动长江经济带居民旅游市场，共同培育居民的旅游意识，实现宣传互动、客源互送。

2. 合作开拓长江经济带外部旅游市场

首先，建立省（市）会旅游集散中心。这些旅游集散中心一方面可以接受北京、上海、广东等旅游热点地区的客源辐射，吸引华北、华南等潜在客源市场的客流；另一方面可以通过旅游技术支持，实现旅游高峰期的客流的调剂。其次，放宽政策限制，允许长江经济带以外的旅行社到区内投资开办分社，取消地陪制度的限制，实现“组团社就是地接社”，出台旅游团队在长江经济带各省市可享受的统一的优惠政策，使有实力的旅行社能充分发挥优势，为长江经济带带来更多的游客。最后，长江经济带省市通过同周边区域进行旅游线路合作，优化线路产品，以延伸旅游线路，吸引周边旅游热点地区的客源流入。

3. 统一品牌形象，开展区域整合营销

长江经济带各省市应通力合作，对区内旅游资源、产品和旅游线路进行整合和重组，找出特质和共性的要素，共同塑造长江经济带独特的旅游形象，打造旅游精品。

长江经济带各省市政府应联合起来，充分发挥区域的集团化优势，对长江经济带的整体形象和旅游品牌进行科学促销。一是依靠政府的财政支持，确保各项宣传促销活动的顺利实施；二是多渠道、多层次整体促销，充分利用电视、报刊、互联网等多种传播方式，以及举办诸如推介会、研讨会等专题活动，对长江经济带的整体旅游发展进行大范围、深层次、立体化的宣传，提高其知名度和美誉度。另外，长江经济带各省市的旅游部门和旅游企业应积极合作，联手进行宣传促销，通过电视、广播、网络等多种促销手段，共同开拓客源市场。

（四）建立统一的区域生态环境联治机制

面对长江经济带显著的生态资源优势和突出的生态环境恶化形势，加强联合治理已迫在眉睫，长江上游、中游、下游地区应建立紧密的生态环境联防联治机制。一方面，应控制整体开发强度，提升资源利用效率。对于优化和重点开发区域、长江干流沿岸区域，需要在促进要素集中、集聚的同时，加强集约发展。通过提升生产空间效率和产出，控制建设用地增长；通过立体空间开发，提高城市空间利用效率，扩大服务业、交通、城市居住、公共设施空间，提升城乡生活空间品质。对于限制开发的农产品主产区和重点生态功能保护区来说，除基本公共服务、生态保护建设需要外，应严格控制大规模的生产性基础设施建设。同时，很多限制开发地区是贫困地区，对具备一定资源条件的地区，应实施生态式资源开发策略，并加大资源开发和生态保护的补偿力度，改善地区经济，保障人民的基本生活条件；对自然条件差、极贫困地区，继续加大人口疏解转移。

另一方面，应统筹优化资源利用结构，提升生态环境质量。第一，通过国土空间优化，合理配置水土资源的开发利用；通过产业结构的升级换代，降低资源与能源消耗。第二，结合天然林保护、退耕还林等生态工程的继续实施，加大森林植被的抚育，加强对河口湿地、中下游湖区、中上游库区的保护与环境治理。深入探索以流域为单元、以水资源保护为重点、统筹各类生态系统的生态整体保护与综合管理模式。第三，针对水土资源、生态环境等的污染、破坏和保护等问题，在区域内部和区域之间建立对受保护生态系统的经济和政策补偿机制。

附　录

附表一　2015年31个省域旅游竞争力分指标的评价结果

附表 1-1　各省域旅游总人次计算分值表

省域	旅游总人次得分	排名	省域	旅游总人次得分	排名
北京	34.02	20	湖北	64.98	7
天津	21.04	22	湖南	60.20	8
河北	46.92	15	广东	100.00	1
山西	45.45	16	广西	42.91	17
内蒙古	9.41	26	海南	5.26	28
辽宁	50.58	10	重庆	49.34	11
吉林	16.76	24	四川	75.17	4
黑龙江	15.26	25	贵州	47.43	14
上海	35.20	19	云南	41.00	18
江苏	79.71	3	西藏	0.00	31
浙江	67.56	5	陕西	48.74	12
安徽	56.75	9	甘肃	18.74	23
福建	32.90	21	青海	1.31	29
江西	48.71	13	宁夏	0.68	30
山东	83.79	2	新疆	6.10	27
河南	66.05	6			

附表 1-2　各省域旅游总收入计算分值表

省域	旅游总收入得分	排名	省域	旅游总收入得分	排名
北京	39.23	7	湖北	36.54	8
天津	23.08	21	湖南	31.27	11
河北	28.81	15	广东	100.00	1
山西	28.92	14	广西	27.27	18
内蒙古	18.43	23	海南	3.60	28
辽宁	31.39	10	重庆	18.33	24
吉林	18.96	22	四川	53.25	5
黑龙江	10.55	25	贵州	29.46	13

续表

省域	旅游总收入得分	排名	省域	旅游总收入得分	排名
上海	28.42	16	云南	27.54	17
江苏	77.75	2	西藏	1.05	29
浙江	61.59	3	陕西	25.04	20
安徽	34.89	9	甘肃	7.16	27
福建	26.38	19	青海	0.76	30
江西	30.58	12	宁夏	0.00	31
山东	57.47	4	新疆	7.59	26
河南	42.85	6			

附表 1–3　各省域住宿设施总数计算分值表

省域	饭店数量得分	排名	省域	饭店数量得分	排名
北京	31.33	10	湖北	2.72	27
天津	15.22	17	湖南	13.47	19
河北	30.35	13	广东	100.00	1
山西	17.65	15	广西	30.92	11
内蒙古	1.55	29	海南	56.30	2
辽宁	14.95	18	重庆	26.26	14
吉林	0.54	30	四川	31.59	9
黑龙江	4.75	22	贵州	4.09	23
上海	30.68	12	云南	54.13	3
江苏	53.75	4	西藏	3.49	25
浙江	37.56	7	陕西	33.24	8
安徽	16.75	16	甘肃	2.29	28
福建	37.79	6	青海	3.52	24
江西	12.95	20	宁夏	3.31	26
山东	40.86	5	新疆	0.00	31
河南	9.63	21			

附表 1–4　各省域星级饭店利润计算分值表

省域	星级饭店总利润得分	排名	省域	星级饭店总利润得分	排名
北京	50.34	3	湖北	26.73	15
天津	22.43	24	湖南	25.34	17
河北	0.00	31	广东	100.00	1
山西	18.59	27	广西	24.58	20
内蒙古	21.19	25	海南	37.01	4
辽宁	10.16	30	重庆	25.37	16
吉林	25.28	18	四川	27.27	14
黑龙江	29.32	11	贵州	30.76	9
上海	89.69	2	云南	31.14	8
江苏	23.80	22	西藏	30.53	10

续表

省域	星级饭店总利润得分	排名	省域	星级饭店总利润得分	排名
浙江	10.36	29	陕西	25.21	19
安徽	23.85	21	甘肃	31.27	7
福建	28.39	13	青海	31.29	6
江西	31.50	5	宁夏	28.93	12
山东	14.94	28	新疆	23.62	23
河南	21.01	26			

附表 1–5　各省域景区旅游企业数量计算分值表

省域	旅游目的地数量得分	排名	省域	旅游目的地数量得分	排名
北京	20.67	19	湖北	33.72	7
天津	6.58	26	湖南	27.25	15
河北	32.79	10	广东	27.48	14
山西	10.16	24	广西	28.18	13
内蒙古	30.25	11	海南	0.00	31
辽宁	25.17	17	重庆	16.51	23
吉林	21.13	18	四川	33.72	8
黑龙江	43.30	5	贵州	8.89	25
上海	5.20	28	云南	20.44	20
江苏	65.70	2	西藏	5.66	27
浙江	50.00	4	陕西	29.68	12
安徽	58.31	3	甘肃	20.32	21
福建	16.51	22	青海	4.39	29
江西	26.33	16	宁夏	0.12	30
山东	100.00	1	新疆	33.14	9
河南	35.45	6			

附表 1–6　各省域景区旅游企业利润计算分值表

省域	旅游景区总利润得分	排名	省域	旅游景区总利润得分	排名
北京	37.48	21	湖北	46.32	11
天津	32.12	26	湖南	63.66	5
河北	15.52	29	广东	100.00	1
山西	28.60	28	广西	48.22	10
内蒙古	36.92	22	海南	73.86	3
辽宁	39.90	19	重庆	30.66	27
吉林	36.84	23	四川	54.40	9
黑龙江	38.67	20	贵州	41.66	17
上海	63.79	4	云南	43.80	15
江苏	0.00	30	西藏	—	—
浙江	60.63	6	陕西	54.55	8

续表

省域	旅游景区总利润得分	排名	省域	旅游景区总利润得分	排名
安徽	45.01	14	甘肃	45.36	13
福建	36.32	24	青海	35.54	25
江西	42.58	16	宁夏	46.27	12
山东	80.52	2	新疆	40.85	18
河南	57.86	7			

附表 1–7　各省域旅行社数量计算分值表

省域	旅行社数量得分	排名	省域	旅行社数量得分	排名
北京	62.76	5	湖北	45.19	11
天津	14.10	26	湖南	35.33	14
河北	60.96	6	广东	87.36	4
山西	32.80	15	广西	20.89	21
内蒙古	41.09	12	海南	12.30	27
辽宁	55.73	7	重庆	20.06	22
吉林	26.35	20	四川	19.08	23
黑龙江	27.38	19	贵州	9.52	28
上海	54.37	8	云南	31.97	16
江苏	100.00	1	西藏	4.15	30
浙江	93.56	3	陕西	27.77	18
安徽	46.71	10	甘肃	16.30	24
福建	35.87	13	青海	6.20	29
江西	31.19	17	宁夏	0.00	31
山东	97.51	2	新疆	16.20	25
河南	47.39	9			

附表 1–8　各省域旅行社利润计算分值表

省域	旅行社总利润得分	排名	省域	旅行社总利润得分	排名
北京	100.00	1	湖北	53.82	4
天津	21.09	28	湖南	31.62	11
河北	28.28	14	广东	61.17	3
山西	32.51	8	广西	25.68	21
内蒙古	28.11	16	海南	24.85	26
辽宁	40.76	5	重庆	27.06	18
吉林	28.15	15	四川	30.89	12
黑龙江	31.83	9	贵州	27.10	17
上海	0.00	31	云南	20.86	29
江苏	17.32	30	西藏	26.99	19
浙江	39.95	6	陕西	25.29	23
安徽	31.78	10	甘肃	26.53	20
福建	39.62	7	青海	25.63	22

续表

省域	旅行社总利润得分	排名	省域	旅行社总利润得分	排名
江西	28.35	13	宁夏	25.27	24
山东	72.21	2	新疆	24.38	27
河南	25.08	25			

附表 1-9 各省域旅游总人次增长率计算分值表

省域	旅游总人次增长率得分	排名	省域	旅游总人次增长率得分	排名
北京	68.53	27	湖北	73.79	25
天津	79.52	17	湖南	81.39	14
河北	86.79	6	广东	78.70	18
山西	87.17	5	广西	85.17	7
内蒙古	78.52	19	海南	100.00	1
辽宁	49.63	29	重庆	78.48	20
吉林	83.22	10	四川	74.12	24
黑龙江	0.00	31	贵州	83.81	8
上海	67.87	28	云南	81.61	13
江苏	74.42	23	西藏	47.70	30
浙江	75.65	22	陕西	82.82	11
安徽	83.55	9	甘肃	91.16	2
福建	80.49	15	青海	82.09	12
江西	90.82	3	宁夏	75.77	21
山东	70.63	26	新疆	90.77	4
河南	79.74	16			

附表 1-10 各省域旅游总收入增长率计算分值表

省域	旅游总收入增长率得分	排名	省域	旅游总收入增长率得分	排名
北京	42.77	28	湖北	51.22	20
天津	47.09	27	湖南	59.09	13
河北	73.35	5	广东	77.18	3
山西	58.41	15	广西	62.99	10
内蒙古	62.51	11	海南	48.71	24
辽宁	0.00	31	重庆	48.16	25
吉林	66.32	7	四川	65.19	8
黑龙江	22.53	30	贵州	58.51	14
上海	36.56	29	云南	68.13	6
江苏	47.51	26	西藏	77.71	2
浙江	49.42	22	陕西	56.03	17
安徽	57.24	16	甘肃	63.05	9
福建	52 47	18	青海	60.28	12
江西	76.96	4	宁夏	49.15	23
山东	49.87	21	新疆	100.00	1
河南	51.68	19			

附表 1–11　各省域入境游客人均花费计算分值表

省域	入境游客人均花费得分	排名	省域	入境游客人均花费得分	排名
北京	25.72	2	湖北	6.61	18
天津	100.00	1	湖南	3.66	28
河北	11.87	8	广东	6.27	20
山西	7.20	17	广西	4.95	24
内蒙古	11.28	9	海南	4.09	25
辽宁	9.11	14	重庆	16.61	6
吉林	6.07	21	四川	3.77	27
黑龙江	5.92	22	贵州	1.33	30
上海	17.32	5	云南	4.98	23
江苏	18.86	4	西藏	10.29	10
浙江	9.52	12	陕西	9.73	11
安徽	6.45	19	甘肃	0.00	31
福建	7.64	16	青海	9.13	13
江西	3.08	29	宁夏	8.21	15
山东	13.69	7	新疆	20.17	3
河南	4.03	26			

附表 1–12　各省域星级饭店发展速度计算分值表

省域	星级饭店发展速度得分	排名	省域	星级饭店发展速度得分	排名
北京	18.24	2	湖北	9.83	18
天津	8.50	28	湖南	7.97	29
河北	9.83	19	广东	100.00	1
山西	9.72	23	广西	10.19	12
内蒙古	9.81	20	海南	9.28	27
辽宁	10.01	17	重庆	10.07	15
吉林	10.19	13	四川	9.60	26
黑龙江	10.37	11	贵州	11.36	7
上海	10.15	14	云南	13.05	4
江苏	10.82	8	西藏	7.45	30
浙江	9.79	22	陕西	9.61	25
安徽	10.02	16	甘肃	11.57	6
福建	0.00	31	青海	12.08	5
江西	13.22	3	宁夏	10.44	10
山东	9.80	21	新疆	10.60	9
河南	9.69	24			

附表 1–13 各省域星级饭店全员劳动生产率计算分值表

省域	星级饭店全员劳动生产率得分	排名	省域	星级饭店全员劳动生产率得分	排名
北京	72.09	2	湖北	14.06	27
天津	40.73	6	湖南	23.47	16
河北	17.90	24	广东	34.09	8
山西	11.22	28	广西	0.00	31
内蒙古	18.86	23	海南	49.02	3
辽宁	29.38	10	重庆	31.12	9
吉林	20.57	21	四川	28.88	11
黑龙江	28.78	12	贵州	21.24	17
上海	100.00	1	云南	10.68	29
江苏	46.14	5	西藏	4.21	30
浙江	48.91	4	陕西	15.99	26
安徽	20.13	22	甘肃	20.80	20
福建	34.59	7	青海	21.14	18
江西	25.91	15	宁夏	21.10	19
山东	26.98	14	新疆	27.28	13
河南	17.06	25			

附表 1–14 各省域 A 级旅游景区发展速度计算分值表

省域	景区发展速度得分	排名	省域	景区发展速度得分	排名
北京	53.49	25	湖北	56.89	23
天津	51.69	27	湖南	57.70	16
河北	57.30	19	广东	58.88	6
山西	57.47	17	广西	59.46	5
内蒙古	57.81	11	海南	57.73	14
辽宁	58.44	9	重庆	53.39	26
吉林	0.00	30	四川	57.33	18
黑龙江	57.16	20	贵州	58.46	8
上海	57.71	15	云南	56.93	22
江苏	36.73	29	西藏	–	–
浙江	60.69	3	陕西	57.99	10
安徽	57.04	21	甘肃	74.85	2
福建	56.06	24	青海	45.15	28
江西	57.74	12	宁夏	57.74	13
山东	100.00	1	新疆	60.14	4
河南	58.86	7			

附表 1–15　各省域旅游景区全员劳动生产率计算分值表

省域	旅游景区全员劳动生产率得分	排名	省域	旅游景区全员劳动生产率得分	排名
北京	54.63	8	湖北	30.43	19
天津	80.41	2	湖南	36.59	14
河北	17.57	26	广东	41.40	11
山西	3.10	29	广西	27.96	20
内蒙古	19.67	24	海南	49.61	9
辽宁	23.59	22	重庆	35.01	16
吉林	6.94	28	四川	55.81	7
黑龙江	0.00	30	贵州	31.25	18
上海	100.00	1	云南	23.54	23
江苏	55.87	6	西藏	—	
浙江	42.43	10	陕西	37.30	13
安徽	76.07	3	甘肃	25.62	21
福建	37.66	12	青海	13.65	27
江西	56.26	5	宁夏	35.82	15
山东	57.10	4	新疆	18.33	25
河南	32.43	17			

附表 1–16　各省域旅行社发展速度计算分值表

省域	旅行社发展速度得分	排名	省域	旅行社发展速度得分	排名
北京	28.95	8	湖北	33.49	5
天津	4.01	30	湖南	24.15	12
河北	18.02	19	广东	22.28	15
山西	31.09	6	广西	13.59	21
内蒙古	24.63	11	海南	12.62	23
辽宁	30.24	7	重庆	17.05	20
吉林	37.84	2	四川	34.71	4
黑龙江	27.07	9	贵州	20.84	16
上海	10.57	28	云南	13.58	22
江苏	11.42	25	西藏	100.00	1
浙江	18.52	18	陕西	11.62	24
安徽	24.12	13	甘肃	20.73	17
福建	25.30	10	青海	11.14	26
江西	23.26	14	宁夏	0.00	31
山东	36.42	3	新疆	7.84	29
河南	10.96	27			

附表 1–17　各省域旅行社全员劳动生产率计算分值表

省域	旅行社全员劳动生产率得分	排名	省域	旅行社全员劳动生产率得分	排名
北京	100.00	1	湖北	36.66	12
天津	43.81	10	湖南	45.73	9
河北	20.58	25	广东	66.41	5
山西	25.36	20	广西	24.24	22
内蒙古	6.59	29	海南	34.98	14
辽宁	61.49	6	重庆	79.61	3
吉林	14.07	28	四川	35.22	13
黑龙江	23.99	23	贵州	34.72	15
上海	98.82	2	云南	33.09	17
江苏	68.81	4	西藏	34.02	16
浙江	47.02	8	陕西	24.95	21
安徽	27.64	19	甘肃	0.00	31
福建	56.17	7	青海	15.31	27
江西	22.41	24	宁夏	19.03	26
山东	32.52	18	新疆	41.36	11
河南	6.07	30			

附表 1–18　各省域空气质量优良天数计算分值表

省域	空气质量优良天数得分	排名	省域	空气质量优良天数得分	排名
北京	27.43	26	湖北	28.76	25
天津	40.71	22	湖南	58.85	13
河北	24.78	27	广东	83.19	7
山西	0.88	30	广西	88.50	5
内蒙古	67.26	11	海南	99.56	2
辽宁	36.73	24	重庆	74.34	10
吉林	50.00	19	四川	38.50	23
黑龙江	45.58	20	贵州	95.58	4
上海	56.64	14	云南	100.00	1
江苏	3.54	29	西藏	83.63	6
浙江	52.21	17	陕西	55.75	16
安徽	50.44	18	甘肃	56.64	14
福建	97.35	3	青海	75.66	9
江西	82.74	8	宁夏	59.73	12
山东	0.00	31	新疆	41.59	21
河南	5.31	28			

附表 1-19　各省域城市污水处理率计算分值表

省域	城市污水处理率得分	排名	省域	城市污水处理率得分	排名
北京	89.30	25	湖北	95.75	9
天津	93.30	17	湖南	94.85	14
河北	98.20	3	广东	96.13	7
山西	90.34	23	广西	91.37	20
内蒙古	95.36	10	海南	71.01	29
辽宁	95.36	10	重庆	97.55	5
吉林	91.88	19	四川	89.43	24
黑龙江	84.15	27	贵州	98.07	4
上海	95.10	13	云南	92.65	18
江苏	96.39	6	西藏	0.00	31
浙江	93.94	15	陕西	93.43	16
安徽	100.00	1	甘肃	90.85	21
福建	90.72	22	青海	52.71	30
江西	88.40	26	宁夏	95.36	10
山东	98.84	2	新疆	82.86	28
河南	96.01	8			

附表 1-20　各省域生活垃圾无害化处理率计算分值表

省域	生活垃圾无害化处理率得分	排名	省域	生活垃圾无害化处理率得分	排名
北京	78.80	28	湖北	91.50	22
天津	92.70	20	湖南	99.80	4
河北	96.00	15	广东	91.60	21
山西	97.20	13	广西	98.70	9
内蒙古	97.70	12	海南	99.80	4
辽宁	95.20	17	重庆	98.60	10
吉林	84.70	26	四川	96.80	14
黑龙江	78.20	29	贵州	93.80	19
上海	100.00	1	云南	90.00	23
江苏	100.00	1	西藏	0.00	31
浙江	99.20	7	陕西	98.00	11
安徽	99.60	6	甘肃	64.20	30
福建	99.20	7	青海	87.20	25
江西	94.50	18	宁夏	89.90	24
山东	100.00	1	新疆	80.90	27
河南	96.00	15			

附表 1-21 各省域经济发展水平计算分值表

省域	经济发展水平得分	排名	省域	经济发展水平得分	排名
北京	64.80	5	湖北	34.97	11
天津	60.80	7	湖南	29.63	13
河北	28.73	14	广东	75.39	2
山西	13.58	24	广西	16.51	22
内蒙古	39.51	10	海南	10.86	26
辽宁	43.60	8	重庆	26.32	16
吉林	24.54	18	四川	26.73	15
黑龙江	18.12	20	贵州	8.85	29
上海	65.04	4	云南	10.38	27
江苏	86.40	1	西藏	3.45	31
浙江	60.94	6	陕西	25.09	17
安徽	20.62	19	甘肃	4.01	30
福建	43.12	9	青海	10.25	28
江西	17.44	21	宁夏	11.35	25
山东	66.62	3	新疆	14.08	23
河南	33.06	12			

附表 1-22 各省域年旅客周转量计算分值表

省域	年旅客周转量得分	排名	省域	年旅客周转量得分	排名
北京	13.72	25	湖北	67.14	5
天津	12.17	26	湖南	84.70	3
河北	66.82	7	广东	100.00	1
山西	19.44	23	广西	39.44	14
内蒙古	18.93	24	海南	4.25	30
辽宁	50.36	12	重庆	28.17	18
吉林	22.30	22	四川	54.00	10
黑龙江	25.55	19	贵州	35.26	15
上海	10.06	27	云南	23.79	21
江苏	80.50	4	西藏	0.00	31
浙江	59.96	9	陕西	40.95	13
安徽	67.11	6	甘肃	33.07	16
福建	30.55	17	青海	4.60	28
江西	52.07	11	宁夏	4.39	29
山东	63.08	8	新疆	24.97	20
河南	90.56	2			

附表 1–23　各省域万人专利授权数计算分值表

省域	万人专利授权数得分	排名	省域	万人专利授权数得分	排名
北京	100.00	1	湖北	14.09	13
天津	55.10	5	湖南	10.33	17
河北	8.07	19	广东	50.63	6
山西	4.97	24	广西	5.20	23
内蒙古	3.72	29	海南	3.87	28
辽宁	12.03	14	重庆	28.77	8
吉林	6.12	22	四川	17.11	12
黑龙江	10.21	18	贵州	7.93	20
上海	57.36	4	云南	4.33	27
江苏	72.06	3	西藏	0.00	31
浙江	97.92	2	陕西	19.16	11
安徽	21.07	10	甘肃	4.79	26
福建	36.16	7	青海	3.42	30
江西	10.96	15	宁夏	4.92	25
山东	21.90	9	新疆	7.26	21
河南	10.37	16			

附表 1–24　各省域旅游行政管理机构计算分值表

省域	旅游行政管理机构得分	排名	省域	旅游行政管理机构得分	排名
北京	100.00	1	湖北	0.00	5
天津	0.00	5	湖南	0.00	5
河北	0.00	5	广东	0.00	5
山西	0.00	5	广西	0.00	5
内蒙古	0.00	5	海南	100.00	1
辽宁	0.00	5	重庆	0.00	5
吉林	0.00	5	四川	0.00	5
黑龙江	0.00	5	贵州	0.00	5
上海	0.00	5	云南	100.00	1
江苏	0.00	5	西藏	0.00	5
浙江	0.00	5	陕西	0.00	5
安徽	0.00	5	甘肃	0.00	5
福建	0.00	5	青海	0.00	5
江西	100.00	1	宁夏	0.00	5
山东	0.00	5	新疆	0.00	5
河南	0.00	5			

附表 1-25　各省域政府工作报告提及“旅游”次数计算分值表

省域	政府工作报告提及“旅游”次数得分	排名	省域	政府工作报告提及“旅游”次数得分	排名
北京	3.28	28	湖北	14.75	14
天津	0.00	31	湖南	8.20	22
河北	8.20	21	广东	8.20	23
山西	4.92	26	广西	27.87	5
内蒙古	18.03	11	海南	100.00	1
辽宁	21.31	8	重庆	19.67	9
吉林	13.11	16	四川	14.75	15
黑龙江	26.23	6	贵州	18.03	12
上海	3.28	29	云南	13.11	18
江苏	1.64	30	西藏	55.74	2
浙江	6.56	25	陕西	9.84	20
安徽	16.39	13	甘肃	31.15	3
福建	11.48	19	青海	26.23	7
江西	27.87	4	宁夏	19.67	10
山东	4.92	27	新疆	8.20	24
河南	13.11	17			

附表二　2015年31个省域旅游竞争力分省域的评价结果

附表 2-1　北京市旅游竞争力评价指标值一览表

因子层	指标	得分	排名
A	旅游综合竞争力	1317.58	2
B1	现实竞争力	375.84	5
C1	旅游需求现实竞争力	73.25	16
D1	旅游总人次	34.02	20
D2	旅游总收入	39.23	7
C2	住宿接待业现实竞争力	81.67	5
D3	住宿设施总数	31.33	10
D4	星级饭店利润	50.34	3
C3	旅游景区现实竞争力	58.15	21
D5	景区旅游企业数量	20.67	19
D6	景区旅游企业利润	37.48	21
C4	旅行社现实竞争力	162.76	2
D7	旅行社数量	62.76	5
D8	旅行社利润	100.00	1
B2	潜在竞争力	464.42	3
C5	旅游需求潜在竞争力	137.02	22
D9	旅游总人次增长率	68.53	27
D10	旅游总收入增长率	42.77	28
D11	入境游客人均花费	25.72	2
C6	住宿接待业潜在竞争力	90.33	3
D12	星级饭店发展速度	18.24	2
D13	星级饭店全员劳动生产率	72.09	2
C7	旅游景区潜在竞争力	108.12	7
D14	A级旅游景区发展速度	53.49	25
D15	旅游景区全员劳动生产率	54.63	8
C8	旅行社潜在竞争力	128.95	2
D16	旅行社发展速度	28.95	8
D17	旅行社全员劳动生产率	100.00	1

续表

因子层	指标	得分	排名
B3	发展环境竞争力	477.33	3
C9	自然环境	195.54	29
D18	空气质量优良天数	27.43	26
D19	城市污水处理率	89.30	25
D20	生活垃圾无害化处理率	78.80	28
C10	社会经济环境	178.52	1
D21	经济发展水平	64.80	5
D22	年旅客周转量	13.72	25
D23	万人专利授权数	100.00	1
C11	政策环境	103.28	4
D24	旅游行政管理机构	100.00	1
D25	政府工作报告提及“旅游”次数	3.28	28

附表 2-2 天津市旅游竞争力评价指标值一览表

因子层	指标	得分	排名
A	旅游综合竞争力	966.20	15
B1	现实竞争力	155.67	27
C1	旅游需求现实竞争力	44.12	22
D1	旅游总人次	21.04	22
D2	旅游总收入	23.08	21
C2	住宿接待业现实竞争力	37.65	17
D3	住宿设施总数	15.22	17
D4	星级饭店利润	22.43	24
C3	旅游景区现实竞争力	38.70	30
D5	景区旅游企业数量	6.58	26
D6	景区旅游企业利润	32.12	26
C4	旅行社现实竞争力	35.20	28
D7	旅行社数量	14.10	26
D8	旅行社利润	21.09	28
B2	潜在竞争力	455.76	4
C5	旅游需求潜在竞争力	226.61	1
D9	旅游总人次增长率	79.52	17
D10	旅游总收入增长率	47.09	27
D11	入境游客人均花费	100.00	1
C6	住宿接待业潜在竞争力	49.24	7
D12	星级饭店发展速度	8.50	28
D13	星级饭店全员劳动生产率	40.73	6
C7	旅游景区潜在竞争力	132.09	4
D14	A级旅游景区发展速度	51.69	27
D15	旅游景区全员劳动生产率	80.41	2
C8	旅行社潜在竞争力	47.81	20

续表

因子层	指标	得分	排名
D16	旅行社发展速度	4.01	30
D17	旅行社全员劳动生产率	43.81	10
B3	发展环境竞争力	354.77	16
C9	自然环境	226.71	17
D18	空气质量优良天数	40.71	22
D19	城市污水处理率	93.30	17
D20	生活垃圾无害化处理率	92.70	20
C10	社会经济环境	128.07	5
D21	经济发展水平	60.80	7
D22	年旅客周转量	12.17	26
D23	万人专利授权数	55.10	5
C11	政策环境	0.00	31
D24	旅游行政管理机构	0.00	5
D25	政府工作报告提及“旅游”次数	0.00	31

附表 2-3　河北省旅游竞争力评价指标值一览表

因子层	指标	得分	排名
A	旅游综合竞争力	887.61	21
B1	现实竞争力	243.62	18
C1	旅游需求现实竞争力	75.73	13
D1	旅游总人次	46.92	15
D2	旅游总收入	28.81	15
C2	住宿接待业现实竞争力	30.35	26
D3	住宿设施总数	30.35	13
D4	星级饭店利润	0.00	31
C3	旅游景区现实竞争力	48.31	25
D5	景区旅游企业数量	32.79	10
D6	景区旅游企业利润	15.52	29
C4	旅行社现实竞争力	89.23	8
D7	旅行社数量	60.96	6
D8	旅行社利润	28.28	14
B2	潜在竞争力	313.20	17
C5	旅游需求潜在竞争力	172.01	3
D9	旅游总人次增长率	86.79	6
D10	旅游总收入增长率	73.35	5
D11	入境游客人均花费	11.87	8
C6	住宿接待业潜在竞争力	27.72	24
D12	星级饭店发展速度	9.83	19
D13	星级饭店全员劳动生产率	17.90	24
C7	旅游景区潜在竞争力	74.87	26
D14	A级旅游景区发展速度	57.30	19

续表

因子层	指标	得分	排名
D15	旅游景区全员劳动生产率	17.57	26
C8	旅行社潜在竞争力	38.60	24
D16	旅行社发展速度	18.02	19
D17	旅行社全员劳动生产率	20.58	25
B3	发展环境竞争力	330.80	23
C9	自然环境	218.97	20
D18	空气质量优良天数	24.78	27
D19	城市污水处理率	98.20	3
D20	生活垃圾无害化处理率	96.00	15
C10	社会经济环境	103.62	19
D21	经济发展水平	28.73	14
D22	年旅客周转量	66.82	7
D23	万人专利授权数	8.07	19
C11	政策环境	8.20	22
D24	旅游行政管理机构	0.00	5
D25	政府工作报告提及“旅游”次数	8.20	21

附表 2-4 山西省旅游竞争力评价指标值一览表

因子层	指标	得分	排名
A	旅游综合竞争力	736.76	26
B1	现实竞争力	214.68	19
C1	旅游需求现实竞争力	74.37	14
D1	旅游总人次	45.45	16
D2	旅游总收入	28.92	14
C2	住宿接待业现实竞争力	36.23	18
D3	住宿设施总数	17.65	15
D4	星级饭店利润	18.59	27
C3	旅游景区现实竞争力	38.77	29
D5	景区旅游企业数量	10.16	24
D6	景区旅游企业利润	28.60	28
C4	旅行社现实竞争力	65.30	14
D7	旅行社数量	32.80	15
D8	旅行社利润	32.51	8
B2	潜在竞争力	290.75	22
C5	旅游需求潜在竞争力	152.78	11
D9	旅游总人次增长率	87.17	5
D10	旅游总收入增长率	58.41	15
D11	入境游客人均花费	7.20	17
C6	住宿接待业潜在竞争力	20.94	29
D12	星级饭店发展速度	9.72	23
D13	星级饭店全员劳动生产率	11.22	28

续表

因子层	指标	得分	排名
C7	旅游景区潜在竞争力	60.57	27
D14	A级旅游景区发展速度	57.47	17
D15	旅游景区全员劳动生产率	3.10	29
C8	旅行社潜在竞争力	56.45	14
D16	旅行社发展速度	31.09	6
D17	旅行社全员劳动生产率	25.36	20
B3	发展环境竞争力	231.33	30
C9	自然环境	188.42	30
D18	空气质量优良天数	0.88	30
D19	城市污水处理率	90.34	23
D20	生活垃圾无害化处理率	97.20	13
C10	社会经济环境	37.99	24
D21	经济发展水平	13.58	24
D22	年旅客周转量	19.44	23
D23	万人专利授权数	4.97	24
C11	政策环境	4.92	27
D24	旅游行政管理机构	0.00	5
D25	政府工作报告提及“旅游”次数	4.92	26

附表 2–5　内蒙古自治区旅游竞争力评价指标值一览表

因子层	指标	得分	排名
A	旅游综合竞争力	817.17	23
B1	现实竞争力	186.97	24
C1	旅游需求现实竞争力	27.84	24
D1	旅游总人次	9.41	26
D2	旅游总收入	18.43	23
C2	住宿接待业现实竞争力	22.74	31
D3	住宿设施总数	1.55	29
D4	星级饭店利润	21.19	25
C3	旅游景区现实竞争力	67.17	16
D5	景区旅游企业数量	30.25	11
D6	景区旅游企业利润	36.92	22
C4	旅行社现实竞争力	69.21	12
D7	旅行社数量	41.09	12
D8	旅行社利润	28.11	16
B2	潜在竞争力	289.69	23
C5	旅游需求潜在竞争力	152.30	12
D9	旅游总人次增长率	78.52	19
D10	旅游总收入增长率	62.51	11
D11	入境游客人均花费	11.28	9
C6	住宿接待业潜在竞争力	28.68	23

续表

因子层	指标	得分	排名
D12	星级饭店发展速度	9.81	20
D13	星级饭店全员劳动生产率	18.86	23
C7	旅游景区潜在竞争力	77.49	25
D14	A级旅游景区发展速度	57.81	11
D15	旅游景区全员劳动生产率	19.67	24
C8	旅行社潜在竞争力	31.22	27
D16	旅行社发展速度	24.63	11
D17	旅行社全员劳动生产率	6.59	29
B3	发展环境竞争力	340.51	21
C9	自然环境	260.32	9
D18	空气质量优良天数	67.26	11
D19	城市污水处理率	95.36	10
D20	生活垃圾无害化处理率	97.70	12
C10	社会经济环境	62.16	29
D21	经济发展水平	39.51	10
D22	年旅客周转量	18.93	24
D23	万人专利授权数	3.72	29
C11	政策环境	18.03	13
D24	旅游行政管理机构	0.00	5
D25	政府工作报告提及“旅游”次数	18.03	11

附表 2-6　辽宁省旅游竞争力评价指标值一览表

因子层	指标	得分	排名
A	旅游综合竞争力	895.12	20
B1	现实竞争力	268.64	14
C1	旅游需求现实竞争力	81.97	10
D1	旅游总人次	50.58	10
D2	旅游总收入	31.39	10
C2	住宿接待业现实竞争力	25.11	29
D3	住宿设施总数	14.95	18
D4	星级饭店利润	10.16	30
C3	旅游景区现实竞争力	65.07	19
D5	景区旅游企业数量	25.17	17
D6	景区旅游企业利润	39.90	19
C4	旅行社现实竞争力	96.49	7
D7	旅行社数量	55.73	7
D8	旅行社利润	40.76	5
B2	潜在竞争力	271.89	26
C5	旅游需求潜在竞争力	58.75	30
D9	旅游总人次增长率	49.63	29
D10	旅游总收入增长率	0.00	31

续表

因子层	指标	得分	排名
D11	入境游客人均花费	9.11	14
C6	住宿接待业潜在竞争力	39.39	9
D12	星级饭店发展速度	10.01	17
D13	星级饭店全员劳动生产率	29.38	10
C7	旅游景区潜在竞争力	82.03	22
D14	A级旅游景区发展速度	58.44	9
D15	旅游景区全员劳动生产率	23.59	22
C8	旅行社潜在竞争力	91.72	5
D16	旅行社发展速度	30.24	7
D17	旅行社全员劳动生产率	61.49	6
B3	发展环境竞争力	354.59	17
C9	自然环境	227.29	16
D18	空气质量优良天数	36.73	24
D19	城市污水处理率	95.36	10
D20	生活垃圾无害化处理率	95.20	17
C10	社会经济环境	105.99	14
D21	经济发展水平	43.60	8
D22	年旅客周转量	50.36	12
D23	万人专利授权数	12.03	14
C11	政策环境	21.31	10
D24	旅游行政管理机构	0.00	5
D25	政府工作报告提及“旅游”次数	21.31	8

附表2-7　吉林省旅游竞争力评价指标值一览表

因子层	指标	得分	排名
A	旅游综合竞争力	711.91	27
B1	现实竞争力	174.02	25
C1	旅游需求现实竞争力	35.73	23
D1	旅游总人次	16.76	24
D2	旅游总收入	18.96	22
C2	住宿接待业现实竞争力	25.82	28
D3	住宿设施总数	0.54	30
D4	星级饭店利润	25.28	18
C3	旅游景区现实竞争力	57.97	22
D5	景区旅游企业数量	21.13	18
D6	景区旅游企业利润	36.84	23
C4	旅行社现实竞争力	54.51	17
D7	旅行社数量	26.35	20
D8	旅行社利润	28.15	15
B2	潜在竞争力	245.23	29
C5	旅游需求潜在竞争力	155.61	6

续表

因子层	指标	得分	排名
D9	旅游总人次增长率	83.22	10
D10	旅游总收入增长率	66.32	7
D11	入境游客人均花费	6.07	21
C6	住宿接待业潜在竞争力	30.76	21
D12	星级饭店发展速度	10.19	13
D13	星级饭店全员劳动生产率	20.57	21
C7	旅游景区潜在竞争力	6.94	30
D14	A级旅游景区发展速度	0.00	30
D15	旅游景区全员劳动生产率	6.94	28
C8	旅行社潜在竞争力	51.91	16
D16	旅行社发展速度	37.84	2
D17	旅行社全员劳动生产率	14.07	28
B3	发展环境竞争力	292.66	24
C9	自然环境	226.58	18
D18	空气质量优良天数	50.00	19
D19	城市污水处理率	91.88	19
D20	生活垃圾无害化处理率	84.70	26
C10	社会经济环境	52.96	22
D21	经济发展水平	24.54	18
D22	年旅客周转量	22.30	22
D23	万人专利授权数	6.12	22
C11	政策环境	13.11	18
D24	旅游行政管理机构	0.00	5
D25	政府工作报告提及“旅游”次数	13.11	16

附表 2–8　黑龙江省旅游竞争力评价指标值一览表

因子层	指标	得分	排名
A	旅游综合竞争力	664.91	29
B1	现实竞争力	201.05	22
C1	旅游需求现实竞争力	25.81	26
D1	旅游总人次	15.26	25
D2	旅游总收入	10.55	25
C2	住宿接待业现实竞争力	34.07	21
D3	住宿设施总数	4.75	22
D4	星级饭店利润	29.32	11
C3	旅游景区现实竞争力	81.97	9
D5	景区旅游企业数量	43.30	5
D6	景区旅游企业利润	38.67	20
C4	旅行社现实竞争力	59.21	16
D7	旅行社数量	27.38	19
D8	旅行社利润	31.83	9

续表

因子层	指标	得分	排名
B2	潜在竞争力	175.82	30
C5	旅游需求潜在竞争力	28.45	31
D9	旅游总人次增长率	0.00	31
D10	旅游总收入增长率	22.53	30
D11	入境游客人均花费	5.92	22
C6	住宿接待业潜在竞争力	39.15	10
D12	星级饭店发展速度	10.37	11
D13	星级饭店全员劳动生产率	28.78	12
C7	旅游景区潜在竞争力	57.16	29
D14	A级旅游景区发展速度	57.16	20
D15	旅游景区全员劳动生产率	0.00	30
C8	旅行社潜在竞争力	51.06	18
D16	旅行社发展速度	27.07	9
D17	旅行社全员劳动生产率	23.99	23
B3	发展环境竞争力	288.04	25
C9	自然环境	207.92	24
D18	空气质量优良天数	45.58	20
D19	城市污水处理率	84.15	27
D20	生活垃圾无害化处理率	78.20	29
C10	社会经济环境	53.88	18
D21	经济发展水平	18.12	20
D22	年旅客周转量	25.55	19
D23	万人专利授权数	10.21	18
C11	政策环境	26.23	8
D24	旅游行政管理机构	0.00	5
D25	政府工作报告提及“旅游”次数	26.23	6

附表 2–9　上海市旅游竞争力评价指标值一览表

因子层	指标	得分	排名
A	旅游综合竞争力	1193.83	6
B1	现实竞争力	307.35	9
C1	旅游需求现实竞争力	63.63	20
D1	旅游总人次	35.20	19
D2	旅游总收入	28.42	16
C2	住宿接待业现实竞争力	120.37	2
D3	住宿设施总数	30.68	12
D4	星级饭店利润	89.69	2
C3	旅游景区现实竞争力	68.99	14
D5	景区旅游企业数量	5.20	28
D6	景区旅游企业利润	63.79	4
C4	旅行社现实竞争力	54.37	18

续表

因子层	指标	得分	排名
D7	旅行社数量	54.37	8
D8	旅行社利润	0.00	31
B2	潜在竞争力	499.00	1
C5	旅游需求潜在竞争力	121.75	29
D9	旅游总人次增长率	67.87	28
D10	旅游总收入增长率	36.56	29
D11	入境游客人均花费	17.32	5
C6	住宿接待业潜在竞争力	110.15	2
D12	星级饭店发展速度	10.15	14
D13	星级饭店全员劳动生产率	100.00	1
C7	旅游景区潜在竞争力	157.71	1
D14	A级旅游景区发展速度	57.71	15
D15	旅游景区全员劳动生产率	100.00	1
C8	旅行社潜在竞争力	109.39	3
D16	旅行社发展速度	10.57	28
D17	旅行社全员劳动生产率	98.82	2
B3	发展环境竞争力	387.48	9
C9	自然环境	251.74	11
D18	空气质量优良天数	56.64	14
D19	城市污水处理率	95.10	13
D20	生活垃圾无害化处理率	100.00	1
C10	社会经济环境	132.46	4
D21	经济发展水平	65.04	4
D22	年旅客周转量	10.06	27
D23	万人专利授权数	57.36	4
C11	政策环境	3.28	29
D24	旅游行政管理机构	0.00	5
D25	政府工作报告提及“旅游”次数	3.28	29

附表 2-10 江苏省旅游竞争力评价指标值一览表

因子层	指标	得分	排名
A	旅游综合竞争力	1229.14	5
B1	现实竞争力	418.03	4
C1	旅游需求现实竞争力	157.46	2
D1	旅游总人次	79.71	3
D2	旅游总收入	77.75	2
C2	住宿接待业现实竞争力	77.55	6
D3	住宿设施总数	53.75	4
D4	星级饭店利润	23.80	22
C3	旅游景区现实竞争力	65.70	17
D5	景区旅游企业数量	65.70	2

续表

因子层	指标	得分	排名
D6	景区旅游企业利润	0.00	30
C4	旅行社现实竞争力	117.32	5
D7	旅行社数量	100.00	1
D8	旅行社利润	17.32	30
B2	潜在竞争力	370.59	7
C5	旅游需求潜在竞争力	140.80	20
D9	旅游总人次增长率	74.42	23
D10	旅游总收入增长率	47.51	26
D11	入境游客人均花费	18.86	4
C6	住宿接待业潜在竞争力	56.96	6
D12	星级饭店发展速度	10.82	8
D13	星级饭店全员劳动生产率	46.14	5
C7	旅游景区潜在竞争力	92.59	16
D14	A级旅游景区发展速度	36.73	29
D15	旅游景区全员劳动生产率	55.87	6
C8	旅行社潜在竞争力	80.23	8
D16	旅行社发展速度	11.42	25
D17	旅行社全员劳动生产率	68.81	4
B3	发展环境竞争力	440.53	6
C9	自然环境	199.93	26
D18	空气质量优良天数	3.54	29
D19	城市污水处理率	96.39	6
D20	生活垃圾无害化处理率	100.00	1
C10	社会经济环境	238.95	3
D21	经济发展水平	86.40	1
D22	年旅客周转量	80.50	4
D23	万人专利授权数	72.06	3
C11	政策环境	1.64	30
D24	旅游行政管理机构	0.00	5
D25	政府工作报告提及“旅游”次数	1.64	30

附表 2-11　浙江省旅游竞争力评价指标值一览表

因子层	指标	得分	排名
A	旅游综合竞争力	1253.89	4
B1	现实竞争力	421.21	3
C1	旅游需求现实竞争力	129.15	4
D1	旅游总人次	67.56	5
D2	旅游总收入	61.59	3
C2	住宿接待业现实竞争力	47.92	13
D3	住宿设施总数	37.56	7

续表

因子层	指标	得分	排名
D4	星级饭店利润	10.36	29
C3	旅游景区现实竞争力	110.63	3
D5	景区旅游企业数量	50.00	4
D6	景区旅游企业利润	60.63	6
C4	旅行社现实竞争力	133.51	4
D7	旅行社数量	93.56	3
D8	旅行社利润	39.95	6
B2	潜在竞争力	361.96	13
C5	旅游需求潜在竞争力	134.59	25
D9	旅游总人次增长率	75.65	22
D10	旅游总收入增长率	49.42	22
D11	入境游客人均花费	9.52	12
C6	住宿接待业潜在竞争力	58.71	4
D12	星级饭店发展速度	9.79	22
D13	星级饭店全员劳动生产率	48.91	4
C7	旅游景区潜在竞争力	103.12	9
D14	A级旅游景区发展速度	60.69	3
D15	旅游景区全员劳动生产率	42.43	10
C8	旅行社潜在竞争力	65.54	13
D16	旅行社发展速度	18.52	18
D17	旅行社全员劳动生产率	47.02	8
B3	发展环境竞争力	470.73	5
C9	自然环境	245.36	14
D18	空气质量优良天数	52.21	17
D19	城市污水处理率	93.94	15
D20	生活垃圾无害化处理率	99.20	7
C10	社会经济环境	218.82	2
D21	经济发展水平	60.94	6
D22	年旅客周转量	59.96	9
D23	万人专利授权数	97.92	2
C11	政策环境	6.56	26
D24	旅游行政管理机构	0.00	5
D25	政府工作报告提及“旅游”次数	6.56	25

附表 2-12　安徽省旅游竞争力评价指标值一览表

因子层	指标	得分	排名
A	旅游综合竞争力	1051.55	9
B1	现实竞争力	314.06	7
C1	旅游需求现实竞争力	91.64	8
D1	旅游总人次	56.75	9

续表

因子层	指标	得分	排名
D2	旅游总收入	34.89	9
C2	住宿接待业现实竞争力	40.61	15
D3	住宿设施总数	16.75	16
D4	星级饭店利润	23.85	21
C3	旅游景区现实竞争力	103.32	4
D5	景区旅游企业数量	58.31	3
D6	景区旅游企业利润	45.01	14
C4	旅行社现实竞争力	78.49	9
D7	旅行社数量	46.71	10
D8	旅行社利润	31.78	10
B2	潜在竞争力	362.26	12
C5	旅游需求潜在竞争力	147.24	15
D9	旅游总人次增长率	83.55	9
D10	旅游总收入增长率	57.24	16
D11	入境游客人均花费	6.45	19
C6	住宿接待业潜在竞争力	30.15	22
D12	星级饭店发展速度	10.02	16
D13	星级饭店全员劳动生产率	20.13	22
C7	旅游景区潜在竞争力	133.10	3
D14	A级旅游景区发展速度	57.04	21
D15	旅游景区全员劳动生产率	76.07	3
C8	旅行社潜在竞争力	51.75	17
D16	旅行社发展速度	24.12	13
D17	旅行社全员劳动生产率	27.64	19
B3	发展环境竞争力	375.24	11
C9	自然环境	250.04	12
D18	空气质量优良天数	50.44	18
D19	城市污水处理率	100.00	1
D20	生活垃圾无害化处理率	99.60	6
C10	社会经济环境	108.80	10
D21	经济发展水平	20.62	19
D22	年旅客周转量	67.11	6
D23	万人专利授权数	21.07	10
C11	政策环境	16.39	15
D24	旅游行政管理机构	0.00	5
D25	政府工作报告提及“旅游”次数	16.39	13

附表 2-13　福建省旅游竞争力评价指标值一览表

因子层	指标	得分	排名
A	旅游综合竞争力	1012.76	12
B1	现实竞争力	253.79	15
C1	旅游需求现实竞争力	59.28	21
D1	旅游总人次	32.90	21
D2	旅游总收入	26.38	19
C2	住宿接待业现实竞争力	66.18	7
D3	住宿设施总数	37.79	6
D4	星级饭店利润	28.39	13
C3	旅游景区现实竞争力	52.84	23
D5	景区旅游企业数量	16.51	22
D6	景区旅游企业利润	36.32	24
C4	旅行社现实竞争力	75.49	10
D7	旅行社数量	35.87	13
D8	旅行社利润	39.62	7
B2	潜在竞争力	350.40	14
C5	旅游需求潜在竞争力	140.61	21
D9	旅游总人次增长率	80.49	15
D10	旅游总收入增长率	52.47	18
D11	入境游客人均花费	7.64	16
C6	住宿接待业潜在竞争力	34.59	15
D12	星级饭店发展速度	0.00	31
D13	星级饭店全员劳动生产率	34.59	7
C7	旅游景区潜在竞争力	93.73	14
D14	A级旅游景区发展速度	56.06	24
D15	旅游景区全员劳动生产率	37.66	12
C8	旅行社潜在竞争力	81.47	7
D16	旅行社发展速度	25.30	10
D17	旅行社全员劳动生产率	56.17	7
B3	发展环境竞争力	408.57	8
C9	自然环境	287.27	2
D18	空气质量优良天数	97.35	3
D19	城市污水处理率	90.72	22
D20	生活垃圾无害化处理率	99.20	7
C10	社会经济环境	109.83	7
D21	经济发展水平	43.12	9
D22	年旅客周转量	30.55	17
D23	万人专利授权数	36.16	7
C11	政策环境	11.48	20
D24	旅游行政管理机构	0.00	5
D25	政府工作报告提及“旅游”次数	11.48	19

附表 2–14　江西省旅游竞争力评价指标值一览表

因子层	指标	得分	排名
A	旅游综合竞争力	1095.83	7
B1	现实竞争力	252.18	16
C1	旅游需求现实竞争力	79.29	11
D1	旅游总人次	48.71	13
D2	旅游总收入	30.58	12
C2	住宿接待业现实竞争力	44.44	14
D3	住宿设施总数	12.95	20
D4	星级饭店利润	31.50	5
C3	旅游景区现实竞争力	68.91	15
D5	景区旅游企业数量	26.33	16
D6	景区旅游企业利润	42.58	16
C4	旅行社现实竞争力	59.53	15
D7	旅行社数量	31.19	17
D8	旅行社利润	28.35	13
B2	潜在竞争力	369.66	8
C5	旅游需求潜在竞争力	170.86	4
D9	旅游总人次增长率	90.82	3
D10	旅游总收入增长率	76.96	4
D11	入境游客人均花费	3.08	29
C6	住宿接待业潜在竞争力	39.13	11
D12	星级饭店发展速度	13.22	3
D13	星级饭店全员劳动生产率	25.91	15
C7	旅游景区潜在竞争力	114.00	5
D14	A级旅游景区发展速度	57.74	12
D15	旅游景区全员劳动生产率	56.26	5
C8	旅行社潜在竞争力	45.67	23
D16	旅行社发展速度	23.26	14
D17	旅行社全员劳动生产率	22.41	24
B3	发展环境竞争力	473.99	4
C9	自然环境	265.65	8
D18	空气质量优良天数	82.74	8
D19	城市污水处理率	88.40	26
D20	生活垃圾无害化处理率	94.50	18
C10	社会经济环境	80.48	15
D21	经济发展水平	17.44	21
D22	年旅客周转量	52.07	11
D23	万人专利授权数	10.96	15
C11	政策环境	127.87	2
D24	旅游行政管理机构	100.00	1
D25	政府工作报告提及“旅游”次数	27.87	4

附表 2–15 山东省旅游竞争力评价指标值一览表

因子层	指标	得分	排名
A	旅游综合竞争力	1299.65	3
B1	现实竞争力	547.29	2
C1	旅游需求现实竞争力	141.25	3
D1	旅游总人次	83.79	2
D2	旅游总收入	57.47	4
C2	住宿接待业现实竞争力	55.80	10
D3	住宿设施总数	40.86	5
D4	星级饭店利润	14.94	28
C3	旅游景区现实竞争力	180.52	1
D5	景区旅游企业数量	100.00	1
D6	景区旅游企业利润	80.52	2
C4	旅行社现实竞争力	169.72	1
D7	旅行社数量	97.51	2
D8	旅行社利润	72.21	2
B2	潜在竞争力	397.00	5
C5	旅游需求潜在竞争力	134.18	26
D9	旅游总人次增长率	70.63	26
D10	旅游总收入增长率	49.87	21
D11	入境游客人均花费	13.69	7
C6	住宿接待业潜在竞争力	36.78	14
D12	星级饭店发展速度	9.80	21
D13	星级饭店全员劳动生产率	26.98	14
C7	旅游景区潜在竞争力	157.10	2
D14	A级旅游景区发展速度	100.00	1
D15	旅游景区全员劳动生产率	57.10	4
C8	旅行社潜在竞争力	68.93	12
D16	旅行社发展速度	36.42	3
D17	旅行社全员劳动生产率	32.52	18
B3	发展环境竞争力	355.35	15
C9	自然环境	198.84	27
D18	空气质量优良天数	0.00	31
D19	城市污水处理率	98.84	2
D20	生活垃圾无害化处理率	100.00	1
C10	社会经济环境	151.60	9
D21	经济发展水平	66.62	3
D22	年旅客周转量	63.08	8
D23	万人专利授权数	21.90	9
C11	政策环境	4.92	27
D24	旅游行政管理机构	0.00	5
D25	政府工作报告提及“旅游”次数	4.92	27

附表 2–16　河南省旅游竞争力评价指标值一览表

因子层	指标	得分	排名
A	旅游综合竞争力	920.24	17
B1	现实竞争力	305.31	10
C1	旅游需求现实竞争力	108.90	6
D1	旅游总人次	66.05	6
D2	旅游总收入	42.85	6
C2	住宿接待业现实竞争力	30.63	25
D3	住宿设施总数	9.63	21
D4	星级饭店利润	21.01	26
C3	旅游景区现实竞争力	93.31	5
D5	景区旅游企业数量	35.45	6
D6	景区旅游企业利润	57.86	7
C4	旅行社现实竞争力	72.46	11
D7	旅行社数量	47.39	9
D8	旅行社利润	25.08	25
B2	潜在竞争力	270.51	27
C5	旅游需求潜在竞争力	135.45	24
D9	旅游总人次增长率	79.74	16
D10	旅游总收入增长率	51.68	19
D11	入境游客人均花费	4.03	26
C6	住宿接待业潜在竞争力	26.75	25
D12	星级饭店发展速度	9.69	24
D13	星级饭店全员劳动生产率	17.06	25
C7	旅游景区潜在竞争力	91.29	17
D14	A级旅游景区发展速度	58.86	7
D15	旅游景区全员劳动生产率	32.43	17
C8	旅行社潜在竞争力	17.03	31
D16	旅行社发展速度	10.96	27
D17	旅行社全员劳动生产率	6.07	30
B3	发展环境竞争力	344.42	19
C9	自然环境	197.31	28
D18	空气质量优良天数	5.31	28
D19	城市污水处理率	96.01	8
D20	生活垃圾无害化处理率	96.00	15
C10	社会经济环境	133.99	16
D21	经济发展水平	33.06	12
D22	年旅客周转量	90.56	2
D23	万人专利授权数	10.37	16
C11	政策环境	13.11	18
D24	旅游行政管理机构	0.00	5
D25	政府工作报告提及“旅游”次数	13.11	17

附表 2-17　湖北省旅游竞争力评价指标值一览表

因子层	指标	得分	排名
A	旅游综合竞争力	969.94	14
B1	现实竞争力	310.01	8
C1	旅游需求现实竞争力	101.52	7
D1	旅游总人次	64.98	7
D2	旅游总收入	36.54	8
C2	住宿接待业现实竞争力	29.45	27
D3	住宿设施总数	2.72	27
D4	星级饭店利润	26.73	15
C3	旅游景区现实竞争力	80.03	10
D5	景区旅游企业数量	33.72	7
D6	景区旅游企业利润	46.32	11
C4	旅行社现实竞争力	99.01	6
D7	旅行社数量	45.19	11
D8	旅行社利润	53.82	4
B2	潜在竞争力	312.98	18
C5	旅游需求潜在竞争力	131.62	28
D9	旅游总人次增长率	73.79	25
D10	旅游总收入增长率	51.22	20
D11	入境游客人均花费	6.61	18
C6	住宿接待业潜在竞争力	23.89	27
D12	星级饭店发展速度	9.83	18
D13	星级饭店全员劳动生产率	14.06	27
C7	旅游景区潜在竞争力	87.32	21
D14	A级旅游景区发展速度	56.89	23
D15	旅游景区全员劳动生产率	30.43	19
C8	旅行社潜在竞争力	70.15	9
D16	旅行社发展速度	33.49	5
D17	旅行社全员劳动生产率	36.66	12
B3	发展环境竞争力	346.95	18
C9	自然环境	216.01	21
D18	空气质量优良天数	28.76	25
D19	城市污水处理率	95.75	9
D20	生活垃圾无害化处理率	91.50	22
C10	社会经济环境	116.19	13
D21	经济发展水平	34.97	11
D22	年旅客周转量	67.14	5
D23	万人专利授权数	14.09	13
C11	政策环境	14.75	16
D24	旅游行政管理机构	0.00	5
D25	政府工作报告提及“旅游”次数	14.75	14

附表 2–18　湖南省旅游竞争力评价指标值一览表

因子层	指标	得分	排名
A	旅游综合竞争力	1014.26	11
B1	现实竞争力	288.15	11
C1	旅游需求现实竞争力	91.47	9
D1	旅游总人次	60.20	8
D2	旅游总收入	31.27	11
C2	住宿接待业现实竞争力	38.82	16
D3	住宿设施总数	13.47	19
D4	星级饭店利润	25.34	17
C3	旅游景区现实竞争力	90.92	6
D5	景区旅游企业数量	27.25	15
D6	景区旅游企业利润	63.66	5
C4	旅行社现实竞争力	66.95	13
D7	旅行社数量	35.33	14
D8	旅行社利润	31.62	11
B2	潜在竞争力	339.75	15
C5	旅游需求潜在竞争力	144.14	16
D9	旅游总人次增长率	81.39	14
D10	旅游总收入增长率	59.09	13
D11	入境游客人均花费	3.66	28
C6	住宿接待业潜在竞争力	31.44	20
D12	星级饭店发展速度	7.97	29
D13	星级饭店全员劳动生产率	23.47	16
C7	旅游景区潜在竞争力	94.29	13
D14	A级旅游景区发展速度	57.70	16
D15	旅游景区全员劳动生产率	36.59	14
C8	旅行社潜在竞争力	69.88	11
D16	旅行社发展速度	24.15	12
D17	旅行社全员劳动生产率	45.73	9
B3	发展环境竞争力	386.36	10
C9	自然环境	253.49	10
D18	空气质量优良天数	58.85	13
D19	城市污水处理率	94.85	14
D20	生活垃圾无害化处理率	99.80	4
C10	社会经济环境	124.67	17
D21	经济发展水平	29.63	13
D22	年旅客周转量	84.70	3
D23	万人专利授权数	10.33	17
C11	政策环境	8.20	22
D24	旅游行政管理机构	0.00	5
D25	政府工作报告提及“旅游”次数	8.20	22

附表 2-19 广东省旅游竞争力评价指标值一览表

因子层	指标	得分	排名
A	旅游综合竞争力	1666.36	1
B1	现实竞争力	676.01	1
C1	旅游需求现实竞争力	200.00	1
D1	旅游总人次	100.00	1
D2	旅游总收入	100.00	1
C2	住宿接待业现实竞争力	200.00	1
D3	住宿设施总数	100.00	1
D4	星级饭店利润	100.00	1
C3	旅游景区现实竞争力	127.48	2
D5	景区旅游企业数量	27.48	14
D6	景区旅游企业利润	100.00	1
C4	旅行社现实竞争力	148.52	3
D7	旅行社数量	87.36	4
D8	旅行社利润	61.17	3
B2	潜在竞争力	485.21	2
C5	旅游需求潜在竞争力	162.15	5
D9	旅游总人次增长率	78.70	18
D10	旅游总收入增长率	77.18	3
D11	入境游客人均花费	6.27	20
C6	住宿接待业潜在竞争力	134.09	1
D12	星级饭店发展速度	100.00	1
D13	星级饭店全员劳动生产率	34.09	8
C7	旅游景区潜在竞争力	100.27	11
D14	A级旅游景区发展速度	58.88	6
D15	旅游景区全员劳动生产率	41.40	11
C8	旅行社潜在竞争力	88.70	6
D16	旅行社发展速度	22.28	15
D17	旅行社全员劳动生产率	66.41	5
B3	发展环境竞争力	505.14	1
C9	自然环境	270.92	5
D18	空气质量优良天数	83.19	7
D19	城市污水处理率	96.13	7
D20	生活垃圾无害化处理率	91.60	21
C10	社会经济环境	226.02	6
D21	经济发展水平	75.39	2
D22	年旅客周转量	100.00	1
D23	万人专利授权数	50.63	6
C11	政策环境	8.20	22
D24	旅游行政管理机构	0.00	5
D25	政府工作报告提及“旅游”次数	8.20	23

附表 2-20　广西壮族自治区旅游竞争力评价指标值一览表

因子层	指标	得分	排名
A	旅游综合竞争力	904.78	19
B1	现实竞争力	248.64	17
C1	旅游需求现实竞争力	70.18	17
D1	旅游总人次	42.91	17
D2	旅游总收入	27.27	18
C2	住宿接待业现实竞争力	55.50	11
D3	住宿设施总数	30.92	11
D4	星级饭店利润	24.58	20
C3	旅游景区现实竞争力	76.40	11
D5	景区旅游企业数量	28.18	13
D6	景区旅游企业利润	48.22	10
C4	旅行社现实竞争力	46.57	23
D7	旅行社数量	20.89	21
D8	旅行社利润	25.68	21
B2	潜在竞争力	288.55	24
C5	旅游需求潜在竞争力	153.12	9
D9	旅游总人次增长率	85.17	7
D10	旅游总收入增长率	62.99	10
D11	入境游客人均花费	4.95	24
C6	住宿接待业潜在竞争力	10.19	31
D12	星级饭店发展速度	10.19	12
D13	星级饭店全员劳动生产率	0.00	31
C7	旅游景区潜在竞争力	87.42	20
D14	A级旅游景区发展速度	59.46	5
D15	旅游景区全员劳动生产率	27.96	20
C8	旅行社潜在竞争力	37.83	25
D16	旅行社发展速度	13.59	21
D17	旅行社全员劳动生产率	24.24	22
B3	发展环境竞争力	367.58	13
C9	自然环境	278.56	4
D18	空气质量优良天数	88.50	5
D19	城市污水处理率	91.37	20
D20	生活垃圾无害化处理率	98.70	9
C10	社会经济环境	61.15	23
D21	经济发展水平	16.51	22
D22	年旅客周转量	39.44	14
D23	万人专利授权数	5.20	23
C11	政策环境	27.87	7
D24	旅游行政管理机构	0.00	5
D25	政府工作报告提及“旅游”次数	27.87	5

附表 2-21　海南省旅游竞争力评价指标值一览表

因子层	指标	得分	排名
A	旅游综合竞争力	1068.54	8
B1	现实竞争力	213.18	21
C1	旅游需求现实竞争力	8.86	28
D1	旅游总人次	5.26	28
D2	旅游总收入	3.60	28
C2	住宿接待业现实竞争力	93.31	3
D3	住宿设施总数	56.30	2
D4	星级饭店利润	37.01	4
C3	旅游景区现实竞争力	73.86	13
D5	景区旅游企业数量	0.00	31
D6	景区旅游企业利润	73.86	3
C4	旅行社现实竞争力	37.15	26
D7	旅行社数量	12.30	27
D8	旅行社利润	24.85	26
B2	潜在竞争力	366.02	10
C5	旅游需求潜在竞争力	152.80	10
D9	旅游总人次增长率	100.00	1
D10	旅游总收入增长率	48.71	24
D11	入境游客人均花费	4.09	25
C6	住宿接待业潜在竞争力	58.29	5
D12	星级饭店发展速度	9.28	27
D13	星级饭店全员劳动生产率	49.02	3
C7	旅游景区潜在竞争力	107.33	8
D14	A级旅游景区发展速度	57.73	14
D15	旅游景区全员劳动生产率	49.61	9
C8	旅行社潜在竞争力	47.60	21
D16	旅行社发展速度	12.62	23
D17	旅行社全员劳动生产率	34.98	14
B3	发展环境竞争力	489.34	2
C9	自然环境	270.36	7
D18	空气质量优良天数	99.56	2
D19	城市污水处理率	71.01	29
D20	生活垃圾无害化处理率	99.80	4
C10	社会经济环境	18.98	28
D21	经济发展水平	10.86	26
D22	年旅客周转量	4.25	30
D23	万人专利授权数	3.87	28
C11	政策环境	200.00	1
D24	旅游行政管理机构	100.00	1
D25	政府工作报告提及“旅游”次数	100.00	1

附表 2–22 重庆市旅游竞争力评价指标值一览表

因子层	指标	得分	排名
A	旅游综合竞争力	956.51	16
B1	现实竞争力	213.59	20
C1	旅游需求现实竞争力	67.67	19
D1	旅游总人次	49.34	11
D2	旅游总收入	18.33	24
C2	住宿接待业现实竞争力	51.63	12
D3	住宿设施总数	26.26	14
D4	星级饭店利润	25.37	16
C3	旅游景区现实竞争力	47.17	26
D5	景区旅游企业数量	16.51	23
D6	景区旅游企业利润	30.66	27
C4	旅行社现实竞争力	47.12	22
D7	旅行社数量	20.06	22
D8	旅行社利润	27.06	18
B2	潜在竞争力	369.49	9
C5	旅游需求潜在竞争力	143.24	18
D9	旅游总人次增长率	78.48	20
D10	旅游总收入增长率	48.16	25
D11	入境游客人均花费	16.61	6
C6	住宿接待业潜在竞争力	41.18	8
D12	星级饭店发展速度	10.07	15
D13	星级饭店全员劳动生产率	31.12	9
C7	旅游景区潜在竞争力	88.39	19
D14	A级旅游景区发展速度	53.39	26
D15	旅游景区全员劳动生产率	35.01	16
C8	旅行社潜在竞争力	96.67	4
D16	旅行社发展速度	17.05	20
D17	旅行社全员劳动生产率	79.61	3
B3	发展环境竞争力	373.43	12
C9	自然环境	270.49	6
D18	空气质量优良天数	74.34	10
D19	城市污水处理率	97.55	5
D20	生活垃圾无害化处理率	98.60	10
C10	社会经济环境	83.27	8
D21	经济发展水平	26.32	16
D22	年旅客周转量	28.17	18
D23	万人专利授权数	28.77	8
C11	政策环境	19.67	11
D24	旅游行政管理机构	0.00	5
D25	政府工作报告提及“旅游”次数	19.67	9

附表 2-23 四川省旅游竞争力评价指标值一览表

因子层	指标	得分	排名
A	旅游综合竞争力	1027.32	10
B1	现实竞争力	325.37	6
C1	旅游需求现实竞争力	128.43	5
D1	旅游总人次	75.17	4
D2	旅游总收入	53.25	5
C2	住宿接待业现实竞争力	58.86	8
D3	住宿设施总数	31.59	9
D4	星级饭店利润	27.27	14
C3	旅游景区现实竞争力	88.12	7
D5	景区旅游企业数量	33.72	8
D6	景区旅游企业利润	54.40	9
C4	旅行社现实竞争力	49.97	21
D7	旅行社数量	19.08	23
D8	旅行社利润	30.89	12
B2	潜在竞争力	364.63	11
C5	旅游需求潜在竞争力	143.08	19
D9	旅游总人次增长率	74.12	24
D10	旅游总收入增长率	65.19	8
D11	入境游客人均花费	3.77	27
C6	住宿接待业潜在竞争力	38.48	12
D12	星级饭店发展速度	9.60	26
D13	星级饭店全员劳动生产率	28.88	11
C7	旅游景区潜在竞争力	113.14	6
D14	A级旅游景区发展速度	57.33	18
D15	旅游景区全员劳动生产率	55.81	7
C8	旅行社潜在竞争力	69.93	10
D16	旅行社发展速度	34.71	4
D17	旅行社全员劳动生产率	35.22	13
B3	发展环境竞争力	337.33	22
C9	自然环境	224.73	19
D18	空气质量优良天数	38.50	23
D19	城市污水处理率	89.43	24
D20	生活垃圾无害化处理率	96.80	14
C10	社会经济环境	97.84	12
D21	经济发展水平	26.73	15
D22	年旅客周转量	54.00	10
D23	万人专利授权数	17.11	12
C11	政策环境	14.75	16
D24	旅游行政管理机构	0.00	5
D25	政府工作报告提及“旅游”次数	14.75	15

附表 2–24　贵州省旅游竞争力评价指标值一览表

因子层	指标	得分	排名
A	旅游综合竞争力	877.94	22
B1	现实竞争力	198.91	23
C1	旅游需求现实竞争力	76.89	12
D1	旅游总人次	47.43	14
D2	旅游总收入	29.46	13
C2	住宿接待业现实竞争力	34.85	19
D3	住宿设施总数	4.09	23
D4	星级饭店利润	30.76	9
C3	旅游景区现实竞争力	50.55	24
D5	景区旅游企业数量	8.89	25
D6	景区旅游企业利润	41.66	17
C4	旅行社现实竞争力	36.61	27
D7	旅行社数量	9.52	28
D8	旅行社利润	27.10	17
B2	潜在竞争力	321.51	16
C5	旅游需求潜在竞争力	143.64	17
D9	旅游总人次增长率	83.81	8
D10	旅游总收入增长率	58.51	14
D11	入境游客人均花费	1.33	30
C6	住宿接待业潜在竞争力	32.60	17
D12	星级饭店发展速度	11.36	7
D13	星级饭店全员劳动生产率	21.24	17
C7	旅游景区潜在竞争力	89.70	18
D14	A级旅游景区发展速度	58.46	8
D15	旅游景区全员劳动生产率	31.25	18
C8	旅行社潜在竞争力	55.56	15
D16	旅行社发展速度	20.84	16
D17	旅行社全员劳动生产率	34.72	15
B3	发展环境竞争力	357.52	14
C9	自然环境	287.44	1
D18	空气质量优良天数	95.58	4
D19	城市污水处理率	98.07	4
D20	生活垃圾无害化处理率	93.80	19
C10	社会经济环境	52.04	20
D21	经济发展水平	8.85	29
D22	年旅客周转量	35.26	15
D23	万人专利授权数	7.93	20
C11	政策环境	18.03	13
D24	旅游行政管理机构	0.00	5
D25	政府工作报告提及“旅游”次数	18.03	12

附表 2-25　云南省旅游竞争力评价指标值一览表

因子层	指标	得分	排名
A	旅游综合竞争力	1010.73	13
B1	现实竞争力	270.87	12
C1	旅游需求现实竞争力	68.53	18
D1	旅游总人次	41.00	18
D2	旅游总收入	27.54	17
C2	住宿接待业现实竞争力	85.27	4
D3	住宿设施总数	54.13	3
D4	星级饭店利润	31.14	8
C3	旅游景区现实竞争力	64.24	20
D5	景区旅游企业数量	20.44	20
D6	景区旅游企业利润	43.80	15
C4	旅行社现实竞争力	52.83	20
D7	旅行社数量	31.97	16
D8	旅行社利润	20.86	29
B2	潜在竞争力	305.59	21
C5	旅游需求潜在竞争力	154.72	7
D9	旅游总人次增长率	81.61	13
D10	旅游总收入增长率	68.13	6
D11	入境游客人均花费	4.98	23
C6	住宿接待业潜在竞争力	23.74	28
D12	星级饭店发展速度	13.05	4
D13	星级饭店全员劳动生产率	10.68	29
C7	旅游景区潜在竞争力	80.47	23
D14	A级旅游景区发展速度	56.93	22
D15	旅游景区全员劳动生产率	23.54	23
C8	旅行社潜在竞争力	46.67	22
D16	旅行社发展速度	13.58	22
D17	旅行社全员劳动生产率	33.09	17
B3	发展环境竞争力	434.27	7
C9	自然环境	282.65	3
D18	空气质量优良天数	100.00	1
D19	城市污水处理率	92.65	18
D20	生活垃圾无害化处理率	90.00	23
C10	社会经济环境	38.50	27
D21	经济发展水平	10.38	27
D22	年旅客周转量	23.79	21
D23	万人专利授权数	4.33	27
C11	政策环境	113.11	3
D24	旅游行政管理机构	100.00	1
D25	政府工作报告提及“旅游”次数	13.11	18

附表 2-26　西藏自治区旅游竞争力评价指标值一览表

因子层	指标	得分	排名
A	旅游综合竞争力	–	–
B1	现实竞争力	–	–
C1	旅游需求现实竞争力	1.05	30
D1	旅游总人次	0.00	31
D2	旅游总收入	1.05	29
C2	住宿接待业现实竞争力	34.02	22
D3	住宿设施总数	3.49	25
D4	星级饭店利润	30.53	10
C3	旅游景区现实竞争力	–	–
D5	景区旅游企业数量	5.66	27
D6	景区旅游企业利润	–	–
C4	旅行社现实竞争力	31.13	30
D7	旅行社数量	4.15	30
D8	旅行社利润	26.99	19
B2	潜在竞争力	–	–
C5	旅游需求潜在竞争力	135.70	23
D9	旅游总人次增长率	47.70	30
D10	旅游总收入增长率	77.71	2
D11	入境游客人均花费	10.29	10
C6	住宿接待业潜在竞争力	11.66	30
D12	星级饭店发展速度	7.45	30
D13	星级饭店全员劳动生产率	4.21	30
C7	旅游景区潜在竞争力	–	–
D14	A级旅游景区发展速度	–	–
D15	旅游景区全员劳动生产率	–	–
C8	旅行社潜在竞争力	134.02	1
D16	旅行社发展速度	100.00	1
D17	旅行社全员劳动生产率	34.02	16
B3	发展环境竞争力	142.81	31
C9	自然环境	83.63	31
D18	空气质量优良天数	83.63	6
D19	城市污水处理率	0.00	31
D20	生活垃圾无害化处理率	0.00	31
C10	社会经济环境	3.45	31
D21	经济发展水平	3.45	31
D22	年旅客周转量	0.00	31
D23	万人专利授权数	0.00	31
C11	政策环境	55.74	5
D24	旅游行政管理机构	0.00	5
D25	政府工作报告提及“旅游”次数	55.74	2

附表 2-27 陕西省旅游竞争力评价指标值一览表

因子层	指标	得分	排名
A	旅游综合竞争力	917.78	18
B1	现实竞争力	269.52	13
C1	旅游需求现实竞争力	73.78	15
D1	旅游总人次	48.74	12
D2	旅游总收入	25.04	20
C2	住宿接待业现实竞争力	58.45	9
D3	住宿设施总数	33.24	8
D4	星级饭店利润	25.21	19
C3	旅游景区现实竞争力	84.22	8
D5	景区旅游企业数量	29.68	12
D6	景区旅游企业利润	54.55	8
C4	旅行社现实竞争力	53.06	19
D7	旅行社数量	27.77	18
D8	旅行社利润	25.29	23
B2	潜在竞争力	306.04	20
C5	旅游需求潜在竞争力	148.58	14
D9	旅游总人次增长率	82.82	11
D10	旅游总收入增长率	56.03	17
D11	入境游客人均花费	9.73	11
C6	住宿接待业潜在竞争力	25.60	26
D12	星级饭店发展速度	9.61	25
D13	星级饭店全员劳动生产率	15.99	26
C7	旅游景区潜在竞争力	95.29	12
D14	A级旅游景区发展速度	57.99	10
D15	旅游景区全员劳动生产率	37.30	13
C8	旅行社潜在竞争力	36.58	26
D16	旅行社发展速度	11.62	24
D17	旅行社全员劳动生产率	24.95	21
B3	发展环境竞争力	342.22	20
C9	自然环境	247.18	13
D18	空气质量优良天数	55.75	16
D19	城市污水处理率	93.43	16
D20	生活垃圾无害化处理率	98.00	11
C10	社会经济环境	85.20	11
D21	经济发展水平	25.09	17
D22	年旅客周转量	40.95	13
D23	万人专利授权数	19.16	11
C11	政策环境	9.84	21
D24	旅游行政管理机构	0.00	5
D25	政府工作报告提及“旅游”次数	9.84	20

附表 2-28　甘肃省旅游竞争力评价指标值一览表

因子层	指标	得分	排名
A	旅游综合竞争力	760.46	25
B1	现实竞争力	167.97	26
C1	旅游需求现实竞争力	25.90	25
D1	旅游总人次	18.74	23
D2	旅游总收入	7.16	27
C2	住宿接待业现实竞争力	33.56	23
D3	住宿设施总数	2.29	28
D4	星级饭店利润	31.27	7
C3	旅游景区现实竞争力	65.68	18
D5	景区旅游企业数量	20.32	21
D6	景区旅游企业利润	45.36	13
C4	旅行社现实竞争力	42.83	24
D7	旅行社数量	16.30	24
D8	旅行社利润	26.53	20
B2	潜在竞争力	307.78	19
C5	旅游需求潜在竞争力	154.20	8
D9	旅游总人次增长率	91.16	2
D10	旅游总收入增长率	63.05	9
D11	入境游客人均花费	0.00	31
C6	住宿接待业潜在竞争力	32.37	18
D12	星级饭店发展速度	11.57	6
D13	星级饭店全员劳动生产率	20.80	20
C7	旅游景区潜在竞争力	100.47	10
D14	A级旅游景区发展速度	74.85	2
D15	旅游景区全员劳动生产率	25.62	21
C8	旅行社潜在竞争力	20.73	29
D16	旅行社发展速度	20.73	17
D17	旅行社全员劳动生产率	0.00	31
B3	发展环境竞争力	284.71	27
C9	自然环境	211.69	23
D18	空气质量优良天数	56.64	14
D19	城市污水处理率	90.85	21
D20	生活垃圾无害化处理率	64.20	30
C10	社会经济环境	41.87	26
D21	经济发展水平	4.01	30
D22	年旅客周转量	33.07	16
D23	万人专利授权数	4.79	26
C11	政策环境	31.15	6
D24	旅游行政管理机构	0.00	5
D25	政府工作报告提及“旅游”次数	31.15	3

附表 2-29 青海省旅游竞争力评价指标值一览表

因子层	指标	得分	排名
A	旅游综合竞争力	638.66	30
B1	现实竞争力	108.63	29
C1	旅游需求现实竞争力	2.07	29
D1	旅游总人次	1.31	29
D2	旅游总收入	0.76	30
C2	住宿接待业现实竞争力	34.81	20
D3	住宿设施总数	3.52	24
D4	星级饭店利润	31.29	6
C3	旅游景区现实竞争力	39.93	28
D5	景区旅游企业数量	4.39	29
D6	景区旅游企业利润	35.54	25
C4	旅行社现实竞争力	31.83	29
D7	旅行社数量	6.20	29
D8	旅行社利润	25.63	22
B2	潜在竞争力	269.96	28
C5	旅游需求潜在竞争力	151.50	13
D9	旅游总人次增长率	82.09	12
D10	旅游总收入增长率	60.28	12
D11	入境游客人均花费	9.13	13
C6	住宿接待业潜在竞争力	33.21	16
D12	星级饭店发展速度	12.08	5
D13	星级饭店全员劳动生产率	21.14	18
C7	旅游景区潜在竞争力	58.80	28
D14	A级旅游景区发展速度	45.15	28
D15	旅游景区全员劳动生产率	13.65	27
C8	旅行社潜在竞争力	26.45	28
D16	旅行社发展速度	11.14	26
D17	旅行社全员劳动生产率	15.31	27
B3	发展环境竞争力	260.07	28
C9	自然环境	215.57	22
D18	空气质量优良天数	75.66	9
D19	城市污水处理率	52.71	30
D20	生活垃圾无害化处理率	87.20	25
C10	社会经济环境	18.27	30
D21	经济发展水平	10.25	28
D22	年旅客周转量	4.60	28
D23	万人专利授权数	3.42	30
C11	政策环境	26.23	8
D24	旅游行政管理机构	0.00	5
D25	政府工作报告提及“旅游”次数	26.23	7

附表 2-30　宁夏回族自治区旅游竞争力评价指标值一览表

因子层	指标	得分	排名
A	旅游综合竞争力	667.16	28
B1	现实竞争力	104.58	30
C1	旅游需求现实竞争力	0.68	31
D1	旅游总人次	0.68	30
D2	旅游总收入	0.00	31
C2	住宿接待业现实竞争力	32.24	24
D3	住宿设施总数	3.31	26
D4	星级饭店利润	28.93	12
C3	旅游景区现实竞争力	46.39	27
D5	景区旅游企业数量	0.12	30
D6	景区旅游企业利润	46.27	12
C4	旅行社现实竞争力	25.27	31
D7	旅行社数量	0.00	31
D8	旅行社利润	25.27	24
B2	潜在竞争力	277.25	25
C5	旅游需求潜在竞争力	133.12	27
D9	旅游总人次增长率	75.77	21
D10	旅游总收入增长率	49.15	23
D11	入境游客人均花费	8.21	15
C6	住宿接待业潜在竞争力	31.54	19
D12	星级饭店发展速度	10.44	10
D13	星级饭店全员劳动生产率	21.10	19
C7	旅游景区潜在竞争力	93.56	15
D14	A级旅游景区发展速度	57.74	13
D15	旅游景区全员劳动生产率	35.82	15
C8	旅行社潜在竞争力	19.03	30
D16	旅行社发展速度	0.00	31
D17	旅行社全员劳动生产率	19.03	26
B3	发展环境竞争力	285.33	26
C9	自然环境	245.00	15
D18	空气质量优良天数	59.73	12
D19	城市污水处理率	95.36	10
D20	生活垃圾无害化处理率	89.90	24
C10	社会经济环境	20.66	25
D21	经济发展水平	11.35	25
D22	年旅客周转量	4.39	29
D23	万人专利授权数	4.92	25
C11	政策环境	19.67	11
D24	旅游行政管理机构	0.00	5
D25	政府工作报告提及“旅游”次数	19.67	10

附表 2–31 新疆维吾尔自治区旅游竞争力评价指标值一览表

因子层	指标	得分	排名
A	旅游综合竞争力	788.23	24
B1	现实竞争力	151.89	28
C1	旅游需求现实竞争力	13.70	27
D1	旅游总人次	6.10	27
D2	旅游总收入	7.59	26
C2	住宿接待业现实竞争力	23.62	30
D3	住宿设施总数	0.00	31
D4	星级饭店利润	23.62	23
C3	旅游景区现实竞争力	73.99	12
D5	景区旅游企业数量	33.14	9
D6	景区旅游企业利润	40.85	18
C4	旅行社现实竞争力	40.58	25
D7	旅行社数量	16.20	25
D8	旅行社利润	24.38	27
B2	潜在竞争力	376.48	6
C5	旅游需求潜在竞争力	210.93	2
D9	旅游总人次增长率	90.77	4
D10	旅游总收入增长率	100.00	1
D11	入境游客人均花费	20.17	3
C6	住宿接待业潜在竞争力	37.88	13
D12	星级饭店发展速度	10.60	9
D13	星级饭店全员劳动生产率	27.28	13
C7	旅游景区潜在竞争力	78.47	24
D14	A级旅游景区发展速度	60.14	4
D15	旅游景区全员劳动生产率	18.33	25
C8	旅行社潜在竞争力	49.20	19
D16	旅行社发展速度	7.84	29
D17	旅行社全员劳动生产率	41.36	11
B3	发展环境竞争力	259.86	29
C9	自然环境	205.35	25
D18	空气质量优良天数	41.59	21
D19	城市污水处理率	82.86	28
D20	生活垃圾无害化处理率	80.90	27
C10	社会经济环境	46.31	21
D21	经济发展水平	14.08	23
D22	年旅客周转量	24.97	20
D23	万人专利授权数	7.26	21
C11	政策环境	8.20	22
D24	旅游行政管理机构	0.00	5
D25	政府工作报告提及“旅游”次数	8.20	24

附表三　2015年15个副省级城市旅游竞争力分指标的评价结果

附表 3–1　各副省级城市游总人次计算分值表

城市	旅游总人次得分	排名	城市	旅游总人次得分	排名
沈阳	24.23	6	青岛	12.83	8
大连	9.78	9	武汉	100.00	1
长春	9.43	10	广州	1.78	14
哈尔滨	7.20	11	深圳	0.00	15
南京	30.64	5	成都	86.54	2
杭州	42.92	4	西安	51.86	3
宁波	16.50	7	济南	4.53	12
厦门	2.97	13			

附表 3–2　各副省级城市游总收入计算分值表

城市	旅游总收入得分	排名	城市	旅游总收入得分	排名
沈阳	24.02	8	青岛	23.20	9
大连	16.29	12	武汉	71.55	2
长春	18.28	10	广州	100.00	1
哈尔滨	10.93	13	深圳	29.73	6
南京	46.45	5	成都	67.27	3
杭州	65.79	4	西安	16.84	11
宁波	24.14	7	济南	0.00	15
厦门	3.84	14			

附表 3–3　各副省级城市住宿设施总数计算分值表

城市	饭店数量得分	排名	城市	饭店数量得分	排名
沈阳	12.38	11	青岛	87.56	3
大连	37.72	7	武汉	12.65	10
长春	0.00	15	广州	88.18	2
哈尔滨	6.25	12	深圳	68.91	4

续表

城市	饭店数量得分	排名	城市	饭店数量得分	排名
南京	31.35	8	成都	100.00	1
杭州	56.94	5	西安	56.16	6
宁波	0.36	13	济南	24.96	9
厦门	0.12	14			

附表 3–4　各副省级城市星级饭店利润计算分值表

城市	星级饭店总利润得分	排名	城市	星级饭店总利润得分	排名
沈阳	11.13	13	青岛	20.19	12
大连	2.38	14	武汉	21.81	11
长春	25.85	8	广州	87.61	2
哈尔滨	33.78	6	深圳	100.00	1
南京	42.78	5	成都	50.39	4
杭州	22.51	10	西安	33.23	7
宁波	0.00	15	济南	23.24	9
厦门	57.65	3			

附表 3–5　各副省级城市景区旅游企业数量计算分值表

城市	旅游目的地数量得分	排名	城市	旅游目的地数量得分	排名
沈阳	0.00	13	青岛	64.86	5
大连	35.14	8	武汉	37.84	7
长春	5.41	12	广州	78.38	3
哈尔滨	0.00	14	深圳	35.14	9
南京	48.65	6	成都	10.81	11
杭州	100.00	1	西安	81.08	2
宁波	70.27	4	济南	—	—
厦门	27.03	10			

附表 3–6　各副省级城市旅游景区利润计算分值表

城市	旅游景区总利润得分	排名	城市	旅游景区总利润得分	排名
沈阳	7.17	11	青岛	26.55	4
大连	7.50	10	武汉	20.83	5
长春	6.85	13	广州	100.00	1
哈尔滨	7.07	12	深圳	64.64	2
南京	15.92	8	成都	11.05	9
杭州	17.62	6	西安	42.91	3
宁波	0.00	14	济南	—	—
厦门	17.56	7			

附表 3–7 各副省级城市旅行社数量计算分值表

城市	旅行社数量得分	排名	城市	旅行社数量得分	排名
沈阳	16.67	12	青岛	62.94	4
大连	55.32	5	武汉	41.49	8
长春	13.30	13	广州	46.10	6
哈尔滨	39.01	9	深圳	88.48	2
南京	78.55	3	成都	0.00	14
杭州	100.00	1	西安	44.86	7
宁波	31.91	10	济南	—	—
厦门	21.99	11			

附表 3–8 各副省级城市旅行社利润计算分值表

城市	旅行社总利润得分	排名	城市	旅行社总利润得分	排名
沈阳	63.37	4	青岛	100.00	1
大连	25.26	10	武汉	74.86	3
长春	18.80	12	广州	85.72	2
哈尔滨	43.96	6	深圳	31.48	8
南京	0.00	14	成都	34.49	7
杭州	48.45	5	西安	18.05	13
宁波	27.11	9	济南	—	—
厦门	24.13	11			

附表 3–9 各副省级城市旅游总人次增长率计算分值表

城市	旅游总人次增长率得分	排名	城市	旅游总人次增长率得分	排名
沈阳	23.09	7	青岛	17.65	10
大连	51.25	2	武汉	20.58	8
长春	100.00	1	广州	9.86	14
哈尔滨	16.16	11	深圳	14.09	13
南京	14.95	12	成都	0.00	15
杭州	30.93	4	西安	29.62	5
宁波	35.32	3	济南	18.34	9
厦门	27.85	6			

附表 3–10 各副省级城市旅游总收入增长率计算分值表

城市	旅游总收入增长率得分	排名	城市	旅游总收入增长率得分	排名
沈阳	53.58	8	青岛	39.42	13
大连	0.00	15	武汉	42.95	11
长春	100.00	1	广州	59.68	5
哈尔滨	56.31	6	深圳	43.35	10
南京	38.18	14	成都	92.72	2
杭州	64.06	3	西安	60.67	4

续表

城市	旅游总收入增长率得分	排名	城市	旅游总收入增长率得分	排名
宁波	55.35	7	济南	52.12	9
厦门	40.65	12			

附表 3–11 各副省级城市入境游客人均花费计算分值表

城市	入境游客人均花费得分	排名	城市	入境游客人均花费得分	排名
沈阳	34.41	14	青岛	66.71	4
大连	73.61	3	武汉	55.54	6
长春	53.62	8	广州	50.62	9
哈尔滨	100.00	1	深圳	35.74	13
南京	40.25	12	成都	77.86	2
杭州	54.40	7	西安	46.07	10
宁波	0.00	15	济南	40.83	11
厦门	56.24	5			

附表 3–12 各副省级城市星级饭店发展速度计算分值表

城市	星级饭店发展速度得分	排名	城市	星级饭店发展速度得分	排名
沈阳	0.72	13	青岛	0.00	15
大连	1.70	9	武汉	0.99	12
长春	1.92	6	广州	1.49	10
哈尔滨	0.43	14	深圳	2.21	3
南京	2.01	5	成都	100.00	1
杭州	1.88	7	西安	2.18	4
宁波	1.78	8	济南	1.29	11
厦门	2.44	2			

附表 3–13 各副省级城市星级饭店全员劳动生产率计算分值表

城市	星级饭店全员劳动生产率得分	排名	城市	星级饭店全员劳动生产率得分	排名
沈阳	25.17	13	青岛	63.24	6
大连	33.71	12	武汉	40.16	9
长春	15.51	14	广州	89.90	2
哈尔滨	52.61	7	深圳	100.00	1
南京	79.70	5	成都	38.24	11
杭州	86.41	3	西安	0.00	15
宁波	49.74	8	济南	39.29	10
厦门	84.41	4			

附表 3–14 各副省级城市 A 级旅游景区发展速度计算分值表

城市	景区发展速度得分	排名	城市	景区发展速度得分	排名
沈阳	12.11	8	青岛	52.82	2
大连	11.69	9	武汉	12.28	7

续表

城市	景区发展速度得分	排名	城市	景区发展速度得分	排名
长春	1.59	12	广州	14.38	5
哈尔滨	0.00	14	深圳	100.00	1
南京	8.52	10	成都	51.58	3
杭州	25.78	4	西安	14.05	6
宁波	1.05	13	济南	—	—
厦门	8.45	11			

附表 3-15　各副省级城市旅游景区全员劳动生产率计算分值表

城市	旅游景区全员劳动生产率得分	排名	城市	旅游景区全员劳动生产率得分	排名
沈阳	55.81	7	青岛	100.00	1
大连	27.63	12	武汉	46.63	9
长春	24.03	13	广州	62.81	5
哈尔滨	0.00	14	深圳	56.00	6
南京	34.36	10	成都	94.68	2
杭州	47.03	8	西安	68.81	3
宁波	29.86	11	济南	—	—
厦门	63.70	4			

附表 3-16　各副省级城市旅行社发展速度计算分值表

城市	旅行社发展速度得分	排名	城市	旅行社发展速度得分	排名
沈阳	34.08	5	青岛	55.85	3
大连	28.74	6	武汉	42.53	4
长春	2.02	13	广州	22.68	9
哈尔滨	74.48	2	深圳	25.60	7
南京	0.00	14	成都	100.00	1
杭州	23.19	8	西安	9.91	12
宁波	17.08	11	济南	—	—
厦门	21.24	10			

附表 3-17　各副省级城市旅行社全员劳动生产率计算分值表

城市	旅行社全员劳动生产率得分	排名	城市	旅行社全员劳动生产率得分	排名
沈阳	100.00	1	青岛	43.24	6
大连	14.35	12	武汉	25.16	9
长春	0.00	14	广州	76.12	3
哈尔滨	15.93	11	深圳	58.73	4
南京	76.61	2	成都	35.61	7
杭州	52.70	5	西安	14.03	13
宁波	24.78	10	济南	—	—
厦门	32.44	8			

附表 3-18　各副省级城市空气质量优良天数计算分值表

城市	空气质量优良天数得分	排名	城市	空气质量优良天数得分	排名
沈阳	34.87	13	青岛	58.40	6
大连	61.34	5	武汉	28.57	14
长春	47.48	9	广州	78.99	3
哈尔滨	43.28	11	深圳	90.76	2
南京	46.64	10	成都	37.82	12
杭州	49.58	8	西安	52.94	7
宁波	74.79	4	济南	0.00	15
厦门	100.00	1			

附表 3-19　各副省级城市污水集中处理率计算分值表

城市	污水集中处理率得分	排名	城市	污水集中处理率得分	排名
沈阳	98.31	4	青岛	99.19	2
大连	98.31	4	武汉	98.31	4
长春	93.14	12	广州	95.30	9
哈尔滨	93.28	11	深圳	100.00	1
南京	66.74	14	成都	0.00	15
杭州	97.57	7	西安	95.02	10
宁波	82.21	13	济南	99.19	2
厦门	96.89	8			

附表 3-20　各副省级城市生活垃圾无害化处理率计算分值表

城市	生活垃圾无害化处理率得分	排名	城市	生活垃圾无害化处理率得分	排名
沈阳	100.00	1	济南	100.00	1
大连	100.00	1	青岛	100.00	1
长春	100.00	1	武汉	100.00	1
哈尔滨	0.00	15	广州	43.13	14
南京	100.00	1	深圳	100.00	1
杭州	100.00	1	成都	100.00	1
宁波	100.00	1	西安	77.18	13
厦门	100.00	1			

附表 3-21　各副省级城市经济发展水平计算分值表

城市	经济发展水平得分	排名	城市	经济发展水平得分	排名
沈阳	17.27	10	青岛	26.20	7
大连	22.06	9	武汉	33.04	3
长春	8.49	14	广州	66.17	2
哈尔滨	7.81	15	深圳	97.96	1
南京	30.83	5	成都	28.05	6
杭州	30.92	4	西安	9.22	13

续表

城市	经济发展水平得分	排名	城市	经济发展水平得分	排名
宁波	23.69	8	济南	13.01	11
厦门	11.09	12			

附表 3-22　各副省级城市年客运总量计算分值表

城市	年客运总量得分	排名	城市	年客运总量得分	排名
沈阳	12.26	5	青岛	0.08	14
大连	5.44	11	武汉	19.44	2
长春	0.37	13	广州	100.00	1
哈尔滨	4.58	12	深圳	8.16	6
南京	7.42	8	成都	7.73	7
杭州	15.61	4	西安	18.69	3
宁波	5.65	10	济南	6.34	9
厦门	0.00	15			

附表 3-23　各副省级城市互联网普及率计算分值表

城市	互联网普及率得分	排名	城市	互联网普及率得分	排名
沈阳	5.45	12	青岛	9.38	11
大连	4.23	13	武汉	22.08	3
长春	0.00	15	广州	18.87	5
哈尔滨	1.53	14	深圳	100.00	1
南京	12.15	9	成都	12.97	7
杭州	14.12	6	西安	11.36	10
宁波	19.79	4	济南	12.17	8
厦门	28.62	2			

附表 3-24　各副省级城市万人专利授权数计算分值表

城市	万人专利授权数得分	排名	城市	万人专利授权数得分	排名
沈阳	3.93	10	青岛	1.24	14
大连	0.00	15	武汉	10.39	7
长春	1.86	13	广州	19.91	3
哈尔滨	4.21	9	深圳	100.00	1
南京	18.22	4	成都	15.19	5
杭州	3.51	11	西安	12.51	6
宁波	2.47	12	济南	9.74	8
厦门	25.69	2			

附表 3–25　各副省级城市旅游行政管理机构设置情况计算分值表

城市	旅游行政管理机构设置得分	排名	城市	旅游行政管理机构设置得分	排名
沈阳	50.00	3	青岛	50.00	3
大连	50.00	3	武汉	50.00	3
长春	50.00	3	广州	50.00	3
哈尔滨	50.00	3	深圳	0.00	15
南京	100.00	1	成都	50.00	3
杭州	100.00	1	西安	50.00	3
宁波	50.00	3	济南	50.00	3
厦门	50.00	3			

附表 3–26　各副省级城市政府工作报告提及“旅游”次数计算分值表

城市	政府工作报告提及“旅游”次数得分	排名	城市	政府工作报告提及“旅游”次数得分	排名
沈阳	28.00	6	青岛	44.00	2
大连	28.00	6	武汉	8.00	13
长春	0.00	15	广州	12.00	11
哈尔滨	36.00	4	深圳	12.00	11
南京	24.00	8	成都	44.00	2
杭州	20.00	10	西安	100.00	1
宁波	8.00	13	济南	36.00	4
厦门	24.00	8			

附表四　2015年15个副省级城市旅游竞争力分城市的评价结果

附表 4–1　沈阳市城市旅游竞争力评价指标值一览表

因子层	指标	分值	排名
A1	旅游综合竞争力	848.06	10
B1	现实竞争力	158.97	11
C1	旅游需求现实竞争力	48.25	7
D1	旅游总人次	24.23	6
D2	旅游总收入	24.02	8
C2	住宿接待业现实竞争力	23.52	14
D3	住宿设施总数	12.38	11
D4	星级饭店总利润	11.13	13
C3	旅游景区现实竞争力	7.17	13
D5	景区旅游企业数量	0.00	13
D6	景区旅游企业利润	7.17	11
C4	旅行社业现实竞争力	80.03	8
D7	旅行社数量	16.67	12
D8	旅行社总利润	63.37	4
B2	潜在竞争力	338.98	6
C5	旅游需求潜在竞争力	111.09	12
D9	旅游总人次增长率	23.09	7
D10	旅游总收入增长率	53.58	8
D11	入境游客人均花费	34.41	14
C6	住宿接待业潜在竞争力	25.90	13
D12	星级饭店发展速度	0.72	13
D13	星级饭店全员劳动生产率	25.17	13
C7	旅游景区潜在竞争力	67.92	8
D14	A级旅游景区发展速度	12.11	8
D15	旅游景区全员劳动生产率	55.81	7
C8	旅行社潜在竞争力	134.08	2
D16	旅行社发展速度	34.08	5
D17	旅行社全员劳动生产率	100.00	1

续表

因子层	指标	分值	排名
B3	发展环境竞争力	350.10	11
C9	自然环境	233.19	8
D18	空气质量优良天数	34.87	13
D19	城市污水集中处理率	98.31	4
D20	生活垃圾无害化处理率	100.00	1
C10	社会经济环境	38.91	11
D21	经济发展水平	17.27	10
D22	年客运总量	12.26	5
D23	互联网普及率	5.45	12
D24	万人专利授权数	3.93	10
C11	政策环境	78.00	8
D25	旅游行政管理机构设置	50.00	3
D26	政府工作报告提及“旅游”次数	28.00	6

附表 4-2　大连市城市旅游竞争力评价指标值一览表

因子层	指标	分值	排名
A	旅游综合竞争力	801.48	11
B1	现实竞争力	189.39	9
C1	旅游需求现实竞争力	26.07	12
D1	旅游总人次	9.78	9
D2	旅游总收入	16.29	12
C2	住宿接待业现实竞争力	40.10	10
D3	住宿设施总数	37.72	7
D4	星级饭店总利润	2.38	14
C3	旅游景区现实竞争力	42.63	10
D5	景区旅游企业数量	35.14	8
D6	景区旅游企业利润	7.50	10
C4	旅行社业现实竞争力	80.58	7
D7	旅行社数量	55.32	5
D8	旅行社总利润	25.26	10
B2	潜在竞争力	242.70	13
C5	旅游需求潜在竞争力	124.86	6
D9	旅游总人次增长率	51.25	2
D10	旅游总收入增长率	0.00	15
D11	入境游客人均花费	73.61	3
C6	住宿接待业潜在竞争力	35.42	12
D12	星级饭店发展速度	1.70	9
D13	星级饭店全员劳动生产率	33.71	12
C7	旅游景区潜在竞争力	39.33	11
D14	A级旅游景区发展速度	11.69	9
D15	旅游景区全员劳动生产率	27.63	12

续表

因子层	指标	分值	排名
C8	旅行社潜在竞争力	43.10	11
D16	旅行社发展速度	28.74	6
D17	旅行社全员劳动生产率	14.35	12
B3	发展环境竞争力	369.40	9
C9	自然环境	259.66	3
D18	空气质量优良天数	61.34	5
D19	城市污水集中处理率	98.31	4
D20	生活垃圾无害化处理率	100.00	1
C10	社会经济环境	31.74	13
D21	经济发展水平	22.06	9
D22	年客运总量	5.44	11
D23	互联网普及率	4.23	13
D24	万人专利授权数	0.00	15
C11	政策环境	78.00	8
D25	旅游行政管理机构设置	50.00	3
D26	政府工作报告提及“旅游”次数	28.00	6

附表 4–3　长春市城市旅游竞争力评价指标值一览表

因子层	指标	分值	排名
A	旅游综合竞争力	697.93	10
B1	现实竞争力	97.91	14
C1	旅游需求现实竞争力	27.71	11
D1	旅游总人次	9.43	10
D2	旅游总收入	18.28	10
C2	住宿接待业现实竞争力	25.85	13
D3	住宿设施总数	0.00	15
D4	星级饭店总利润	25.85	8
C3	旅游景区现实竞争力	12.26	12
D5	景区旅游企业数量	5.41	12
D6	景区旅游企业利润	6.85	13
C4	旅行社业现实竞争力	32.10	14
D7	旅行社数量	13.30	13
D8	旅行社总利润	18.80	12
B2	潜在竞争力	298.68	9
C5	旅游需求潜在竞争力	253.62	1
D9	旅游总人次增长率	100.00	1
D10	旅游总收入增长率	100.00	1
D11	入境游客人均花费	53.62	8
C6	住宿接待业潜在竞争力	17.43	14
D12	星级饭店发展速度	1.92	6
D13	星级饭店全员劳动生产率	15.51	14

续表

因子层	指标	分值	排名
C7	旅游景区潜在竞争力	25.62	13
D14	A级旅游景区发展速度	1.59	12
D15	旅游景区全员劳动生产率	24.03	13
C8	旅行社潜在竞争力	2.02	14
D16	旅行社发展速度	2.02	13
D17	旅行社全员劳动生产率	0.00	14
B3	发展环境竞争力	301.34	13
C9	自然环境	240.62	7
D18	空气质量优良天数	47.48	9
D19	城市污水集中处理率	93.14	12
D20	生活垃圾无害化处理率	100.00	1
C10	社会经济环境	10.72	15
D21	经济发展水平	8.49	14
D22	年客运总量	0.37	13
D23	互联网普及率	0.00	15
D24	万人专利授权数	1.86	13
C11	政策环境	50.00	14
D25	旅游行政管理机构设置	50.00	3
D26	政府工作报告提及“旅游”次数	0.00	15

附表 4–4 哈尔滨市城市旅游竞争力评价指标值一览表

因子层	指标	分值	排名
A	旅游综合竞争力	704.81	13
B1	现实竞争力	148.20	13
C1	旅游需求现实竞争力	18.13	13
D1	旅游总人次	7.20	11
D2	旅游总收入	10.93	13
C2	住宿接待业现实竞争力	40.04	11
D3	住宿设施总数	6.25	12
D4	星级饭店总利润	33.78	6
C3	旅游景区现实竞争力	7.07	14
D5	景区旅游企业数量	0.00	14
D6	景区旅游企业利润	7.07	12
C4	旅行社业现实竞争力	82.97	6
D7	旅行社数量	39.01	9
D8	旅行社总利润	43.96	6
B2	潜在竞争力	315.92	8
C5	旅游需求潜在竞争力	172.47	2
D9	旅游总人次增长率	16.16	11
D10	旅游总收入增长率	56.31	6

续表

因子层	指标	分值	排名
D11	入境游客人均花费	100.00	1
C6	住宿接待业潜在竞争力	53.04	8
D12	星级饭店发展速度	0.43	14
D13	星级饭店全员劳动生产率	52.61	7
C7	旅游景区潜在竞争力	0.00	14
D14	A级旅游景区发展速度	0.00	14
D15	旅游景区全员劳动生产率	0.00	14
C8	旅行社潜在竞争力	90.41	5
D16	旅行社发展速度	74.48	2
D17	旅行社全员劳动生产率	15.93	11
B3	发展环境竞争力	240.69	15
C9	自然环境	136.56	15
D18	空气质量优良天数	43.28	11
D19	城市污水集中处理率	93.28	11
D20	生活垃圾无害化处理率	0.00	15
C10	社会经济环境	18.12	14
D21	经济发展水平	7.81	15
D22	年客运总量	4.58	12
D23	互联网普及率	1.53	14
D24	万人专利授权数	4.21	9
C11	政策环境	86.00	6
D25	旅游行政管理机构设置	50.00	3
D26	政府工作报告提及“旅游”次数	36.00	4

附表 4–5 南京市城市旅游竞争力评价指标值一览表

因子层	指标	分值	排名
A	旅游综合竞争力	994.92	8
B1	现实竞争力	294.34	8
C1	旅游需求现实竞争力	77.09	5
D1	旅游总人次	30.64	5
D2	旅游总收入	46.45	5
C2	住宿接待业现实竞争力	74.13	7
D3	住宿设施总数	31.35	8
D4	星级饭店总利润	42.78	5
C3	旅游景区现实竞争力	64.57	7
D5	景区旅游企业数量	48.65	6
D6	景区旅游企业利润	15.92	8
C4	旅行社业现实竞争力	78.55	9
D7	旅行社数量	78.55	3

续表

因子层	指标	分值	排名
D8	旅行社总利润	0.00	14
B2	潜在竞争力	294.59	10
C5	旅游需求潜在竞争力	93.38	13
D9	旅游总人次增长率	14.95	12
D10	旅游总收入增长率	38.18	14
D11	入境游客人均花费	40.25	12
C6	住宿接待业潜在竞争力	81.72	6
D12	星级饭店发展速度	2.01	5
D13	星级饭店全员劳动生产率	79.70	5
C7	旅游景区潜在竞争力	42.88	10
D14	A级旅游景区发展速度	8.52	10
D15	旅游景区全员劳动生产率	34.36	10
C8	旅行社潜在竞争力	76.61	7
D16	旅行社发展速度	0.00	14
D17	旅行社全员劳动生产率	76.61	2
B3	发展环境竞争力	405.99	6
C9	自然环境	213.38	12
D18	空气质量优良天数	46.64	10
D19	城市污水集中处理率	66.74	14
D20	生活垃圾无害化处理率	100.00	1
C10	社会经济环境	68.62	4
D21	经济发展水平	30.83	5
D22	年客运总量	7.42	8
D23	互联网普及率	12.15	9
D24	万人专利授权数	18.22	4
C11	政策环境	124.00	2
D25	旅游行政管理机构设置	100.00	1
D26	政府工作报告提及“旅游”次数	24.00	8

附表 4-6　杭州市城市旅游竞争力评价指标值一览表

因子层	指标	分值	排名
A	旅游综合竞争力	1271.91	3
B1	现实竞争力	454.22	2
C1	旅游需求现实竞争力	108.71	3
D1	旅游总人次	42.92	4
D2	旅游总收入	65.79	4
C2	住宿接待业现实竞争力	79.45	6
D3	住宿设施总数	56.94	5
D4	星级饭店总利润	22.51	10
C3	旅游景区现实竞争力	117.62	3
D5	景区旅游企业数量	100.00	1

续表

因子层	指标	分值	排名
D6	景区旅游企业利润	17.62	6
C4	旅行社业现实竞争力	148.45	2
D7	旅行社数量	100.00	1
D8	旅行社总利润	48.45	5
B2	潜在竞争力	386.38	5
C5	旅游需求潜在竞争力	149.40	4
D9	旅游总人次增长率	30.93	4
D10	旅游总收入增长率	64.06	3
D11	入境游客人均花费	54.40	7
C6	住宿接待业潜在竞争力	88.29	4
D12	星级饭店发展速度	1.88	7
D13	星级饭店全员劳动生产率	86.41	3
C7	旅游景区潜在竞争力	72.80	6
D14	A级旅游景区发展速度	25.78	4
D15	旅游景区全员劳动生产率	47.03	8
C8	旅行社潜在竞争力	75.89	8
D16	旅行社发展速度	23.19	8
D17	旅行社全员劳动生产率	52.70	5
B3	发展环境竞争力	431.31	4
C9	自然环境	247.15	6
D18	空气质量优良天数	49.58	8
D19	城市污水集中处理率	97.57	7
D20	生活垃圾无害化处理率	100.00	1
C10	社会经济环境	64.16	6
D21	经济发展水平	30.92	4
D22	年客运总量	15.61	4
D23	互联网普及率	14.12	6
D24	万人专利授权数	3.51	11
C11	政策环境	120.00	3
D25	旅游行政管理机构设置	100.00	1
D26	政府工作报告提及“旅游”次数	20.00	10

附表 4–7　宁波市城市旅游竞争力评价指标值一览表

因子层	指标	分值	排名
A	旅游综合竞争力	751.85	12
B1	现实竞争力	170.29	10
C1	旅游需求现实竞争力	40.64	8
D1	旅游总人次	16.50	7
D2	旅游总收入	24.14	7
C2	住宿接待业现实竞争力	0.36	15
D3	住宿设施总数	0.36	13

续表

因子层	指标	分值	排名
D4	星级饭店总利润	0.00	15
C3	旅游景区现实竞争力	70.27	6
D5	景区旅游企业数量	70.27	4
D6	景区旅游企业利润	0.00	14
C4	旅行社业现实竞争力	59.03	11
D7	旅行社数量	31.91	10
D8	旅行社总利润	27.11	9
B2	潜在竞争力	214.96	14
C5	旅游需求潜在竞争力	90.67	15
D9	旅游总人次增长率	35.32	3
D10	旅游总收入增长率	55.35	7
D11	入境游客人均花费	0.00	15
C6	住宿接待业潜在竞争力	51.52	9
D12	星级饭店发展速度	1.78	8
D13	星级饭店全员劳动生产率	49.74	8
C7	旅游景区潜在竞争力	30.91	12
D14	A级旅游景区发展速度	1.05	13
D15	旅游景区全员劳动生产率	29.86	11
C8	旅行社潜在竞争力	41.86	12
D16	旅行社发展速度	17.08	11
D17	旅行社全员劳动生产率	24.78	10
B3	发展环境竞争力	366.59	10
C9	自然环境	257.00	5
D18	空气质量优良天数	74.79	4
D19	城市污水集中处理率	82.21	13
D20	生活垃圾无害化处理率	100.00	1
C10	社会经济环境	51.59	9
D21	经济发展水平	23.69	8
D22	年客运总量	5.65	10
D23	互联网普及率	19.79	4
D24	万人专利授权数	2.47	12
C11	政策环境	58.00	12
D25	旅游行政管理机构设置	50.00	3
D26	政府工作报告提及“旅游”次数	8.00	13

附表 4-8　厦门市城市旅游竞争力评价指标值一览表

因子层	指标	分值	排名
A	旅游综合竞争力	929.00	9
B1	现实竞争力	155.29	12
C1	旅游需求现实竞争力	6.81	14
D1	旅游总人次	2.97	13

续表

因子层	指标	分值	排名
D2	旅游总收入	3.84	14
C2	住宿接待业现实竞争力	57.78	8
D3	住宿设施总数	0.12	14
D4	星级饭店总利润	57.65	3
C3	旅游景区现实竞争力	44.59	9
D5	景区旅游企业数量	27.03	10
D6	景区旅游企业利润	17.56	7
C4	旅行社业现实竞争力	46.12	12
D7	旅行社数量	21.99	11
D8	旅行社总利润	24.13	11
B2	潜在竞争力	337.42	7
C5	旅游需求潜在竞争力	124.74	7
D9	旅游总人次增长率	27.85	6
D10	旅游总收入增长率	40.65	12
D11	入境游客人均花费	56.24	5
C6	住宿接待业潜在竞争力	86.84	5
D12	星级饭店发展速度	2.44	2
D13	星级饭店全员劳动生产率	84.41	4
C7	旅游景区潜在竞争力	72.15	7
D14	A级旅游景区发展速度	8.45	11
D15	旅游景区全员劳动生产率	63.70	4
C8	旅行社潜在竞争力	53.68	10
D16	旅行社发展速度	21.24	10
D17	旅行社全员劳动生产率	32.44	8
B3	发展环境竞争力	436.29	3
C9	自然环境	296.89	1
D18	空气质量优良天数	100.00	1
D19	城市污水集中处理率	96.89	8
D20	生活垃圾无害化处理率	100.00	1
C10	社会经济环境	65.41	5
D21	经济发展水平	11.09	12
D22	年客运总量	0.00	15
D23	互联网普及率	28.62	2
D24	万人专利授权数	25.69	2
C11	政策环境	74.00	10
D25	旅游行政管理机构设置	50.00	3
D26	政府工作报告提及“旅游”次数	24.00	8

附表 4-9　青岛市城市旅游竞争力评价指标值一览表

因子层	指标	分值	排名
A	旅游综合竞争力	1225.56	5
B1	现实竞争力	398.14	4
C1	旅游需求现实竞争力	36.03	9
D1	旅游总人次	12.83	8
D2	旅游总收入	23.20	9
C2	住宿接待业现实竞争力	107.75	4
D3	住宿设施总数	87.56	3
D4	星级饭店总利润	20.19	12
C3	旅游景区现实竞争力	91.42	5
D5	景区旅游企业数量	64.86	5
D6	景区旅游企业利润	26.55	4
C4	旅行社业现实竞争力	162.94	1
D7	旅行社数量	62.94	4
D8	旅行社总利润	100.00	1
B2	潜在竞争力	438.92	2
C5	旅游需求潜在竞争力	123.77	8
D9	旅游总人次增长率	17.65	10
D10	旅游总收入增长率	39.42	13
D11	入境游客人均花费	66.71	4
C6	住宿接待业潜在竞争力	63.24	7
D12	星级饭店发展速度	0.00	15
D13	星级饭店全员劳动生产率	63.24	6
C7	旅游景区潜在竞争力	152.82	2
D14	A级旅游景区发展速度	52.82	2
D15	旅游景区全员劳动生产率	100.00	1
C8	旅行社潜在竞争力	99.09	3
D16	旅行社发展速度	55.85	3
D17	旅行社全员劳动生产率	43.24	6
B3	发展环境竞争力	388.50	7
C9	自然环境	257.60	4
D18	空气质量优良天数	58.40	6
D19	城市污水集中处理率	99.19	2
D20	生活垃圾无害化处理率	100.00	1
C10	社会经济环境	36.90	12
D21	经济发展水平	26.20	7
D22	年客运总量	0.08	14
D23	互联网普及率	9.38	11
D24	万人专利授权数	1.24	14
C11	政策环境	94.00	4
D25	旅游行政管理机构设置	50.00	3
D26	政府工作报告提及“旅游”次数	44.00	2

附表 4-10　武汉市城市旅游竞争力评价指标值一览表

因子层	指标	分值	排名
A	旅游综合竞争力	1037.68	6
B1	现实竞争力	381.03	5
C1	旅游需求现实竞争力	171.55	1
D1	旅游总人次	100.00	1
D2	旅游总收入	71.55	2
C2	住宿接待业现实竞争力	34.46	12
D3	住宿设施总数	12.65	10
D4	星级饭店总利润	21.81	11
C3	旅游景区现实竞争力	58.67	8
D5	景区旅游企业数量	37.84	7
D6	景区旅游企业利润	20.83	5
C4	旅行社业现实竞争力	116.35	5
D7	旅行社数量	41.49	8
D8	旅行社总利润	74.86	3
B2	潜在竞争力	286.82	11
C5	旅游需求潜在竞争力	119.07	10
D9	旅游总人次增长率	20.58	8
D10	旅游总收入增长率	42.95	11
D11	入境游客人均花费	55.54	6
C6	住宿接待业潜在竞争力	41.15	10
D12	星级饭店发展速度	0.99	12
D13	星级饭店全员劳动生产率	40.16	9
C7	旅游景区潜在竞争力	58.91	9
D14	A级旅游景区发展速度	12.28	7
D15	旅游景区全员劳动生产率	46.63	9
C8	旅行社潜在竞争力	67.69	9
D16	旅行社发展速度	42.53	4
D17	旅行社全员劳动生产率	25.16	9
B3	发展环境竞争力	369.83	8
C9	自然环境	226.88	9
D18	空气质量优良天数	28.57	14
D19	城市污水集中处理率	98.31	4
D20	生活垃圾无害化处理率	100.00	1
C10	社会经济环境	84.95	3
D21	经济发展水平	33.04	3
D22	年客运总量	19.44	2
D23	互联网普及率	22.08	3
D24	万人专利授权数	10.39	7
C11	政策环境	58.00	12
D25	旅游行政管理机构设置	50.00	3
D26	政府工作报告提及“旅游”次数	8.00	13

附表 4-11　广州市城市旅游竞争力评价指标值一览表

因子层	指标	分值	排名
A	旅游综合竞争力	1459.66	2
B1	现实竞争力	587.76	1
C1	旅游需求现实竞争力	101.78	4
D1	旅游总人次	1.78	14
D2	旅游总收入	100.00	1
C2	住宿接待业现实竞争力	175.78	1
D3	住宿设施总数	88.18	2
D4	星级饭店总利润	87.61	2
C3	旅游景区现实竞争力	178.38	1
D5	景区旅游企业数量	78.38	3
D6	景区旅游企业利润	100.00	1
C4	旅行社业现实竞争力	131.82	3
D7	旅行社数量	46.10	6
D8	旅行社总利润	85.72	2
B2	潜在竞争力	387.53	4
C5	旅游需求潜在竞争力	120.15	9
D9	旅游总人次增长率	9.86	14
D10	旅游总收入增长率	59.68	5
D11	入境游客人均花费	50.62	9
C6	住宿接待业潜在竞争力	91.38	3
D12	星级饭店发展速度	1.49	10
D13	星级饭店全员劳动生产率	89.90	2
C7	旅游景区潜在竞争力	77.19	5
D14	A级旅游景区发展速度	14.38	5
D15	旅游景区全员劳动生产率	62.81	5
C8	旅行社潜在竞争力	98.81	4
D16	旅行社发展速度	22.68	9
D17	旅行社全员劳动生产率	76.12	3
B3	发展环境竞争力	484.37	2
C9	自然环境	217.42	11
D18	空气质量优良天数	78.99	3
D19	城市污水集中处理率	95.30	9
D20	生活垃圾无害化处理率	43.13	14
C10	社会经济环境	204.95	2
D21	经济发展水平	66.17	2
D22	年客运总量	100.00	1
D23	互联网普及率	18.87	5
D24	万人专利授权数	19.91	3
C11	政策环境	62.00	11
D25	旅游行政管理机构设置	50.00	3
D26	政府工作报告提及“旅游”次数	12.00	11

附表 4-12　深圳市城市旅游竞争力评价指标值一览表

因子层	指标	分值	排名
A	旅游综合竞争力	1462.96	1
B1	现实竞争力	418.36	3
C1	旅游需求现实竞争力	29.73	10
D1	旅游总人次	0.00	15
D2	旅游总收入	29.73	6
C2	住宿接待业现实竞争力	168.91	2
D3	住宿设施总数	68.91	4
D4	星级饭店总利润	100.00	1
C3	旅游景区现实竞争力	99.77	4
D5	景区旅游企业数量	35.14	9
D6	景区旅游企业利润	64.64	2
C4	旅行社业现实竞争力	119.95	4
D7	旅行社数量	88.48	2
D8	旅行社总利润	31.48	8
B2	潜在竞争力	435.72	3
C5	旅游需求潜在竞争力	93.18	14
D9	旅游总人次增长率	14.09	13
D10	旅游总收入增长率	43.35	10
D11	入境游客人均花费	35.74	13
C6	住宿接待业潜在竞争力	102.21	2
D12	星级饭店发展速度	2.21	3
D13	星级饭店全员劳动生产率	100.00	1
C7	旅游景区潜在竞争力	156.00	1
D14	A级旅游景区发展速度	100.00	1
D15	旅游景区全员劳动生产率	56.00	6
C8	旅行社潜在竞争力	84.33	6
D16	旅行社发展速度	25.60	7
D17	旅行社全员劳动生产率	58.73	4
B3	发展环境竞争力	608.88	1
C9	自然环境	290.76	2
D18	空气质量优良天数	90.76	2
D19	城市污水集中处理率	100.00	1
D20	生活垃圾无害化处理率	100.00	1
C10	社会经济环境	306.12	1
D21	经济发展水平	97.96	1
D22	年客运总量	8.16	6
D23	互联网普及率	100.00	1
D24	万人专利授权数	100.00	1
C11	政策环境	12.00	15
D25	旅游行政管理机构设置	0.00	15
D26	政府工作报告提及“旅游”次数	12.00	11

附表 4-13　成都市城市旅游竞争力评价指标值一览表

因子层	指标	分值	排名
A	旅游综合竞争力	1246.99	4
B1	现实竞争力	360.54	6
C1	旅游需求现实竞争力	153.81	2
D1	旅游总人次	86.54	2
D2	旅游总收入	67.27	3
C2	住宿接待业现实竞争力	150.39	3
D3	住宿设施总数	100.00	1
D4	星级饭店总利润	50.39	4
C3	旅游景区现实竞争力	21.86	11
D5	景区旅游企业数量	10.81	11
D6	景区旅游企业利润	11.05	9
C4	旅行社业现实竞争力	34.49	13
D7	旅行社数量	0.00	14
D8	旅行社总利润	34.49	7
B2	潜在竞争力	590.69	1
C5	旅游需求潜在竞争力	170.58	3
D9	旅游总人次增长率	0.00	15
D10	旅游总收入增长率	92.72	2
D11	入境游客人均花费	77.86	2
C6	住宿接待业潜在竞争力	138.24	1
D12	星级饭店发展速度	100.00	1
D13	星级饭店全员劳动生产率	38.24	11
C7	旅游景区潜在竞争力	146.26	3
D14	A级旅游景区发展速度	51.58	3
D15	旅游景区全员劳动生产率	94.68	2
C8	旅行社潜在竞争力	135.61	1
D16	旅行社发展速度	100.00	1
D17	旅行社全员劳动生产率	35.61	7
B3	发展环境竞争力	295.76	14
C9	自然环境	137.82	14
D18	空气质量优良天数	37.82	12
D19	城市污水集中处理率	0.00	15
D20	生活垃圾无害化处理率	100.00	1
C10	社会经济环境	63.95	7
D21	经济发展水平	28.05	6
D22	年客运总量	7.73	7
D23	互联网普及率	12.97	7
D24	万人专利授权数	15.19	5
C11	政策环境	94.00	4
D25	旅游行政管理机构设置	50.00	3
D26	政府工作报告提及“旅游”次数	44.00	2

附表 4–14　西安市城市旅游竞争力评价指标值一览表

因子层	指标	分值	排名
A	旅游综合竞争力	1017.25	7
B1	现实竞争力	344.98	7
C1	旅游需求现实竞争力	68.70	6
D1	旅游总人次	51.86	3
D2	旅游总收入	16.84	11
C2	住宿接待业现实竞争力	89.39	5
D3	住宿设施总数	56.16	6
D4	星级饭店总利润	33.23	7
C3	旅游景区现实竞争力	123.99	2
D5	景区旅游企业数量	81.08	2
D6	景区旅游企业利润	42.91	3
C4	旅行社业现实竞争力	62.91	10
D7	旅行社数量	44.86	7
D8	旅行社总利润	18.05	13
B2	潜在竞争力	245.34	12
C5	旅游需求潜在竞争力	136.36	5
D9	旅游总人次增长率	29.62	5
D10	旅游总收入增长率	60.67	4
D11	入境游客人均花费	46.07	10
C6	住宿接待业潜在竞争力	2.18	15
D12	星级饭店发展速度	2.18	4
D13	星级饭店全员劳动生产率	0.00	15
C7	旅游景区潜在竞争力	82.85	4
D14	A级旅游景区发展速度	14.05	6
D15	旅游景区全员劳动生产率	68.81	3
C8	旅行社潜在竞争力	23.95	13
D16	旅行社发展速度	9.91	12
D17	旅行社全员劳动生产率	14.03	13
B3	发展环境竞争力	426.93	5
C9	自然环境	225.14	10
D18	空气质量优良天数	52.94	7
D19	城市污水集中处理率	95.02	10
D20	生活垃圾无害化处理率	77.18	13
C10	社会经济环境	51.79	8
D21	经济发展水平	9.22	13
D22	年客运总量	18.69	3
D23	互联网普及率	11.36	10
D24	万人专利授权数	12.51	6
C11	政策环境	150.00	1
D25	旅游行政管理机构设置	50.00	3
D26	政府工作报告提及“旅游”次数	100.00	1

附表 4-15　济南市城市旅游竞争力评价指标值一览表

因子层	指标	分值	排名
A	旅游综合竞争力	—	15
B1	现实竞争力	—	—
C1	旅游需求现实竞争力	4.53	15
D1	旅游总人次	4.53	12
D2	旅游总收入	0.00	15
C2	住宿接待业现实竞争力	48.19	9
D3	住宿设施总数	24.96	9
D4	星级饭店总利润	23.24	9
C3	旅游景区现实竞争力	—	—
D5	景区旅游企业数量	—	—
D6	景区旅游企业利润	—	—
C4	旅行社业现实竞争力	—	—
D7	旅行社数量	—	—
D8	旅行社总利润	—	—
B2	潜在竞争力	—	—
C5	旅游需求潜在竞争力	111.29	11
D9	旅游总人次增长率	18.34	9
D10	旅游总收入增长率	52.12	9
D11	入境游客人均花费	40.83	11
C6	住宿接待业潜在竞争力	40.58	11
D12	星级饭店发展速度	1.29	11
D13	星级饭店全员劳动生产率	39.29	10
C7	旅游景区潜在竞争力	—	—
D14	A级旅游景区发展速度	—	—
D15	旅游景区全员劳动生产率	—	—
C8	旅行社潜在竞争力	—	—
D16	旅行社发展速度	—	—
D17	旅行社全员劳动生产率	—	—
B3	发展环境竞争力	326.45	12
C9	自然环境	199.19	13
D18	空气质量优良天数	0.00	15
D19	城市污水集中处理率	99.19	2
D20	生活垃圾无害化处理率	100.00	1
C10	社会经济环境	41.26	10
D21	经济发展水平	13.01	11
D22	年客运总量	6.34	9
D23	互联网普及率	12.17	8
D24	万人专利授权数	9.74	8
C11	政策环境	86.00	6
D25	旅游行政管理机构设置	50.00	3
D26	政府工作报告提及“旅游”次数	36.00	4

责任编辑：李冉冉
责任印制：冯冬青
封面设计：旅教文化

图书在版编目（CIP）数据

2017中国旅游业发展报告 / 谢双玉，胡静等编著. -- 北京：中国旅游出版社，2017.12
ISBN 978-7-5032-5937-1

Ⅰ. ①2… Ⅱ. ①谢… ②胡… Ⅲ. ①旅游业发展—研究报告—中国—2017 Ⅳ. ①F592.3

中国版本图书馆CIP数据核字（2017）第292953号

书　　名：2017中国旅游业发展报告

作　　者：谢双玉，胡静等编著
出版发行：中国旅游出版社
（北京建国门内大街甲9号　邮编：100005）
http://www.cttp.net.cn　E-mail:cttp@cnta.gov.cn
营销中心电话：010-85166503
排　　版：北京旅教文化传播有限公司
经　　销：全国各地新华书店
印　　刷：北京工商事务印刷有限公司
版　　次：2017年12月第1版　2017年12月第1次印刷
开　　本：787毫米×1092毫米　1/16
印　　张：20.75
字　　数：447千
定　　价：58.00元
ISBN　978-7-5032-5937-1